人生何处不相逢

人生何处不相逢

文集

小园香径　森林木　寂寞沙洲　秋尘

iUniverse, Inc.
Bloomington

人生何处不相逢
文集

iUniverse books may be ordered through booksellers or by contacting:

iUniverse
1663 Liberty Drive
Bloomington, IN 47403
www.iuniverse.com
1-800-Authors (1-800-288-4677)

ISBN: 978-1-4759-5930-7 (sc)
ISBN: 978-1-4759-5931-4 (ebk)

Printed in the United States of America

iUniverse rev. date: 01/02/2013

前 言

那天，秋尘说，大地要出第二卷文集了，你写个序。这不是征询，也不是命令，这只是大地网友独特的交流方式：坦诚、信任。我不暇思索地答应了，虽然心中甚是惶恐不安。作为一名大地的老网友，我不能不勉力而为。

自七年前开创以来，大地至今依然是一个纯粹的私人网站，没有任何商业广告。在这个浮躁又浅薄的时代里，这一点非常难得。于是乎，有朋自远方来，虽谈不上群英荟萃，可也称得上人才济济。无论是在清风习习的早晨，还是在云淡风轻的午后，甚或是在暴风骤雨的夜晚，大地一直秉承着发扬中华文学、弘扬祖国文化的办网精神，令人肃然起敬。

上一辑文集名叫《人生何处不相逢》，在这飘渺的网络上，无须人人心有灵犀、个个心意相通，只要心中存有一丝善念，相逢又何必曾相识？这第二辑，据说是一卷两本，一本文集，一本诗集，不知道都会叫什么名字。网络行走犹如白驹过隙，弹指之间，四年又过去了，着实令人感慨良多。五十二个熟悉的笔名，近二百篇文章，再次诵读这些曾经熟悉的文字，思索着这些五花八门笔名的背后，都是怎样的一个个活生生的人，心中竟是不能自己。

值得一提的是，混迹大地网站的，不管是海外游民还是国内小资，不少是理工科出身的硕士博士。他们的作品没有功利的成份，几乎都是茶余饭后的随意涂鸦；他们的文字经常显得粗糙草率，似乎不修边幅的山野村夫。然而，正是这种发自内心深处的纯粹，才格外震撼人心。这些夹杂着原野粗犷气息的文字，少了雕琢的痕迹，所传递的信息却更可敬可贵。那是心扉的写真，不是刻意的创作；那是心灵的脉动，不是笔端的斧凿。

也许，他是位早已声名远播的文坛耆宿；也许，他是位正当叱咤风云的政商翘楚；也许，他是位来日前程无量的莘莘学子；也许，他只是位依旧默默无闻的市井贩夫，但借着网络的面纱，在大地，他们人格的平等得到了充分的尊重。不管是慷慨激昂的谈诗论政，还是声嘶力竭的吐沫横飞，每一个网友都可以自得其乐。他们可以用温情脉脉的文字、感人肺腑的笔触，轻轻拨动读者的心弦，也可以用诙谐犀利、桀骜不驯的词句，令人捧腹不已。

这就是大地，各色人等的精神乐园。

七年来，他们一起走过风风雨雨。一起走过的岁月，已在他们的心中生根。

叉

壬辰仲春

目 录

1、 小园香径

【随笔】教师节的宽慰

（一）

教师节前一天，18 岁的女儿第一次离开我，远飞千里上大学去了。我本期待这一天很久了，觉得我可以解放了自由了，再不用操心孩子的衣食起居学习生活了，我也以为我可以平静地面对女儿的离开。可是，当我强忍着眼泪和女儿分手，再返回家中时，却再也无法控制自己了。我不知该怎样去说服自己，怎样去开解自己，我养育了 18 年的孩子，就这么离我而去了。这么多年来我貌似坚强地苦撑着，是因为我有动力，我得把孩子培养出来。可从现在起，孩子她得靠自己了，从此我鞭长莫及无能为力，却又割舍不了放心不下。女儿走了，我的心也被掏空了……

当天下午在我走进理科班教室的那一刻，看到女儿发来的短信，心里还是酸酸的，用力调整也没能让情绪平静下来，不由得担心起这一节的授课效果。课代表送上一个笔记本，说是各组同学的教师节祝福，打开来看，"您像哲学一样神秘诱人——不二的二组"，"亲，哲学第八组支持您"，"完美的九组愿与您一同探索哲学的美妙"，"哲学使人睿智，作为优秀的理科生更要睿智——霸气的三组全体成员"……哈，诙谐的用词、热烈的情感、豪迈的语句，让我本有些孤寂失落的内心顿时充盈了开心和感动。正在美美地看着，忽听下面有阵阵起哄声。原来，同学们正鼓动课代表来和我拥抱一下，而那个小男生却有几分不好意思。我笑了，真想说小屁孩们，起什么哄，我孩子都比你们大多了呢，便主动和课代表拥抱了一下，也迎来了全班同学一阵欢笑和掌声。

我扬着本子向全班说："你们写的太少了哦。"一个男生忙回答"老师，这个本子是留给你用的，所以不敢写多啊。"我笑着说："真希望你们写满，我会一直保留着，等若干年后你们再回来看。"

然后卖关子地说："其实，我最爱上理科班的课，知道为什么吗？"学生嚷嚷"没压力呗。"我说："错！是因为理科生不但智商高，情商更高啊。"哈，这句话，可把他们高兴坏了，自然接下来这节课便进行得顺畅无比。

下课铃声响起，当我收起教案时，发现里面夹着一支康乃馨。走出教室，我的心中充满了温馨的花香。

（二）

教师节的一大早打开手机，一条条短信相继跳出来。家长的、同学的、同事的、学生的，全都是节日的祝福。其实，我不在乎这样一个节日，但就是因为有了这个节日，才让更多人在这一天送来一份牵挂与问候，这也正是我感觉欣慰的。暑假里该上大三的学生们又聚会了一次，他们口口声声喊我妈妈，让我激动得不行。这会儿，才毕业的和毕业几年的，都异口同声地说"妈妈，教师节快乐。"看得我心花怒放。

刚到广州一大学报到的碧短信里说："……我还能清楚地记得当时每天背书背到想吐的早读，每次脑袋木木问些白痴问题时，你很无奈但又怜爱地摸我的头……呵呵，可能是因为你当过我们的班主任，总感觉和你有着特殊的感情，大家在你面前也很放得开，会胡闹会撒娇会讨价还价。这种特殊而单纯的爱应该是每个人都会回忆的吧。不准忘了我啊，亲爱的熊妈妈，常联系啊。"

当我回复说被感动得鼻子发酸时，她立马回复："矮油，不要这么感伤嘛，被我们大家惦记着应该很开心才对啊。还有，回去我要吃您亲手做的菜哦。"

两年没见的大二学生逸也突然"蹦"出来了。当年他因和班上一女生恋爱，让我没少费心思做工作。我赶紧打趣问，"两年不见的你，胖了？壮了？依旧腼腆有加？"他嘿嘿说胖了不少，还嘱咐我要注意身体，别太累了。多懂事的孩子呀。不曾想，高中时没拆散的一对金童玉女却在高考后分手了，那女孩又和班上另一男孩好上了，所以每一次聚会，只见那一对，却见不着他。想着他是不是心结没解开，便借机开导一番，他却大气地回复道："老师不要担心我了，我没事的，我很坦然呀。呵呵，下次一定会参加聚会，一定去看您。"

这样的一来一回对话太多了，不一会儿的工夫，手机显示就剩下一格的电量了。此时，我才想起得问问女儿报到的情况了……

【跟帖】

小红：您写的都是真事儿？从来没见过这样的师生关系。我上学的时候老师除了骂就是打，罚站、停课、请家长。我经历过的师生关系几乎都是仇人关系。其实我早上就看了这文，没敢跟帖，怕影响你心情。

跳蚤：女儿是贴心袄，父母的心头肉。年少时每次外出时母亲那牵挂的眼神总让人心揪。和孩子们在一起是最快乐，我现在交的朋友都是些小屁孩，哈哈。

【评论】爱的奇迹——读《人间地狱三个月》有感

第一次在大地看见"老黑鱼"这个马甲时，不知怎么立马想到的是大鲨鱼的形象。再看他行文跟帖的风格，没事儿还总爱嘿嘿两声，怎么看怎么觉着就是一条大黑鱼，而且是大海深处的，凶猛十足野性十足，绝非金鱼缸里可用以观赏的那种。

此前读过他的回忆录《剥夺敌人的生命是最高的境界》，当得知这位老兄还上过战场时，心中真的多了几分敬意。在战场上，经受过血与火的洗礼、生与死的考验，那会是怎样的一种壮烈！"壮士饥餐胡虏肉，笑谈渴饮匈奴血。"战争会让男人更坚毅更刚强更豪迈，也会让男人更残暴更凶狠更疯狂，我也就有几分理解老黑鱼那火爆脾气从何而来了。即便在和平年代，在虚拟里，他依旧保有旺盛的斗志，总想打打杀杀的，还死不低头死不改悔，让人无可奈何。

最令我疑惑的就是，老黑鱼在对待男女网友的态度上为何差异就那么大呢？对同类他总用一种桀骜不驯舍我其谁的口气，甚至有黑老大的做派。而对待女同胞，他则一概妹妹相称，殷勤有加热情有余，不管对方如何调侃怎样激将，他都不愠不火不恼不怒，一直笑脸相迎。这就奇了怪了，难道真是同性相斥异性相吸么？他就不怕同类同室操戈，最终成孤家寡人么？

沉寂了一段时间的老黑鱼，最近又浮出水面并且抛出了连载纪实

《人间地狱三个月》。这段真实经历的披露，立马引来跟帖者众，一致地震撼一致地赞叹。这赞叹不仅仅给予能战胜死神熬过地狱三个月的老黑鱼，更是给予给了他第二次生命的母亲和爱人！用老黑鱼自己的话说，就是正因为如此，"所以，我尊重天下所有的女性，一般是个妹妹的，我都不会伤害她们。"这让众人百思不得其解的老黑鱼"重女轻男"之谜终于得以解开。老黑鱼很有"老吾老以及人之老，幼吾幼以及人之幼"的博爱情怀啊，只是这份礼遇，男同胞们从老黑鱼这里似乎是享受不到了。

令人没有想到的是老黑鱼的经历会这么丰富这么传奇。听他朗诵，听他惟妙惟肖的学舌，你会觉着他是个上蹿下跳花样百出的顽皮小子；看他跟帖，看他跟意见相悖者骂骂咧咧，你会觉着他就是个横冲直撞唯我独尊的一介武夫；再看他和妹妹们打情骂俏嬉皮笑脸，你又会觉着他就是一个不折不扣的花花公子。然而，就是这样一个扮什么像什么的人，却是上过战场，真刀真枪和敌人拼过的。

能从战场上完好无损地活着回来，本身就是一个传奇。可谁知他又经受了更大的折磨更痛苦的历练，一想文中描述的那种境况，真的有活在人间地狱的感觉。记得他在文中有这样一段话："当时没有痛苦感和什么伟大的念头折磨我。人突然死亡是不会有痛苦的，至少我这么认为。与战场上我两次负伤的感觉也有所不同，人们清楚地知道面临的是死亡才是非常痛苦及折磨人的……"以老黑鱼的叙事风格，他绝不会无病呻吟放大痛苦，更不会去着墨渲染。但仅仅这么几句，两种感受对比，已经给人无法言说的痛苦感，并感同身受！

我曾笑说老黑鱼的文字表达一如他为人的个性，直白爽快大气，但就是缺乏细腻柔情。你看他对那些对他有好感的妹妹们倒是着墨不少，谈笑风生的让人都觉着他不是身遭不幸的病号，而是来此风花雪月的老手。可对于一直无微不至地照顾他才让他得以康复的母亲与未婚妻，老黑鱼却似手足无措的孩童，不知该如何表述，更不知该如何答谢，只有那么简短的几段文字呈现。

比如在写从手术室出来想快快见到母亲以及见到母亲后的情形，他只用了短短的 200 多字，远不及他写那罗主任的调侃话多，更不及他描述来探望他的那些妹妹的场景多。

也许，母子的心是相通的，是不需要更多言语的。就是这短短的

200 字，已将一个看似硬汉的儿子对母亲的那种信赖、那种依恋甚至那种委屈表达得淋漓尽致。对母亲如何照顾自己，老黑鱼也没有着墨太多，他只这样写道："母亲在她所属的医院里干过小儿科、内科、传染科，但对烧伤理疗并不熟悉。什么困难也难不倒她，她从罗主任的办公室那里借来几大本专业书，快马加鞭学习理论，毫不犹豫地付出实践，很快母亲就拿出了一套护理方案。每日用特制消毒液先轻擦整个脸部，然后用牛奶涂附，两小时后，再用消毒水清洁面部，再用猪皮熬制的汤，顺着脸部肌肉纹路仔细刷匀并加以小幅度的按摩，这样的面部'修理工程'每日进行十次以上。"这段文字还是不到 200字，看似轻描淡写、平铺直叙母亲所做的护理，可任谁都看得出来，这位母亲的付出是何等得辛苦又是何等得重要。

这前后短短的四百字，却写出了一位母亲的沉着、冷静与高尚的职业精神。按常理，任何一位母亲看见自己儿子的惨状都会心如刀割、泪如雨下，甚至会失去常态。可这位母亲却是以理智而又坚定的神情还有简洁有力的话语给了儿子莫大的激励和信心，"没事，没有问题，会治好的，不要伤心！"这样简短的话语出自一位既是母亲又是医生的女性之口又具有多么重的份量！正是母亲每日不厌其烦地细心地呵护，才给了儿子完全康复的切实保证。

而另一位重要的女性，老黑鱼的未婚妻在他的康复中更是有着举足轻重的作用。看见老黑鱼当时的状况，换一个女孩也许会吓跑了，可鱼妹却毫不犹豫地留下来。正是爱情给了老黑鱼重生的希望和动力。在如何护理上，老黑鱼着墨不多，但他却用了整整一个篇幅来回忆和鱼妹如何从青梅竹马发展为恋人的，当然也不忘显摆一下自己的帅气。其实，这个铺垫非常巧妙，也就是让人明白他们有着深厚的感情基础，也正是基于这样的感情，鱼妹没有犹豫地接受了护理他的艰巨任务。

老黑鱼只说了这么一句，"鱼妹在后来的行动中表现出来的一切，让我这一辈子都永远欠一份无法偿还给她的刻骨之情。"其实，不需要多表白，有这么一句就足够！知恩图报，夫妻之间更当如此。爱，没有永远的无怨无悔，除非是圣人的爱。只有付出不求回报，那是施舍与怜悯；只想得到却不奉献，那是自私与冷漠。爱应该是双方彼此的真心付出，不要求对等，但必须是互相爱着，这才是真爱！我想，老黑鱼是深谙此理的，尽管老黑鱼有鱼宝玉之嫌，身边不乏姐姐妹妹的，但他当然明白只有鱼妹才在自己心中！

这原本是一段令人心情沉重的回忆录，可作者老黑鱼却能用风趣幽默甚至俏皮的语言让读者泪中带笑。比如在写有那么多姐姐妹妹来看望他，对他频频示意时，他这样写道："英雄救美人是世间美好的传说，难道美人也要群起救什么'英雄'不成？我这里虚汗都冒出来了，感动得想冲出去在雪地里打几个高质量的滚儿……"以至于让温带季风跟帖说："怎么觉着每个妹妹都对你情意绵绵的？这心态是治病的最好良方，你这性格会长寿。你的哥们儿都被放进省略号里了吧？"季风的揶揄不无道理，这老黑鱼自我感觉太好了，可也正是因了这样好的心态，这样豪爽的性格，才让他在地狱般的三个月里，不但没有被打垮，反而更加坚强了。

老黑鱼对自己所遭受的痛苦并没有过多描述，却用了不小的篇幅去写同病房的病友。那些惨不忍睹的烧伤烫伤，让人看得身心战栗。其实，由此就能明了老黑鱼的状况，一条硬汉也就那么活生生地立于大家面前。

老黑鱼居然还教大家一损招儿，那就是当心情很糟、情绪很悲观时，看恐怖、灾难、惊险内容的书是个摆脱困境的好方法之一，而且还得在夜晚一个人看。因为当看着别人比你还要糟糕时，你会产生一种你比他人多少还要幸运一点，甚至会有一点点的"幸灾乐祸"感，于是自己希求达到的淡然心态就容易兑现了。嘿嘿，招儿虽损，但不失为一种自我调节的好方式，和那阿Q的精神胜利法有一比呢。

在这篇回忆录中，老黑鱼的"重女轻男"达到了登峰造极的地步，好像对其爱护有加的皆为女性，只在最后轻描淡写了父亲几句："父亲也时常从远方的军事试验基地打来电话没事儿就批发我几句，什么要加强思想锻炼和身体锻炼啦，什么早日回去上班为社会主义做贡献啦，等等一大堆老革命常说的干巴巴套话，听着我就想把电话给直接压掉。"哈哈，却原来，老黑鱼只想听动听的甜美的女声呀。其实，父爱如山，只是那份深沉的爱是最难以用语言表达的。惯于被女生众星捧月般呵护的老黑鱼，始终浸泡在爱的海洋中。父亲的那份爱，便被老黑鱼"省略"掉了。其实，它是被深深地藏在内心深处了。

人间地狱三个月，这场考验，不仅是肉体上的，更是精神上的。可喜可贺，最终老黑鱼胜利了！应该说是爱创造了奇迹。在我们庆贺老黑鱼重生的同时，也把敬意献给母亲和鱼妹，当然也献给那些满怀爱心的人们！

【跟帖】

江海洋波： 应该表扬一下。写得好，好像也是我想说的，嘿嘿。老黑鱼要再写一篇读读后感后的感想。

老黑鱼： 这个……多少有点不敢当啊！我看来还得写点儿最近的事儿交待一下才好，哈哈。小园妹子太厉害了么，整个给咱剖析的体无完肤么，嘿嘿，嘿嘿嘿嘿。

2、　古月曰

【纪实】我的祖父之清华岁月（两篇）

出津入平

1929 年秋，祖父带领一家四口辞别了他居住了三年的天津卫南开八里台，来到北平府，只身一人到清华园走马上任——重打锣鼓另开张。他三妹兰和四妹杏则继续留在南开，准备分别师从何廉和姜立夫教授在南开大学经济学系和算学系深造。

北京，1911 年以前还是满清王朝的皇城。3000 余年的蓟燕古都在 700 多年前被蒙古族人忽必烈大帝改造成了元朝大都。洪武同胞大将军徐达 1368 年北上平定了北方的元大都，整出了个"北平"府，强调"北方已平定"了。后来这里就被封为了洪武四子朱燕王的领地。朱燕王在叔侄恶斗的其乐无穷中大获全胜之后，于 1421 年（永乐十九年）迁京都由南至北，从而开创了北京城明清两代将近 500 年的皇城历史。

1911 年武昌城头的枪炮声，揭开了由"清"而"华"的序幕。与清华学堂先后脚诞生的中华民国于 1912 年 1 月 1 日定都南京，孙大炮逸仙先生就任临时大总统。在南京临时定都不足四个月之后，以袁大头世凯先生为核心的北洋政府将北京作为首都直至北伐革命胜利。1928 年国民革命军平定了北方，古老的北京城于 1928 年 6 月 20 日再次改名换姓为北平。多亏周口店猿人的牙齿（头骨）是在北京时代发现的，故称为北京猿人，而不是北平猿人。1929 年，当祖父受聘于国立清华大学时，这里已经是北平市了——标志着北洋政府 17 年统治的终结。

祖父的父亲（我的曾祖父）1876 年出生于江苏兴化，是晚清的秀才。轮到该他"全国统一高考"的时候，没能赶上科举的末班车。在日本弘文书院师范毕业的堂兄指点下，曾祖父东渡扶桑求学。清末民初从东洋"海龟"之后，当上了一名吃公家饭的"公务员"，先后在江苏、湖北、哈尔滨、北京（平）、江西等地兢兢业业地办差。从民国十年起直到公元1935年退休，曾祖父大部分时间一直是在北京（平）工作和居住。

1920年起，曾祖父长期居住在现今建国门大街古观象台附近的东裱褙胡同铁匠营。位于老北京外城墙内东南角的裱褙胡同总长度约为1000米，分为东、西裱褙胡同。铁匠营的东边是古观象台，北面是贡院。贡院就是北京古代开科取士，向皇帝陛下进贡人才的"全国统一高考"场地。据说裱褙胡同的来历和这个贡院多少还有些关系，那时因为来来往往的文化人在这里扎堆的特别多，裱褙字画生意就格外兴隆，很多做裱褙字画生意的店面在这条胡同里应运而生，顾得此名。至于这个"居民小区"为什么叫铁匠营就无从考据了。不过在冷兵器时代，世界各国、各朝各代对能工巧匠们都是尊敬有加的。无论如何，这里听起来倒都很像块能文善武的风水宝地。

铁匠营的正西面现在是中国海关总署的大楼，南面崇文门以东就是当今的北京火车站。从铁匠营到东边的古观象台不过100多米，相当于饭后百步走的距离。在西南方向距铁匠营约三里远的地方，有一所颇有名气的汇文小学。比较民国三年绘制的地图和21世纪的卫星地图，可以清楚地看到历史遗留的一些残存痕迹和沧海桑田式的巨大变迁。在铁匠营的邻居里，有几位是曾祖父的同事，其中有一两家老外，还有一位晚年热心教育事业的前清进士廖老先生。他的女儿廖伟予于1919年出生在铁匠营黄土大院。廖女士现在是邢台的退休教师，已90岁高龄。

曾祖父在铁匠营的房子是中西合璧式的。院落是典型的中式四合院，但房屋里外建筑上明显有西化特征，窗户上还有百叶窗。1927年前，在家里常住的有曾祖母、祖父的三妹四妹。家里请了杨妈帮忙，还雇了拉洋车的司机大刘师傅。当年祖父去天津南开大学闯天下的时候，家眷暂时留在了北平"观敌料阵"。祖父的二公子就是1926年在北平裱褙胡同铁匠营黄土大院里出生的，取名为平。1927年，祖母带着宁、平两位公子和三、四姑奶奶去了天津南开与祖父会合。

1929年秋，祖父应聘清华时，正值当时的国立清华大学校长罗家伦搞学术化，大举招兵买马。在1928到1930年间，新聘的教授多达三四十人。物理系的吴有训、萨本栋、周培源，化学系的张子高、黄子卿、萨本铁，算学系的杨武之，生物系的吴蕴珍、陈桢，文学院的冯友兰、邓以蛰、杨振声、俞平伯、刘文典、浦薛凤、张奚若、蒋廷黻、叶公超，还有经济系的萧遽、工程系的施嘉炀等等。一时间人满为"患"，教授们在清华园的住房就成了急需解决的难题。祖父刚到清华时，因为城里曾祖父处有住房，家属没有直接住进清华园，就暂时住在北平裱褙胡同。祖母带着两个儿子宁、平回到了北平城里，铁匠营黄土大院的家中立刻热闹起来了。据伯父宁回忆，院子里房子很大，间数很多。除了曾祖父母、祖母一家，加上杨妈和大刘师傅四家人住，还有空房供小孩们玩耍。

长公子宁（我的伯父）住在城里的裱褙胡同时，就近在北平汇文小学上学，他的老师是后来大名鼎鼎的孙敬修先生。孙先生多才多艺，既能教国文、算术、自然、历史、地理，还能教美术、音乐。伯父宁后来成了京剧知名票友，这是否与孙老师的启蒙教育有关已无从考证了。孙敬修讲故事的天分来自其会说书的父亲孙长青，但在电台上讲故事走红则纯属意外。1932年他带着学生们在北平广播电台直播唱歌、朗诵和演奏乐器，不料时间没掌握好，提前 3 分钟就演完了。孙老师赶紧救场，急中生智讲了一个《狼来了》的小故事。不料反应奇佳，一炮走红，收听率大增。后来电台每周都请孙先生讲一个故事。

孙先生和祖父刚开始仅仅是老师和学生家长的普通关系，后来发展成了好朋友。抗战胜利清华返校回北平之后，祖父拟请孙先生来主持清华成志小学，也叫清华大学先修班（预科），由于种种原因孙先生没有来，但友谊一直延续到解放后。再后来孙先生的好朋友石老师来到清华成志小学任教。

早在 1930 年代，汇文小学就已经很流行小学生纪念册了。当时初级部教导主任孙敬修老师让伯父宁交一张照片用于编辑学生纪念册。宁将他与弟弟平的一张合影交给了孙老师，后来纪念册上就多出了一个戴毛线帽的编外小学生平。孙老师对这位从来没有教过的编外学生一直很关照，1947年在清华物理系上学的平因病在北平医院做手术，孙敬修先生听说此事后，有一天外出办事路过该医院时，还专程到病房探望了这位"编外学生"。平的病友们都认出了这位故事大王，很奇怪并很羡慕他能来探望平。60 多年后，家父平回忆起当时的情景还颇为得意。

　　住在铁匠营的日子里，家里又发生了一件喜事。1930 年夏，祖父的大女儿清（我的大姑）出生了。不像 1926 年那会儿，公子平是在铁匠营家里由接生婆或助产士接生的，1930 年大姑清则是在北平协和医院出生的，聆听她婴儿时第一声啼哭的碰巧是妇产科大夫林巧稚。那时林大夫 1929 年刚以优异成绩从协和医学院毕业，留在协和医院当妇产科大夫，于是，清有幸成为林巧稚大夫亲自接生的五万多婴儿之一。二十一世纪初，协和医院为了纪念林巧稚大夫搞了一项对她所接生婴儿的追踪调查，居然从茫茫人海里找到了大姑清，令大家十分惊奇。大姑一家在他们兄弟姐妹四人中流动性最大，先后在大西北、张家口、内蒙古、四川等地居住过，直到七十年代末才调回北京。通过参与这项追踪调查，清看到了她的原始出生纪录和准确的出生日期。她一直根据婴儿照片上她四姑（我的四姑奶奶）写的日期作为她的生日，没想到 70 多年来她过的都是别人的生日。

　　祖父把清华生物系的工作安顿好了之后，才将曾祖母和全家老小都搬到了清华园。从北平城里搬家到西郊清华园的具体时间现在已很难考证了，但应该是在 1930 年冬 1931 年春左右，最可能的时间为 1931 年寒假。曾祖父后来没有继续租用裱褙胡同的房子，而是搬到了西直门大街一处较小的房子，也许是因为这里离曾祖父上班的德胜门以及祖父工作居住的清华园都比较近的缘故。自此，整个大家庭的中心渐渐移到了北平郊外的清华园。

【跟帖】

凤：象读历史书一样！难得您能收集到这么多珍贵的资料。您伯父和您父亲小时候还挺顽皮的样子。

外星人：很翔实，又有那么多知名人物穿插其中。深具文献价值。

搬入清华园

　　1931 年，30 出头的祖父带着全家老小从北平城里的裱褙胡同搬到了郊外的清华园的教职员宿舍，住进了北院 2 号。

　　清华园坐落在北平外城墙西北角偏北，它的西北面紧挨着圆明园遗址。出清华西门向西大约七八里地，就是颐和园的昆明湖畔了。民国那会儿，出了西直门，从西直门火车站沿京张铁路向北一站地，就是清华园南站，这一站地的直线距离足足有八公里之多。京张铁路从北京丰台起，经八达岭居庸关直至张家口，全长 200 公里，于 1909 年建造完工。这是中国人自行设计建造的第一条公用铁路，实际造价仅为外国筑路公司索价的 20%。京张铁路会办兼总工程师正是耶鲁的一位老校友詹天佑先生，清华园火车站的站名就是他亲笔题写的。临近铁路交通便利，据说这也是当时选中清华园办学堂的理由之一。

清华园西南角的近邻，是司徒雷登创办的燕京大学校园——燕园，这里 1952 年之后就成了新北大校址。燕园的正南边是海淀镇，东面是成府镇。海淀和成府之所以迅速发展成繁华小镇子，还是托了慈禧老佛爷的"福"。想当年，老佛爷在颐和园休闲兼办公，大臣们大清早从城里赶到颐和园"上早朝"着实不方便，于是就在成府海淀一带造了不少讲究的别墅。到了民国初期，成府有些房屋就成了清华学堂早期华籍教职员的住房，清华师生的日常生活必需品都是由成府镇上的商家提供的。如今海淀镇已经发展成为了北京市的一个大区，而成府镇则退化得只剩下了一个包括成府小学在内的很小的社区和现今清华大学南边的那条成府路了。

清华园由西近春园和东熙春园组成，咸丰登基后将熙春园改名为清华园。1860 年 10 月 18 日，"两只野兽"野蛮地放火焚烧了举世闻名的圆明园。大火烧了几天几夜，一直蔓延到近春园，把它烧成了一片"荒岛"。在逼近清华园时，火居然渐渐熄灭了，老天爷保留下了这片水木清华的园林。工字厅和古月堂都是园林里的古建筑，与厅前的荷花池一起构成了幽静绝美的水木清华核心景点。工字厅和古月堂后来成为清华留美预备学堂的办公地点和华籍单身教员的宿舍。

坐北朝南的清华"原配"校门是用庚款在清华园里建造的最早一批建筑。后来又新修建了西校门和南校门，这个原校门就屈尊成了俗称的"二校门"。也不知道是哪位大师的杰作，我觉得"二"字用得着实不妥，论排行它可是老大。原校门，老校门，大校门，一校门，都比二校门贴切，也许这二校门的绰号冥冥之中暗示着什么？1966 年 8 月 24 日又被当成"四旧"给破了。正所谓不破不立，1967 年 4 月蒯大富为首的"清华井冈山"在此处矗立起全国第一座毛主席挥手指航向的大型雕像，基座上篆刻着"永远健康"的副统帅亲笔题写的"四个伟大"。之后，众多的毛主席雕像如雨后春笋一般遍布了一片红的祖国山河。在大串联浪潮结束之后和全面武斗爆发之前的平静期，笔者曾经造访过北京清华大学，一不留神，有幸成了全国第一雕像的最早一批朝拜者之一。

经过了整整 20 年，七千多个昼夜的日晒风吹雨淋，这座全国第一雕像终于完成了它的历史使命。1991 年清华 80 周年校庆之际，新版二校门又在原址拔地而起，成了真正的"二"校门。而在海峡对岸新竹清华大学也有一座小号的"三校门"，喻示了此清华和彼清华之间割不断的血缘关系。进入再造的二校门之后，你能看到一片开阔的大草坪和清华早期建于 1919-1920 年的四大建筑——大礼堂、图书馆、科学馆和体育馆，从而构成了清华最早的高楼群。三十年代初，又陆续建造了生物学馆、化学馆和气象台。这些高楼里的大师们孜孜不倦地培养出一批又一批新科大师小弟。无论是大师还是小弟，科学巨擘还是平常教书匠，他们也都是普普通通的人，都需要衣食住行，也得吃喝拉撒。所以，下面咱们去瞧瞧当年清华教职员的住宅情况。

图书馆以北靠老围墙的北院是清华园内最早的教员宿舍，建于1911 年，由 17 套西式砖木洋房和一个公用俱乐部组成。清华学堂开学之前，17 位从大洋彼岸聘来的美籍洋教员们一个萝卜一个坑地住进了北院。后来又有其他外国籍的教员入住北院，故北院得绰号"美国地"或"小租界"。早期华籍单身教员住在古月堂和工字厅的宿舍，而拖家带口的教员则散居在成府一带。1917-1920 年间，清华在兴建四大建筑的同时，又在工字厅南建造了甲乙丙三座独立的西式别墅小院，作为学校领导的住宅。1931-1937 年和 1946-1948 年，梅贻琦校长一家一直住在甲所。

第一个中国教授教员最集中的校内住宅区是南院，位于清华校门南面，1921 年完工，由 10 套西式和 10 套中式住宅组成。1924 年在近春园荒岛的西面，学校又为中国教职员建造了 20 套中式四合院，称为西院。北、南、西院的坐标参考原点都应该是那个号称二校门的原校门。校园围墙东面的京张铁路阻碍了居住区向东面发展，不过总共 60多套家庭住宅和若干个单身宿舍基本满足了当时清华学校教职员的住房要求。

　　1928 年年轻气盛的罗少将家伦校长上台后，赶走了一批混日子的洋烂芋，也解聘了不少中国教授。中文系教员浦江青在日记中详细记载了清华学生欢迎罗校长和驱逐五教授的事件，看来在清华当教授也没那么好混呢。该事件到底是学生自发的，还是有黑手背后操纵就不得而知了。不过别忘了，罗少将自己就是五四干将出身，搞学生运动自然是轻车熟道，得心应手嘛。后来这五位教授有些成了中国著名大学的校长，有的成了海内外知名的学者。由此看来，家伦少将当年肯定犯了把脏水和婴儿一起都倒掉的愚蠢错误。

　　罗校长当年最大政绩是求贤似渴，狂募大师。1928-1930 年间是清华教授增加最多最快的时期。1931 年后，第九任校长梅贻琦上任后，不仅继承了广招大师的既定方针，还扩充了工学院。原来的教授住宅已经无法承受了。1933 年在西院南边又增加了 10 套较小的日式住宅，也称为新西院。1933 年还专门为女教员和女学生修建了静斋，巾帼才女们这才从古月堂迁入新居静斋。1934 年又在南院以南破土兴建了新南院，它由 30 套最新款式的西式花园别墅住宅组成，不少资深教授如吴有训、周培源、陈岱孙、金岳霖等都陆续搬进了进去。1937 年又继续向南扩展，建造了新新南院。读者一定会以为南院、新南院、新新南院听起来好像太没文化了，朱自清教授似乎也有同感。抗战胜利清华复员回北平后，经朱教授提议，南院、新南院、新新南院更名为照澜院、新林院和普吉院，而 1946 年建造的老清华最后一个教授住宅区起名为胜因院。后两个有点仙骨道风的名字是以昆明郊外大普吉村和胜因寺命名的，其寓意是纪念它们在 8 年抗战中为清华人提供了栖身之地。

【跟帖】

风：充满敬意地跟着古先生翔实的文字走过那一段烽火岁月。

遍野：史料详尽,烽火再现,像是看了一部历史资料记录影片，看得出是投入了不少心血,古月君辛苦了。谢谢分享这些珍贵的文献。等着看尊祖父更多的创业事迹,一定会是很感人的!

3、　碧云天

【杂文】虎妈狼爸且休矣

　　前一阵，出了个美国虎妈，最近又出了个中国狼爸。我不知是否因为最终把自己的孩子送进了顶尖大学，从而有了出书的资本，来展示他们独特的教育方法。作为一个国内高三孩子的家长，对于市面上这样的书居然流行，我深感不解。他们的教育方法具有普遍意义吗？只不过是极个别的特例罢了。

　　中国自古有"唯有读书高"的论调，书中自有颜如玉，书中自有黄金屋。做家长的也几无例外地希望自己的孩子读书好，成绩好，这一点是毋庸置疑的。可是，即便是同一家庭的双胞胎，采用同样的教育方法，教育出来的孩子也许会完全不同。

　　在孩子的成长过程中，获取知识只是人生的一部分，更多的是培养生理、心理的健康，这样将来走上社会才会有立足之地。在我看来，与其说虎妈狼爸把孩子送进了顶尖大学，不如说是把他们逼进了名校。与其说他们是爱孩子，不如说他们是爱自己，爱自己的面子。就拿狼爸来说，这个爸爸实在是太功利。"我给老大萧尧的目标定位是超过季羡林，差不多跟吴宓一个水平。我大胆地跟儿子谈这个，实现与否未可知，但必须要有这个目标。而且我觉得只要没有太多的干扰，他超过季羡林绝对没问题。"其实，大师之所以成为大师，并不是他从小就立下志向一定要超越谁，而是他们对待学问的态度，是享受知识而不是单纯地利用知识来沽名钓誉。

　　狼爸自诩自己的教育方式是回归传统，可传统的教育方法并不意味着打骂体罚。从狼爸自己的人生经历可以看出，小时候的生活对他的影响很大：他父亲是国民党时期的宪兵队长，在家中极具权威；母亲则不说道理，每天两顿以上地打自己的儿子。在如此暴力环境中长大的人，往往在成年后会有两种倾向：一种容易有暴力倾向，因为他将暴力视为正常；另一种是物极必反，对暴力极其痛恨。而在温暖和谐家庭长大的孩子，则更容易有爱心和耐心。狼爸显然是继承了家庭的暴力传统，所以，我质疑狼爸的孩子走上社会之后会表现出什么样的人格。记得他的一个孩子说了这么一句："进了北大之后才发现，原来那么多进北大的，也不是经历这样的教育才考上的。"这是孩子内心的一句实话，其中的含义不言而喻。也许孩子不会直接表达对父亲的反对，但是内心却不一定认同。

几年前有本书叫《哈佛女孩刘亦婷》，其中讲到为了磨练孩子的意志，冬天的时候，让女孩手握冰块，直至融化。我不理解这样做有什么意义，似乎那位母亲并不是孩子的亲生母亲。

还有一次看到这样一位家长，孩子参加学校演出忘带演出道具向她求助时，她竟然断然拒绝，宁可让女儿耽误演出，说是给女儿一个教训，为了培养她独立自主的性格。如果孩子在遇到困难时，连最亲爱的人都不肯伸出援手，孩子对别人还有何信任可言？也许孩子长大后，是个非常独立自主的人，可是心理上会不会有所偏差？

我儿子今年高三，在一所重点中学，身边有不少已经被北大清华提前签约录取的同学，这些同学都很阳光。前一阵学校运动会上引体向上项目第一名的，就是被保送清华的一个男孩。我们高三家长 QQ 群里有 200 多个家长，都不会打骂体罚孩子。家长们为孩子做的，是从小培养孩子良好的学习习惯，为他们提供一个良好的学习氛围。从小严格教育当然是有的，但绝对不是虎妈狼爸那种变态的方法。我们家长之间是朋友，孩子们之间也是朋友。我大姐的孩子，是我从小看到大的，当年是地区的高考状元，进了清华，也是一个非常阳光的一个孩子。学习之余，也会玩玩游戏，打打篮球，参加同学的聚会。

我也听到过令人惋惜的例子。QQ 群里一位家长的朋友，他们一直引以为傲的女儿，在哈佛读书时，结束了自己年轻的生命。另一位朋友的儿子，考入清华后，申请退学，回家跟父母说，你们要求我做的，我现在都做到了，考上了最好的中学、最好的大学，现在，我该做回我自己了。于是，这两年多来，男孩每天把自己关在房间里玩游戏，吃饭都不肯迈出房门一步，也不跟任何同学朋友来往。他的父母现在是后悔莫及，悔之晚矣。我不知道这些孩子当初承受了怎样的压力，承载了父母多大的期望。到如今，这对父母，也许只要孩子健康、快乐，就是最大的幸福了吧。

其实，社会是多元化的，并不是只有考上北大清华才是成功。更多的孩子是普通的孩子，能够考上一所大学，学到一技之长，将来有简单快乐的生活，未必不是成功的人生。

我倒是希望更多地看到将平凡普通的孩子培养得更健康、更幸福的书。虎妈狼爸且休矣！

【跟帖】

陶江湖：让孩子做回自己，这个很重要，比考上什么学校更重要。出狼爸虎妈这种书的人本身就很功利，看这种书的人也很功利，所以才会流行啊。

小平：成功固然是一件令人振奋的事情，但成功是什么？怎样才是成功？成功能走多远？这都是问题。

【随笔】美国生活（两篇）

乡村主妇

来到美国三天了，最大的感受就是从勤勤恳恳的上班族变成了勤劳的乡村主妇。

半夜到达，安顿好儿子睡觉，打完报平安电话，已经凌晨两点。睡一觉，睁开眼，才四点半。窗外路灯明亮。躺了一会，也睡不着，起床洗澡洗衣服，然后端着盆，跟 LD 一起出门到公共晾衣区去晾衣服。以后几乎每天早晨都重复这一劳动。

收拾完毕，儿子还在酣睡。LD 带我四周转转。

天亮了，太阳也跟着耀眼起来。辽阔的蓝天白云，带着青草味的空气，久违的草地露珠，啾啾鸣叫的小鸟，空旷的道路草坪，朴素的两层宿舍小楼，气派的棒球场，可爱的幼儿园……

正值暑假期间，宿舍区人烟稀少。转了半天，只看到一对中国老年夫妇在打太极拳，想必是来帮儿女照看小宝宝的。后来在晾衣区还看见几位中国学生，没有一点异国他乡的感觉。

LD 提前几天采购了很多食物放在冰箱里，做饭成了我的主要工作。每天一块牛排，成了儿子的主打。

这里白天很热，气温高达 38°C，阳光炽烈，不能出门。

因为夏令时，晚上九点了，天还没完全黑。我们吃完晚饭，八点出门散步。LD 请我们吃了本州著名的 BRAUMS 冰激凌，果然好味道！

在鸭子塘，一对美国夫妇带着三个孩子在跟成群的鸭子嬉戏。年轻的爸爸看见我们，热情地递给我们一块面包，让我们喂食。看见我们手中的食物，鸭子们都围了上来。我掰一小块拿在手里，鸭子嘴巴就伸过来啄去了。儿子胆小，只敢掰了面包扔出去。离开的时候，我们看见两位美国美女专门带了两大袋的面包前来喂鸭子。难怪这些没有主人的鸭子们都那么肥肥胖胖呢。

感受残疾人生活

近日右脚患有小疾，行走不便，体验了一把残疾人的苦楚。上下台阶不便，上厕所不便，乘车不便。除了去医院换药，根本不想出门。难怪中国的残疾人几乎消失在我们的生活中，在公共场合很少能看到残疾人。

联想起来，美国人口不到中国的 1/4，但我在美国公共场合看到的残疾人却比中国多。显然，不是美国的残疾人数量比中国的多，而是因为在美国如果你是一位残疾人，你丝毫不用担心，你的生活会跟正常人一样便利，甚至能得到更多的便利。在美国，残疾人得到的帮助是体现在生活的各个细节中。

残疾人的轮椅由政府免费提供。公共建筑门口的台阶有轮椅通道自不必说，只要有门之处，如果不是自动感应门或有人服务的门，在坐轮椅者触手可及的地方，有专用按钮，只要一按，门就自动地朝前打开。

在超市，有专门给残疾人使用的带有购物筐的电动轮椅，可以带你到超市的每个角落选购商品。

公交车上，都设有轮椅登车升降板，司机只要一按按钮，平时收拢在车门上方的踏板就会缓缓放下，连接在车门与路面之间，残疾人便可以坐轮椅自行上下车。车上有残疾人专用座位，可以固定轮椅，确保安全。

公共场所的卫生间，大多都有专供残疾人使用的。马桶旁边有把手，而且空间往往是正常卫生间的两三倍大小，便于放置宽大的轮椅，或留出让旁人照顾的余地。

机场的饮水机设有自动感应装置，以方便残疾人使用。

在停车场，残疾人车位永远是在最便捷、离附近建筑物最近的位置。非残疾人不得占用，一发现占用情况，拖车罚款，绝不留情。

在加油站，如果残疾人需要，可以直接按钮呼唤工作人员。工作人员免费为你服务。

我在校园，经常可以看见坐轮椅的学生自如地开着轮椅车在校园穿梭。还见过一位坐轮椅的妈妈怀抱一位小宝宝在街上"行走"。一次参加聚会，一位先生坐在轮椅上，热情开朗地与大家交谈，丝毫没有残疾人的自卑与不适。

在休斯顿参观 NASA（美国国家航空航天局）的时候，一位残疾人坐在轮椅上跟大家一起乘小火车参观。参观过程中，工作人员始终帮助他随着大部队上车下车，进入每一个开放点。整列小火车的游客毫无怨言，等待轮椅先生的每一次上上下下，一起享受参观的乐趣。

最令我难忘的是曾经在连续两个星期天的中午，在住处附近的大教堂，看见一位坐轮椅的青年男子做完礼拜从教堂出来，独自一人娴熟地挪到停在教堂门口位置的车上，驾车离去。

试想，残疾人一样可以开车、购物、学习，甚至去教堂，与常人的生活有什么区别呢？在平时的生活中，残疾人并不会受到特别关注，他们融入到常人的生活中，享受的是常人生活的尊严和乐趣。

美国残疾人的权利，也是残疾人不断争取得来的，如今受到法律保护。《康复法案》、《残疾人教育法案》、《美国残疾人法案》等一系列保护残疾人法律的出台并且实施，保障了残疾人如常人一样地生活。

在美国，双腿残疾坐在轮椅上的富兰克林·罗斯福，能成为杰出的总统；伊扎克·帕尔曼能成为响誉世界的小提琴大师。我想这也绝不仅仅是因为他们个人的天赋和毅力吧。

如今，残疾人的生存状态，在我国也受到越来越多的重视和关注。什么时候我国的残疾人也能如常人一样，自由出入在生活的每个角落就好了。

【跟帖】

Muyu：中国的问题还是一个数量问题。数量一多，连正常人的权益都难保证。

秋尘：美国这些方面的确很方便。不过，现在情况在下滑，比如公交服务，显然比前几年差多了。另外，美国的残疾人的确很多，不知道为什么，也许是像你说的，因为生活方便才出门？

【随笔】和孩子一起成长

星期六上午，去参加了一次家长会。家长会的主题是"和孩子一起成长"。

家长会的地点在南京师大附中礼堂。因为儿子所在初中属于南师附中教育集团，很多资源共享，儿子初中时我就在这里参加过数次初中家长会。而这次，是第一次以南京师大附中高一新生家长的身份参加家长会，心情不可同日而语。

从初中到高中，也就是上课地点从西院到东院，还是同一个食堂，还是同一个操场，还是同一个未名湖，还是同一栋礼堂。可三年的路，有起伏，有坦途，一路走来，依然历历在目。

还记得儿子初中刚进校时，几乎比同学矮一头，有位家长说他看起来就像三年级的小学生。初二开学时第一篇作文题目就是《渴望长高》。如今跟儿子站在一起，我须仰视。

初二升初三时，儿子尝到了人生中的第一次失败。那个夏天，因为爸爸即将远行，儿子的情绪受到严重影响，在一次比较重要的分班考试中失手。可喜的是，儿子并没有被失败打倒，也没有因为校区搬迁自怨自艾，更没有因为生病拉下功课。初三反而是儿子整个初中阶段成绩最好的一年，一直稳定在班级乃至年级前列，中考模考在年级排名第三而获得南师附中省招班加分分班的优惠录取条件。中考时，却因为掉以轻心没发挥出水平，虽过南师附中录取线却未取得高分，所幸省招班考试轻松通过。可以说，儿子的高中将在江苏省最好的学校最好的班级度过。这也就是我不想现在就送儿子去美国读书的原因之一。

星期天，是儿子高中生涯的第一天。早晨，喊起睡了一个暑假懒觉的儿子，收拾完毕，送他下楼，到学校去报到。晚上，儿子在家试穿第二天军训要穿的迷彩服。三年前，儿子也在家试穿初中军训的迷彩服。除了衣服颜色由绿色变成了这次的蓝色，最大的变化是儿子穿上军装，不再显得那么小，俨然一个有模有样的年轻军人。

新的三年又将开始。

原本学校要将今年的省招班全部放在郊区的分校住校上课，因为市区家长的反对，几经努力，如今儿子得以和部分市区的省招班孩子一起留在本部编班上课。最多三年，儿子将离开家庭，独自放飞。我如何舍得这三年宝贵的时光。

儿子，我将陪着你走过高中的路程，珍惜你生活中的点点滴滴，和你一起成长！

【跟帖】

明珠： 孩子长大了总要远行，珍惜在一起的分分秒秒，那是我们最宝贵的财富。

外星人： 妈妈的心，令人感动。有妈的孩子是个宝，一点也不假。如果这个妈妈有文化又有爱心，这个孩子不更是一个宝吗？阿碧的儿子，就是这样的宝。希望他长大了，能有这个看见和感激。所有的孩子，都能以感恩的心，回报父母。

4、 寂寞沙洲

【散文】品味咖啡

是在不知不觉中亲近咖啡，不知不觉中就成为了心中喜爱，不知不觉中就离不开了。

常常在上午的时光，抽个空闲，停下手里的事情，用近乎抚摸的柔情，拿起咖啡壶，一点点注入纯净的清水，慢慢覆上滤纸，一小勺一小勺的放上咖啡粉，拧好壶盖，放到底座上开始煮。然后咖啡香就在期待中逸出一丝一缕，只消片刻就咕咕地沸腾了，热气和黑咖啡顶上来，浓烈的香气扑鼻而来，弥漫在房间，拎起壶倾倒入玲珑的杯子。事先放好的冰糖在沸热中渐渐融化，两三勺奶精让黑咖啡的颜色变得柔和，小汤匙在搅动中把更浓的香送到鼻翼，还未举杯，已有三两分陶醉了。

等到气定神闲地轻轻啜一口，丝丝苦丝丝甜丝丝香便一起入了心，竟觉得万种风情尽在这一杯。于是端起小杯子，慢悠悠地饮，汤匙搅动中目光便有些迷离，些些的心事浮上来又缓缓地沉下去，心也就渐渐静下来，静到只有眼前的咖啡，只需一口一口地啜饮。似乎，生活原本就没有凡尘琐事，原本就是一杯香浓可口的咖啡，原本就是这样的安逸和安详。一杯咖啡的情调，让平淡和平常的日子散发了诗意的味道，衬托得人也雅致起来。呵呵，在这样的时刻，既可以眼望窗外，感知外面世界的精彩，又可以环视内心，独享内在的平实与丰厚。静谧里，时光浸润在一杯咖啡里，我拥有着，享受着。

自己煮自己喝，自斟自饮自乐。偶尔有不见外的朋友到我这里，我也会不在乎献丑，请朋友喝一杯。我会很快乐地忙碌，然后很快乐地看她（他）喝。彼此未必是深交，但是却一定有相悦，简单地说些话，享受着只可意会的交流。

也有些时候，是和三两朋友分享，一起喝咖啡的情景又是另一种美妙了。在咖啡馆，大多是和两个好朋友一起，那时咖啡只是点缀，三个闺蜜在一起，聊天才是主要的，不过是要借那缕香烘托氛围。咖啡的味道一般是禁不起推敲的，我们在意的不是咖啡了，而偶尔也有煮的很不错的爱尔兰咖啡和蓝山咖啡，则是意外的惊喜。

真的是要品咖啡，就会约好了去朋友家，亲自动手。好友会取出她一套精致的咖啡用具，拿出巴西的咖啡豆，我会特别踊跃地要求磨豆。摇动把柄研磨的过程也仿佛是与一个可心的朋友亲近，心里洋溢着喜悦，两个女友则会把磨好的粉装入咖啡机，煮好、调好，放到我面前，她们的温柔贤淑优雅也一并融入面前的咖啡。那样的咖啡堪称极致，是需要天时地利人和才能成就的，不可多得也就更难能可贵。三个人赞不绝口地夸着咖啡的好味道，不负了这上好的咖啡和一份隆重的用心。那样的时光，温馨得如同秋日的阳光，慵懒散淡中透出迷人的风韵，咖啡便喝出心灵的契合来，知己之乐尽在杯中了。

多年来，每次听到那首《走过咖啡屋》都感觉无比的亲切，"芳香的咖啡飘满小屋，对你的思念依然如故……"未必是咖啡屋里一定有故事，但歌声里却透着年少情愫的纯净，所以喜欢听，在歌里重温少年时。

一杯咖啡，可以无限意蕴，也可以只是一杯咖啡，简单与繁复都在自己。岁月的流逝，会让很多喧闹归于淡静，但一杯咖啡却越来越值得品味，越来越照见日子的从容与美好。

【跟帖】

秋尘： *又是一篇美丽的心情文字！你的文字很细腻，很小资，很敏感，很美丽。读后，像闻到的花粉的芳香一般……*

【散文】享受奥运

不说百年奥运的期待，不说七年前梦想成真，不说在奥运来临之前，我们怎样翘首以待，就从北京奥运开始算起吧，我们享受了一段难忘的时光，我们体验了幸福和快乐。

8月24日的开幕式，吸引了全世界人的眼光。我在观看中不断感叹，完美、无可挑剔！作为中国人我骄傲、自豪、幸福，因为之前我担心会不会有瑕疵，怕万一有什么不好，在客人面前丢了脸。我想不仅是我有这种想法，北京奥运让我们每一个中国人都觉得自己是主人，荣辱关乎每一个人，荣誉属于我们每一个人。张艺谋有大才，呈现了优美、大气、浪漫的开幕式，这一完美让我们幸福和陶醉。

伴随着美轮美奂的开幕式，我们开始了享受奥运的每一天。是的，每一天。早上醒来，我们就想到今天有精彩的赛事，我们会揣测我们中国今天会有几枚金牌入账，因为这期待，我们的心充实而快乐。而在看比赛的过程中，那些激动人心的时刻又是多么难忘，我们会握着拳头、拎着心、大气不敢出地沉浸在比赛里；逢着紧张赛点的时候，手心都攥出了汗。作为中国的运动员，真的很幸福，因为那么多国人都是他（她）的亲人、家人，在为他（她）加油，和他（她）一同分享成功的喜悦，也会为他（她）的失利惋惜。

在看比赛时，我常常看得泪流不止。看到中国运动员那么艰难地拼搏后终于夺冠了，他们激动得哭了，用眼泪释放他们内心的百感交集，我也忍不住掉眼泪，为这种成就的得之不易，觉得倍受感染。当五星红旗冉冉升起时内心更是觉得特别骄傲和自豪。这些运动员为国争光了，他们为了国家荣誉付出了那么多，甚至牺牲了那么多，看得让我们感动，让我们心疼，让我们感到他们可敬可爱！那一个个精彩瞬间更让我们感知了奥林匹克的魅力，充满未知的悬念，充满变数，不到最后，谁都难以笃定花落谁家。我们就这样每天享受着奥运会给我们带来的怦然心动，享受着紧张刺激的比赛气氛，享受着那种掺杂了喜悦和遗憾的身心倾注的快乐。

奥运会的第一天，我们期待首金。看射击比赛时，我看杜丽的动作，内心的预感是她拿不到首金，我觉得她压力太大了，超过了她的承受力；但是我又希望自己的感觉是错的，我不敢把这种不吉利的感觉说出来，我只是悬着心，看她一枪一枪地打，在每一次环数出来前，心都紧张地似乎忘了跳动，最终杜丽没有拿到奖牌。在后来的采访中杜丽哭了，如她所讲她太想让五星红旗升起了。但中国的观众是包容的，我在网上看到的帖子，大家都表现了体谅和宽容。这特别让人感到温暖和宽慰，因为中国人更理性，更能以平和的心对待胜负了。可以说，从第一天开始就是一种很温暖的气氛，整个奥运会期间，国人看重更多的是拼搏的精神和过程的精彩，对待失误乃至刘翔退赛没有过多的牢骚和抱怨，较为平静地接受了。这非常难得，我们不是单纯看重金牌，我们更看重参与，看重诠释奥林匹克精神，看重赛事带来的快乐。我们赢得起，也输得起。所以杜丽后来调整自己终于摘得一枚金牌时，那笑容是多么甜美，我们看得也非常开心。我们失掉了摘金的机会，却体现了公正和坦荡。比如陈中，用自己的行动赢得世人的尊敬。我们也分享了其他国家运动员带来的快乐，为拿到八枚金牌、梦圆北京的美国游泳健将菲尔普斯叫好，为梦八队的高超技艺熬夜观战。我们为全世界的运动员加油，我们的心面向世界，为每一个精湛，为每一份突破，为每一个美丽瞬间喝彩！

16 天，17 个夜晚，我们谈论奥运，我们心系奥运，我们关注奥运，我们体会奥运，我们快乐地享受奥运。

享受奥运！即使我不能到现场感受，但是每个晚上在电视机前，我享受着激情奥运，全身心沉浸在观赛的快乐里。我觉得每天都过得那么好，视觉的盛宴、精神的奢侈，让我体验深深的幸福。奥运会给我们带来深深的幸福感。

奥运会是举国盛事，大家都在关注。下午出门打车，与出租车司机闲聊，我问她生意如何。她说大家都看奥运会了，很少有人出来。我很惊讶，没想到奥运会甚至改变了人们的生活轨迹。她接着说开幕式那天根本拉不到人，出租车司机也都到大屏幕前看电视了，真没想到如此万人空巷。她说你看今天晚上更没有人了，都在家看闭幕式了。她的语气并不懊恼，我想她也是非常关注奥运会的吧。奥运会和我们每个人息息相关，奥运会在我们这段日子里是重头戏啊！

今晚，早早地坐在电视机前。如果说开幕式典雅柔美，那么闭幕式则华丽灿烂，洋溢着欢乐，闪现着一张张笑脸。运动员们做着可爱的鬼脸，放松，快乐，真的是欢乐的海洋，是一个快乐的大家庭，是同住地球村，可以靠得那么近，那么友爱。

那些富丽的色彩，那些辉煌的浓墨重彩是那么绚丽，象整个奥运会的浓重，我们的国家 100 枚奖牌，51 枚金牌，高居奖牌榜首。"升中华人民共和国国旗，奏中华人民共和国国歌！"多么动听的声音，我们可爱的运动健儿让我们一次次体验激动人心的喜悦。北京奥运让我们感受到我们国家的富强，人民的智慧，和社会的和谐。

奥委会主席罗格在闭幕式上情不自禁地说北京奥运会无与伦比！

我们做到了我们的庄严承诺。是的，我们用事实证明我们有能力举办好奥运会。我们骄傲，我们幸福。北京奥运，永远的辉煌记忆！

今晚之后，奥运会将成为我们的回味。生活回归到以往，而我们要做的是埋头耕耘，象那些努力了四年，默默付出四年的运动员，在一瞬间绽放光彩。我们要通过无数平常日子的踏踏实实，书写自己的精彩，为自己鼓掌喝彩！

【跟帖】
大草帽：的确是一次盛宴，放松心情，更能享受奥运的精彩。
Muyu：中国人还是很可爱，人人都有把奥运当自己事的情怀，眼界胸怀都宽多了。

【散文】看荷

终于对着满目的荷，竟不知如何是好。不仅仅是因为太美，美是理所当然。

荷的美怎么形容？

世间的花开在尘埃，而荷偏在盈盈碧波，偏在绿蜡涂抹的团扇样的荷叶间娉婷出一株又一株，超脱得百花无可比拟。我在荷前的局促，还因为看荷的心愿得偿。这曾经是我岁岁年年的盼望，一次一次的辜负，对荷的向往在日积月累里膨胀。而今，宛如梦想成真，面对突然而至的美，我欣喜得无措。

不是不曾看过荷。池塘小河也有零星的散落，公园里也有一角细细的幽香，可那些怎么过得了瘾？荷花之美，还在于万顷荷田的气势。"接天莲叶无穷碧"是宏大的铺排，才越显"映日荷花别样红"的美不胜收。于是诗人流连忘返，不吟诗不足以赞美，倾慕流出，便留下与荷相映生辉的千古佳句。荷之清雅，诗之隽永，痴迷了从古到今多少爱荷人。

荷叶如盖，荷茎亭亭，上面擎着的或是小荷初露尖尖角，无限的美包在淡红的外衣里，让人难禁心中想象。盛开的则是优美呈现，一片一片荷瓣团团围住荷心，黄的蕊在众星捧月里显得娇羞，吸引着注视的目光；半开半闭的则展示隐约的秀美，让人几乎想伸出手轻轻得抚摸，慢慢打开花间的华美。放眼看，是叶在水间的浮游，花在锦上的点缀。荷有红有白，白莲红荷各展风采，突出的还有莲蓬，繁华落尽还有饱满的果实，让观者不必有失落的叹息。虽然荷迎风轻摇，在视线里依旧疏朗有致。即使是满湖花色好，在心里却不敢有丝毫怠慢，每一株荷都带着超脱的傲气，清香可及，荷却不可及，依然是要保持心底的敬意，"只可远观不可亵玩矣"。如此美丽，又如此自尊自爱，观荷于岸，我怎么能只是一句赞美？还是噤声吧，细细地深深地看，看在眼，看在心，让一次与荷的幸会长久地愉悦身心。

荷是见之忘俗的花之精灵，论起来是该赏的，但我在心里实在是喜而爱，很想高攀做朋友一样。所以还是看荷吧，更亲些，更近些，我也因荷神清气爽些。

这片荷花盛开处，是近年来兴建的洪泽湖湿地，天开地阔，蓝天白云间有鸟高飞，下有河水沟渠，可供舟楫，岸边有芦苇丛生，路上有高大的树木，落叶被风卷起，如蝶舞，整个景区充满原生态的韵味，就如这荷田美得"天然去雕饰"，实在是景色绝佳处。因为藏在乡野之间，知者甚少，所以少了游人熙攘，但循这样一路风景访荷，整个人也似乎清雅起来，以致离去后还觉清香弥留，荷影浮动。

同行的朋友说，如果下点小雨就更好了。呵，细雨如珠滚在荷叶，荷花承雨露更添一抹妩媚；行人漫步雨里，脸上也带些水的轻灵，怎样的一幅美景？我不禁神往了。下次，我已经又在期待下一次了。看荷，有缘、有幸、有约，我再来亲近。

【跟帖】

外星人：寂寞沙洲痴，花之精灵美。看荷，咏荷。沙洲不寂寞，诗情画意浓。文美，心洁。识得荷花醉，不忘再亲近。

水影：想起家乡喜欢的荷，是世界上最美的荷。每年夏天，都会惊诧于它的美。

5、 叉

【杂文】对狗的忠诚

邻居史密斯太太家有一条大狼狗，深棕色的皮毛上混杂着一些黑色斑纹，远看像一只大花猫。狗的眼睛倒是炯炯有神，走起路来也是足下生风，只是两只耳朵几乎是垂直地向上伸展，让我不是很喜欢它。

史太太对拥有这条狗很是自豪，逢人便要述说它的家史，大概它有值得炫耀的血统。在这个社区住了四年，我有幸无数次亲耳聆听过史太太那手舞足蹈的渲染，然而，我至今连这条赫赫有名的狗的名字都不记得，更不用说它的品种了。

史太太每天都要陪狗散步两次，早晚各一次。史先生是从来不散步的，他喜欢坐在门楼里读报纸，时不时地扶一下老花眼镜。据说这条狗不散步的时候，如果不是狗生病了，就是史太太卧床不起了。

去年冬天的一天，史太太在给狗洗澡，史先生肚子饿了又等不及史太太准备晚餐，就自己烤 pizza 吃。也许是心中愤忿，也许是老眼昏花，也许是久不做饭了手生，反正史先生的手被烫着了，不得不上医院去。在接下来的这段时间里，史太太还是一如既往地每天陪狗散步，一天两次。

今天早上的雨下得不小，雨刷要开到第二档才能够看清楚路面。刚转出门前的车道不远，迎面就看到史太太的狗雄赳赳地奔了过来，步伐还是那么轻快。几乎淹没在蒙蒙雨雾中的史太太穿着一身浅灰色的带帽子的运动服，跟在狗的后面，步履有些蹒跚。我停了下来，把车窗摇下了一半，喊一声，史太太早，散步呀。也许这声喊太过突然，史太太硬是楞了一下才伸手抹去脸上的雨水。看清是我之后，史太太立即恢复了往日的可掬笑容，回一声，早上好，叉先生，嘿嘿，它要散步。

都说狗是人类的朋友，因为狗对人类忠诚，然而，人类对狗又何尝不忠诚？

【跟帖】

碧云天：有的人对狗照顾得无微不至，却对亲人行同陌路。不懂。

砖业人士：也对哦。人跟人之间不能歧视，那动物（人）和动物（狗）之间呢？

【政论】美国贪污和中国贪污

美国的法制确实减少了官员贪污的问题，或者更准确地说，解决了中小阶层官员的贪污问题。但高官的贪污，仍然没有解决，不仅没有解决，甚至可以说美国的法制赋予了高官贪污的权力。美国高官的贪污形式不是直接的贿赂，而主要体现在二级合同的获得，最臭名昭著的就是国防部、交通部和能源部。一级合同给了表面上不相干的单位，但是由一级合同单位再分割出来的二级合同，基本上就是高官的关系户了。背后的猫腻，普罗大众极难知道详情，这些都是在法制框架内完成的。更有甚者，连一级合同都要委托特别的私营管理机构执行，没有人知道为什么政府不懂得自己管理，需要私营机构的帮助。这些所谓的管理机构，无非将政府的需要转达给合同单位，将合同单位的工作结果，转交给政府而已，没有其他特别的作为。但是，这就是美国的现实。国家的钱，莫名其妙地落到了一些不相干人的口袋里。朱棣文就任能源部长后，表示要取消这些管理机构，他也不知道这些机构的具体工作和价值是什么。不知道他能不能做到？

也就是说，美国政府官员的贪污只局限于少数高官，但是数额巨大；而中国政府官员的贪污则是分散到大大小小的官员手里。所以说，中国的贪污体现在广度，而美国的贪污体现在深度。比较这两种贪污，美国式贪污所受到的抵触情绪要小些，这关乎人们习惯性横向比较的心理反应。比如在一个 100 人的团体中，有 100 元被 50 人贪污了，另外 50 人没有机会贪污，那么，平均每两人中就有一个贪污，一个没有贪污，概率是 50%，没有贪污的人就不高兴，因为他本来也有同样的贪污机会，结果却没有获得任何利益。如果这 100 元只被两个人贪污了，那些没有贪污的人，心里要好受些，毕竟有 98 人跟他一样，都没有贪污的机会。这就是人们的群体心理反应，只要多数人跟他一样，他就会觉得日子还不错，从而忽视那两个贪污了很多的人，虽然实质上，中国贪污和美国贪污的结果是一样的，有 100 元被人偷偷拿走了。

除了政府高官的贪污，美国还有更深度的贪污体系，就是由金本位制度所决定的银行家们和上市公司的企业家们。我们注意到高管们的薪水比平均工资高很多很多，也经常注意到高管们给自己发奖金，却很少去问为什么他们可以给自己发奖金，是谁赋予他们这样的权力。我们甚至默认他们给自己发奖金的合理性。这些，在中国都被称之为腐败现象，在美国却是合法的。长期以来老百姓们熟视无睹，他们认为阿猫的贪污要比阿狗的贪污更为高尚些。

必须承认的是，美国的制度确实解决了中国官员的广度腐败问题，利用的是人们在群体中的去个性心理。然而，我们更想知道的是，老百姓是不是因此就必须接受政府官员的深度腐败，以及银行家们的贪污？如果吸食鸦片可以治疗偏头疼，我们是不是必须沉湎于宣扬鸦片的止疼效果？

如果说中国的贪污是满脸雀斑，我看美国的腐败就是恶性脑瘤。

【跟帖】
秋尘：你是不是脸上有雀斑？要不然怎么会想得这么绝？不过哈，雀斑不是病呀。你应该挑一个病态才对，腐败总是一种病态。对不对？
夏凉：挺有意思的探讨。

【随笔】读书

从小就喜欢读书，不过小时候能得到的书不多，只能将就。从残缺的水浒红楼到鲁宾逊漂流记，从十万个为什么到日月星风云雷这样的科普读物，几乎是有什么书就读什么书。当然最喜欢的还是连环画小人书，在租借摊上不看到天黑都不知道回家。小时候读的书太杂，长大后的兴趣也就太杂，或者说根本就没有什么特别的兴趣，大概是什么都感兴趣的话也就无所谓兴趣了。

说来很有讽刺意味，对祖国传统文化的启蒙认识，竟是来自于阅读对她的批判书籍。那些书都是父亲单位上发下来的批林批孔学习材料，小学生的我很多字都还不认识，更谈不上懂得什么克己复礼儒家法家。虽然不知其然，也不知其所以然，可是竟然囫囵吞枣地读得津津有味。时至今日，回想起来还是无法理喻小时候的执着。也许，那是婴孩对母亲的依恋，是对我们优秀传统文化的天然亲近，尽管那时候她是以另外一种面目出现。也许，我天生就与我们遥远的祖先有着相通的心灵，这种心灵的融洽自然不会受到时空的阻隔，毕竟我的血液里面隐伏着他们的思想，他们的容貌。如此想来，也就不难理解缘何对于诋毁祖国文化的思潮总有着莫名的惊诧。直至今日，也是先贤们的智慧鞭策着我面对惨淡的人生。

记得还是读小学的时候，那个暑假特别的热，没有什么事可做，也不太到外面野，大部分时间只是闷在家里读书。很多年过去了，情景还是那么的清晰。那段时间读过一本李准写的短篇小说集，挺厚的一本书，有关五十年代农业合作社的事。书名倒是忘了，只是记得李双双的故事就在里面，让我对生活充满了好奇。想不到就是这些百无聊赖的闲读，对我思想的成长竟有如此深刻的影响。对生命的热爱，对生活的热爱，竟然来自于小时候看似苍白的阅读，尽管那时并没有意识到，也许是年纪太小的缘故。

读到一本好书不容易，最喜欢那些有思想性的书。在文字的后边隐藏着道理思想的文章，总是让我有莫名的兴奋，爱不释手，非细细地品味几番不可。对琼瑶的小儿女呻吟，总是提不起兴致，即若红楼这种惊世之作，也是无法静下心来欣赏。也就是这种偏废的心理，追求隐含着的信息，对文字的修饰竟然轻易地熟视无睹。直到现在，文章还是写不好，给人一种粗糙的感觉，大概就是源自于文字修辞功夫的欠缺。

刚读初中的时候，喜欢一些名人名言，奉为至宝，跟朋友聊天辩论时也爱引用，似乎那是学问的准则。长大后，终于发现这些名言是因为出自名人之口才成为名言，出自普通人之口的，只能是普通的句子。因而对所谓的名言有了些厌烦，不敢再随意卖弄，慢慢的也多已忘却。对借名人之言炫耀自己的，开口闭口某某大师说了什么的，甚至有了一些鄙视，除非是用于帮助阐述他们自己的思想。

读书的时候，喜欢做点笔记，摘录些有哲理性的欣赏性的句子段落。从大学时代开始，坚持了很多年，也有了厚厚的几大本，可惜出国的时候都没有带出来，现在想起来还是有一丝隐隐的惆怅。在异国他乡，能读到的中文书籍少得多，这个摘录的习惯在几年前还是又重新拾起，现在的笔记本也有了一定的积累。闲时读读像"最高档的自卑的表现就是吹嘘自己干什么都是天才"，"在笼子里，鸟儿有鸟儿的快乐和感受，人们何必去用自己的感情可怜它们呢？"这样的句子，无论读多少遍，还是会发出会心的微笑。

喜欢读书，也就爱惜书籍，在书页上是不轻易做记号的，更谈不上折叠书页了。看到别人这么做，心里常有一种愤慨。也是爱屋及乌，连带的也喜欢书签，有时候竟不舍得将真正的书签夹在书本里面，而宁愿用随手拿到的一小纸片充作书签。真的书签，成了一种收藏，甚是可笑。

从中考的时候开始，有了制定读书计划的习惯。之后，无论是在学校读书，还是在工厂工作，基本上都能够按时完成读书计划，心里常为自我的约束能力窃喜。然而，近些年就不太一样了，终日的奔波，为稻粱谋，竟是难得静下心来读书，读书计划也已经荒废了很久。偶尔夜半静思，也有一种冲动，要好好读一本书，到头来还是没有能够完成。随着年岁的增长，读书越来越成了一种奢侈，心里甚是惶恐，看来长大也不总是件好事。

喜欢读书，也喜欢读书的人。喜欢懂得读书的人，更喜欢读得懂书的人。

【跟帖】

渔樵闲话： 小时候对我影响最大的竟是一本作为批判对象的"古今增广贤文"，我的孔孟之道就是从那儿开始学的，没想到几十年后，我还真的批起来了，嘿嘿。

Yue： 俺中学时也干过摘抄那事儿，记得有本《工作着是美丽的》，感觉处处是哲理似的，现在竟已不记得什么了。还干过的事是剪报，小诗小文报纸上剪下来，贴了好几大本，高中毕业时全送给同学了。那时书少，小孩子竟都是见一本爱一本呢。

【杂文】七先生的七先生

七先生买了飞机票，要回国省亲。

　　七先生离开祖国已经十个年头，至今还没有回去过。每次听回去了又回来了的人说，祖国变化了很多，从国外回去认不出路是常有的事，七先生心里便有一种冲动，要找个机会回去看看。然而，七先生一直没有行动，虽然心里总是说等明年看看吧。这样拖了很多年，并不是因为七先生真的不想着返乡，也不能说七先生虚伪，天地良心，祖国故乡可是日夜萦绕在七先生的心头。

　　七先生是拥有博士学位的，也算是高级知识分子。现在的工作不管怎样也是科学工作，没有人敢说电脑程序检测员的工作不是科学工作。七先生平时也经常表现出科学家的风范，他喜欢把电脑程序检测员简称为电脑程序员或者更干脆点就称为程序员，就是一种科学的简练作风。

　　科学家当然也擅长算术，不仅懂得计算，还懂得很多种不同的算法。回国一趟的飞机票加上国内的交通费加上亲友礼品加上人情往来等等的开销，七先生能够很容易地折算成相当于多少个工作日，加上每周没有薪水的周末两天，然后再折算成相当于多少个日历上的日子。另一种简单明了的算法，是把这笔开销折算成多少年的银行存款。七先生较喜欢这后一种算法，不过他不随便向别人讲解这种算法的意义。

　　最近一段时间里，七先生蹲在凳子上皱着眉头眼睛紧盯着计算器的时候，多半就是在进行这种算术运算。七先生心烦的时候，喜欢双脚缩起来蹲在凳子上。

　　终于，通过一些日子的计算，七先生决定回国了，回去看看阔别了十几年的故乡。

　　十年前七先生来美国的时候，提着两只箱子。现在要回国了，七先生也决定提着两只箱子。让七先生烦恼的是，不知道该往箱子里装些什么东西。个人的衣物等生活用品，半只箱子已足够。在国内的父母，总是说不需要买任何东西带回去，国内的物品应有尽有。这让七先生很纳闷，也很丧气。带着半只箱子跨越十个年头数万里的时空，当然很让人丧气。

　　七先生总是想着什么时候风风光光地返乡，因而这些年来，一直在寻觅着被进化了的感觉。美国是一个富裕的国家，有着新鲜的空气和湛蓝的天空，人们从世界各地来到美国，自然是追求被进化。在这一点上，七先生从来是不怀疑的，也是不敢怀疑的，别人偶尔提出小小的怀疑，都会让七先生很伤心。

被进化了的七先生和还没有被进化的仍然在中国苟且的乡亲们，一定会有很多不同的地方。七先生想了很久，读了一些书，发现这种不同除却物质财富上的不同，还必然会有言行举止上的不同，更主要的是看人眼神的不同。于是，七先生在熟练了以"在美国，……"和"中国人呐，应该……"这种句式开口之后，便着手学习看人的眼神。

通过很少时间的观察研究，七先生就发现了一条学习的捷径，原来掌握看人的眼神也不难。为了这个发现，七先生心里着实兴奋了好一阵子，甚至很庆幸自己的理工科出身。要知道，能够细致观察周围环境并且有能力总结出一条规律，可不是一件容易的事。

这种眼神，便是别人看着自己时的那种眼神。

于是，七先生不再为那半只箱子而烦恼。

【跟帖】
江湖事： 好文笔,流畅自然，但有很大的失落感。好象现如今被进化的感觉有点进化错了。中国变化太大！
渔樵闲话： 想起了费翔那首"归来却是空空的行囊……"有句四川话说"看到屋，走起哭"，实在是简练。祝七先生旅程顺利。

【杂文】权力的彰显

大学毕业那年二十岁，到一家工厂的技术科工作。现在看来，二十岁无非是个什么事也不懂的小孩，不过那时候的自我感觉可是普天之下舍我其谁，平时的言行也少不了指点江山的气概。

古人说二十弱冠。我不是很明白弱冠的含义，不理解这跟成年有什么关系，但是这并不影响我报到两礼拜后就跟同事一道礼节性地去拜访退休在家的老科长。谈笑之间，老科长讲了一句话，现在连扫大街的都不敢得罪，不然扫到你家门口，就跳过去了。当时我们只是当成调侃的笑话，借口谴责一下当时的社会腐败现象而已。真正理解这句话的深刻内涵，是在五年之后走上管理岗位的时候，那便是权力，各行各业各色人等，都有相应的权力。至今记忆犹新。

我那个部门有一位小组长在各方面都极其优秀。行政管理做得有条不紊，业务操作精准熟练。但是她有一个特点，就是喜欢训斥工人，"神经病"是她的口头禅。虽然仅局限于她手下的十几人口，对上司还是非常尊重的。工人们都很怕她，只要她在场就鸦雀无声，闷头做事，呈现出一幅大干快上的美丽画面。但是她小组的产量和质量，一直都拖车间的后腿。我多次跟她说，权力必须被尊重，不能被鄙视，管理者必须被敬畏，不可被恐惧。但是她不理解这些基本的道理，她只是知道权力必须被彰显出来，摆谱，是一个当权者的资格。无可奈何之下，她不得不离开公司。

权力为世人所追逐，就在于它能够控制别人的命运。人类都有控制他人他物的欲望，最不济的也在自家后院里种点青菜萝卜，以自己的绝对意志决定这些植物的命运，从中获得一丝快乐。被别人控制不是一件令人愉快的事，日常都要小心翼翼如履薄冰，不然，轻则不能提干长薪水，重则丢了饭碗，不得不在老婆孩子鄙夷的目光下郁闷地伪造简历。

权力需要被运用起来，才能显示出它的价值。权力一旦被彰显出来，当权者便可以肆无忌惮地俯视手下的劳苦苍生，欣赏他们为了生存活命的奔波忙碌。当然，这些当权者的姿势同时也在为他们的上司所欣赏。依此类推，直至无限，皇帝天子也不例外。

【跟帖】
山中狼："老婆孩子鄙夷的目光下郁闷地伪造简历"，神来之笔阿。

6、 Muyu

【随笔】爱你怕你还是爱不够你

有天，在校园里散步，在音乐厅前面的草坪上居然发现花圃里种的都是辣椒。那种辣椒细小，朝天长着，很是俏皮。辣椒形状多样，有圆的，有长的。在圆的里面又有椭圆、滚圆之类；而在长的里面，分布也很不一样。要诗意描述起来，有樱桃椒、圆锥椒、牛角椒、朝天椒和灯笼椒……多年嗜辣的经验告诉我，朝天椒是辣椒里顶辣的。我就蹲下，从茂盛的辣椒丛里，摘了一根，在嘴里轻轻咀嚼了几下，预备着迅速吐出去。吐是吐了，却不是因为巨辣。除了有点青涩，舌尖上没有期盼的辣。我有点意外，竟然想到了一件事。

那年，一家住州府的同乡告诉我们，他们新近发现了一家农场，到那里可以自己到地里摘辣椒，以筐计，三美元一筐。我们一听就兴奋了，这样的好事，还不赶快行动。我们到本地的农贸市场买辣椒，一美元只买一小盒，一盒里不过五六个。

接下来那个星期六，我们驱车六十英里，到了那家农场。菜地里，各种辣椒都呈现在眼前，感觉像进入了阿里巴巴山洞。我想，既然价格以筐计，不以品种计，那就从资本主义的利益最大化原创出发，挑贵的摘吧。有种灯笼辣椒，看去很有质感，乳黄得可爱，甚至有些温柔。灯笼辣椒在超市里向来都卖得贵，特别是黄色和红色的。那就是它了，下手摘了一筐又一筐。

带着丰收的喜悦，把三大筐辣椒拿到家，我连夜加工，要做成糟辣椒。一边切，一边就想起昔日在家乡剁糟辣椒的热闹场景。

我们那里可是把剁糟辣椒当成一年一度的大事来干的。到了夏末，辣椒红了，每家都要上街去，把正往集市赶去卖辣椒的农民半道上截下，一番讨价还价，人家就把一担辣椒挑到家里来了。辣椒堆在地上，红彤彤一大堆。一家老少围了一圈，把软的剔出来，结了辫，晾晒起来，做干辣椒。硬朗肉实的才用来做糟辣椒。找来一个硕大的木盆和一把长手柄的剁刀，把菜板垫到盆底，放入辣椒、大蒜、花椒之类，每人轮流剁。孩子开始还觉得新鲜，跟玩武打一样，剁来剁去，直到虎口发麻了，就开始抱怨，直到抱怨三通了，大人才说一声好，叫停。

现在，我只得因陋就简。没有剁刀，没有大木盆，我使菜刀就菜板，一个一个把着切。切着切着，我就感到不对劲了。灯笼辣从来不是太辣，可是这种乳黄色辣椒却辣得非凡。那天晚上，我的手心滚烫无比，疼痛得有如一条毒蛇在噬咬；同时还觉得掌心像嵌入了弹簧一样，突突地跳。每隔几分钟，我就不得不把手伸入一大盆冷水里镇痛。我竟被折磨得一夜无眠。

既然灯笼辣都可能是巨辣，那么，反过来，朝天椒也可有能是不辣的。

我站起身来，打量起这爿花圃，一下觉得它别有情调。辣椒也是可以当成花草一样，来妆点人类的生活的。再过一些时日，辣椒都红了，朝天灿烂闪烁着，对着路人招摇，该有多么性感。

不过，生长在花园里的辣椒并不都有花草的功能。得出这个结论，是因为我又想起了一段趣事来。

一个老乡到了东京，想吃辣椒，却遍寻不着，附近超市里也买不到，即使买得到，太贵，也心疼。眷恋辣椒之极，就想起了一个主意。他让国内亲人在信里夹寄了些辣椒籽，找了些花钵，填上些土，把辣椒籽撒了下去。不久，辣椒苗就长出来了，先是两瓣，后来是四瓣、六瓣……可是公寓闭塞，没有阳台，辣椒没有足够的光照，花骨朵将开未开，眼看就要夭折。情急之中，他想出了一条妙计。

每天早上，他跑步时，要经过一个公园。他打的就是这个公园的主意。他把辣椒苗移植到了公园一处隐蔽的角落，犹如金屋藏娇一样。只要挤出了点空闲，他总要去那里幽会。辣椒的根须扎在了肥沃的大地上，有充足的雨水和阳光，辣椒眼见就长得水灵灵的了。花开了，辣椒结出来了，一天一天茁壮成长。他每次看在眼里，寄托便一天一天在心里丰盈起来。

然而，有一天，当他满怀兴奋去看望辣椒的时候，那些辣椒却都不翼而飞了。原来，园丁们终于发现了这些野草般的异物，把它们连根拔除了。他写给我的信里这样描述他当时的心情："我的心都碎了，就好像我的价值观被颠覆了。"虽然有些夸张，但我可以感受得到他当时无以复加的沮丧。

在家乡，辣椒几乎是吃的根本。菜没有油水可以；没有盐也可以。但没有辣，就不是菜了。所以，家乡的所谓十八怪里，其中一怪就是"辣椒当小菜"。我们是把辣椒当成了命根子。

这也怪了，其实辣椒并不是家乡的原住民。

辣椒本来远在天边，最先生长在中美洲的墨西哥和秘鲁一带。首先种植和食用它的是印第安人。16 世纪，哥伦布发现美洲大陆后，辣椒开始传入欧洲。到了 17 世纪，辣椒才从欧洲引入中土。刚开始，辣椒只是作为观赏之用。贵州人不信邪，第一个把辣椒放到了餐桌上，那是康熙年间（1662 年—1722 年）的事。从此以后，那点星星之火，竟成了燎原之势。一个世纪之后，黔人就"顿顿之食，每物必蕃椒"了。接着，辣椒之火在周边地区也迅速蔓延开来，湖南、四川、湖北、云南的菜系很快被辣椒攻克，辣椒成为了百姓的新宠。湘人是"无椒芥不下箸也，汤则多有之"，川人是"每饭每菜，非辣不可。"

原先，我以为只有云贵川湘鄂赣这些南人才吃辣的，后来，才发现我大错了。家里来了客，人家是北人，怕人家惧辣，就刻意把菜做得清淡点，上桌吃饭时，备了辣椒碟子自用。不料人家眼巴巴看了会儿，央求也要一个辣椒碟子。得，早知如此，炒菜时，我还不穷凶极恶抓几把辣椒放进去啊。后来读贾平凹的《秦腔》，里面但凡要夸张地说如何把那吃食弄得好吃，总有"辣椒要撒得旺"一句。《秦腔》说的是陕西乡党的事，看来老陕也嗜辣如命。到了如今，泡椒鱼、水煮肉片、宫保鸡、夫妻肺片这些辛辣的菜肴早就红遍大江南北、长城内外了。中国人在吃上太开明了，心胸直可包容山川。

我早就不敢以能吃辣为骄傲了。其实，我所达到的辣度并不惊人。那次从农场买来的三筐辣椒，冒了生命危险，做成了好几大罐糟辣椒，轻尝了一口，到底不敢消受，后来都把它们当核废料一样，深埋在后院了。

【跟帖】

秋尘：哈哈，标题党！温馨妙文！辣椒，连着过去，连着家乡。不知道喜吃辣椒的几个省，有没有比比到底各自的特色如何。吃辣，其实还是很普遍的，往往一旦沾上，就不能没有，所以你的标题党也还贴切！

遍野：木先生说的那种剁糟辣椒的制作，还有那个十八怪，我原来路过一个地方看见过、听说过的。现在中国店里卖的那种"翻天红"就很像那个地方的剁辣椒。

【散文】人人都是一本传奇的书

好多年前，我们通过本地国际友谊组织认识了一户美国友好家庭。男的是个房产商，女的做小学教师。

这家人有四个儿子，老大夫妇现在开一个公司，是医生猎头公司。老二开设一个照相馆。老三在匹兹堡一个印刷厂里做高级技工，做了几十年，以为会在那里退休，去年却因为厂子不景气，丢了工作。老四继承的是家庭产业，开着一个冷饮店。冷饮店在他的手里败落，就不知现在他在哪里混了。四个儿子，有三个都离婚再婚，只有老三是原配。可是，老夫妇连金婚都庆贺过了。

以前每到感恩节和圣诞节，都会接到邀请，到他们家去过。现在，两老都八十几了，从大房子搬到一个公寓去，就不再大宴宾客了。

我们记挂着他们的好，每年都会请他们吃吃饭。今天中午就请他们到 Applebee's 去，在那里坐了约莫个把小时。

夫妇俩下周要到北边一个阿米西人村庄去度三天的假。今天饭局上，自然谈了好久的阿米西人。

现在极端气候和地质灾难层出不穷，所以环境保护的呼声越来越高，阿米西人原始的生活方式似乎最环保。老夫人说："我们现在开始谈环保了，可是阿米西人一直就这样做着。"老先生笑道："我羡慕他们，可是又无法学他们。"是啊，上周每天都是摄氏 36 度以上，不开空调，简直无法忍受。要是人可以把骆驼的习性移植一点过来，就好了。

然后，又谈起那个做摄影师的二儿子。他叫克普，年轻的时候，到南美做了七年的牧师，他的养女就是在秘鲁收养的，是个印第安人。养女现在在本地的一个药店做助理药剂师，算是自给自足了。克普在本地的摄影界有些名气，自己有个照相馆，还到外面去拍摄婚礼或者法律案子照片。本地好多披露在日报头版头条的重大案件都跟他有关系，当然，不是说他是涉案者。

前不久，大学里一个黑人教授被杀。被杀前一天，到他的照相馆去拍的肖像也成了被害人留在世上的最后一个形象。

也是前不久，梦露湖上有两艘船相撞，还死了人。死人一方为了打官司，特别来请他去拍了现场照。

在南美做牧师的那几年，克普帮过无数人的忙，其中一项是送产妇到医院。他有辆小车，是当地人没有的，他便好心地承担起了这个神圣的任务，为迎接新生命担当第一个使者。

有次，到老夫妇家去过圣诞，晚上大家一起看了他后来到南美拍摄的那些风光照。幻灯机的光芒变换着，屏幕上次第呈现出美妙的画面，有热带雨林，有热带雨林上空美丽的晚霞。那是个难忘的晚上，到今天我也没有忘记。

要是克普把南美七年的经历写成一本书，那本书一定以其独特性而引起世人的注意。谈起写书，老先生正在写家族史，已经写了好多年了。收集图片，追踪历史，干得不亦乐乎。

自然，大家就谈起了各自在看的这类自传性质的书。老先生说他一个老朋友写了十年，得了一本书，叫《Just Lucky》（《只是幸运》）。作者有个爱好——高空跳伞。受伤过四次，脖子那一圈都是钢架等人工合成材料。最后，医生对他说：“你如果再受伤，我就无法修复了。”作者说，他从小就好动，精力过剩，非得干点不正经的事才舒服。有一次，他准备了六只皮箱，装上给养，一个人到大峡谷去漂游。不久，就被警察逮住了，使他的冒险计划流产，原来在那里漂流是非法的。听老先生介绍完，大家不由大笑，这书名取得传神而写实。

其实，再平凡的人，只要有岁月作铺垫，有心写，写出来的自传都会很独到。最可怜的是现在临屏写穿越灵异的那些孩子，没有生活做底子，只有张开想象的翅膀胡写了。他们拥有的读者群是跟他们一样经历如白纸的孩子。这些写作逃不过岁月的淘洗，不消几日，便在烈日下如水迹般化为乌有了。

年轻的女招待不断上前问吃得怎么样，需要不需要帮忙。看她那般口如含贝、笑若桃花、煞是可爱的样子，我签单时，就给了八美元小费。笑和殷勤是受人欢迎的。据说，最近科学家做了一个实验，老鼠也会笑，小老鼠总是喜欢跟会笑的老老鼠亲近。由此证明，笑是万物间最具有普世意义的价值。

走出门来，天地灿烂，难得睁开眼。

【跟帖】

路小米： 每个人都有着自己的故事，只不过有的故事长一些，有的短一些；有的丰富一些，有的平淡一些。但这才是人生呀，时而如夏花般绚烂，时而如湖水般宁静，却有着别样的色彩与滋味。

悠悠： 有道理，每个人都与众不同。

【随笔】异邦的年三十

年三十那天晚上，我们邀请了两个美国人跟我们一起过。一个是我以前的书法弟子，另一个自称道士和儒生。前者大名科斯，后者大名金。

金按时来到。他七十多岁了，看去却要年轻一些，看来道家生活方式还是很见成效的。中国古代，从皇帝到百姓，多少人都梦想过永生，有的甚至到深山密林中炼丹求仙，但到头来，却没有一个人成仙。虽然成不了仙，但只要不走火入魔炼丹到水银中毒，道家的实践肯定对人的生命是有益的。看到金还没有全白的头发和红润的脸色，我觉得又找到了道家有益人生的一个案例。

科斯跟金一样，也是单身，一直都租房住。最近听说是买房的好机会，科斯也兴冲冲地买了一栋四十年的老房，今天他在朋友的帮助下，乔迁新居。我之前告诉他，要他六点左右到。那时已经 6：20 了，我做的菜都好了，放到了餐厅的桌子上，怕凉了，就用塑料薄膜一一蒙上。昨天卤了一块牛肉，下午小心切成薄片。又做了宫保鸡丁、豆腐丝炒肉丝、四川凉面、辣椒鱼片，外加一个粉丝鱼圆汤。看着喜欢，就上楼拿了相机，准备等会儿取开塑料薄膜的时候，摄影存念。

她跟金闲话着，问"饿了吗？"金不客气，就说饿了。刚才进门时，为他倒了一杯红酒，现在，又拿了一点蝴蝶酥，让他先垫垫肚子。她问："你一天吃几顿？"他说："吃两顿，不过，也难说。饿了，就啃个苹果，吃点饼干之类。"我说："好，任其自然，这是道家所主张的。"听他说饿了，我暗下还是有点着急，怕科斯来不成了。上网查了查，发现他八分钟前，刚从Facebook给朋友们发了一条致谢信息。我发了一条信息："你走丢了吗？"

他没有走丢，我刚下楼来，就听到了门铃声，一开门，正是他。"哈哈，你终于到了。来来来，准备开吃。"

没有过场，只是她按常规将菜肴们的身份一一介绍了。然后，大家把面前的菜肴拿过来，往自己盘子里分了一点菜，往下传过去。没有举杯客套，大家就吃起来。两个客人少不得赞赏菜有多么美味。

孩子们不声不响吃完后，就离桌逍遥去了，剩下我们清谈。

跟金第一次见面，之前就对他的信仰感了兴趣。一个没有到过中国，也不通中文的美国人在隔绝的状态下，如何保证自己的道家信条的纯正呢？我很想打听一下。可是，她之前警告过："如果他不提起，你别主动去问。"金不是个高谈阔论的人，只是默默吃着，听着我们聊天。

金和科斯后面的墙上挂着一幅书法作品，是一首唐诗，"松下问童子，言师采药去，只在此山中，云深不知处。"那是科斯当年初入道时的作品，朴拙得可爱纯真。我企图把话题引到道家上来，就说墙上这首诗讲的可能就是一个隐居山林的道士。金果然感了兴趣，我就翻译了一遍。那时，我们仿佛都到了仲夏的山间，清凉的风也迎面吹过来。

金说："人家都说我是道士和儒生。"我说这不奇怪，中国从来都是儒道互补的，进而儒，退而道。这就是说，当了官，就是儒生；下野了，就做道士。重用不重用，都很得意。中国人的生活哲学真的是太聪明了。

金之所以说他还是儒生，是因为他崇尚朱熹。我说，朱熹是儒家发展史上的一个里程碑，让儒家学说更规范世俗生活，把儒家学说中开明些的成分剔除了。朱熹的"存天理，灭人欲"再一次让我对这个亚圣的成见泛起。她不以为然，揭露我的理解是官方的意识形态。我一笑了之，其实朱熹在世的时候，是颇受了些统治者迫害的，他的思想体系中肯定还有很多为官方不悦的内容呢。

我没有读过一本朱熹的著作，只读过他的语录和一些评介，也许，我真的不如这个朱熹在异邦的隔代弟子呢。他家里有很多朱熹的经典，大多是一个到中国去的德国传教士翻译后，再经一个美国人从德国译本中翻译过来的。金笑道："那个德国传教士到中国去是为了传扬基督教，不料，自己却皈依了中国的宗教。"是的，中国的文化就像水一样，以为征服了它，到头来却反被它征服。

金住在附近一个袖珍小镇上，那个小镇就在一个之字形的山道上。他以前做过报社的记者和编辑，后来厌倦了热闹，在这个小镇上蛰伏下来，在读书和打坐中演绎和完善着生命。长年累月，多少经典都被他装在了心中。我们谈起了李约瑟，他立即说李约瑟也有关于道家的论述，那是在《中国科技史》第二册里。

易经是金的圣经。他每天早起都要卜卦。凡有大事，更要卜卦。科斯来了兴趣，请教于他。金叫科斯拿出三枚十分币来，把三枚硬币同时掷下，每掷一次，就横向记载下，正面是一条小横线，反面就是空白。六次下来，就是一卦。翻出《易经》，一寻，科斯得的是益卦。那是个上上卦，曰"利有攸往，利涉大川。"我问金，他每天都卜卦，要是得了凶卦，怎么办？他说，也不要紧。他当初申请的电话号码的后面四位数字是2929，把他吓了一跳，那是个下下卦。不过，他还是要了下来。我问："你现在还在用吗？"他说，还在用。他笑道："关键看你如何解释卦象。"难怪，不然，又如何解释逢凶化吉呢。

这个年三十过得很有教益。本来还准备邀请一个气功师和一个明史专家来的，他们也都是美国人，也痴迷于中国文化。一些中国人在中国文化的沐浴中，对中国文化也许是隔膜的，甚至反感着。而这些美国人，却对中国文化怀有着至诚的尊重和崇敬，把中国文化纳入自己的生活和生命之中。中国文化当然有糟粕，但却无疑是博大精深的，值得我们顶礼膜拜。

【跟帖】

温带季风：国人现在研究易经的很多，道家和儒家思想接受和研究的人也越来越多。

水影：木鱼总是很文化，堪称中西方文化交流的使者。

7、 水影

【随笔】中秋随想

小的时候，对于中秋没有什么特殊的感觉。月的阴晴圆缺自然不在我的关心范围，有点兴趣的只是中秋的月饼。我那时并不喜甜食，喜欢的是榨菜鲜肉月饼。那松软的油酥里面，是鲜得流汁的榨菜鲜肉馅，尤其是刚刚做好的，热乎乎地散发着诱人的香味。那些个微凉的秋日里，杭州城的街道里会排起长队，人们手里拎着刚出炉的月饼，嚷嚷着，眉眼间尽是满足的过节的喜气。

后来看了嫦娥奔月的故事，印象很深。故事说，嫦娥多吃了一份升天的药，把她丈夫的那份也吃了，结果一个人飞到了月亮上，就再也回不来了。

一个人在月亮上，该会是多么寂寞。当然那个时候我还不懂什么是寂寞。现在想来，团圆和寂寞总是这样相连在一起，其实无关月亮的事，可是人们偏偏就把月亮作为了团圆或者寂寞的象征。

到了读大学的时候，参加了文学社。本是一帮学理工的人，和文学沾了点边，那么中秋一定要附庸风雅一番。正是风华正茂好年华，又有杭州西湖这般雅致的景色衬托，每逢中秋月夜，文学社便是一定要去西湖赏玩的。平湖秋月、三潭印月，只听景点之名，便可知西湖的月夜是多么迷人。

三潭印月是湖心的三个石塔，亭亭玉立在波光潋滟的湖面上。月圆之夜，泛舟湖上，天上皓月当空，塔里的灯光又宛如一个个小月亮，倒影湖中，真假月影在湖面上璀灿辉映，波光迷离，美得梦幻之极。而平湖秋月则是在岸上赏月的佳处，三面临湖，背倚孤山，一块围栏平台伸入湖面，"万顷湖平长似镜，四时月好最宜秋"。坐在平台上，静候明月渐上中天，放眼湖中，但见湖平如镜，月光如泻，水天一碧，美不胜收。

写下西湖之美，心中便有些细微的疼痛袭来。那是一种我无力描述令人心折的美丽。而我离家这么多年再回顾家乡之美，忽然想到，如果我可以重新安排自己的人生，我会选择离开这么美丽的家乡吗？当初的我，在高校任教，生活安逸舒适，为了什么千辛万苦要到美国来呢？

大学毕业后不久，当时还是男朋友的老公出国了。于是就有了寂寞，有了思念，好在还有家人和我在一起。记得我出国前的一个中秋节，和父母还有妹妹一起去满觉陇赏桂。那是我在国内的最后一个中秋节。

杭州的中秋前后，到处飘散桂花的沁香，校园里，街道上，零星几株，已醉入肺腑。而杭州最著名的是满觉陇的桂花，那里山上山下，连云的桂花树尽数开放。我们走在山谷间，月光下满目皆是细小的桂花，黄如金，白如银，一丛丛，一片片，一层层，一簇簇，缀满枝头，流芳十里。在一家村民小店，我们要了西湖莲藕羹，坐在一颗很大的桂树下品尝。热乎乎的莲藕羹，上面撒着桂花，香甜可口。父母、妹妹和我一起说笑着，憧憬着我去美国后的日子。笑语之间，清风拂来，浓密的桂粟如雨飘落，馥郁的桂香直透肺腑。我抬起头，看见树梢上有一轮又圆又大的月亮，

黄灿灿金澄澄地悬在云天，光华灿烂。

这一次之后，竟是过了十五年，我们全家才又有了一次团团圆圆的中秋节。

初到国外，一切并不如想象的那么美。于我来说，是人生中最艰难的一段日子。虽然我和先生各有一份助学金，无须做牛做马去打工，然而意外的怀孕却给我带来了很多意想不到的辛苦。我从一个风花雪月娇生惯养的女孩，在措手不及中成了一个必须自力更生勤俭持家的母亲。一年之间，恍若隔世。那一段为生存奋斗的日子里，我都不记得自己是否有过一次赏月的雅兴。或许抱着女儿过万圣节的时候，也望过一眼天上黄澄澄的月亮，心里却绝然不曾掠过任何闲情逸致，甚至连寂寞都没有时间和心情去感受。美国的月亮确实比中国大，美国的一切也比中国先进，可是美国的日子不如在国内那么有滋有味、诗情画意。

几年后，我们搬到了美国东部，一个有许多中国人的城市。中国也发生了翻天覆地的变化，世界开始变得很小。中秋的时候，中国超

市红红绿绿地摆满了各式月饼，包装得美轮美奂，精致无比。国内的文艺团体常常来演出，春江花月夜悠扬的乐曲也在美国的上空飘荡。网络更是拉近了人们的距离，"但愿人长久，千里共婵娟"的祝福在全世界各个角落传诵。每年中秋，我们都会吃了月饼，全家出门外面赏月。如果是周末，便和妹妹一家相聚一起庆祝节日。在我离家十五年的时候，我们全家终于又有了一次团圆的中秋节。不同的是，我出国前在满觉陇的时候，我们一家四口人，这一次在美国我们家已经是十口人了。

那一个中秋，月亮很圆很亮，如玉如盘地挂在秋日深远的夜空。父母、妹妹一家和我们一家十口人一起过节。依旧是妈妈做菜，做了很多。啤酒鸭、蘑菇鳕鱼、清蒸鱼、卤牛肉、冬菇青菜、清炒雪豆、凉拌芦笋、香干毛豆、芽菜笋丝、冬瓜鱼丸汤、水果莲子桂花羹，琳琅满目摆了一桌。虽是一些家常菜，妈妈做得仔细，那绿芽菜都是一根根摘了根须，鲜嫩可口。妈妈说，过节了，应该喝酒。葡萄酒在酒杯漾开浓冽的紫红色，酒香四溢。

妹妹的儿子一岁多，活泼可爱，歪着头冲我笑着。问谁是姨妈，谁是姨父，他伸出小手来指。说对了，他自己先就拍起小手给自己鼓掌。纯真的笑脸天使一般。儿子的中文很差，他一开口喊姨父，便是"衣服"，把大家笑翻。女儿和外甥女文气些，静静地享受美味佳肴。大家最爱的是水果莲子桂花羹，甜甜的带着桂香，故乡的桂香。父母从家乡带来榨菜鲜肉月饼，我依旧爱吃，儿子也喜欢。

妈妈看着孙辈，满脸是温馨的笑容。我说，妈妈你现在有两个外孙女，两个外孙。妈妈笑得很满足，说大家都说她福气好，女儿好、女婿好、外孙女好、外孙好。妈妈又说，很多年没有团圆过中秋了。我说，是啊，自从我出国以后……

十五年异国他乡的漂泊，多少次望月思乡，多少次对月感怀，终于在这一天，心里充盈了幸福圆满的感觉。那个晚上，我望着天上的一轮明月，丰盈圆满，皎洁灿烂，静谧安宁地散发着温柔快乐的光芒，一如我那时的心境。

"月有阴晴圆缺，人有悲欢离合"，转眼又过了几年。

日子过得高高低低，有欢笑有烦恼。其实在国内、在海外的都一样。乡愁是诗人作家的话题，我们只是偶尔想想假如当年如何如何，便又忙忙碌碌地过我们的日子。

今年的中秋如期又至。父母已经回国了，而我们又在重复以前的日子。月饼还是要吃的，超市里没有杭州的榨菜鲜肉月饼，买了五仁和莲蓉的，孩子们倒也喜欢。月亮也还是要去看的，如果天气好的话，美国的月亮会是又大又圆。在网上混呢，便还是要写点和中秋月亮相关的文字，就算是过了这个节了。

【跟帖】
大草帽： 水影也想家了。中秋是个很特别的日子，温馨浪漫，佳节佳节，叫人怎能不想家。
江海洋波： 每逢佳节倍思亲。在国外能过一个像你们那样的团圆中秋节真不容易。但愿水影早日再过一个这样的中秋。

【散文】我有一个梦想

金博士的"我有一个梦想"已经是家喻户晓，耳熟能详。

许多年后他的梦想成为现实，美国有了第一位黑人总统。

今年春晚有一个节目，四川震区来的孩子林浩，他的梦想是受伤的头皮会长出头发。在奥运时我们看到他头发缺了一块，在春晚的时候却已经是黑发茂密一片。

有梦想就有希望，有梦想就有梦想成真的希望。

我是一个喜欢做梦的人。做小梦，不做大梦。

比如说，很早以前，想要一个家，有自己的孩子。这个对许多人来说是很平常的事，对我却有着特别重要的意义。

还是很早以前，想要出一本书。时至今日，出书成了一件非常容易的事。用姜昆的话说，不但是个人就能出书，不是人的也能出书。

人生进入了中年，梦想有了新的含义。有的人为着他们的梦想在进行人生的最后一搏，或者毅然海归在崛起的中国找寻他们事业的天地，或者辞去稳定的政府工作白手起家创立自己的公司。也有的重新拾起自己昔日的梦想，比如曾经喜欢文学的、绘画的、弹琴的、跳舞的，因为生活或者种种不可能而中断了，现在都可以以各种形式延续他们的梦想。也有的则是在他们孩子的身上寄托自己未了的梦想。

只要敢于梦想，不管梦想是否会成为现实，人生就会充满希望，充满激情和动力。而梦想很可能就有成为现实的一天。

不要停止梦想，这样你的心就永远不会老。

说了一堆梦想，其实我想说的是梦。

我喜欢做梦，做白日梦。我的白日梦是睡懒觉的时候做的. 不知为什么，每天早晨的梦总是特别香甜，尤其是最近一段时间，梦到许多美事。梦见玫瑰花，梦见美丽的景色，梦见温馨的人和事，最有意思的是，经常梦见好吃的。已经很多次了，梦见谗人的美食，而且没有在要吃的时候就醒来，却是在梦中吃得津津有味，醒来的时候，仿佛唇齿还有留香。

我不知道为什么最近的梦总是这么美这么好，想到每天三分之一的时间可以如此享受，真是感觉相当好。

有时候我醒了，也不想起床，继续在床上编织美梦。编织美梦比构思小说更享受，因为随心所欲，无拘无束，天马行空。

其实世界上的很多事，并不需要结果，主要就是一个感觉. 感觉开心了，就行了，是假的又如何？比如电影《桃花运》中的女老板，虽然她知道男人是个骗子，可是男人带给她非常快乐幸福的时光，所以她一点不怨，反而处处为男人着想。何必去追究一个结果？享受开心一刻吧。人生苦短，享受一刻是一刻。

比如梦想，即便不能成为现实又有何妨，关键是带给你美好的感觉，带给你希望。

所以，不要停止梦想。并且，享受美梦。

【跟帖】
心言： 经常做白日梦长寿，经常梦见上花轿会越来越年轻。
外星人： 梦想是梦的延伸，是希望的翅膀，是人生的阳光。

【随笔】柳燕和刘明

我刚到美国的时候，住在一个留学生大院里。说是留学生大院，其实就是离学校比较近的一个公寓区。因为住了好多留学生，大家都这么叫，感觉亲切。

大院很漂亮，一栋栋小红楼错落有致，姹紫嫣红的花坛点缀其间，在阳光下很明媚。

我在那时认识了柳燕和刘明。

柳燕和刘明是来自北方的一对夫妻。刘明是我先生的同学，柳燕和我同时到美，又是同年同月同日生，这样的缘分让我觉得很难得。

柳燕和刘明看上去很班配，两个人都是中等身材，长得不算漂亮，但挺顺眼。两个人的性格都随和热情，尤其是柳燕，做一手好菜，说话特别温暖妥贴，很多留学生喜欢去他们家里。

柳燕没有考上大学，在单位里做护士，刘明硕士毕业后分到那个单位，两人因而相识相恋而成婚。

柳燕在刘明面前有时很矫情，为了一件小事，刘明得哄上柳燕半天。夫妻的事情，有时候很难说，如果从外在条件看，刘明该是略胜一筹，不过刘明却是处处让着柳燕。

柳燕一直呆在家里，过了两年，生了个小孩。就在那一年，刘明的系里来了两个新的留学生。我在柳燕家里见到过他们几次。两个新留学生都很年轻很帅，一个略微年长些，已经结婚.另一个是只有十九岁的小许，科大少年班的天才神童。

柳燕跟我说，小许非常聪明，但也很可怜,没有少年时代,从小一个人独自在外，孤单而没有温暖。

我可以想象，小许这样一个人，会常常出现在柳燕和刘明的家里。柳燕和刘明都是很热情的人，小许可以在这儿感受到久违的温暖。

我因为一直忙于读书工作，对于大院里的事有点迟钝。先生因为毕业了，对于系里的新同学也不相熟。不过因为妈妈来帮我带孩子，她整天和大院的家属串门，从她那儿听到不少大院里的琐琐碎碎和是是非非。

中国人多的地方，不免会有些是非。除此之外，孤寂的海外生活里，还有不少风花雪月的事情。

关于柳燕和小许的传说，也渐渐地多了起来，有人看见两个人常常牵手在树林散步，神态亲热。

我一直没有把这事太当真，因为柳燕比小许大十岁，所以总以为是别人捕风捉影，而他们不过是极好的朋友。

有一次，大家说好一起去参加一个 PARTY，临行前，柳燕不知咋的又生刘明的气，脸色一寒说，不去了，就跑卧室了。我进去一看，柳燕斜躺在床上生气，裙子折了起来，露出雪白的大腿，刘明和小许坐在床边好声好气地在劝解。当时我心里有种怪异的感觉，不过也就一掠而过，马上忘记了。

因为先生在外地找到工作，我们一家就迁移而去，妈妈也回了国，大院里的事逐渐淡漠。后来遇到以前的朋友，说到柳燕和小许，朋友说大家都知道柳燕出墙，除了刘明。

又过了许多年，据说刘明回国了，刘明和柳燕离婚了，小许也回国了。小许在国内做得非常成功，在一家知名大公司做 CXO。上GOOGLE 打入小许大名，一大堆文章扑面而来，神童少年商业巨子，三十出头已是国内 TOP 企业家之一。

前些日子，先生忽然接到了刘明的电话。我们在十几年后，又有了柳燕和刘明的确凿消息。刘明说他在国内的生意没有成功，就又回美国了，正在找工作。他和柳燕都已经再婚。他的新妻是国内的艺术家，中央乐团拉大提琴的，比他小十岁。

先生问，那么柳燕后来和谁结婚了？刘明说，你猜？先生说，小许？刘明说，没想到吧。

其实大家都想到了，可能就是刘明自己从来没想到。

可是大家确实也没有想到，小许那么成功，那么年轻，还会坚守一段十几年前的感情，还愿意娶一个大十岁的平凡女子。

刘明说，他和柳燕在一起，两个人都不开心。现在柳燕日子很好过，他和新妻也很快乐。

真是皆大欢喜的结局。

我不由得要感慨一下。

柳燕和刘明，两个四十多岁的中年男女，一个没有工作，一个海归失败，容貌才华皆为中等。却在离婚后，一个嫁了比自己小十岁的钻石王老五，一个娶了比自己小十岁的音乐艺术家，各取所需，中年人生，一样精采。

我想对于小许来说，柳燕或许是他的初恋，是真爱。而柳燕，无论容颜和才华，都平平无奇，可她有一种非凡的能力，就是可以让一个人觉得非常温暖非常舒服。这或许就是温暖的魅力吧。

【跟帖】

Muyu: 再过十年，再来看。就更精彩。

秋尘: 这种事发生得还是挺多的。我身边也有不少类似的人物和故事。当年写小说，也是因为身边朋友们的家庭变故。唉，其实，那些朋友现在好像都过得挺好，当年可是觉得过不去的要自杀的都有。人，没有迈不过去的坎。情分，有长有短。

8、 森林木

【随笔】塞尔玛·拉格洛芙与她的《尼尔斯骑鹅旅行记》

说起塞尔玛·拉格洛芙可能大家不是太熟悉，但提起《尼尔斯骑鹅旅行记》这部小说，我想会有许多人知道。塞尔玛就是这部享有世界千百万读者的著名作品的作者。

塞尔玛 1858 年生于瑞典南部的一个世袭贵族家庭，但她一生坎坷，经历过很多磨难。小时候因病导致行走困难，在轮椅上度过很长时间，后来虽然治好了病，但行走还是不方便。她父亲在世时，家里的生活还算富裕，但父亲去世后，由于还债，家里不得不卖掉了在家乡的庄园。直到多年后，塞尔玛才用自己的收入把庄园又买了回来。在从事专业写作以前，她在一所女子中学教了十多年书。塞尔玛一共发表了二十多部作品，几乎都被翻译成了英文。有些作品被翻译成多种文字，有的也被拍成电影和动画片，其中，《尼尔斯骑鹅旅行记》是她的主要代表作之一。

塞尔玛 1891 年发表了第一部作品《哥斯达·柏林世家》（Gösta Berlings Saga）。但这部作品一开始并没有受到好评和读者的欢迎。直到 1893 年由于一位丹麦文学评论家的评论文章，才使这部小说被瑞典文学家所重视，也使塞尔玛在瑞典小说界有了名气。随后她出版了《无形的锁链》，这是一本短篇小说集。该书出版后就畅销瑞典及北欧，她也从此开始了她的专业作家生涯。塞尔玛在 1901 年和 1902 年接连发表了《耶路撒冷 I》和《耶路撒冷 II》，两部作品都受到了很高的评价。

1906 年塞尔玛发表了儿童作品——《尼尔斯骑鹅旅行记》。它的瑞典语名字为《Nils Holgerssons underbara resa genom Sverige》，直译就是《尼尔斯·豪里叶松横跨瑞典的奇妙旅行。该书从发表至今多次再版，现已被翻译成了 60 多种文字，还被拍成电影和动画片。由于《尼尔斯骑鹅旅行记》的巨大成功，在 1909 塞尔玛获得了诺贝尔文学奖。她是第一个获得诺贝尔文学奖的女作家，也是第一个获得诺贝尔文学奖的瑞典作家。随后她被选为瑞典科学院院士，也是第一位瑞典科学院的女院士。虽然塞尔玛在文学上取得了很大成就，但她一生都过着独身生活，也算是她辉煌一生的一个悲剧。1984年瑞典成立了塞尔玛·拉格洛芙文学奖，希望能有更多人创作出像《尼尔斯骑鹅旅行记》这样的优秀少年儿童作品。

由于塞尔玛在文学上的伟大成就，瑞典政府在20克朗的纸币上印上了她的照片。纸币的正面是塞尔玛本的一张照片，背景是她的家乡的风景照，此外还有她的一小段手稿真迹。纸币的背面是尼尔斯骑在鹅背上的照片，他与大雁一起飞行在他的家乡上空。大地上的乡村景色也是按照塞尔玛在《尼尔斯骑鹅旅行记》中描写的那样绘成。

1902年塞瑞典教育部想出版一部有关瑞典的地理教材，就找到了塞尔玛，这才有了这部传世之作的诞生。为了写这部书，她几乎走遍了瑞典所有的地方。一方面收集各地的风俗习惯和民间传说；另一方面研究各种动物的生活习性和规律。她还花费了大量时间去观察鸟类及动物的生活习性，把动物描写得栩栩如生。而在二十世纪初那样的条件下，可以想见，塞尔玛跋山涉水、风餐露宿之中所遇到的困难是难以想象的。也许这就是人们常说的创作来自于生活吧。最后塞尔玛花了三年多的时间完成了这部举世闻名的著作。

《尼尔斯骑鹅旅行记》中的主人公是一个叫尼尔斯的小男孩。他淘气顽皮，而且对待家禽和动物很不友好。因为他戏弄了小精灵而被施魔法变成了一个拇指大小的小人，但他能听懂动物语言。小说主要讲述了尼尔斯骑着一只家鹅和大雁群一起游历瑞典的故事。在近一年的时间里，尼尔斯从瑞典的南部出发随着大雁群，经过瑞典的中部、东部北上，直到瑞典的最北部，然后又从经由瑞典西部回到南部。这本书让读者跟随尼尔斯一起旅游，给读者展示了一幅幅真实美丽的北欧风景画。

由于尼尔斯对动物很不友好，起初他在野外遇到危险时，动物们不但不愿意帮助他，而且还有些幸灾乐祸的样子。直到他善待了几只面临死亡的小松鼠后，动物们才开始愿意和他相处，也原谅了他以前的过错。最终他和动物们成为了好朋友，在危急关头，动物们也愿意保护他。经过几个月的艰难旅行，尼尔斯回到家乡后，由一个坏孩子变成了一个懂事而善良的好孩子。

这部小说用文学的语言，向读者介绍了瑞典的地理及自然的知识。故事连贯、语言通俗，具有丰富的想象力，还有大量的瑞典民间传说穿插其中，使人读起来一点也不枯燥，可谓集文学性、知识性、科学性及趣味性于一体，堪称一部描写瑞典山川河流、自然地理和风土人情的好教科书。我很敬佩塞尔玛为了把这部作品写得好、写得实、写得真，她竟然花费了多年时间奔走于瑞典各地，考察瑞典的地理风貌，收集民间传说的实干精神。这也再次印证了只有辛勤的劳动，才能得到丰收的硕果。

原本我先找来这本小说的中文译本，想尽快地读一遍，但看了几页后，就不得不去找瑞典语的原文来对照了。不是因为文字翻译得不好，而是无法将翻译成中文后的地名、山川及湖泊的地名相对照。在我看来，中译本除了对一些瑞典城市、山川湖泊名称的翻译不是太准确外，其他的都值得肯定。所以，我猜测译者可能不是由瑞典语直接翻译的，而是由其他语言象英语或德语(因为有的地名用的德语发音)原版翻译成中文的。而且有几处前后同一地名给出两个不同的翻译，这很容易给读者造成混淆。

国际上的大都市一般都有比较一致的翻译名字，但对于一些小国家的一些小的城市的翻译还没有统一的标准，这只能由译者自己来掌握了。我想不外乎两种方法，一是意译，一个是音译。现在采用后者的比较多。但不论用哪一种方法，译者自己在同一篇小说中一定要有个统一的方法。再有就是音译也好意译也罢，都很难找到相对应的汉字来表达，所以我想如果要能在地名、山川和湖泊的译名后给出原语言的名称(至少在书的后边列出一个城市山川湖泊的名称的对照表)读起来就方便多了。

【跟帖】

Muyu: 夺目之作！关于翻译地名的见解再同意不过，后面的确应该有一个地名术语索引。

山尖: 哈哈，仔细一瞧，森林木是在为老乡评功摆好呢。"但要提《尼尔斯骑鹅旅行记》这部小说我想没有几个人不知道。"哈哈！不怕森林木笑话，我就属于这几个人。

风在吹: 翻译一些小国家的一些小城市名是没有统一的标准，何况还是那么早的译本。你一说起来，我也想再读读这本书了。羡慕一下你能在瑞典读，呵呵。

【散文】宁静中的沸腾——北极附近观霞看日

北极地区午夜不落的太阳是十分美丽的，但住在北极圈外的斯德哥尔摩的我却看不到，所以，总是觉得有些遗憾。虽然不能看到午夜不落的太阳，但在斯德哥尔摩却可看到内地难以看到的霞光，这也算是对生活在这一地区人们的遗憾的一种补偿吧。

记得在东北家乡的时候，即使在平原上能看到日出日落，也很少看得到五彩缤纷的朝霞和晚霞。但在靠近北极的高纬度地区，就经常能看得见各种颜色的朝霞和晚霞。最美丽的霞光常常出现在夕阳刚刚落下和朝阳即将升起的时候。据说在这段时间里阳光对云层的穿透能力最强，所产生云霞的面积也最大，色彩也更鲜艳。记得家乡有句谚语：朝霞不出门，晚霞行千里。说的是早晨有美丽的云霞出现在东方，预示着这一天的天气可能要变坏；而如果晚上在西方的天空上能看到美丽的霞光，第二天的天气会很好。可这句话在遥远的北欧，在靠近北极的地方就不灵了。这里是夜夜能看到霞起霞落，天天能享受阳光灿烂。

在夏至前后，这里大多的时间都是晴朗的天气，从日落到日出不到五个小时。在清凉的夏夜里，看那西斜的残阳，缤纷的落日余晖或者黎明的朝霞，都会给人一种如在画中或在梦境里的感觉。黄昏时分，夕阳徐徐下落，此时的天空一片红光。在残阳的照耀下，云朵显得更加低垂，好象随时都有可能要压下来。白亮的太阳被笼罩在彩色的光环之中。午夜时分，北方的天空处在一片曙光之中。光环颜色多是内里有紫红、橘红、橙黄，外部则由浅蓝和蓝色包裹着，真是色彩斑斓，美丽壮观，刚刚逝去的晚霞和即将出现的朝霞融为了一体。这片曙光还可能会延伸到东方和西方的天边。此时，略低于地平线下的太阳，在这片缤纷的霞光中由西向东慢慢划过，很快又升起来了。如果是在雨后，又赶上天空晴朗的夜晚，北方的天际上就会出现类似极光那样的光辉，把夜晚打扮得更加美丽壮观。真是赤橙黄绿青蓝紫，彩练夜空舞。

在太阳出来前，日出点的附近会出现了五彩光亮的半圆光圈，看上去好似煮沸的开水在翻动变化着，让蒸汽一样浮动的彩云小心翼翼地烘托出一个万道霞光、辉煌灿烂的旭日来。这时北方的天际如血一般，映红了大半个天空，直到整个太阳升起，最后慢慢地散开去。可能是地处高纬度的原因，日出和日落的过程很快，时间却很短。由于夏至时节少雨，看到的都是白亮的太阳，不见如血的残阳和红彤彤的旭日。古人曾经感叹夕阳无限好，只是近黄昏。但在这里已经没有了黄昏，黎明取代了黄昏，黄昏就是黎明。晚霞还来不及展示她的多姿多彩，就被迫不及待的晨曦和朝霞赶下舞台。真是黄昏挽着黎明，晚霞吻着朝晖，夕阳托出旭日。

到了八月底，日出和日落的时间差已经从四个多小时到将近八个小时。由于有了黎明前的黑暗，朝霞的变化有明显的层次。这个季节，也经常多云多雨。雨后的天空，由于湿度增高，霞光的颜色也有所不同，朝霞和晚霞也就更加美丽。随着落日的下降或日出的临近，天空逐渐变得越来越色彩斑斓。在日出前和日落后的半个小时里，云彩的颜色在阳光中变化最快。霞光的颜色是瞬息万变，有时你想拍照，却很难扑捉到那美丽的瞬间。

看着变换多端，千姿百态的云霞，真是一种美丽的享受。当云层稀薄时，云彩有时象一个个孤立的岛屿漂浮在蓝色的大海中。在阳光的照耀下，这些岛屿好象是一个个珊瑚礁裸露在海面上；有时云彩展现出各种动物的姿态，在霞光中都被染成了五彩斑斓的颜色。当云层厚的时候，云彩有时象一座座山峰，连绵不断，就象由五颜六色岩石组成一般；有时又象一块块整齐的梯田，排列在山坡上，好象有一双神奇的手，突然给田中添进了彩色的泥土。在天空乌云密布时，漫无边际的云层与大地之间只有一段很小的距离，露出蓝色的夜空。在太阳的照射下，就象天空被撕开了一条狭长的裂缝，让人不得不赞叹大自然的鬼斧神工。

一般来讲，朝霞的颜色多呈现为粉红、橘红、红色，有时也可以看到紫色和紫红色。晚霞常见的是橙黄、橘红、粉红。朝霞中很难见到橙黄，晚霞中则很难见到紫色和紫红色。这可能和早晚空气中的水分和灰尘有关。早晨空气中的灰尘少，紫色和蓝色光被散射的较少。

而晚上空气中灰尘多，红色、橙色和黄色残留得多。我见过最美丽的晚霞，记得当时天空飘着很多的云彩，象大海中微风吹动下的海浪，层层叠叠。随着夕阳的落下，云彩的下端能透过阳光的地方，全部变成了橙黄。就像大海退潮后，在低洼的地方留有少量海水的感觉。最难忘的朝霞莫过于当北方天空漂浮着一层薄云，慢慢游动。阳光一照，天空就象笼罩在一片火海之中。微薄而鲜红的云彩，在微风中浮动，就象一堆堆被点燃了的干柴在燃烧。随着升起的太阳光芒四射，火燃也跳动得更加厉害。

　　一年又一年，一天又一天，太阳还是那个太阳，但霞光却天天不同，日日变幻。朝霞虽美，晚霞虽丽，但最美丽的霞光永远都是没有看到的那一朵。

【跟帖】
一沙:就听这名字：北极，落日，斯德哥尔摩……我也得资产阶级一把。呵呵,真美!

9、 Windy

【纪实】中学的回忆

人最难得和珍贵的该是对往事的回忆。记忆中的那些老事情，尤其是中学时代，总是如梦萦绕，种种情景都历历在目，清晰如昨。中学时代是天真浪漫，多姿多彩的，尽管我们上中学的那个时代，有着很大的局限性，但人的热情向上不是社会所能限制的。那段时光里，有欢乐，也有痛苦。欢乐的时光会永远留在记忆之中，而痛苦和不愉快也会随着时间而渐渐减退、消失。

（1）走出大院

父母亲从"五·七干校"回来后，我们也到了升中学的年龄。团聚会暂时忘却烦恼，但日常生活中的琐碎事情却让人依旧不能安宁。

处在那个特殊时期，师资力量极缺，我们无法被附近的中学录取。为了不失学，所里组织了家长和一些愿意教孩子的叔叔阿姨，在小学里办了一个"戴帽"班，和院里的小学生们混在一起。其实那样做也实属无奈，我却很有抵触情绪。自己好不容易成了中学生，却不能像所里那些大哥哥大姐姐们一样，走出大院，到外面的天地去"闯荡"一番。加之老师也不是科班出身，兴许从来就没有干过教书这一行当，只是不愿意我们这群孩子"放羊"才试着承担教授我们的任务。这样一来，我的成绩一落千丈，对学习也失去了热情。父母关心我，常常晚上陪着我做功课。爸爸总是耐心地给我辅导，妈妈有时可能觉得我太不开窍了，又不好埋怨我，只好关心地问我是不是常常上课打瞌睡，是否需要姐姐抽点时间帮助我。可这样令我更加心烦，对学习也更加反感。

好在这样的日子仅维持了半年。经过多方面的努力，我们临近的那所大学的附属中学决定招收四个初一班。这样，我们这群所里的子弟们和附近野战军军部的孩子，还有附属中学的孩子们分到了一个班上。大学子弟成立了一个班，而附近工厂、农科院的孩子们分到了另外两个班上。

记得我们接到通知后，个个都高兴得欢蹦乱跳的。给我们代课的老师也千叮咛万嘱咐，要求我们别辜负了他们的期望，一定要好好学习；要让外面人知道所里的孩子不是孬种，个个都是好样的。听着老师们临别的鼓励，我也暗暗地告诫自己，要好好学习，不能给班上拖后腿。

走出了研究所的那片小天地，视野开阔了。随着环境的变化，我的心情也越来越好。求知的欲望又很快回到了我的体内，我像个小蜜蜂似的，汲取着所有养分，开始努力勤奋学习起来。

（2）中学的回忆

走出了小城堡——研究所，既兴奋又担心。首先要过的是语言关。城堡里大多是外地人，普通话自然而然地成为了我们的唯一语言。我们班上的农业基础课（那时没有生物课）老师姓孙，她的地方话口音特别重。第一天上课，就被她的语言砸懵了，一堂课下来没听懂几句。她努力地试着用普通话讲课，而她越努力说普通话讲的越糟糕。课堂上我们不好意思放肆地大笑，下课后，同学们开始模仿她讲话。有些同学模仿的特别像，倒让我很快地能够适应她的方言了。她的脾气特别好，在课堂上无论学生怎样模仿她，当着她的面学她讲话，她都不会生气，最多露出她那漂亮的黄牙和我们一起笑笑。老听同学们学她讲话，我也忍不住和同学们一起学起了她的方言来。最可笑的是，一次问她问题，不知不觉地使用了她的方言。她没有马上回答我的问题，而是看了我一阵。我并没有反应过来我在使用她的方言，在模仿她说话，直到旁边同学推推我，我才意识到了自己的鲁莽，立马弄了个大红脸，简直下不了台。而她并没有当着全班同学的面指责我。

每天上班，她都爱骑个红色跑车；下了课，又匆匆忙忙撅着屁股骑着那红色跑车飞快地往校外赶。我总会傻呆呆地望着她笑上一阵。那时候见到的都是飞鸽、永久牌自行车，看着她招摇地骑着那红色跑车，好生羡慕。后来才知道，她是自行车运动爱好者，据说她还是省城自行车记录的保持者呢。每次上了课后匆忙离去，是因为刚生了孩子不久，得回家照看孩子。

十几年后，在一次春节与先生拜访他的导师时，发现她竟然是那师母。当时我生怕她认出我来大家尴尬，假装不认识她。没曾想，她一眼认出了我，还叫出了我的名字。她告诉她的先生，我是她带过的学生，在班里总是文静地坐在前排听课，不随便说话，也不做小动作，是班上的好学生之一。听她这样介绍，我更加不好意思了，只觉得脸上发烫，无地自容。她只字没提我学她说话那件事情。我很感激她的大度，没有在我先生面前揭我的短，让我难堪。

她的先生是安徽人，安徽口音很重，而她的地方口音也是那么重，两人一南一北的，一定会闹出很多语言笑话吧。我们离开了她家，想象着这两人因为口音而闹笑话的情景，我实在无法控制自己，就傻傻地笑了起来。先生被我的傻笑搞的莫明其妙的，东看看，西看看，以为我在笑他身上有什么不对劲的地方。我赶紧告诉他缘由，他也忍不住哈哈大笑，并开始模仿他导师和他师母说起了笑话。他模仿得极像，我则笑得不能自持，过路人都以为我是喝高了的酒疯子呢。

班主任张老师教我们政治课。她是最后一届66年的大学生。虽然在北师大读了几年书，但那家乡口音也没怎么改变，讲话中常带着晋北的味道，但与农业基础课的孙老师相比还是要好懂很多。那时她刚毕业，和丈夫一同分配到我们学校。她做班主任挺合我们的胃口，自然很容易相处。班上男生也比较给她面子。她要求我们做的事情，同学们都会尽量地做到。只是一次上政治课时，因为同学们对这门课不感兴趣，加之她讲的也比较干巴、不生动，所以她在讲台上费尽气力地照本宣读，同学们在下面却说话的说话，做小动作的做小动作，还有同学居然用纸叠成飞机传递小纸条。张老师实在无法忍耐下去了，大叫一声："干什么呢？"全班同学都惊呆了，第一次见她发这么大的火。后排的男生，也不知是谁，学她说话还质问她，老师上课乱喊该怎么处理？她控制不了自己的情绪，站在讲台上眼泪刷刷的往下流。看着她难过的样子，我心里挺内疚的，但一想她讲课的水平，觉得她哭哭也是应该的。

（3）一斗二

刚上中学的第一个学期，我们院里的孩子都分在同一个班上，后来又陆陆续续来了一些插班生。有个男孩叫巴伟，自然得到的外号就是尾巴了。还有一个男孩是附中子弟，长得小小的，腿也不太好，他的名字叫步高，估计是家里人希望他一步一步往高走吧。按照他的样子，自然外号就是不高了。那时，大都按照个头高矮分座位，当然视力不好的同学也可以往前面安排。我和院里几个孩子，因为眼睛不太好，虽然个头不小，还是分在前排就座了。

这个不高同学，特别爱说风凉话，还总喜欢给女生起外号。我们几个前排的女生特别"恨"他，一时又不知该如何对付他。不久"尾巴"来我们班，成为一名插班生。他长得白白净净的，不说话时，还以为他是个女孩子呢。也不知是因为个子不够高，还是班里后排没地方了，就把他安插在前面座位上了。尾巴、不高两个人常常下课后嘀嘀咕咕的，然后又哈哈大笑，还朝某个同学张望几眼。让我们前排就座的女生们很恼火。明知他俩是在对我们耍威风，却没有机会跟他俩斗斗。

冬天，教室里很冷，没有暖气，要生炉子。那个时代，我们那儿天气冷时，都穿棉猴挡寒。就是棉大衣上面带个帽子。有一天，天气特别冷，我没有穿棉猴，下课后就赶紧挤到炉子边烤火取暖。不高走到炉子边，冲着我说：为了俏，冻得跳。然后就阴阳怪气地哼哼着走了。我当时很生气，心里想，我俏又没招你惹你，管得着吗。而我的好姐妹也学着不高，重复了那句话。正不痛快呢，姐妹也跟着起哄，我恼了，挥拳就要打她。她看我认真了，赶紧溜了。等我暖和了回到座位上时，突然见她穿着棉猴带着帽子，老实地坐在她的位置上。哼，这下我可不能放过她了，谁让她和不高站在一条线上。我走过去，挥起我的拳头冲着她的头，砸了下去。边打还边说："你今天有些不舒服吧，让我给你治治病。"话音没落，就听棉猴里发出的声音不对。我一下子愣住了，从棉猴里钻出的头居然是个平头。他一转头，我才知道打的是尾巴。我脸上红一块，紫一块的，不知说什么好，只好硬着头皮说："你往哪儿坐呀，活该！"边说边往后退，刚退了两步，就听到站在我背后的不高阴阳怪气地大笑。我一扭身子，冲着他的腿就势踢了一脚，嘴里说："笑，笑，我让你笑！"看他抱着腿呲牙咧嘴的哼着，我觉得胜利了。一个人斗了俩，嘿嘿。当时幸亏上课铃声响了，要么还不知是啥结局呢。

　　两年前，回国参加 50 周年校庆，见到了不高同学。现如今长得高了，当然只是比我高点。30 多年没见面了，他见我就说："那一脚再踢高点、狠点，我就不是步高了。"我笑呵呵地说："俺那一脚下去，让你长了记性，也把你踢正了……"

【跟帖】

跳蚤：要风度不要温度，男生都这么说女生的，windy 很暴力。嘿嘿

雪绒 168：看了你写的中学回忆，非常的亲切，仿佛又回到了那个年代，你是班里学习的好学生，还听了你唱的兰花花，唱的非常好，还比较有味道的。

【随笔】参加毕业典礼

　　2008 年 5 月 22 日是我一生中最难忘的日子之一，这一天是儿子大学毕业典礼的日子。儿子早早就告诉我们他的毕业典礼日期，并且邀请我们一起去参加典礼。我也怕自己忘记，还在笔记本上将这一页注上了一个特别大的记号。

　　每个做父母的在这一天大概都有相同的感受。无论孩子还是家长，似乎都在生活的道路上迈出去了一大步。从儿子告诉我的那天起，我的心情便时好时坏，几年来的情景总在眼前闪现，心里在说：不容易，太不容易了！无论是儿子，还是我自己。靠着一份坚强的爱，一份执着，我们一起从最艰难的、最痛苦迷茫的日子中走了出来……

　　什么事情都可以放下，可以不做，儿子的毕业典礼一定要去！为了参加这个典礼，我还特意去服装店里买了合身的服装，让自己高兴，更想让孩子知道母亲对他寄予的期望。

　　这天一大早，我从床上爬起来，赶紧梳洗打扮，早餐都没有来得及吃，就匆匆忙忙上路了。到了指定的地点，一看表还早呢，就先去买了一束花，然后翘首等待着儿子的到来。一会儿，儿子打电话说正在路上，突然发现典礼服的帽子上的小穗子丢了，可能是忘在住处了，

得回去看一眼。我心想，孩子也很激动，这也属于正常的。忙告诉他别急，慢慢找。站在门口，看着人们都在往典礼场方向走去，哪能不着急呢。急的是怕孩子晚了，耽误入场。也怕自己找不到好位置，无法给孩子拍些好照片留作纪念。

　　终于看到孩子满头大汗穿着典礼服装站在了我面前，心里才稍微安稳下来。赶紧跟孩子合了影，叫他快些进去，免得迟到。我们这才离开门口，随着人流快步地进入了典礼场。

　　毕业生一个跟着一个地走进了毕业典礼场地，我们耐心寻找着孩子的身影。终于看到他，我挥舞着花束，大声呼叫着他的名字，希望他在众多的人群中看到我们，并试着给他打电话，希望他知道我们坐在什么地方，但没有接通。结果还是他的好朋友给他打电话，他才知道了我们的方位。心里好生嫉妒他那朋友。

　　典礼开始了，我们耐心地听着层层领导的讲话，先是校级的然后是系级的，最后才轮到学生代表发言。最激动人心的时刻是看着每个毕业生走上讲坛领取他们的毕业证书。四年的大学生活，每个学生都会有一肚子的心里话，一大堆的故事，儿子也是其中之一。

　　典礼结束后，在典礼场的大门口再次和儿子相聚。儿子手上拿着证书，朝我招手，疾步走到我面前，给了我一个深情的拥抱。突然，一种放松传遍了我的全身全心。儿子附在我的耳边默默地说："妈妈，谢谢你！"我也在儿子耳边轻声地说："妈妈的好儿子，妈妈为你骄傲，为你自豪！"

　　不需要华丽的词藻，母子的心永远连在一起！

　　儿子又要驾起新的航船出征了，妈妈永远祝福你！

【跟帖】

老立米：真为你高兴！再过四年，我将去参加我女儿的毕业典礼，我正期待着。我也会象你一样，买新衣服，买花，对所有人都说祝福的话。

跳蚤：鼻子一酸，想结婚想有个儿子。祝福 windy，拂却往事尘烟，苦尽甘来。

10、 小平

【随笔】散步的目的

　　假设我 20 岁，我万万不会想到，我会有一天把散步作为一种目的，尤其户外散步。

　　每天早上6:30左右起床，送了大的忙小的，这就是一天的开始。不知从哪天起，我就把散步当成了每天早上必须的功课。

　　我家距离小学大约只有三五百米的距离，走路过去只需三五分钟。每天送了女儿上学，我就向相反的方向走，这样一路就开始环绕小区，而不是横穿马路简单地回家。

　　这样本来三五分钟的回家路程，就被拉长为二十分钟左右，偶尔兴致来了，再把小区的另一半走一遍，这样，散步就长达四十分钟。

　　其实，我有一台跑步机。起初买那台机器的时候，还特意挑选了比较专业的，带有纪录卡路里消耗量以及调节速度等功能，就是想让自己即不耽误时间，又可以达到锻炼身体的目的。

　　一个人只有到了一定的年纪才会开始懂得注意身体的健康。如果是 20 岁，是万万不会想着没事就散步的。假设到了老年，孩子也大了，退休后的大把时光等待消磨，在阳光下、空气中、春风里散散步，并不是一件奢侈的事情。可中年人不然，身体健康必须开始引起重视，但还有好多事等着去做，这就是我当初买那台机器的理由之一。我想用每天看晚间新闻的时间顺便散步。有的时候，我甚至把电脑也放在机器前的架子上，一边在机器上走路，一边查电子邮件。

　　这样的散步，心情并不轻松。腿虽然跟着被调节好的速度前后行进，但心情总是被许多琐事迁移。还要随时满足孩子大人这样那样的需求。比如孩子随时要喝水啦，吃水果啦。后来，干脆就把散步的机器搬到车库里，打算再用那台机器的时候，就安安静静地一个人在机器上散步，尽量不被琐事打扰，最多顺便看看电脑就好了。

　　后来发现，这么一挪动，在机器上散步的次数几乎成了零。一个人在车库里，即使耳朵上挂着 ipod，有美妙的音乐灌耳，眼睛的尽头也不过是车库那么个小空间。

忽然就有这么一天，开始了清晨小区内的散步，之前一直以为这么有闲情逸致散步的大多都是老头老太太的，没想到自己也成了其中一员了，而且更有趣的是，我发现这么清晨散步也是另有旨趣。

比如，有的时候我会在这个时间打电话给那些时差早加州三个或两个小时的朋友。我这里虽然只是八点钟左右，但他们是上午十点或十一点了，要么在上班，要么在家里做家务事，要么也和我一样在散步。

我有个朋友在芝加哥，她每天都是上午十点钟左右散步，那么电话打过去的时候，她和我一样，在路上走着呢。这个时候我们就会谈论一下天气、新闻、孩子、股票什么的。她那里兴致勃勃，我这里也高高兴兴，偶尔也谈谈写作。她在国内搞了多年的写作、影视剧，功成名就了，为了孩子跑到了美国。她说她现在偶尔也写写小东西，但大部头的好久没写了，不是不想写，是想厚积薄发，说完了，就简单地笑笑，似乎那些名利对她不过是清晨的一缕雾霭。我们的话题总是非常随意闲散，差不多半个小时吧，简单地散步聊天就结束了。回到家里，要么去上班要么做别的事情，一天就愉快地开始了。

有时也会打电话给些别的朋友，大多时候都是愉快地开始，又愉快地结束。偶尔有些小纠结，彼此劝慰一下，也就烟消云散了。朋友大抵如此，轻轻地拿起，淡淡地放下吧。

除了打打电话，散步的时候也会听音乐。大多时候我会选择一些自然音乐，山间的鸟鸣、流水、微风，就在清晨的阳光里，随着脚下闲适的步伐，轻轻地拂面而来。我一度非常提倡听这种自然音乐，没有什么特别的旋律，甚至不需要乐谱，就是那些大自然的声音构成的乐章，尤其在清晨的时候，会让人觉得真的置身于大自然了，与阳光与空气与自然浑然一体了。很美，很享受。

其实，散步的时候，最有趣的是和邻居的张阿姨聊天。张阿姨曾是国内很著名的演员，她先生则是著名的编剧，那个家喻户晓的某某电影就是张先生写的剧本。所以我们有的时候会谈起影视，张阿姨会讲很多有趣的拍摄电影时候的小插曲。偶尔，她也会跟我谈起剧本创作和写作，我则听得云里雾里的，不过作为她忠实的听众，我也乐此不疲。

和张阿姨的话题，最多的是烹饪，她很会北方面食，常常做了馒头、包子、饺子给我送来，还学着做各式各样的点心，后来居然自己灌香肠。每次有了新的成果，她都要亲自送到我家里，要我品尝。开始的时候，我也略推辞几次，后来，我发现盛情难却，就不再推辞，每次都高兴地接受下来。她看我不再客客气气的，反而一脸的轻松。

其实我最喜欢看张阿姨的背影，她年轻的时候，跳过芭蕾，已经六七十岁的人了，腰背挺直，走路的姿势非常好看。她也很注意自己的形象，总是把自己打扮得非常雅致且光鲜亮丽，没有任何衰败的样子，也没有大红大绿的招摇。

有的时候望着她的背影，我就会想自己的老年，是不是也会像她这样腰背笔直，风韵尚在呢？

我希望自己能把散步当成习惯当成目的，坚持下去。不要总是以为自己29岁，随时提醒自己散步的好处。做到今年20，明年18。

【跟帖】

Muyu： 散步的旨趣在于"散"，在异国严峻的日子里，还能散步，那得有怎样一种闲情逸致啊！要有闲情逸致，那又得有怎样一种物质支撑啊！

碧云天： 遇到一位练武的师傅，他说最好最简单的健身方法就是走路。身边有经常快步走的人，果然身体状况大有改善。大家一起散步吧。

【随笔】以无所得故

对佛学，不能参其一二。这样把"以无所得故"打字出来后，心下是惶恐的。

早年少小的时候，偶尔翻弄一本破旧的刻石拓本集子，只记得黑乎乎的版底、斑驳的字迹，加上已经卷角的纸页和发霉的腐朽味道，再有就是"以无所得故"这五个字了。

这五个字，应该是一方印章的拓本。凭微薄的记忆和对书画印刻的无知，实在无法查寻那本集子真正的由来和出处，但清楚的记得是篆书。这少许清晰的记忆，源于好奇，好奇篆书的变体，也好奇这五个字的本义。

拓本集子虽然凌乱，但篆书匀整滑润的体态，把这五个字方方正正地圈点在一页纸的中央。虽然拓本底色里照旧有很多的划痕，书页也掉了页角，但每每翻到这一页，人就特别平静。所以，特别偏好临摹这几个字。临摹的时候，除了注重笔划协调，豪尖上的轻重缓急，手腕上的跳脱顺逆，也无他了。

那个时候用的是土黄色的草宣纸，偶尔也用报纸，就这么一页一页的描临下去，这五个字就真的如一枚千年的印章，饱满深刻地拓在记忆里了。只是那时那么小，怎么懂得这字里墨外的含义？其实，现在不小了，也未必参透哪怕皮毛。所以打出这五个字之前，先决定去查阅。这在以前，恐怕要泡到什么古文书店或市图书馆熬个一天两夜的也未可知。现在好了，有了网络，所有半瓶子醋的，都可以暂时搞个热馒头锅，现蒸现卖了。

上网查阅，很容易地知道了一些由来和字面的意义。比如这是佛经某心经里的一句，至于是具体的哪段心经，网上也说的很清楚。至于这五个字的含义，我摘录了一个我觉得比较白话的解释。如下：

"以一起无所得的缘故，所以无智慧所得，所以无受想行职可得，所以无色声香味触法可得，所以无眼耳鼻舌身意可得，所以无眼界可得，所以无意识界可得，所以无无明可得，也无无明尽可得，所以无老死可得，也无老死尽可得，所以无苦集灭道可得……所以没有生灭，所以没有垢净，所以没有增减？……此乃贯穿及连结心经所要诠释的一切宇宙实相。"

忽然对佛家的四大皆空似乎有了些许明了。想起了李叔同与佛家的缘起缘终，以他彼等超人的艺术才华和人格魅力，又家境殷实，不必有生存的辛苦，我曾经想过，他如果不是最终皈依佛门，还有什么更好的出路？不知道怎样感慨。

我想，外人如我，是无资格评论和思想的。这与红楼开篇《石上偈》中的"无才可去补苍天，枉入红尘若许年"的叹息，是否可以彼此相知相识并相惜了呢？

作为大俗特俗的我等，生命里的苍凉和寂寞并不明显，当然伟岸和彰显也不突出。有很多时候，其实我们追求的、盼望的、依依不舍的，也许就是这些貌似寡淡的日子里的一份平静和安乐。

这种心态，很有可能在当下被视为颓废，我不知道。

【跟帖】

Muyu：最近耽迷于琢磨学问，佩服。以无所得，也即无中生有也。道释两家见解如出一辙。吾明日且无去也。

秋尘：以无所得，俺的理解，就是人生下来，最终死去，死便是无，无就是得。人，一生的所得，就是死去。嘿嘿

【杂文】唐骏是怎样炼成的

当广大知识分子们在媒体网络上，口诛笔伐的唾沫星子溅成的狂澜大浪把唐骏一次次淹没的时候，我站在那风浪的最远处，以可有可无的旁观者，在茶余饭后的空隙里，认识了这个人--唐骏，这个满世界号召懵懂小儿复制自己成功的男人。

这个认识，有几分滑稽和戏剧性，就宛如你在最无所事事的时候，碰上了一件最无聊的事情，于是就用这个无聊填充另一个无聊，而后，乐此不疲。

人区别于动物的第一要素，就是八婆，就是东家长西家短，就是谁家的谁怎么了，谁家的谁没怎么了。之前这个活动得通过走街串巷、街头茶馆、邻里到访、口耳相传才能将以讹传讹的形式不完全完成，比如谁家的母鸡下蛋后，最后以谁家的男人下了个金蛋结束。

二十一世纪又十一年的今天，无论从准确性娱乐性，还是从速度上，我们都比我们的老祖宗来得迅捷、来得无懈可击。

于是，刹那间，唐骏横空出世，以爆破的姿态、震慑的效果与悟空出世PK，有过之而无不及。

我汉字认够300字那年，我被悟空出世后九九八十一难，难难迎刃而解的功夫秒杀。没谁告诉我，当悟空欺骗了谁进了彼肚子里，以泼皮打滚的方式成功地解救了师傅的时候，这里是否有些道德的缺失？有些方式是否有欠光明、有欠磊落？因为那个时候，我们只谈敌我、谈阶级谈斗争，我们还不想谈Global、不谈成功，更不懂得复制原来就是一个点击。

我们全体都被悟空秒杀，且持续秒杀上千年，被悟空的伎俩，被这猴精的瞬息万变（哦，是72变，甚至复制本领，我哈哈），被这猴精妙不可言的泼皮打滚的大撒泼本领，彻底完全地秒杀上千年且有现象表明还将一如既往的持续。

唐骏算什么，他的功夫在大圣眼里，充其量是个三脚猫，在花果山估计充其量就是个喽罗，混的好点可能是个喽罗班班。他只学了大圣的一点皮毛，就想另辟山头，这后果还用说么。

别把唾沫不当海，唾沫可以载你铁达尼，也可以覆你核电站。这就是唾沫的力量。

当唐骏同学满世界吹嘘自己，试图把自己当成一页页白纸摆进生活的复印机且忙乎着COPY唐氏成功的时候，显然，他犯了一个三岁乳儿尚未搞懂的错误，就是手里拿着一颗棒棒糖忘我吸吮的时候，一个小趔趄就会使那甜甜的糖棒变成刺喉武器。

树大招风，猪壮了要杀，这是法则，也是规则。想玩，想玩真的，就得按规矩。旁门左道，牌桌上煮咸鱼，被砍指头，那只是个早晚的问题。当然，我这里只限说牌卡游戏。至于唐同学加紧修炼，来日左手翻云右手覆雨的可能性，Who knows。未来且未知，这里不谈也没法谈。所以谈点儿过去的、已有的。

吴老先生让这猴子从石头缝里出来，给他的最大使命就是解难的本领，同时身兼娱乐。我们注意到，吴老从来没有给过悟空机会上圣坛，上讲台，更别说传道授业解惑。这就是吴老的英明，就是真知识分子区别于知道分子的分水岭。

可我们给了唐骏什么？

我们把唐骏送到文化传道的最前沿，我们把唐骏送上了大学讲台，面对20岁这群即将步入社会的最有朝气的一群。

唐骏是天时地利人和的，我们给了唐骏丰厚的土壤使唐骏茁壮成为唐骏，我们甚至调配土壤的成分，使唐骏这颗种子能够适宜，能够四季开花、结果、收获。

唐骏的聪明是悟空式的，他有72变（虽然吹毫毛的功夫有待继续修炼），他有金睛火眼，一眼洞穿中国当下大文化的表里，他更有悟空救师的执着和不择手段，奈何你神仙妖魔，牛刀小试，所向披靡。在当下只追求抓耗子的大背景下，没人管你是哪只猫，只要你的结果适应了大部分人的价值观，你就成了，不要问过程。

这就是唐同学的精明。他熟稔丛林法则，了解土壤水质，步步为营，把自己塑造成最适宜的种子，发芽、成长，一步步走到林子的最高处。

显然，站在树梢之下的芸芸我们，那树之高冠就是我们的哈喇子。我们望其项背唯恐不及，并且在 day by day 地在 daydream 着如何去 copy and paste 呢。

所以人唐骏怕什么，人干吗要中庸要低调，人干嘛要无为要沉默。人家就知道，你不哈喇子有人哈喇子，而且是大多数，甚至大学的庄严讲台。我学历门怎么了，我不学历门你给我土壤么，我他娘的没地儿落下，你叫我如何 Dream comes true？笑话么。

重点的重点，唐骏成了。无论他成了什么，他在我们国人的价值观里，他成了。

所以唐骏不是别人的唐骏，是我们的唐骏，是我们中华民族集体受精，怀胎十月，数十年数百年甚至上千年精心养育出来的唐骏。虽然我们也会在唾沫星子里纠结，虽然我们也以五毛的身价出来指责一番，虽然我们也知道群众的力量。

唐骏是我们一手制造的。所以，今天唐骏不会倒下去，如果我们还是我们的话，千百个唐骏即将或者已经站起来了。

【跟帖】

大草帽： 时代的产物，那个南京大学的 MM 攒足了劲，看起来是反唐骏，其实是复制了一下唐骏。

寂寞沙洲： 小平的文字诙谐而辛辣。

11、 张维舟

【杂文】提意见

　　咱中国的古圣贤实在英明伟大，两三句话就能把你带进水天一色的无差别境界，直通"莫斯科郊外的晚上"，"心儿多爽朗"。就说提意见吧，这方面的名言就一大堆，什么"知无不言，言无不尽"；什么"言者无罪，闻者足戒"；什么"闻过则喜"，"虚怀若谷"；什么"人谁无过，过而能改，善莫大焉"等等。但这些话只能说说而已，切莫当真，如果你真当一回事儿，那就非在现实的墙壁上碰得头破血流不可。这原因就在于现实生活是极为复杂多变的，甚至极为严酷。姑且不说官场和政治漩涡有多深多浅，就说普通的人际关系的玄妙，就够你研究揣摩一辈子的。比如说一位朋友拿自己写的文章（书法，画作或别的作品）请你提意见，你若不知他的意图、他的心理，竹筒倒豆子，无保留地把意见说出，常常会弄得对方怏怏不快，从此再不向你"讨教"，甚至恨你八辈子。究其原因只怪你当初不看对方的脸色，不揣摩对方的心意。生活中不少人美其名曰请你"提意见"，其实是在向你炫耀自己多么高明，甚至要把你"比下去"。你若不了解这一层，实话实说，非得闹到彼此尴尬的地步，有的还反目为仇。

　　这么说来人和人见面只能是"今天天气哈哈哈"，带着假面具生活啰？那多虚伪，活得多累呀！其实，也不。这就得研究人，了解人，而人多少都有点虚荣心，说得好听一点是自尊心、自信心，也可以说是爱面子。这可以说是人的本能。再就是人与人的修养境界确实不一样。至于技能本领有差异，更是客观存在。我的看法是在肯定对方优点成绩的基础上，提点儿意见是可以的，但一定要了解对方，察言观色，对方若无诚意，就不要深谈。对方基础差，就要从对方实际出发，提一点改进的意见。至于对道德修养很差、境界很低的人，虚与委蛇，打发走就是了。这不是虚伪，也不是不负责任，而是从实际出发，区别对待。

这是从提意见的人一方说的。从讨教的一方来说，一定要诚恳，要态度端正，否则难以听到真话。若是听了对方的意见，打心里就不服气，"你算哪根葱啊！孔夫子面前卖学问。哼！"有这种心态，如何能互相切磋，共同提高呢？

当然，人世间并非没有须真正虚怀若谷、见贤思齐的人。历史上伯牙和钟子期的友情，被称为"高山流水"的美谈，他们之间断不会各自给对方提意见就翻脸不认人。现代史上陈独秀毫不客气地指出大书法家沈尹默的一副赠书是"诗在天上，字在地下"，沈尹默不但不恼怒，反而虚心接受，积极改进，而后大有长进，还在北大校长蔡元培面前举荐陈独秀为北大文学院院长。当然这类人极少，是凤毛麟角，所以说做人难这也是一个方面。另一方面我们也要看到现实生活中毕竟还有见贤思齐的人，即便是凤毛麟角，却也是人类的希望所在。只要我们待人以诚，又讲究方法，定能够以良好的气质和形象影响周围的人。

从这个意义上来说古圣贤的教诲并没有错，并非大而无当，不着边际，只是那种境界和氛围难于达到，要有一个长期的过程，不能操之过急。

【跟帖】
遍野：是，世界上的人们大多不愿意面对真实。
秋尘：交流这东西，的确得看人，恰到好处是很难做到的，关键是"真诚"。真诚了，忠言也好，谏言也好，就管不了那么许多了。如果逢人说话，逢时说话，总是会出纰漏的。

【散文】风雨中的柳

小区的石径两旁长着高大的柳树，从柳林中穿过，清新可人，连空气都觉得是甜的。拂面的柳条，就像妻子长长的秀发，又像襁褓中的婴儿给我一个又一个吻。

白日里，从柳树上传来无休止的蝉鸣；夜里，柳树下草丛中、石缝里蟋蟀的声音时断时续。你会觉得这就是柳树的声音，有时凄清哀婉，有时激越高亢，有时无声似有声，有时有声却也无……

白日里，阳光下，柳枝低垂，参差披拂，静中有动，似万种风情，欲言又止；夜晚，明月朗照，繁星点点，柳树和地下的投影，就像细腻的黑白木刻。你端详着，思忖着，我知道你是想给这幅"版画"取名。我看就题名"沉默是金"吧！

初春时节，柳树抽条，柳条吐絮，你会自然而然地咏叹韩愈的名句"正是一年春好处，绝胜烟柳满皇都"；冬季里，花木卸了妆，望着裸露的柳根，你会想起唐代诗人司空图的诗句"雨中黄叶树，灯下白头人"，似乎柳根在跟你对话，讲述着岁月沧桑，人生无常。

中国有丰厚的"柳文化"。《诗经》中就有"昔我往矣，杨柳依依。今我来思，雨雪霏霏"。是写一个老兵的回忆，自叙当年离开家乡的情景，依稀记得那时村头的杨柳枝条轻轻拂动，似乎显示出难分难舍的样子。而今，老兵佝偻着腰，重返这熟悉又陌生的家乡，眼前却是大雪纷飞，四顾茫茫。时过境迁，物是人非，能不凄然落泪？"依依"作为眷顾、眷恋解，大概就是从这里来的吧？

唐代有一种风俗就是亲人离别的时候，彼此折柳相赠。李白词《忆秦娥》中有"年年柳色，灞陵伤别"，就是写这种场景的，生离死别，凄苦动人。

在中国柳文化中，柳多是以柔美的姿态出现的。她表现、衬托、渲染着依恋、期盼、感伤、哀叹、凄清、寂苦、无奈、愤懑等感情。如："城外看风满酒旗，行人挥袂日西时，长安陌上无穷树，唯有垂杨管别离。""杨柳青青着地垂，杨花漫漫搅天飞。柳条折尽花飞尽，借问行人归不归？""倚栏凝望，暗牵愁绪，柳花飞趁东风。""暂凭尊酒送无聊，莫损愁眉与细腰，人世死前唯有别，春风争拟惜长条。""无情最是台城柳，依旧烟笼十里堤。""春风知别苦，不遣柳条青。""西城杨柳弄春柔，动离忧，泪难收。""今宵酒醒何处，杨柳岸、晓风残月。""梦断香销四十年，沈园柳老吹不绵，此身行作稽山土，犹吊遗踪一泫然。""莫攀我，攀我太心偏。我是曲江临池柳，这人折去那人攀。恩爱一时间。"……

当然也有表现大地回春，生机勃勃的。最有代表性的是唐代贺知章的《咏柳》，"碧玉妆成一树高，万条垂下绿丝绦。不知细叶谁裁出，二月春风似剪刀。"

还有杜甫的绝句"两个黄鹂鸣翠柳，一行白鹭上青天。"

我文章开头引用韩愈的《天街》自然也是，还有"月挂柳梢头，人约黄昏后"等等。然而纵观写柳的诗词歌赋，表现出来的几乎都是阴柔之美，至于平常我们熟悉的"有心栽花花不成，无意插柳柳成荫"，也只是肯定柳不择地而处，能随遇而安，生命力强，成活率高，而无太多赞许之意。

难道柳真的只有雌性，而无雄性；只有阴柔之美，只是供人欣赏、怜悯、同情的对象，而没有自信、自立、自强的能力，更没有阳刚之气，不能给人以鼓舞和力量吗？

一天晚上，风雨交加，电闪雷鸣，乌云疾驰，我打着伞从外面回来，走进小区的石径在柳林中穿行。风雨中，黑夜里，我蓦地发现另一种柳，不，确切地说应该是发现了柳的另一面。不是摇曳多姿，不是顾影自怜，不是凄凄惨惨，而是汹涌澎湃，漫天飞舞，大气磅礴。在狂风暴雨之中，平素并不张扬的柳一扫昔日柔弱纤细的模样而大展雄风。我被震撼了。我置身其中仿佛走进了一个风云激荡的年代，走进了烽火连天的峥嵘岁月。

回到家里，我默想方才看见的夜幕里风雨中的柳，那么粗犷，那么奔放，那么撼动人心。我的心久久不能平静。我想如果要我为这难忘的一幕配音，我该选哪一首歌哪一支曲子呢？我想了许久，选了许多歌曲，都觉得不合适。终于我找到了，那就是《黄河大合唱》。是的，唯有《黄河大合唱》才与之相称。

"风在吼，马在叫，黄河在咆哮，黄河在咆哮……"我仿佛看见，柳，在高亢激越的音乐旋律中飞舞升腾。

我忽然明白了一个道理：柳，静中有动，是妩媚，是笑靥；柳，动中有静，是永恒无限的生命之光，是根植在中国大地上的万古风流。

【跟帖】

夏枯草：老师真是学识丰厚，一棵柳有这么多的前生今世……老师文章写得也好，学习了！

秋尘：张老师的美文！被您这么一写，柳树的刚柔相济就这么定论了。是呀，柔，应该是一种有韧性的刚。有时候，反而更有力量。

【杂文】老调重弹"清官"戏

上个世纪五十年代初，戏剧舞台上出现过"清官"戏，如昆曲《十五贯》，京剧《秦香莲》、《宋世杰》等，很热闹一阵。可是以后逐渐低调，逐渐减少，"文革"前就已经死绝了。理由很简单，这都是帝王将相，怎么能让他们在社会主义舞台上借尸还魂，大行其道呢？"文革"中就再也没人敢言"清官"和"清官"戏了。

十一届三中全会后，政治环境宽松，言论比较自由，又有人提起"清官"和"清戏"了，认为清官反映了民主意识，清官戏代表了民情民愿，可以上演，而且已经陆续上演。不过当时的"百家谈"也有不同的声音，好像是邵燕祥等人，说清官戏反映了一部分人的"清官意识"和"清官情结"，他们还是没有百姓当家作主的自觉，而是寄希望于统治者的恩赐，没有自己争取民主，而是找人替自己作主云云，这并不是历史唯物主义。这自然更有道理，但并没有影响"清官"戏上演，而且不仅清官戏，乃至各类题材的传统剧目都粉墨登场了，以至于历史剧在一个时期里票房价值一直呈上涨的趋势。

现在不同了。除了一些票友和个别戏迷，一般人，尤其是年轻人大都不看古典戏剧了，包括清官戏。这原因不在于这些人"历史唯物主义"增强了，而是艺术多元化，可供选择的艺术形式和艺术内容多了。再者，一般来说，中国古典艺术节奏慢，不大符合青年人的美学旨趣。

不过，改革开放三十年了，再回过头看"清官"戏，又该作怎样的评说呢？

首先，清官戏和其他历史题材的剧目，在中国历史悠久，有广泛的群众基础，有的反映了民族精神，有的反映了民情民愿，有的反映了人民对自由幸福生活的追求和渴望等。这些都不是说不要就不要的，即便是现在票房价值低一点，也不会绝种。

第二，历史剧是现实生活的曲折反映。自然，我们的社会生活大有进步，人民的生活有大的改善，民主和法制建设也在进行。但毋庸讳言，我们的社会矛盾也不少，干部队伍中腐败现象并不在少数，有些地方百姓仍然蒙冤受屈哭诉无门。在这种情况下，人民"清官意识"

或"清官情结"是无法消除的。清官戏就容易与他们的精神产生共鸣，清官戏有存在的理由。

第三，改革开放三十年历史教训之一，就是要少谈些"主义"，多干点实事。不久前在网上读到一则消息：一位乡民大热天远路而来到乡政府办事，未经乡长同意喝了桌上一杯凉开水，这下惹恼了乡长，乡民被劈头盖脑打一顿，然后捆绑拖出去。这事情引起社会不满，你知道这位乡长大人咋说？他吼道："不好好治治他，我怎么工作？"不治这喝水的乡民，乡长大人就无法"工作"了？他干的是什么"工作"？这又是什么逻辑？奇怪的是，当地县政府居然支持这位乡长大人。你说这乡长是什么"主义"？社会主义，还是资本主义？是"公仆"，还是"主人"？是历史唯物主义，还是历史唯心主义？离开彼时彼地其所作所为如何说得清。几乎同期，温家宝总理到西南地区视察旱情，一位老太太颤巍巍地端着一碗水让温总理喝，温总理说你们这里旱情这么严重，我不能喝你的水。婉言地回绝了。这又是什么"主义"？我看还是当年刘少奇说得对：不要大而无当讲社会主义同资本主义的矛盾、无产阶级同资产阶级的矛盾，还是有什么问题解决什么问题。"清官"戏，则离不开具体案件，具体案情，是"有什么问题解决什么问题"，不作玄学研究，比较务实，百姓明白喜欢。

第四，同前一个问题相联系，现在理论界个别人的研究使人感到不着边际。也是前几天在网上看到一位学者讲到中国民主化进程，说民主化应该是"由民作主"，而不是"为民作主"；民主化的进程应该是"增质"的，而不是"渐进"的。他特别解释"由民作主"是百姓自己当家作主，"为民作主"则是自己的命运由别人掌握，寄希望于别人的"恩赐"。这里有原则的不同。道理自然是满有道理的，只是有些"玄乎"。民情下达，民意实施，都得有相应的机构和工作人员。这机构，通常我们叫"各级政府"；这工作人员，我们通常叫"干部"，俗称"官员"。我们自然希望政府廉政，官员廉洁，真正反映民情，代表民意，为民办实事。这既是"为民"，也是"由民"。二者并不矛盾，即使有区别，也不大。但按照这位学者的理论，"为民作主"之类应该扬弃，要毫不犹豫地一步到位，实现其"由民作主"（这无组织无政府也无代言人的"由民作主"是怎么个样子，则很模糊）。"清官"戏的命运如何，这位学者没有说（他是研究"治国平天下"的，不讨论"清官"戏这类具体事），但按照其逻辑推理，"为民做主"的"清官"戏自然应该自觉退出舞台。

最后一点是从"官场"看"为官"，再看"清官"戏。官场腐败，从来就是一个难题，现在也没有彻底解决。最近新华网公布中国有十大高风险部门，就是说这些部门（官场）就像"酱缸"，在这些部门工作的领导和工作人员很难做到洁身自好。清官戏用艺术形式，以史为鉴，告诫党员干部和全体工作人员"富贵不能淫，威武不能屈，贫贱不能移"，提醒这些人廉洁自律，拒腐防变，出于污泥而不染，还是有现实意义的。

【跟帖】

秋尘：清官问题，不是个体的问题，而是群体的问题了。其实，历史真的是在重复着的。很可悲的是，前人之问题，并没有被后人所免疫。

12、 A

【随笔】回家过年

20 年走一回

对我来说，回老家过年是一件奢侈的事。从 1983 年工作到现在，回老家过年一共只有两次。算上这一次，才是第三次。

我是警察，刚刚参加工作的那几年，人在基层，越是节假日工作就越繁忙、责任越重大。所以，一门心思地工作，加之父母的身体也很好，就没有想过在春节里要回家探视孝顺父母。只是没有想到，身体一向强壮的母亲在 1987 年初就一病不起，3 月 17 日，68 岁的母亲就驾鹤西去。母亲是家，父亲是山，母亲不在了，家也就不在了。尽管后来不在基层工作，有了回老家过年的时间，二哥、二姐也还都生活在农村老家，只是因为父亲也经常到南京来，也有两次父亲还在南京跟我们一起过年，所以，我就一直没有再回老家过年。

选择今年回老家过年也是有由头的。当然是随着年龄的增长，思乡的情绪在不断的积聚；更重要的是，儿子在下半年就要参加工作了，未来的时间里，儿子也会有自己的工作和生活，所以，趁儿子现在还属于我们，就一起回家吧。

说是回老家过春节，其实，还不是真正意义的老家，而是徐州城里大哥的家。大哥三个孩子都已经成家立业，可谓是子孙满堂。尽管生活还算不上多富有，但家庭和谐才是最重要的。

没有了父母，大哥就是依靠。

我二姐的两个孩子现在也安家在徐州。二姐春节也在徐州，为儿媳妇做孕期护理。

大哥、二姐在徐州，这样，只需要二哥一家从农村赶到徐州大哥家就可以了。我把我的想法在节前的半个月就告诉了大哥，大哥非常高兴。大年初一 12：40 我们搭乘 D32 次动车，准时出发。15：08 分，火车准时到达徐州。

浓浓亲情

动车一路快速前进，大哥的电话一路追来：何时上车？到了哪里？距离徐州还有多远？下了车，到了出口，他告诉说他儿子在出口处接站。

侄子开着福特车，只要十来分钟的时间，就来到了大哥家。

刚刚下车，大哥、大嫂、二哥、二嫂、侄子、侄女以及四五个孙子辈的孩子就欢喜地迎接上来。在大哥有些局促的房子里，我们三人成了中心。

大人的笑谈声、孩子的吵闹声以及电视里重播的春晚的歌声交织一起，汇成了浓浓的和谐、温馨的亲情乐章！

二哥的孙子是孙子辈中最小的小精灵。两岁半的他，有着一个很是安静、雅致的名字张芷铭。小芷铭看到陌生的我们，有几分羞怯又有些好奇地躲在二哥身后，瞪着他那双黑漆漆的大眼，不断地打量我们。二哥指着我，告诉他这是三爷爷；指着LP，告诉他这是三奶奶；指着我儿子，告诉他这是小叔叔。聪明、灵俐的小芷铭，用地道的老家话口齿不清地一一喊过，惹得大家哈哈大笑。

很快就到了吃晚饭的时间。在酒店里，大哥预订了一个摆放两桌的大饭厅，老老小小一共21口人，围坐在桌前。大哥的祝酒词，尽管有些老套，鲜有新词，但其中饱含的深意，还是让我们感到了大家庭的温馨、和谐。

让孩子们最高兴的，当然是发压岁钱。我们给五个孩子，每人派发了一个装着200元的红包。我知道，这些小钱其实算不上什么，但我更知道，这小小的压岁钱，一定会在他们的幼小纯洁的心灵里种下了浓浓的亲情种子。

惊喜

兔年吉祥，这是新年里最为流行的祝福语。而这个祝福语最先在我家兑现了。

年初一晚上，我们全家刚刚吃过晚饭从酒店回到大哥那有些局促的家里，二哥就接到了在老家看家的儿子电话，告诉二哥，他家的母猪生产了。

听到这个好消息，一屋子的人都笑得合不拢嘴。我说，二哥在兔年发猪财。大家也都你一言我一语的又是玩笑，又是祝福！真是好年好兆头啊！

一旁的二嫂，当然又是高兴又是着急。一边不停地咕噜着"母猪预产期还要往后几天的，怎么这么着急地要生啊？"一边交代我二哥在电话里告诉儿子要在猪圈里赶快拉起电灯，不要再给猪喂食，一定要等到生产结束了，才能给母猪吃些面汤。先把刚出生的小猪仔放到一边，赶快请一个懂得伺候母猪的邻居叔叔来帮忙……

二嫂还是不放心刚才的交代，索性从二哥手里一把拿过手机，交待儿子这样、那样……

二嫂不放心是有道理的。二嫂是个勤快的农村妇女，家里家外一把好手。家里除了养着刚刚生产的老母猪外，还有六只重量超过 200 斤的肥猪；外面还有六亩田要种要管。更重要的是，还要看护九岁的孙女、两岁多的孙子，整天忙得不亦乐乎。63 岁的二哥，农忙时忙地；农闲时，则早出晚归在附近打工，每天也有七八十元钱的进账，作为家里柴米油盐的开销。

二嫂交待了一遍又一遍，终究还是不放心，打算初二一早就回去。大家劝她留下来，毕竟这样的过年机会不多，可哪里拗得过她。二嫂刚才笑成一朵花儿样的笑脸，此时换成了担心和顾虑的神情，担心儿子照看猪的能力，顾虑请邻居在大年里帮忙照看有些过意不去。其实，我知道，这一窝小猪，半年后就是大几千元的收入，是二嫂一年的希望呢，二嫂当然要精心地喂养。

更加惊喜的，还有二姐一家。她的儿媳妇居然怀了双胞胎，据说还是龙凤胎。再过半个月预产期就到了。二姐已经来了一些日子，她现在的任务就是照顾好她未来的希望。

二姐的儿子，也就是我的外甥，自己开了个公司，去年的经营还说得过去。平时也顾不上家里，所以，二姐的任务就更加繁重，好在媳妇的自理能力还很强。

一次闲聊时，二姐的儿子一定要我为他未来的一儿一女起个名字，并且要求男孩子的名字和女孩子的名字，必须要有关联在一起的含义。

在我看来，起名字，当然是很难的。可是，在这个时候，我不能扫大家的兴，我答应了。

绞尽脑汁思虑两天，终于"憋"出了四个字，名字诞生了。我故弄玄虚地告诉外甥，起一个朗朗上口、寓意非凡的名字，其实要求很高，既不能和本家、亲戚长辈的名字相冲突，又不要和历史上的坏人相合；既要立意高远，又得语音相谐、节奏感强；既不能在谐音上有瑕疵，同时也不宜冷僻……更重要的是一男一女的名字还要关联，难为死老舅了。好在，老舅还是憋出来了！

如此这般一番饶舌之后，我和盘托出的名字是：男孩子的名字——道祐；女孩子的名字——然淇。

公布了"谜底"，我告诉外甥，"祐""淇"的含义，外甥频频点头。可他还是没明白我说的这两个名字的关联在哪里。于是我背了老子《道德经》里的一句话"人法地，地法天，天法道，道法自然。"外甥顿悟。

大哥

回家过年，绕不开大哥。所谓回家过年，就是到大哥家过年，而不是回老家过年。一来因为目前老家只有二哥一家六口人生活，而大哥所在的城市，有 10 多口人，所以，到大哥家可以集中更多过年人气；二来我们的父母都已经辞世，大哥是领头人了。中国的文化传统里，就有"长兄如父"的说法。父亲是 2001 年去世的，大哥对我们——比他小的二哥、二姐和我，尽管没有直接养育的恩典，但他还是尽到了做长兄的责任。

1981 年，我走出农村之前，因为高考名落孙山，而不得不在次年继续参加补习。这补习，当然要花很多的钱。父母是农民，没有收入，自然也没办法供我的开支。我知道家里没有钱，常常勒紧裤腰带生活，但毕竟还有很多的硬性花销，如吃饭、买书、学费之类的，这些主要是靠大哥、大姐的供给。我走出农村后，依然需要零花钱、学费、粮票之类的开支。在我最需要的时候，都是大哥及时地提供了增援，这将让我铭记一辈子。

大哥对于家庭的贡献是最大了。他每次从城里回到农村，都把自己省吃俭用省下的工资，买很多的蜜三刀、羊角蜜、蜂糕、糖果以及很多不知名字的零食，直接带到父母和我的住处，而不像别人偷偷拿回自己的小家。他一样一样的拿出来，告诉我们点心的名字，让父母和我品尝。我最乐意按照大哥和父母的要求跑腿，把这些有着好听名字的甜蜜蜜的点心，送给周围一家家的邻居。我兴奋地告诉邻居大叔大婶、哥哥嫂子，"这是我大哥带来，送给你们尝尝的。"在他们的夸赞声里，我屁颠屁颠地从一家奔向另一家。

大哥对待乡村父老甚是热情，尤其是他转业之后。我印象特别深的是，他每次回城里时，都扛着一大卷邻居们买好的棉布带到城里帮忙染色。乡亲们总是说，我大哥在城里染的布颜色正、不掉色。大哥每次都不厌其烦甚至乐呵呵地为乡亲们办事。大哥说乡亲四邻的，都是小事，只是个力气活。

大哥在老家有着极好的口碑，那些让我今天也做不到的事，大哥都是乐此不疲地做着。村子里不相干的人，都可以在大哥家吃住三、五天，他们的事，就是在徐州游玩看风景。那些因为要看病的人，就更是理直气壮地吃住在大哥家里。他们的理由很简单，图个方便。大哥真的为他们提供了方便，还让大嫂不时地为病人送去好饭好菜补补身子。

大哥并不富裕。大嫂一直是临时工，如在商场门口看自行车，晚上揽些手工，辛苦不说，收入微薄还极不稳定。他们有三个孩子，我父亲也常常住在大哥家里，所以，大哥家的日常开销很大。大嫂有时候就抱怨大哥的大方，不仅花钱，还要搭力气。大哥也有道理："都是乡里乡亲的，不能让人家在背后骂咱！"简单的道理，掷地有声，大嫂也不便再说什么。

大哥的善良换来了乡亲们的赞誉。他们在老家常常提起大哥，"真是个好人！现在，这样的好人越来越少了！"这话传到大哥这里，他却平静地回应说，"人活一辈子，不就是图个好名声吗！"

大哥是个有些相信命运之说的人。实际上他近70年的经历，还真是验证了很多关于他的那些人生、命运的说法。他应该是1965年的铁道兵，当时部队驻扎在济南的齐河。在我五、六岁的时候，曾经跟着母亲去过。

　　大哥敦厚的为人、干练的作风和拼命的精神，深得部队首长的赏识。他曾经作为学习毛主席著作的积极分子参加国庆观礼，受到毛主席的接见。在那个时代，受到毛主席的接见可是个光耀祖宗的喜事。回到部队后，团部要调大哥到组织科工作。可是，当时已经是十年浩劫的高潮，农村的派性争斗，让大哥失去了第二年本来还要再一次参加国庆观礼的机会。而调动工作的事，也因此搁浅。后来，部队首长告诉我大哥，是受到了老家派性的影响。而他们告状的名义竟然是我家和地主分子划不清界限，并且，告状信直接写给了林副主席。

　　部队收到这样的举报信，当然要快查、严查，要"防止阶级敌人混入革命队伍内部"。可是，调查的结果令部队首长哭笑不得，原来是我爷爷的哥哥——我们称之为"二老爷"的人，他的成分是地主。解放后，因为二老爷的儿子不在了，二老爷又不愿意和他的孙子辈的孩子一起生活，于是，二老爷就跟我的爷爷奶奶一起生活。就这样，本来是一个赡养老人的义举，在那时，居然成为了一个严重的政治问题甚至是罪名。

　　部队当然为大哥洗清了"和地主分子划不清界限"的问题，但考虑到大哥的任何荣誉、提升都会导致那些人更疯狂的告状和举报，所以，大哥在1970年就转业到了一个工厂。

　　大哥说，那一年老家的一个算命先生告诉他"你一辈子没有当官的命，有人拖后腿。"所以，尽管后来多次变换工作，大哥始终不愿意当官，他说，他更适合当一个勤勤恳恳的工人。

　　真的是这样。在大哥退休前的最后一个岗位上，上级领导非要让他当供销科科长。上个世纪80年代，是个物质奇缺的年代，尤其是副食品供应高度紧张。很多人通过批条子、打招呼，就可以发财甚至发大财。而大哥，除了任劳任怨地工作外，却不谙此道。客户要给他好处，他要么义正词严地拒绝，要么把物品折价返钱。因为大哥的正直，使得他的顶头上司也被成为清廉的人。他的顶头上司就不相信我大哥是个不食人间烟火的人，就要求其上级主管机关查了半年。这不查不知道，一查大哥反而成为了在该行业上下都知道的清廉的大好人。而那位上司，最后倒是被查出了一屁股的问题，受到问责。

　　退休后的大哥，也一直闲不住。他独创了一种新的盆景，这将要花费他后半生的全部精力。他先是在自己居住的小区里秘密地实验。实验成功了，他就跑到一个游人不多的公园里，和人家商量想在一个闲置着石头、建筑垃圾的地方"开荒"。人家看大哥诚实、厚道，就没有向他要租金。大哥就自己开自己种自己收获。然而，有一天公园关闭了，大哥的盆景又面临困境。

办法总比困难多。大哥在郊区租到了一亩地。谈判、征地、签合同、盖房子、开地、养盆景、种菜、养鱼。一年下来了，大哥往返于城市与乡村之间，过起了他的悠然生活。

大哥说，他没有当官的命、没有发财的命，过着属于自己的生活最好！

如今大哥虚岁 70 了。刚到大哥家的那天，我用纸分别记下了大哥、大嫂、二哥、二嫂和二姐的生日。所以，初二那天，当我们拿着蛋糕为大哥庆祝生日的时候，大哥一脸的激动："没有想到，弟弟、弟媳和侄子为我过生日！祝愿我们这个大家庭的每一个人，都好好地生活，身体健健康康的！"

是的，还有什么比好好地生活，比身体健健康康更重要的呢！对大哥如此，对我们每一个人都是如此。

大嫂

写到大哥，自然要写到大嫂。没有大嫂，也就没有现在的大哥。

大嫂经常在人后夸奖我对于她的那份特别的尊重，其实，这是对大嫂的回报，大嫂对我家的贡献比我要大得多。我们家曾被评为全县的"五好家庭"，我母亲曾经被评为全县的"五好婆婆"，这些都有大嫂的功劳。说实在话，大嫂也完全有资格被评为全县的"五好媳妇"，只是县政府没有设立这个奖项。

大嫂的好，在于勤劳。我们家，曾经是一个远近闻名的大家庭。在上个世纪 70 年代中后期，我们家有 13 口人。父亲属于传统思想，他总是认为，家庭的人口越多就越说明这个家的团结和睦、孝顺厚道，就越会被乡邻们高看一眼，自然就越不能分家。一个没有分家的大，庭人口多，事情自然也就很多。尽管农村的基本生活就是劳动、挣工分，但平日里人情来往，还有逢年过节这之类的事情也不少的。母亲裹着小脚，行动很不便；父亲在当时的大队里做事；大姐在外地；大哥在城里工作；二哥在生产队当队长；二姐和我上学。所以，家里的事，基本上都是大嫂来处理。其实，大嫂也不是闲人，她在生产队也当着妇女队长。想想那个时代的铁姑娘精神，就知道那时的妇女也是真的顶起半边天的。所以，大嫂常常是忙里忙外。后来，农村里分田到户，大嫂实在是忙不过来了，她就和二哥建议，还是把这么一个当时在全村几百户人家里最大的一个家庭分开为三户：父母亲、二姐和我为一户（包括爷爷奶奶）；大哥家一户；二哥家一户。即便这样，大嫂的任务也没有减轻，因为，她自己有三个孩子，而且还要和我母亲一道照顾爷爷奶奶。

大嫂的好，在于朴实。上个世纪60时代中后期，大哥经人介绍认识大嫂没多久就回部队了。我们家由于没人种地干活，尚未过门的大嫂，就丢下自己家的活计，到我家来帮忙。当时的农村还封闭得很，本村队的小伙子，就笑话我大嫂还没有过门就来帮工，大嫂还是硬着头皮来干活，既羞愧又劳累。每次干完活，大嫂都回自己娘家吃饭，然后再来田里继续干活。哥嫂结婚后，除了过年过节外，大嫂很少回到距离我家只有两公里不到的娘家，一心扑在我们家里。

大嫂一辈子不讲究吃穿，她认为简简单单、干干净净就好。当大哥从城里带来了农村孩子、大人从来也没有见过的点心，都是先到父母这里来，大嫂从来也没有丝毫怨言。所以，人家讲我大哥的仁义、厚道的时候，总是会提起大哥背后那个默默无闻、任劳任怨的大嫂。

大嫂的好，在于善良。大嫂不识字，是个真正的文盲，可是她思考问题的思路清楚，条理性一点都不差。大嫂的善良，能让我一辈子感动。爷爷奶奶以及我的父母，都是标标准准的农村人。爷爷活到89岁，奶奶活到88岁，父亲活到80岁，母亲活到了68岁，他们的赡养和护理，以及老人的临终关怀，大嫂都立下了汗马功劳。尤其是爷爷，在生命的后期瘫痪在床、无法动弹，全靠大嫂喂饭、洗涮，甚至替爷爷擦洗身子，没日没夜地料理。我们没有做到的，大嫂不仅做到了，而且做得非常出色。而这些都是邻居们说的，大嫂从来没有主动告诉过我。

今年春节到大哥家过年，大嫂更是忙前忙后。大嫂知道我喜欢吃羊肉，在年前，就买好了，不仅过年做给我吃，我回南京时还带了不少回去。而买羊肉的钱，则是她儿女给她的零花钱。大嫂尽管已到安养晚年的年龄，可是她并没有一分钱的退休工资，所以每次回去，我也给大嫂一点零花钱。这一次，我给大嫂表态，我会像对母亲一样的对她，保证让她安度晚年。听了我的话，身体还算健康的大嫂高兴得想哭了。其实，我也想哭——一辈子多么不容易的大嫂啊！

大嫂叫王丕兰，出生于 1945 年 10 月 1 日，今年 66 岁。

【跟帖】

遍野： 金陵金警！很少见像大 A 这么至情至性、多才多艺的警察呵！

陶江湖： 看得我泪眼婆娑的。你大哥真是太好了！你大嫂更伟大，有几个女人受得了你大哥那样的为乡亲不计小家得失的？

Muyu： 喜欢！写得情真意切。大哥形象普通却伟岸。

张维舟： 大嫂好，你大 A 也好啊！家和万事兴。羡慕你们！你们家是中国农民家庭的典范。向你们学习！

13、 山中狼

【政论】耶稣与毛泽东

耶稣，两千多年前一个犹太木匠的儿子，基督徒心目中道成肉身的独一真神，伊斯兰教中的六大圣之一（先知），为拯救人类的堕落来到这个世界。可是他的到来并不被他的族人所接受，他被自己的门徒和族人出卖，33 岁就被钉死在十字架上（耶和华见证人认为是木头做的苦刑柱，当时还没有十字架的刑法），死后三天复活升天。耶稣死后不到百年，犹太被罗马帝国灭亡，犹太人被逐出耶路撒冷以至整个巴勒斯坦，被迫漂流世界各地，直到上世纪 40 年代末在英帝国的帮助下才终于复国。

毛泽东，一百多年前一个普通农民的儿子，为了拯救饱经磨难的数亿中国人民脱离世界列强的凌辱和蹂躏，经过了顽强的拼搏，在人民大众的支持下夺取了政权，成为新中国的首任领袖，从此带领中国人民走上了一条自强不息的道路。

耶稣与毛泽东，虽然生在不同年代里的不同家庭，有着不同的人生经历和信仰，达到目标的手段也截然不同，但他们的精神却是惊人的一致，都是为救自己同胞出离苦海而献出自己的一切！他们都是值得歌颂、值得敬佩、值得纪念的。

无巧不成书，西方人纪念的耶稣诞辰日圣诞节是 12 月 25 日，而毛泽东 12 月 26 日出生，比耶稣正好晚一天。尽管不少人认为耶稣不可能是这天出生，但两个日子前后相接，仍然巧合得让人浮想联翩。

西方基督徒心目中的耶稣是公义、慈爱、全能的。其中公义是最核心的根本，没有公义的爱是廉价自私的爱，没有公义的全能是魔鬼的法术，只有有了公义，才会有真正的爱和能。

那么什么才是真正的公义？它由什么人来评判？我们先来看看耶稣是如何说的。

耶稣出道时第一次在会堂的讲话就是读以赛亚书中的一节经文，

大意如下：主的灵在我身上，叫我传福音给贫穷的人，差我让被掳的（奴隶）得释放，瞎眼的（心思被当权者所蒙骗的）得看见，叫那受压制的（被迫害，被捆绑和逼迫的）得自由。耶稣又在马太福音中说：凡劳苦担重担的，可以到我这里来，我就使你们得安息。耶稣还在路加福音中对门徒说：你们贫穷的人有福了，因为神的国是你们的。你们饥饿的人有福了，因为你们将要饱足。你们哀哭的人有福了，因为你们将要喜笑。

耶稣不但这样说，也是这样行的。他所帮助的人当中有瞎子、麻风病患者、残疾人、妓女、罪犯等。这些人都是当时社会最底层受压迫最深的穷人，跟随他的门徒也是如此，里面没有一个有权势有地位的人。

从耶稣这种对穷人的特别使命感中我们可以得出一个结论：真正的公义是穷人眼里的公义，而不是富人眼里的公义。真正的公义是由穷人来评判的公义，而不是由富人来评判的公义。

耶稣死后两千年的毛泽东就是这样一位为广大底层草民争取公正的英雄。他的影响不只是改变了中国，也冲击了世界。七十年代西方战后的一代以及亚非拉第三世界的人民都深受毛泽东的影响，这都是不可否认的事实。

毛泽东曾经说过，"哪里有压迫哪里就有反抗"。他的一生是为贫穷受压迫的人民伸张正义的一生，几十年的艰苦奋斗，牺牲了一家六口人的性命，建立了一个独立自主、有尊严、不再任人宰割的大国，一个以两弹一星为标志的现代工业化强国，一个人民真正当家作主、男女平等的公平社会。没有妓女、没有贪污腐败，夜不闭户、路不拾遗，有着良好的社会道德体系；全民免费教育、免费医疗，没有失业、不愁买房，有着良好社会福利体系。可以说没有毛，就没有后来的新中国！

毛泽东生前没有为自己的子孙后代谋取任何好处，连自己的老婆都被人关起来判了刑，唯一一个健康的儿子战死在朝鲜战场，另一个儿子早年被人殴打致疯，请问历史上有哪位帝王和领袖能有毛如此无私和博大的胸怀？

除了自称为犹太人王的耶稣，没有别人，可耶稣当时的身份只不过是个普通百姓。

　　早在延安时期，毛泽东将郭沫若《甲申三百年祭》当作整风的重要文件教育全党，其目的就是试图防止将来夺权后走李自成搞特权搞腐败的老路。毛泽东去世前穿的衣服和鞋子、戴过的手表、用过的脸盆，无不是经过修补的。请问历史上有哪位皇帝和领袖，能如此近乎虐待式的对待自己？有哪一位爬上权力顶峰的掌权者能象毛泽东那样，身居高位还如此艰苦朴素？这样不搞特权的贫民领袖历史上没有过，中国没有过（尧舜除外），世界也没有过！三年苦难时期，毛泽东跟全国人民一样不吃肉，有谁能想到毛主席的腿也跟普通人一样浮肿？当毛泽东从派下去调查的卫士口中得知农村有饿死人的消息时，他眼中流下了眼泪。

　　虽然毛泽东发动了文革，虽然苦难时期饿死的大多都是农民，可毛泽东在农村的地位几乎是不能撼动的，他在农民的心里依然是个神，这不能不说是一个奇迹！

　　本人以为，大跃进的思想和方向并没有错，多快好省发展社会主义难道不对？错的是官僚集团，从下到上，层层邀功讨好往上爬，虚报成绩，乱放卫星，大搞冒进，到后来却将所有罪过一古脑都推给毛泽东一个人来承担，这对他是不公正的，对历史也是不严肃的。在李志绥医生的回忆录中，在这个问题上李都替毛打抱不平。

　　说到文革，当然，手段的确是太急躁了，过于极端了，犯了简单粗暴的错误，死了人，这点我不能否认。但文革是一场触及中国人灵魂的思想革命，其出发点是好的。毛泽东是个理想主义者，他想在他的有生之年一劳永逸地解决历史上困扰中国的几个大问题：落后的封建思想、欺压人民的官僚主义和缺乏自主创新的教条本本主义。

　　从以前的戊戌变法、辛亥革命到五四运动，中国的思想变革都是在城市进行，而占中国绝大多数人口比例的农村却基本上没有被触及。山高皇帝远，其落后的生产方式和封建迷信思想依然如旧，这成为中国崛起的障碍。为了解决这个问题，毛泽东采取了急风暴雨的方式，让几千万城市青年到广大农村去接受锻炼。他们为中国落后的农村带去了新的思想、新的技术和一大批人才，为彻底改造农村的面貌发挥了不可忽略的作用。同时也让他们亲身了解了中国的民情国情，使他们真正成长为能吃苦耐劳、坚韧不拔和富有社会责任感的一代接班人。

　　犹太人当年抛弃了他们的弥赛亚耶稣，结果被灭国近两千年。我们中国人将来如果抛弃了自己民族的救星毛泽东，结局又会是如何呢？会比犹太国好吗？我不知道，也不敢想象。

一个忘记自己民族历史的民族，一个忘恩负义的民族，是不配生存在这个弱肉强食的世界上的。

对一个中国人来说，忘记毛泽东就是忘本。

【跟帖】

小园：功过是非，任人评说。不管如何，毛泽东都是伟大的！

zang168：谁也不能和毛泽东比！他发表了《为人民服务》，别人只挂在墙上。

【杂文】苏美尔人起源于何处

苏美尔人在现今伊拉克的地界创造了发达的人类早期文明。但他们来自何处？其母文明又发源于何处？这些问题至今仍是一个个不解之谜。

根据西方现代考古学家比较公认的看法，苏美尔文明起源于约公元前 4000 年（碳十四鉴定），也就是离现在约六千年前的两河流域（底格里斯河和幼发拉底河）的下游美索不达米亚平原的南部，属于今伊拉克的境内，圣经中提到的伊甸园也在这附近。

当年苏美尔人仿佛从天而降，与周围的白种民族从外表到文化习惯上都完全不同。他们既不是印欧人，也不属于闪米特人。他们自称是黑头发的人，属于黄皮肤的黄色人种。他们当时使用的楔形文字，属于象形文字的一种，跟古汉语早期龟骨楔刻文字类同。不同的是一个在龟板上刻，一个在泥巴上刻。

他们建造房屋多用泥土和泥砖，跟中国一样，但跟中东、埃及和希腊喜欢用大石头盖建筑物的习惯截然不同。他们的城都有城墙保护，周围有运河，让人想起了北京的紫禁城。他们依靠复杂的灌溉网，从事典型的浇灌式农业，跟周围其它地区刀耕火种的农业方式形成鲜明的对比。他们还使用青铜，用牛拉犁，家养牲畜有羊猪牛狗等。总之，从各个方面看来，苏美尔人都跟我们华夏民族有着千丝万缕的联系，很可能是我们炎黄子孙的后代。

这一推论给我们提出了一个值得业余考古刨坑专家思考的问题，文明是从两河传入中国还是从中国传入两河？

西方多数专家认为文明是从两河传遍世界，而本狼以为很可能是反过来——就是先从中国迁徙到两河，再从两河传播出去的。几点理由如下：

1．中国近些年来的考古研究发现，中国种植水稻的历史可追溯到上万年甚至更早的年代（也是用碳十四技术得出的结论）；

2．中国象形文字的出现比两河至少要早出近两千年；

3．根据考古发现，美洲印第安人是在一万到二万年（也有人认为是几千年前夏殷商某个年代）从东亚中国通过大陆桥（白令海峡）迁徙过去的。如此远距离大规模的迁徙，如果没有一定的技术和生产水准（文明），那是十分困难，甚至是不可能发生的事情。

4．狗的驯养非常能说明问题。以前人们一直认为是中东人最早将狼驯养成狗的，但根据最近的分子分类学研究结果表明，最早驯养狗的是我们中华民族，这说明古代文明的传播是从中国到中东，而不是反过来，因为对野生动物的驯养是走向定居的农业文明非常重要的标志。

5．如前所说，苏美尔人在中东仿佛是从天而降，跟周围的环境人种和文化没有关联性，在历史上也没有连续性。这不得不让我们怀疑，拥有大量人口和疆域的黄色文明会是从这里起源的？合理的解释只能是相反的，即是强大的黄色文明向外投射，从而产生了苏美尔的两河文明。

可惜啊，有些个所谓正统考古历史学家，以用词和语法的不同（黏着文字）为理由，认为苏美尔的文字跟汉语属于完全不同的语系。他们的信口开河在本狼看来，简直就是胡扯。不说别的，光从象形一点上来看，他们的文字跟后来的闪米特人、埃及人、希腊人、罗马人用的字母文字截然不同，但跟我们中国人走的绝对是一个路子，何来完全不同语系之言？比如在我国西南有个几乎失传的非常古老的文字东巴文，东巴文是象形文字，也是自成一个体系，语法和用词也与甲骨文有很大的不同，现在能读懂的人已经没有几个了。难道仅仅因此，我们就能一口否定东巴文跟古代中国象形文字的联系？显然是不能。

　　所以说，有些没有民族自信的败家子，平日抄书还行，但搞起研究来绝对是白痴，对洋大人的结论顶礼膜拜，一点敢想敢干的创造性思维也没有，真怀疑他们的书不是从脑子里读进去的。

【跟帖】

咱老百姓真： 很有意思，我建议你把这与中国三星堆考古之谜联系起来。原因是：苏美尔人是在中东两河区域仿佛从天而降的黄种人文明，而三星堆出土的在中国蜀地深处也是仿佛从天而降的白种人文明，都找不到文明的起源来头，都是发生在大约4000到5000年前，而这两种文明似乎都突然消失了。很值得深思啊，很诱人的难解之谜啊！

14、 大草帽

【随笔】鲁迅与萧红

最近看到有人在炒鲁迅暗恋萧红这一话题。人们喜欢用爱恋或者情爱来描述感情，一个原因可能是源于区分不同感情词汇的贫乏，另一种情形可能是有意为之。因为模糊不同层次的情感，便也抹杀了诸如人的行为格调的区别，以此缩小人与人的品质差别，由此相对拔高自己。第二种情形是种泛低俗化的归类，更常被用来施加于名人。看到这样的话题，读过那些文章，我便有了一吐为快的冲动。

鲁迅的一生颇让人感叹，他的人生大格局极为不顺畅。首先，他在童年时期就经历了家庭由盛至衰的变故，作为长子，他不得不担当起家庭的重任，由此也体验了许多的世态炎凉。其次是他的婚姻，母亲为他选择了毫无感情基础的朱安为妻，他虽然从未接受朱安，但为了母亲的旨意，他一直守着那份婚姻。鲁迅所遭遇的另一件大事就是兄弟反目。鲁迅对家庭责任看得极重，身为长子，他负起的是一家之主的责任，即使是弟兄三人结婚生子之后，他也一直和母亲、妻子及兄弟们生活在一个大家庭中。他和弟弟周作人的感情更是深厚，他们一起赴日本留学，又一起回国执教。但是突然一天，周作人给鲁迅写了一封绝交信，四十余年的兄弟情于是一刀两断，他们从此老死不相往来。弟兄反目的心病在鲁迅的心中始终郁结着，即使是多年之后，他也常常夜不能寐，甚至会在夜间长久和衣躺在冰冷的阳台上，他是以身体的惩罚抵御情感心灵的苦痛吧。

萧红出生在没落的地主之家，她的一生都在为生存挣扎。她幼年丧母，由于生不为男而备受父亲冷落。萧红有一个压抑的童年，但却幸运地在祖父的教导下积累了文化基础。成年之后，她为了逃婚而远走他乡求学，后遇到萧军并与之相恋，并在萧军的带领下走上文坛，之后，她却遭遇萧军的暴力和遗弃。萧红结婚两次生育两次，两个孩子一个送人一个夭折，且每次都是在即将生产之时遭遇遗弃。作为女人，她的一生充满了坎坷，但是，这样一位女性并没有被苦难所击倒。她在饥饱尚无保障的情形下开始文学创作，在创作初期便显露出得天独厚的写作天分。二十几岁时，她已经可以沉稳从容地驾驭文字，她的文字充盈着透彻与灵性，更不乏直面人生的勇气。

鲁迅遇见萧红时，已经五十三岁，而萧红只有二十三岁。此时，鲁迅是中国文坛的领军人物，萧红则是一个初露锋芒的文坛新人。但鲁迅毫不吝啬地赞美萧红是"当今中国最有前途的女作家"，赞誉《生死场》是"北方人民的对于生的坚强，对于死的挣扎"的一幅"力透纸背"的图画，"女性作者的细致的观察和越轨的笔致，又增加了不少明丽和新鲜"。正是因为鲁迅的赞扬和大力推荐，让萧红在中国文坛有了一席之地。

萧红历尽磨难的人生经历与鲁迅有几分相似，相近的人生体验使得他们对社会人生的理解也比较相近。虽然萧红经历了许多坎坷，但在很多人的回忆里，萧红却拥有率直活泼天真的性格。她出现在鲁迅的生活中，为鲁迅带来了很多活力。萧红常问鲁迅一些顽皮问题，问着问着，鲁迅便沉默了。一个活泼，一个深沉，彼此都没有迁就对方的性格，却可以顺畅无误地交流，一切随性自然。灵性相通大约就是如此吧。

萧红这样回忆鲁迅：那天下午要赴一个宴会去，我要许先生给我找一点布条或绸条束一束头发。许先生拿来了米色的绿色的还有桃红色的。经我和许先生共同选定的是米色的。为着取美，把那桃红色的，许先生举起来放在我的头发上，并且许先生很开心地说着："好看吧！多漂亮！"我也非常得意，很规矩又顽皮地在等着鲁迅先生往这边看我们。鲁迅先生这一看，脸是严肃的，他的眼皮往下一放向着我们这边看着："不要那样妆她……"许先生有点窘了。我也安静了下来。

很多人列出鲁迅和萧红的这一段对话，试图印证他们之间有不一般的情愫；也有不少人引用"不要那样妆她"这句话，把它解读为鲁迅故作生气，以此掩盖自己的情感，并由此作为鲁迅暗恋萧红的印证。用暗恋来描述鲁迅和萧红的情感，就如同用咸淡来区分所有食品的味道一样，是一种苍白、乏味、粗鄙的归类。暗恋是个不怎么高尚的词，所谓的"恋"字有太多的自私嫌疑，常常流于浅层与虚浮，在我看来，人类的许多感情都远远高于恋。

　　不过，鲁迅的这句话的确为我们了解鲁迅如何对待萧红提供了重要线索。结论就是鲁迅对萧红很厚重。他给予萧红的是充分的尊重和平等，是萧红从父亲和爱人那里从未得到的待遇。也许是因了萧红的不幸遭遇，让鲁迅想给予她一些特别的关照，于是在这一点上，他表现得有点敏感。鲁迅是个硬骨头，他并没有刻意掩盖自己，他是在明白无误地提醒许广平，他希望消除对萧红的任何薄慢，他的坦率也显示了他对许广平的高度信任。萧红在她回忆鲁迅的文章中提到了这一细节，可见她在那一刻充分感受到了鲁迅的温厚，并铭至心田。萧红得到了鲁迅父亲般的宽容与呵护，她的生活从此有了暖色，她的人生也少了一份儿缺憾。

　　与鲁迅同时期的很多其他文人，有着更为灿烂的人生，但他们常给人以轻飘飘的感觉，而鲁迅却让人感到厚重。胡适和没有文化的妻子江冬秀打打闹闹一辈子，但他并没有耽误世间的任何事。他和江冬秀生了好几个孩子，但同时也和其他女青年有着不间断的恋情。徐志摩演绎着轰轰烈烈的爱情，同时发酵出许多美丽的文字，但他给陆小曼的信中却从容谈及自己和胡适一起嫖妓。所谓的先进思想和精致文字在个人行为的照耀下，如同天空浮云一般，失去了应有的分量。鲁迅对自己很苛刻，他枯守名存实亡的婚姻十几年，他和许广平之恋是源于许广平的主动和坚持。他们最后公开走到一起是因为许广平的怀孕。他的踌躇不单因为那个名存实亡的婚姻，更是考虑到自己行为对社会的影响。鲁迅有严格的自律，他的人格重，情感重，从鲁迅的个人生活看他的作品，他的作品更加的重，无论是他的情感还是作品，都经得起时间的考验。

　　鲁迅与萧红的交往在时间跨度上不足两年。那时，鲁迅已经病入膏肓。后来萧红因为与萧军的感情困扰而远走日本。之后，鲁迅便再无萧红的音讯，他曾在病中数次念叨萧红。萧红没有联系鲁迅的原因曾引起多人多方的猜测。我这样想，或许萧红不想让自己的烦恼再打扰病重的鲁迅，或许萧红觉得自己以后还有时间和鲁迅交流，但想不到一转身便成了永远，短短几个月之后，鲁迅的生命便走到了终点。随后，日军侵华，萧红在战火中继续她的漂泊，后流落到香港，生活亦常无保障。和鲁迅一样，萧红被肺病所伤，匆匆走完了三十二年的人生，最后葬于香港清水湾。萧红在生命即将走到终点时留下遗言，希望自己的一把骨灰能陪伴鲁迅，这愿望恐怕永远也难以实现。

　　鲁迅去世后，萧红写过一篇纪念文章。这篇纪念文章被普遍认为是纪念鲁迅文章中最好的一篇，多人评价它甚至好过许广平回忆鲁迅的书。萧红的那篇文章超越了世俗，她没有赞誉，没有刻意去凸显鲁迅的伟大，亦没有沉溺于怀恋和哀伤，她描白式叙述了鲁迅生前的生活细节和状态，却更显真情。萧红的那篇文章的确是好，读罢，一个生动的鲁迅仿佛依然在世。

【跟帖】
菲兄：文笔隽永秀丽，脱俗高雅；观点鹤立鸡群，与众不同。
秋尘：好文！鲁迅与萧红，的确性格和命运都有些相似。所以，也更能够理解对方。因为理解，才有相知，也就不需要刻意了。
张维舟：特别喜欢读这一篇。你道出了一个容易混淆的问题，即狭义的爱情和人类的大爱真情。别有用心的人总是有意把水搅浑，进而向正直的人身上泼脏水，达到其不可告人的目的。

【随笔】人、动物、植物及其情感

　　人类的情感复杂而神秘，同类有着相似的特质，易于沟通却也更易造成伤害。来自于朋友的伤害远超过来自于敌人的打击，朋友无心的话语可能会伤到你；朋友和亲人的伤痛也会直接传染给你。只因为近距离看事物，细节容易被放大，感受便更加敏感，不但容易失于客观，而且近距离的碰撞也容易伤得更深。

　　生活需要紧密的感情维系，但生活还需要一些疏淡的内容，于是人们发展出一些远离情感的活动，比如有人寄情宠物，有人喜欢花草鱼虫，以此作为紧张生活的一种调剂。在诸多的爱好中，爱有生命的宠物和其它类别的爱好有着本质的区别，生命的美丽总是独一无二的，是物质固态的美丽所无法比拟的。

　　人与人，人与动物，人与植物，人与没有生命的物质，依次共性越来越少，情感越来越淡，距离代表着疏远，距离也代表着安全。

　　有人喜爱动物，因为动物充满灵性，动物所产生的情感深度甚至可以接近人类。曾经在网上看到一个黑天鹅的故事，给我非常大的震撼。黑天鹅本来有幸福的一家四口，但它的一个孩子被狗所伤而亡，它的伴侣因痛失爱子过度伤心亦亡，而另一只小天鹅几天之后又不幸失踪，多重打击接连降落到黑天鹅的身上，它突然之间变成形只影单。孤独的黑天鹅在停车场徘徊，它在汽车的车身上发现了自己的影子，便站在汽车旁边，长久地凝视着自己的影像，有时它甚至会把身子贴着车身，试图去亲近那不可企及的影子。或许它是在顾影自怜，或许它把自己的影子当成了另一个同类？看着网上的图片和文字，天鹅的伤痛瞬间传染给了我，悲戚之情刹那间溢满我的心，我的泪水忍不住夺眶而出。人和动物有着相似的生活，人类和动物也有着类似的情感，这种情感仿佛可以直接相通，彼此传达。所以，爱动物可以说是人类情感的一种延伸。

爱植物就和爱动物有着很大的不同，人和植物不会产生出激烈的情感。我们很少听到谁为一颗树哭泣，也很少见到谁为一朵花伤心，林妹妹虽然见到落花而流泪，但林妹妹的眼泪是因为触景生情，对于容易伤春悲秋的人来说，即使不见花草他也会睹物生情。除却这种情况，花草总是为人带来快乐。人与植物之间虽然也存在交流，但这种交流并不是同步的情感的交流。养花种草是一种收放自如的爱好，这也是为什么人们把种花养草提高到修身养性高度的原因吧。

我喜欢植物，并且认为人与植物间有一种间接的交流。人为植物所做的付出，似乎都可以在植物身上得到显现。植物的枝叶会因为恰如其分的照料而茂盛，它们的花朵会因为细致护理而灿烂。养花弄草的乐趣当然不只限于此，因为植物有着生命的特征，它们有自己的成长意志，花草常常能给人意外之喜，让人充满期待，为植物做事让人振奋。

很多人喜欢以自己的意志摆弄花草，在花草繁茂的时候，我们看不到它的脆弱。花草虽不能说话，但它们无时无刻不在感知着周围的一切，它们用美丽甚至生命来回应着我们的作为。谁解花语？只有真正爱花的人。真正爱花草的人不会只考虑自己的喜好，不会完全以个人的意愿来摆弄花草，爱花之人一定会爱它们的天然形态，尽可能给花草自由灿烂的权利，有时甚至可以放弃以自我为中心的美丽。

我对植物的喜爱比较纯粹。对很多人来说，花只是一种点缀，在我的眼里，花是花，花的美丽只是我喜爱它们的一部分。花草有生命，有感知，看着花草由小到大成长，看着它们从灿烂到自然枯萎，我爱它们的所有形态。我对植物的这种喜爱似乎是与生俱来，并不是为了寻找一个爱好才培养出来的。有这种喜爱是一种幸运。

【跟帖】

Wliao： 真正的农民才会对植物做出真正的付出，而且是最有意义的。

咱老百姓真： 我对"距离代表着安全"有看法，我们胡侃派科学家就觉得和异性们相处，距离太远了很不安全，嘿嘿。

江海洋波： 城里人养动物是因为寂寞，养植物还是因为寂寞。我们乡下人靠动植物过生活，就非常有感情，可惜我没有养动植物的时间了。

【纪实】与小鸟争食

　　四年前，我在后院种了一棵桃树。第一年，那棵树结了一个桃子，一家三口把那桃分吃了；第二年结了三个桃子，一人一个很好分配；到了第三年，树上一下结了三十三个桃子。这下好了，终于可以敞开吃桃了，全家上下都很盼望桃子成熟的时刻。谁曾想，一天早晨，满树的桃子突然不见了，不知什么动物先下手为强，来了个连锅端，期待了很久的桃子一口没尝上。最令人气愤的是，所有的桃核还全都挂在树上，而且桃核个个干干净净，不带一丝果肉，像是特意嘲笑桃子的主人一样。

　　我的好奇心被勾起来了，偷嘴者是谁？是小鸟还是松鼠？到底是哪种动物有这等高超的吃桃技巧？小鸟和松鼠似乎都有作案的嫌疑，但又都有些疑惑难以解释。为了探个究竟，我从商店里买来了一个小机关，那是个小盒子，里面装着果冻一样的东西，果冻超粘，里面有几粒米作诱饵。如果小鸟或动物的爪子踏上果冻，偷嘴者肯定会被抓个现行。早上，我把两个盒子放在桃树下，等待偷嘴者上钩。等到晚上我去查看盒子，不但没什么动物被粘住脚丫，两个盒子竟然也不翼而飞了。过后，我反思了一下，那种果冻做的盒子机关可能只是种玩具，适合给小孩子捉蚂蚱玩，并不适用于做严肃的侦探工作。我虽然还想继续深入探讨小鸟和松鼠偷嘴的问题，但后来工作一忙，调查便不了了之。

　　到了第四年，树上结了更多的桃儿，桃子的保护又被提到了议事日程上。比较幸运的是，我打听到了一个好方法。HOMEDEPOT 卖一种网，专门用来防止偷嘴动物，原来我遇到的是一个老问题呢。那网是套筒型的，可以把树整个套起来，把套筒在桃树的顶部和下部两头扎起来，桃树就全在保护网之内，管你是小鸟还是四条腿的动物，统统够不到保护网里的桃子了。网罩用的是很细的黑色尼龙线，三米开外看不见，所以并不影响果树的美观，我很满意。

桃子熟了。到了开网摘桃的日子，领导率先摘桃。他做事认真，先去解网罩的绳子，只见他弯腰在树下忙活了好半天，最后，才从桃树最下面的树枝上摘了一个不怎么样的小桃。看他摘完桃子，我拿个剪刀走到树前，看准一个最红的桃子，喀嚓，在桃子附近的网上剪开一个口，伸手摘了一个红桃。领导看了我的举动，就批评我只图方便却不考虑后果，剪网罩太过草率，是为小鸟和动物开了大门，让保护工作功亏一篑。我认为那洞悬在半空中，剪过之后又会合拢，不仔细看还发现不了，动物一定是从树干往上爬，根本接触不到洞。至于小鸟么，我不相信小鸟聪明到钻洞吃桃。大家都同意了我的分析，那只网在四周陆续又开了好几个洞。桃子差不多吃完了，桃树一直没有受到过动物和鸟类的骚扰，我想它们知难而退了。

一天傍晚，我看到领导在桃树下忙乱地挥舞着双手。走近一看，原来网罩里钻进了只小鸟。哈，没想到真有一只聪明的小鸟发现了半空中的洞。只见小鸟惊恐万分，快速煽动翅膀满树乱窜，领导左扑右支忙得满头大汗。我问他为什么不拿剪刀剪开网罩，他说他下班刚进门就看到了那只小鸟在网子里挣扎，拼命地乱飞。他认为如果不把那小鸟立即解放出来，小鸟很快会被累死，于是他直奔桃树救鸟。本以为三下两下就能捉住小鸟，但小鸟哪里知道他的好意，一旦他靠近，小鸟便更加拼命地逃，被解救者和解救者相互不配合。折腾良久，小鸟终于被解放，脱离了网罩牵绊的小鸟噌地一下飞出去好远，眨眼就不见踪影。我看它根本不像要累死的样子么，倒是救小鸟的人大汗淋漓，看上去累得半死。

桃树的问题解决了，没想到葡萄树又被小鸟盯上了。这次事实很清楚，是小鸟偷吃葡萄。我种的葡萄是无核小粒甜葡萄，据说这种葡萄含糖多，是个适合酿酒的品种。加州阳光充足，再加上我使用的是有机肥，那些葡萄之甜美之可口，是商店卖的葡萄无法比的。葡萄熟后，小鸟很快跑来凑热闹，它们在后院葡萄架下留下许多葡萄皮，让我有些气愤。我的这种葡萄皮又薄又嫩，吃到嘴里并不觉得皮的存在，我都是皮肉一起吃，从来不吐葡萄皮，它们倒是比我还讲究，充什么小资！

我发现小鸟开始偷吃葡萄时，葡萄还很多，吃几个就吃几个吧，虽然我对它们的方式有点耿耿于怀，但我当时并没真正太往心里去。没想到啊没想到，这些小鸟得寸进尺。有一天，我看葡萄皮成了堆，还夹带着许多鸟屎，它们肯定在这里开 party 了。吃就吃吧，还拉上了，有没搞错，这到底是谁的家啊，太无法无天了。我一抬头，居然发现它们在葡萄最密集的地方安了家，我还没发绿卡，它们倒不客气地自住上了，真把这里当自个儿的家了。如果任它们这样折腾下去，蚊子苍蝇马上要被招来了。这种行为绝对不能再被宽容。我把葡萄架上的葡萄一串不剩地全剪掉了，给小鸟留了个空架子，哈，它们可能自知做得太过分，很无趣地搬走了，留下一个空巢。

前些天的一个傍晚，我在厨房洗碗，边洗心里边琢磨，不知我的枣子什么时候能熟。这么想着，眼睛就向窗外瞄了一眼。我发现枝头最上面一颗枣子稍稍被太阳晒红了一点，小鸟就已经在晒红的地方啄了一个疤。我想，枣子应该是开始变甜了，馋嘴鸟和馋嘴人一样，对吃总是最在行。看到留着疤的枣子，我受到一些刺激。我们从小受的教育都是吃饭不挑食、不剩饭，这些小鸟吃葡萄吐葡萄皮，啄枣子的时候，枣子青的地方一点都不碰，吃一半剩一半，丝毫不懂珍惜，让我看着很刺眼，心头有点孰不可忍的感觉。我得赶快行动，给枣树上加网罩，阻止它们再糟蹋果子。

第二天，因为忙，我没顾上亲自动手，就指挥领导去做。可领导又没有及时执行我的指令。又过了几天，枣子开始慢慢变红，也没见小鸟有什么动静。看到枣子一直安然无恙，我便有了侥幸心理。昨天，我猛然发现原来五六十颗的枣子只剩下了几个，我甚至还没来得及为它们照相，我为自己的粗心大意追悔不已。

又过了几天，满树的柿子也都不见了。太令人气愤了。这些年，偷嘴者一直没有动过柿子和枣子。今年，它们居然全面扫荡所有的果树，一个也不肯放过。后来，领导告诉我，他在树上发现了半只被啃的柿子，有些不甘心，就把那半拉被啃的柿子洗过削过，悄悄地独自尝了一口，据说柿子非常甜。几个季度的照料和期盼总算没有完全白费。以前也许是因为我们从来没有把如此充分成熟的柿子留在树上，所以小鸟没下口。

小鸟三番五次地来捣乱，看来它们已经惦记上了我家后院，我与小鸟的斗争将是长期的任务，容不得半点疏忽。与小鸟争食，半真半假半游戏，不亦乐乎！

【跟帖】

古月曰：哈哈，写得有趣，精彩。鸟没怎么样，人可累坏了。看来鸟择"粮"而栖这话不假嘛。

Mapinfo：哈哈，加州的鸟都知道吃葡萄吐葡萄皮儿，太小资情调了。

15、 陶江湖

【纪实】骗术种种（三篇）

卧底

A 公司是我的供货商之一，大老板是广东人，上海分公司交给了他的一个好友律师老王监管。业务总经理一般是大老板从广东派来的，下面还有业务员若干。业务关系久了，我和老王及山东出身的业务员小胡的私交也不错。

故事要从 A 公司的老业务经理辞职开始。按照常规，他们大老板从广东又派来了一个新的业务经理。这个业务经理姓白，广东人，三十五六岁的样子。第一次见到他，我觉得这个男人太会打扮了，白白的脸刮得干干净净，穿浅色的名牌西服，浅色的皮鞋，头发梳得油光光的，身上还飘着淡淡的香水味，一个字——帅。相信谁见了他都会有几分好感。业务员小胡向我介绍，白经理可是个大能人，这么年轻已经做过几家大公司的业务总经理了，这回大老板是从别处把他挖过来的。我对他不由又添了几分敬仰。到了圣诞节，白经理提议他们、我们，还有另一家，三家关系比较好的公司一起办场圣诞晚会，邀请业界同仁聚一聚，当然他们公司出大头。我对他这么青睐我这个小小的公司有点受宠若惊，立刻点头答应了。过完节，自然而然地，我和白经理也成了朋友。

有一天傍晚，已经下班了，白经理突然来到我的公司。他拿来了四台传真机，要求放在我公司里保存。他说这是他亲戚让代买的，本来想赶在邮局关门前寄掉，然后赶火车去南京出差。没想到上海的邮局这么早就关门了，回公司来不及了，先在我这儿放放，他出差回来就来取。我知道他们公司附近没邮局，真是难为他了，就答应保管传真机。

到了晚上快十点时，他又打来电话说，真晦气，火车也没赶上，问我能不能帮他叫辆出租车，价钱好说。还说他晚上一定要到南京，第二天还得赶回上海，好多事呢。我知道如果不是熟人，上海司机晚上一般是不肯跑长途的。我正好有个司机朋友，又可做个顺水人情，何乐不为。于是，我就说，我帮你问。我的司机朋友很爽气地答应帮这个忙。谈好包食宿，来回三千块。

第二天，我的司机朋友一清早就打电话给我，抱怨说，"你的朋友太差劲，说好打来回的，结果到半夜，说让我去安徽阜阳。这你小陶没跟我提过，安徽人生地不熟的，我半夜三更的不肯去，你朋友就不高兴了，让我空车回来，空车费也不肯多给，结果才给了两千块。"我安慰他说，白经理一定有急事，你没亏就好了，少赚点算了。

此后三四天，也没白经理的消息。这天，小胡不知怎么到我公司里来了，他说心情不好，想找我聊聊天。我知道他在上海没有别的亲人，忙问怎么了。他说，白经理失踪了，王总急得跟什么似的，天天没事找荏训他。

我吃惊地说"白经理不是去出差了吗？"

"什么？你听谁说的？"这下轮到小胡吃惊了。

"我当然听他自己说的。"我于是把前两天发生的事说了一遍，还把白经理留下的传真机给他看。

"这下好了。"小胡高兴地说，"前两天，老王一直不在，白经理说有一个大客户定了一大批货，把库存差不多弄空了。他说发到杭州，但老王回来后通过关系查了，没有到杭州的货。财务说提货单他没交回来，现在这批货到了哪里了也不知道。老王这就急了，你想我们谁敢问他呀，只有老王找他问。可到现在好几天了，他也没来上班，住的地方也没有人。我们没办法只好报案了。"

"我想他不在南京，就在阜阳，不知道货是不是已经提走了，快先让公安局把货扣住再说。"我想起司机朋友的话，身上不禁冒出了冷汗。

很快王总带着公安局的来了，又让我把事情前后说了一遍，就在我的公司，他们打电话到阜阳、南京机场、火车站，要求控制这批货。然后王总和公安局的人立刻动身到南京去了。

还好，有惊无险，货追回来了。幸好运输路上出了点差错，比预定时间晚了一天，否则货就飞了。但白经理还是逃了。

如果白经理不多贪那四台传真机，不托我叫出租车，说不定这次他又得手了。不过老王说，那四台传真机可能是专门留的失手后的退路，但他没想到，小胡和小陶是好朋友，所以这么快就露陷了。

两年以后，小胡他们公司和别的公司合并，改了名字，小胡也升了公司业务总经理。和我提起他们公司要开办南京分公司，来应聘的人中有一个姓白的，经历和那个白经理如出一辙。南京那边把资料传真过来，那照片很像是他，但名字改了。等小胡到了南京，姓白的也没有出现，还是让他给溜了。

卧底这种骗子一般有点文化水平，往往在应聘公司的中高级职位中，凭一副做派和三寸不烂之舌屡屡成功。私企管理上的种种漏洞，为他们提供了可乘之机。其实他们真能干好经理之职，也收入不错，真不理解为什么偏要做骗子。世界上有猫就有耗子，这种人大概天生就喜欢做耗子。我就见过因为这种骗子，导致老板破了产。

【跟帖】

赵莉艳： 骗子就是骗子，狐狸尾巴早晚也会露出来的。

Muyu： 看来俺也当不了骗子，主要是俺有良心。

偷梁换柱

开始是在淮海路开店的老陈反映的，"小陶啊，从你这里进的那种小型进口交换机，怎么质量变得不好了，有一台卖出去换了几台才换好。"

"不太可能吧，卖了这么长时间，百分之一的返修率都没有。要不你拿来我替你看看。"老陈把出了问题的交换机拿来。我试了一下，果然一点都不工作，只好给老陈换了新的。

过了一阵，另一家公司也把货给我退回来了，"小陶啊，你得和厂家反映了，再这么下去，这牌子没法做了。你看看这批货怎么有这么多次品，一点都不工作。"此后，一直陆陆续续有货退回来。

这种情况以前从来没有过，我不敢掉以轻心，立刻和那家品牌的上海办事处联系，把所有的次品都拿到办事处给他们看。他们也觉得很吃惊，办事处主任说："这种情况在别的地方还没发现，不过你的发货大，可能拿到次品的概率也就大。我们尽快和工厂联系，争取早点解决问题。"

几天后办事处主任让我。去了以后，主任说，"工厂方面打开了商品，说那些商品不是我们的，也就是说，你拿来的都是假货。你看外观颜色有点偏黄，不仔细比较看不出来的。打开以后里面的线路板根本不能用的。"

"假货？"我有点懵了，"我是从你这里直接拿货的，我怎么会卖假货？"

"看来是有人仿冒我们的产品，偷梁换柱了。老板也说了，这回的损失可以大家分别承担点，但你也要小心了。你想想，会不会是你的客户把假货退还给你了？"这一提醒，我倒要仔细考虑了，到底是哪个环节出错了呢？

骗子肯定在退货的客户中！回到公司我把最近退过货的公司仔细地过了一遍，好像都不像，他们都是几台几台退回来的，原因都是质量问题，如果诚心要换给我假货，何必那么费事？看来要从大笔退货的客户里找。很快我就锁定了南京的刘老板。

南京的刘老板一直经销我们公司的这一款小型进口交换机。他一直拿货付款，我自认为刘老板信誉不错，可以长期合作。本来每个月定一次货，每次十箱，上个月，刘老板说最近生意不好，付不出钱，也不想占货，就把那批货退回来了。退回来的货看上去都没有开过封，我收到后也就没仔细看就入库了。

第二天，我和财务核对了一下，果然出问题的机器都在刘老板退回来的货号中。肯定是他把假货装进我们真货的包装里，拿我们的真货去卖大价钱。这个刘老板为什么要这么做？我打电话过去质问，开始他还抵赖，后来，我给他证据，哪天发给他的，货号是几号到几号。现在这些机器里的一半都换成了假货，不是你换的是谁换的？他就不吱声了。我说："限你这个月前，把我的损失补给我，我就不和你算名誉损失了，否则咱们法庭见。"

可是到月底也没见到刘经理的钱，于是我只好到南京跑了一趟，没想到正看到刘老板在破产清算，公司里乱哄哄的，挤了好多人。刘老板无奈地对我说，你能拿到什么就拿什么走吧。

中午刘老板一定让我一起吃最后一顿饭，他说："我做生意以来一直规规矩矩的，就在你这件事上做了糊涂事。你不介意的话，我想跟你聊聊。"虽然我心里非常地生气，但还是耐着性子听他讲了他的故事。

根据我的经验，偷梁换柱的手法在小商品中较常见，外观容易仿冒，成本不高。像交换机这样的专业通讯产品利润还是不错的，很容易成为不法分子的目标。公司的管理很重要，很多公司小商品常常不重视登记序号，也会给不法分子钻空子，最后很可能假货查无来源。

【跟帖】

江海洋波： 老刘是自毁名誉，即使是要破产了也不能干这种事。生意人没有生意脑袋。

Windy： 这生意场的浑水真不能淌啊，可怕！

乾坤大挪移

这是刘老板讲的故事。

我在南京做通讯产品也有年头了，在南京城通讯界也算小有名气。但你知道，我是工农兵大学生，而且学的是化工，电子行业一窍不通。这些年做来做去，只能做电话机、传真机还有家用小交换机这样的低端产品。现在这个市场已经趋向饱和，利润越来越低。从去年开始，我听从了人家建议，开发了一种汽车芳香剂，这倒对我不难。但生产化工产品需要大量投资，从开发到投产我早就花光了这几年的所有积蓄，还借了不少钱。产品试投放市场后，反响还不错。

起初我还是很有信心的，可等大量投放市场的时候，我才发现这个行业比通讯还要难做。很快我就发现同类产品出现在市场上，我怀疑很多牌子是拿这样那样的芳香剂混合兑出来再稀释，然后换个牌子，就到市场上卖了。通讯产品基本是交货付钱，可以和百货公司、小商铺没有来往，但芳香剂是民用消耗品，利润完全要靠量，不依靠他们很难卖出去。可大多数百货公司都是这样规定的，货上柜以前，要付三个月到半年的进场租金，卖掉多少，每月结账，但货款要到再下个月的月底才能结算。这样一来，我要在每个百货公司设专柜的话，就是一笔很大的开支。这是个玩钱的游戏，很快我就发现玩不下去了，债主开始催债，而我再也找不到钱来维持这样的周转。如果我不是被逼入绝境，我也不会打你的货的主意。

两个月前，来了个马鞍山的客户，在他要求下我带他参观了工厂，然后他用现金买进了一批样品，他说他是马鞍山最大的汽配老板，在马鞍山乃至全国有好多分店，如果我们的货确实正宗，销得好的话，他就大量进货，而且绝不欠款。这对我来说真是个绝处逢生的好消息，但对这样的好运，我多少也持有些怀疑。

没过多久，这个老板果真来订货了。好大的一笔订单，为了订货我还到他马鞍山的公司去了两次，豪华的布置，使我对他深信不疑。这次订货，我的库存全部消化不说，还要追加生产一些才够。我们相谈甚欢，很快签好了合同，按规定他付了定金，余下的表示货到付款。从那天起我一心准备这批货的生产，只待交割的那一天。

两个星期前，也就是你打那个电话后不久，约定的交货日期到了。两辆两吨重的卡车装满了汽车芳香剂，我带着公司小李和两个司机一大早就出发了。到达马鞍山时，已到中午。车子停在了客户公司前的停车场，那个老板早就候在那里了。他热情地迎上来，说"辛苦辛苦，你看正是吃饭时候，要不让下面人卸货，咱们先去吃饭？"我忙说："不忙不忙，吃完饭，咱先验货，没问题了，手续办完了卸货也不迟。"那老板显然很明白我说的手续，就是要看到钱。他哈哈笑起来，从怀里拿出一只支票夹，打开来给我看，里面果然有一张空白支票。他说，"等会儿吃饭的时候，咱就把它填上，放心吧，错不了。走，喝酒去，那边有个不错的饭店。"我还是不放心，对于这样的大笔交易，我本来满心希望是拿到一张汇票。因为汇票是银行开的，不太会是假的，银行要先验明账上确实有这笔款才肯开的。而支票是公司自己开的，说不定是没有钱的空户头。所以，我说，"老板，对不起，我还是想麻烦你的财务去银行开一张汇票。"那老板听了，收起了支票夹，沉吟片刻，说："没问题。走，先吃饭去。"又招呼跟我来的两个司机，"一起吃去。"因为事先我和两个司机交待过，他们的责任是看好这批货，没有我的命令谁都不许碰这批货。所以两个司机都礼貌地谢绝了。

一起吃饭的除了我，小李和老板外，还有他们公司的两个负责人模样的人陪同。上菜前，老板关照其中一人，等会儿你去让财务小杨跑一趟银行，开张汇票，具体数目等刘老板算出来给你。然后转头和我说，"银行要两点开门，一来一回不到三四点钟回不来，咱这乡下，不比你们南京方便。你要等不及的话，就把这支票拿去，我们公司在南京的开户银行的支票。"我忙说："没关系，晚点也没关系。"

"那就边吃边聊，请请。"

饭间我让小李去看看司机他们，都给那老板挡下来，说让他的手下去关照就好了，我也不好再坚持。那老板口才很好，说东道西，不知不觉，我看看手表，已是下午两点半了。那个去关照财务开汇票的人也回来了，对着老板耳语几句。老板笑着对我说："想和刘老板多喝几杯，但刚才人大来通知让我去市里开会，真是不由人啊，我先走一步，你们慢用。"我说："那我们是不是也去公司等汇票。"老板说："好好。"

在饭店门口，我和那个老板握手告别，看着他坐着来接他的轿车走了。

我和小李跟着那两个人往公司方向走去。在路上，其中一个人说："我要去买包烟，你们先走。"

到了停车的地方，我大吃一惊，两辆车上的货全空了。开始我以为看错了车，但看见我的司机明明都在驾驶室里，他们都睡得像死猪一样。我发疯一样拽着其中一个人的头发直摇，但怎么都摇不醒。我大声叫着小李："快，把那个人抓住，别让他跑了。"但周围一个人都没有。过了一会儿，小李很沮丧地从那家公司的楼里跑出来说："我看到他跑进去了，就追过去，里面像个迷宫，还是让他跑了。"

我们立刻向马鞍山公安局报案。经查，这家公司在这里租的房子就租三个月，到现在连房租都没付过，家具也是租来的。我还记得老板的汽车号码，也告诉了警察。后来查到，那辆车只是一辆出租车。

我受到了致命的打击，每天都有债主到公司里来搬货，我是彻底破产了。如果没有老婆孩子劝我，我真想从新街口的天桥上跳下去。

【跟帖】
小园香径：啊，看得我头皮发麻啊。生意场比战场还可怕啊！起码战场上刀光剑影可以直接看见，这里却是无形的，智者千虑，我看也不止一失了。
秋尘：没进入商场，看来上辈子，我还是积过不少德。江湖，你现在是不是已经到了不出手就是最高的武功的地步啦。牛！

16、 丁香

【杂文】为何毒自己

前几天，和几个朋友一起玩耍。大家就说起了吃东西的事情，什么东西有毒，什么东西没有毒。说着说着，就又说到了三鹿奶粉。三鹿仿佛成了毒食方面的经典杰作，一说起食品问题必谈到它。

三鹿奶粉事件伤害了每一个人。三鹿作为一种毒素，似乎已经渗透到了我们的血液里，我们血液里奔流的都是三鹿，我们无法不谈论它。的确，我们的大人在亲手掺毒害我们的孩子。我们的孩子原本就是我们大人的骨血，我们和孩子原本就是血脉相连的，害孩子等于害我们自己，可我们为什么还要害我们自己呢？有人总结就一个字：钱。为了钱嘛，这么简单的事情，地球人都知道。可是，钱比命都重要吗？如果钱比命都重要的话，那地球上只剩下一堆钱了。

全世界都知道，中国人聪明。要我说，中国人很笨。我的几个旅美朋友常说，美国人太笨了，我们在美国，都叫他们是美国傻子。在我们中国，最笨的人也比美国人聪明。其实，大家都知道这些人所说的"聪明"和"笨"是指什么。中国人那种无缝不钻的聪明实在是玷污了聪明的本意。聪明不管有多少字面的和背后的意思，它起码有一条最本质的意思是人人都承认的，那就是既"聪"又"明"。我们通常所说的聪明人，往往是指虑事深远、看得明白的人，仿佛一道难解的数学题，聪明人一眼就看出"关节"在哪里。所以，一句话，聪明的人总比傻子看得要远些。中国人聪明吗？当然不。

要我说，中国人很傻，他看不远也听不明，类似于一种特殊的失聪失明——没有器质性病变的精神上的失聪失明。有的人是器官上的失聪失明，相比而言，精神上的失聪失明要更加悲哀。因为器官上的失聪失明还能弥补，只要心灵"聪明"，依然能感受一个聪明人感受的一切；而精神上的失聪失明仿佛没有可弥补之道。因为某种程度上说，人是受精神支配的，精神上已经是"睁眼瞎"，什么也看不见，除了人民币，那他还有什么事情干不出来呢？没有人能说，一个只能看见人民币的人是聪明的人吧。中国人的聪明是只在人民币上聪明，离开了人民币，那就成了傻瓜——真正的痴呆傻子。

小时候，我见过一个智障孩子。他什么也不知道，但是认钱，只要见了钱就笑，就要拿。很多人为了逗他，就故意拿一毛两毛的钱耍他，他就扑着要，甚至不要命地去捞这一毛两毛钱，他闭着眼，也不怕人打，拼着命也要拿到这钱。很多人就怪了，怎么他哪方面都傻惟独见了钱不傻呢？的确很怪。可是，当我知道大人们往孩子的奶粉里掺毒时，我突然不感到奇怪了。这些掺毒的人和这个智障孩子又有什么区别呢？世界上本就有这种病，只是这个孩子的病，人们都看到了；而很多大人的病，人们没有看到。因为大人会掩藏，大人们把这病给掩藏起来了。而这个智障孩子一是一、二是二，智障就是智障，没什么掩藏机制。可大人们不同，他们有掩藏机制。人们不仅不说他智障，还夸他真聪明呢。而掺毒者本人，哪个不认为自己聪明呢？用流行的话说，都是人尖子呢。回到本文的题目：我们能吃什么呢？许多人在互相发问。是啊，我们有这么多聪明的智障者，我们能吃什么呢？我们吃的食品都掺上了"为人民币服务"的心念和行为，我们能吃什么呢？我们敢吃什么呢？我们吃的馒头、包子、饺子、豆腐，都打上只为人民币的烙印。看着这漂白的馒头我们就害怕，我们还能吃什么呢？

为了人民币，我们都成了智障者，我们在互相残害。人民币挡住了我们通往聪明的道路，而我们本人还认为我们真正实践着聪明。三鹿奶粉之所以叫我们痛苦，是因为它给了我们提供了想象的空间——我们对其他食品的想象，我们到底吃下了多少毒？只是三鹿奶粉掺毒了吗？别忘了，三鹿奶粉是给婴儿做的，婴儿的食品都能掺毒，我们成人的食品能幸免于难吗？想象使我们不寒而栗。

我们能不能真正聪明起来？我们已经患了为人民币而智障的病，这病还能医吗？有没有人能搬开人民币走向通往真正聪明的阳光大道？人民币仿佛是一块坚硬的石头，没有很大的劲难以搬开。可是，我们能吃什么？这个问题给我们带来的恐惧也许能转化成力量，使我们最终能搬开这个大石头吧。

【跟帖】

小秋虫： 抗毒三字经：瘦肉精、地沟油、一滴香、胶面条、皮革奶、镉大米、石蜡锅、毛酱油、牛鸭血、药火腿、双氧翅、陈化粮、碘雀巢、增稠蜜、红心蛋、糖精枣、氟化茶、铝馒头、硫银耳、农药菜、三鹿粉、苏丹红、箱子馅、甲醇酒、人造蛋、纸腐竹、罂粟汤、硫磺椒、激素花、毒米线、避孕鳝……

【散文】一片沾尘的柳叶

我记住了多年前的一个场景。那是在大明湖游玩时，我的眼睛不自觉地盯住了一片柳叶。这片俊俏的叶子上，沾上了一点尘土，而且那小点尘土，有棱有角，像是外力喷溅上去的，又像是日久风吹，细尘积久而成。总之，在这片清新的叶子上，这点微尘看上去有特点，有点坚硬，不是你弹指就能弹去的，你得用指甲去抠，才能奏效。而我记住了它，是因为我不想去抠，我觉得那太费力，所以，只好象征性地抓着这片肥美的叶子，照了张相，做个留念吧。年轻时就这样，到哪里都得照个相，仿佛没有这个照片，就没法证明自己到此一游似的。偏巧，我摆姿态抓着照相的柳叶，抓住的正是这样一片沾尘的柳叶，这使我早就忘记了那张照片，却记住了这片叶子。多少年过去了，不定什么时候，这片沾尘的柳叶就会突然出现我的面前，我看着它，眼前就会浮现出一个模糊的形象。

这形象是谁，我不知道。可当我被问及，你对济南女子有什么印象时，我一下子想起了这片沾尘的柳叶，这个模糊的形象也陡然清晰起来。这片沾尘的肥美叶子与济南女性有什么关联？我在发掘自己意识的深处。我发现，在我的感觉里，济南女性是美的，健康的，远远看去，甚至是时尚的，可总不免带一点尘土味。就像大明湖边那片沾尘的柳叶，随风摇动中，撩人心魂，但你不能细看。那片小小的灰尘在不经意中是看不到的，仔细打量，你就能看出其中的灰尘。甚至，是一弹指拂不去的灰尘。这灰尘是坚硬的，是不容易擦拭的。

济南女性越来越时尚，越来越新潮，甚至我去买菜时，我从菜场就能看到卖菜女性那时尚的牛仔妆。这说明济南女性对时尚美的追求已是普及的，普遍的，已不仅限于某一小群体。大街上，打眼一看，大有满街皆潮流的味道，但那坚硬的尘土气息却伴随其中。这种尘土气息，令我感觉济南女性的健壮泼辣，泥水下得去，再苦也熬得过的母亲气质；另一方面，也让我感觉那种出污泥而不染的绝尘之美的缺乏。济南是一座古朴的城市，这种古朴正源于济南女性的这种时尚中的尘土气息。我常听人说，济南女人不如青岛女人洋气。可是，正是这个"不如"点出了济南女性独有的东西。济南女性是跟潮的，可无论怎样跟潮，这种独有的东西从不曾丢掉。在我眼里，这不曾丢掉的正是这种尘土味，这尘土味也就是生活味、柴火味、油盐味、酱醋味、米面味。我们每个人都离不开这种种味，济南女性就把这种种味道演绎给我们，带给这座城市。于是，这座城市有了自己的风景，自己的特色。这片沾尘的柳叶，正是济南的特色，不那么洁净但生机勃勃。这也正是济南女性的底色。

无论时装穿得多么火热，生活气息、烟火气息永远都那么浓郁。就像你长途旅行回家后希望能喝上一碗热腾腾的米粥，济南女性正是合你胃口的这碗米粥。她们是你的生活，你的希望，你的归宿。虽然有些时刻你会想念那些洋道道，那些绝尘之美，但终究抵不住生活对你的召唤。济南女性就是这召唤你的生活。她们再往洋里打扮，也总是透着那股"土"味。令人踏实，令人心安。这就是"土地"给人的感觉，这就是"大地"的胸怀。

这正是济南女性的魅力，也是济南女性的优势。没有人能抵得住凡尘生活的诱惑。人生总不免面临种种诱惑，无数的美景都在唤醒着人的感官和人的审美情趣，可只有凡尘生活本身的诱惑最有力量。或者说，只有烟火味是最难抵挡的诱惑。当你饿了，当你渴了，你眼前就只有一道风景线，那就是升起的炊烟。你眼里只有一种最美的女人，那就是正在做饭的女人。这就是济南女人。济南女人这种对凡尘的热爱，已经深入骨髓，无论用怎样的装束，都是无法遮掩得住的。济南出不了张曼玉，但却能够出巩俐，因为巩俐正是那生活本身。无论她多么漂亮多么时尚，都遮掩不住那浓郁的生活气息，那芳香的泥土气息，那充满了七情六欲的动物气息。是的，活生生的，出自于泥土，还要归于泥土。这样的一种凡尘味道，是最勾人心魄的。所以，济南女人是最有吸引力的。

我喜欢在街上看地道的济南女人，看见她们，就能增强我生存的意志。她们用肢体告诉我的就是这样的句子——生活是多么美好！米饭是多么清香！煎炒是多么令人陶醉！回家做饭吧，那才是最有意思的事儿。别站在这里耗时间，有空多试试大白菜能有多少种做法？怎么做酥锅？你会腌咸鸭蛋吗？——在这些无声语言的催促下，我往往真的就赶快走回家，准备好好地做上一顿饭。无论何时，只要我对生活有厌倦，我就到大街上看看地道的济南女人，看看她们新潮的着装，风尘的脸相，带劲的脚步，我就会回家做上一顿美味大餐，好好地犒劳一下自己和家人，对生活立即充满了热爱，并真心送上对济南女人的感激。而且，还要加倍感谢那片沾尘的柳叶——它总是使我想到济南，想到济南的女人。这真是一种美好的联想。

【跟帖】
A：大家啊！很有意思，由柳叶写到了济南女人。

秋尘：看题目的时候还在想，这不知写的又是谁谁谁的评论，怎么用了这个说法。哈哈，没想到，原来是在说济南的女子。山东女人本来就很出色了，这济南女人更是了得，一看我们丁香就知道了。你就是个典型！不是 MP 地说。

【散文】你无法到达美

山重水复，总能给人奇妙的感觉。无论你去到哪里，一道道山来一道道水，总能给你的视觉很大冲击。如果那山那水在回环往复中，又能带点花花草草，就更是迷人眼目，撩人心魂。尤其是，在花花草草中，又夹杂着山果树木，那简直就让人乐不思蜀了。前两天，我去了一趟野生动物世界，最让我感念的是路途上的"山重水复"——山不在高，水不在深，迷人的是那山那水连带出来的错落景致。

一层层，一道道，弯弯曲曲，环环相绕，无数的花草树木山瓜野枣，都开始了自己的欣欣向荣。那一嘟噜一嘟噜的花，白的、粉的、红的、黄的，向着你开放，你不可能不心花怒放——心花与植物花交相重叠，令人无法不沉迷。人是很容易沉迷的动物，也许这正是人的软弱也是人的美丽。这软弱在于人的易感，使人的意志无法坚强；这美丽也正在于人心是软的，人的感情胜于意志，这促成了人类的爱的丰富。我瞧着那各各不同的植物竞相争艳，有的在挣扎着结果子；有的初落人世，还只顾着开放自己；还有的刚吐出了新绿，看不出要向哪个方向发展。我忽发奇想，我下世变成一棵植物，就在这南山上静静地开放自己。

如果作为一棵植物，把自己开放在哪里好呢？不能离着人群太近，因为离着人近，人的欲望会不断地骚扰这令人眼迷的美丽，在众人目光的盯视下，就算植物再高尚，也会不胜其烦。而且，我曾看到一本植物探索的书说，植物也是有感知的。你若在一棵大树下，狠狠地诅咒，或是扬言要砍伐它的话，树的神经就会痉挛，用我们人类的话说，它就会因为恐惧而发抖。如此看来，如果把自己种植在众人常光顾的地方，无疑是让自己天天处于恐惧中。这样想着，我对满眼的植物充满了同情，一时间又不想让自己变成植物了——因为找不到好的去处，因为我尚没有看到人不能去的宝地。

在植物面前，人仿佛永远无所不能，无论这棵植物把自己放在何处，都无法躲开人类的脚步。于是我想，人类在观赏植物时，最好蹑手蹑脚，别惊动这与世无争而又带给人世许多美和价值的东西。我庆幸自己坐在车里，而且是行在弯曲的山路上，与这些美丽的植物尚有距离，不至于让它们不愉快。我的欣赏是属于静悄悄的，是很自觉的，是克制的。因为虽然心中充满了喜乐，但我没有发声，是静静地喜乐。我甚至一再告诉自己，向植物学习，静静地拔节长高，开花结果，不骚扰任何人、任何植物、任何喜静不喜闹的活物。学会静悄悄，是我给自己定下的做人目标。

欣赏了一个小时的山重水复，已使我感觉此行不虚。满眼所见，都令我心旌摇荡，而且坚定了向植物学习的决心。我想，看不看野生动物世界都不要紧了，我已经收获太多了，不能太贪。当然，我还是去了，我本着不要打搅动物的心理，在车里悄悄地看着那些庞然大物。我发现，动物也都很安静，就连最高最大的长颈鹿，当我给它喂食时，它都是那么安静，吃得那么优雅，不紧不慢，令我自卑。因为我吃东西都比它生猛。还有那头大个犀牛，接过我给它的苹果，一点不贪食地慢慢嚼着，悠闲地眨着眼睛。我感觉它们个个都比我有修养，这真令人汗颜。一路走一路看，我深觉自己成了一个入侵者，因为这是动物的世界，我们鲁莽地侵入，也不知这些动物是怎么想的。

后来，我们到了御马亭，很意外地，我发现了那里有一处绝美风景。说它绝美，是因为这里有一道仿似峡谷的地方，这峡谷深不见底，直上直下，据说就是攀登高手都无法企及。那些天然植物仿佛几百年就挺在那里，绝美至极。突然，我找到了我来世转成植物的地方了——就是这个地方，每一棵植物都能永不受干扰地静静地自己长着，怡然自得。太稀罕的地方了！我看了又看，从不同的角度，我都看到了不同的绝美。但你却永远无法到达那里，你无法到达美——只能远观，无法近视。是的，很有哲学意味——你无法到达美！

我再次被惊呆了。为这无法达到的美，为这来世的好去处，为这峡谷里的好运植物，我也甘愿被惊呆。

【跟帖】

小园香径： 呵呵，你的文章很唯美，你的思绪更是唯美呢！读此文，也被那种美感染了，说出了我想表达而又表达不出的东西。我也常想，人类是渺小的但也是野蛮的，入侵了那么多地方，从自然掠夺了那么多东西。这世上还有一块清静之地能让动物植物自由地安静地生活么？人与自然要和谐相处，但要真正做到，其实很难很难！

张维舟： 你这文章散发着淡淡的幽香（丁香，纯个人的），却动人心弦，引发人哲学思考。向植物学习，向动物学习，向生长在悬崖陡壁上的草木那样活着，多有新意呀！喜欢你的文章！

17、 wliao

【随笔】莫道秋色多变幻

东京的纬度介于北京和上海之间，秋天要比北京晚将近一个月左右。记得第一次来日本是那年的 11 月 9 日，北京已经很冷了。上飞机时穿着毛衣、秋裤，到东京后热得不行。坐在车上，看到路旁农田里的稻子还没收割完，树叶也刚刚开始变黄，就像时光倒流，又过了一个秋天一样。

人的思维很有意思，有些事情过了很久了还记忆犹新，可有些刚发生不久的事情却一点也想不起来。比如工作，当初面试和刚开始上班时的情景或许还有印象，可是几天前干了什么却毫无记忆，一片空白。看来记忆需要刺激，需要新鲜感，有些人喜欢到处去走走，吃吃喝喝，"行万里路，读万卷书"，可能就是为了寻求刺激，让自己保持新鲜感吧。

可是，并非所有的人都有机会周游世界，有些人（比如俺）就是成天上班、回家，过着两点一线的单调生活。那是不是脑子就要坏掉了呢？当然不是！身体没有到处移动并不等于脑子的停顿。世界有它的全息性，就像人体，每一个细胞都拥有全套的 DNA，所以关键不在去了多少地方，吃了多少东西，而在于是否善于观察，是否动了脑子，这乃是更高一层的境界。所谓"一叶落而知天下秋，滴水冰而知天下寒"，"宇宙便是吾心"，如果说行万里路是为了获得经验，那么后者就是对经验的概括和升华，这是哲学。

俺今年就比较懒，没有专程去看红叶，只是观察了一下住处附近的景色，发现秋天的变化特快，称得上"士别三日，当刮目相看"。当你对五彩缤纷、渐进佳境的秋色感到欣慰的时候，当你觉着明天的秋色必将更美的时候，一场秋雨，一阵秋风，却会把满世界整得面目全非，让你的美梦彻底破灭。

俺喜欢秋天的清爽多彩和硕果累累，但是不希望秋天走得太快，因为过了秋天就意味着一年的结束，意味着年华的逝去……岁月有痕，看得见却留不住。难怪孔圣人也曾在河边儿慨叹"逝者如斯夫！"圣人尚且无奈，何况凡人乎？

【杂文】精神病患者到底是聪明还是傻

一直搞不大懂精神病患者和傻子到底有什么不同。不过俺遇到的精神病患者，都是非常善良的。

小时候隔壁的楼里有一位女精神病患者，平常看不出什么毛病，就是时不时的在她家阳台上大笑几声，尤其是天黑了以后，特恐怖。她长得也不难看，春夏秋冬好像都不怎么换衣服，也不生病，还不见老。她的几个孩子，有男有女，都很正常，脾气也不错。可能是从小神经就得到了磨练的缘故？

上小学时，学校里有个傻子还是弱智，她哥哥老得跟着她。她整天笑眯眯的，跟她说话她也不回答，就知道笑，也不知道她听懂没有。有人故意骂她，她也笑。这时候，跟在她身边的哥哥就会出来打抱不平，当然也是象征性的。他哥哥人也特好，有些厉害的坏孩子经常连他一块欺负。现在想想，非常过分。

上大学二年级的时候，忽然从中学班主任那儿听说，俺们班当年的一位高材生得了精神病，让俺大感意外。这位同学当年是学习委员，为人随和，性格有点腼腆，从来不得罪人。数理化、语文、外语，门门课都是优秀，学习一点不费劲，很轻松地上了北京的名牌大学。中间到底出了什么事，竟然得了精神病？

据中学班主任的描述，毕业之后的某一天，那位同学忽然来到教研室，从他的军挎包里掏出一块板砖举在手上，一本正经地警告在场的老师们："别害怕，我是来保护你们的。我知道有人要来害你们，你们都不能走，离开了就会有危险！"到了吃午饭的时间，老师说该去吃饭了，他说："不能去吃，饭里有毒！"后来还是一位教数学的男老师，胆子比较大，号称懂点心理学，试着跟他慢慢套近乎沟通。最后两人特有共同语言，那位同学居然痛哭流涕，不停地说了一大堆当年上学时谁都不记得的琐事。比如哪次几个同学一起买雪糕，争着付钱的时候让别人抢了先，后来想还钱别人又不要什么什么的；还有哪次班里开联欢会，班干部一起准备东西时，他总是动作慢，活儿全被别人抢着干了之类的。总而言之，一副愧对老师同学、心里特内疚的样子。趁着两人聊得火热，其他老师都偷偷地溜了出去。

也不知道精神病到底是什么病理，得病前后怎么会有这么大的区别？就跟人的脑子里有一个开关似的。据说那位同学上了大学后，学习也一直很优秀。还听说他曾告诉过别人，数学跟物理实际上是一回事，但是最高境界却是哲学。有一阵子狂读哲学书籍，准备把物理、数学、哲学融会贯通一把。

这可能就跟武侠小说里说的练独门武功一样，到了关键时刻，稍微出点岔子就会走火入魔。要是没出岔子，他没准会成为又一个爱因斯坦。唉！后来大家因为怕他军拎包里的板砖，谁都没敢去看他，也不知现在怎么样了。他还是家里的独生子，甚是可惜。

【跟帖】
夏凉： 精神病患者和傻子不同。简单地说吧，傻子是脑细胞少点，精神病患者的脑细胞不少，但是脑细胞之间搭错线了，细胞之间交流走错了地方，所以思维不大合逻辑，甚至没有的事情，也会以为有。
MikeCa： 俺觉着有精神病的人,脑细胞过分活跃；傻子则是脑细胞太不活跃了。

【杂文】如果俺代表中方跟日本外相谈钓鱼岛问题

据有关报道，外交部长杨洁篪于2010年10月29日在河内会见了日本外相前原诚司，预定谈话时间30分钟，实际长达1小时20分钟。日方报道说前原首相再次强调了日本对钓鱼岛拥有主权的立场，中方则未报道详细内容。

当然喽，这二人谁都做不了主。他们的会谈无非是为其主，也就是为温家宝总理和日本菅直人首相的会谈作试探、作铺垫而已。

言归正传，如果俺代表中国和日本外相会谈有关钓鱼岛问题，俺打算这么谈：

前原外相，你好！（礼仪之邦么，要有大国风度。）

请问你多大年纪了？看上去不像 65 年前参加过日本侵华战争的年纪，更不可能在 150 年前参加八国联军入侵中国火烧圆明园以及 1894 年的中日甲午战争吧？不过，没经历过也用不着不好意思。这不是你的错，俺也没经历过，不必紧张。

再问你最后一个问题，你口口声声说钓鱼岛是日本的固有领土，作为日本外相，你知道钓鱼岛是什么时候被你们非法划入日本领土的么？不知道也没有关系，有关历史记载得清清楚楚，谁都可以去查、去学习，但不能上来就胡言乱语。借此机会，俺可以免费给你补补课。好在过去的历史还不算太长，如果你脑子没有进水，应该花不了多少时间。

考虑到你脑袋不够用，远的就不提了，中日甲午战争，也就是你们日本引以为荣的日清战争，应该知道吧？甲午战争之前，琉球王国本是由中国册封的附属国，却在 1874 年被日本非法吞并，日本曾提出和清政府各占一半，但清政府没有同意，谈判破裂。

1894 年 8 月至 1895 年 4 月，日本一手挑起了甲午战争。清政府战败，与日本签署了割让台湾的不平等条约《马关条约》。但是，马关条约还未签字生效的前三个月，日本便迫不及待地将钓鱼岛非法划入琉球国的石垣县。

二战爆发后，日本全面入侵中国。1941 年 12 月 9 日，中国对日正式宣战，宣布废除包括《马关条约》在内的一切中日条约。1943 年 12 月 1 日，中、美、英三国在开罗发表宣言，坚持日本无条件投降，剥夺日本自第一次世界大战以来在太平洋上夺得或占领的一切岛屿，把日本侵占的中国领土如东北、台湾、澎湖、琉球及其附属岛屿归还中国，其中自然也应包括钓鱼岛。1944 年，罗斯福向斯大林表示，斯大林熟悉琉球历史，他完全同意琉球属于中国，并应归还中国。1945 年 7 月，日本投降前夕，中、英、美三国发表波斯坦公告，规定日本之主权只限于本州、北海道、九州、四国本土以内。波斯坦公告知道么？你们日本是无条件投降，知道什么叫"无条件投降"么？就是没有商量、完全接受。

1945 年 9 月 2 日，日本无条件投降，台湾回归了祖国，但钓鱼岛等岛屿却被美军占作靶场。至于美国和日本私下签订的托管及返还条约，如果影响了中国的利益，中国有权反对，不予接受。

这些简单的历史知识不难吧，记住了么？如果你脑袋进水什么都记不住也好办，地图总会看吧？国际公约所规定的大陆架 200 海里领海权知道么？咱们就直接看地图，看看钓鱼岛到底归谁合适。

很明显，钓鱼岛地处中国大陆架边缘，距福建 192 海里，虽然距台湾岛和琉球国的石垣岛都是约 100 海里，但是钓鱼岛与琉球国的石垣县之间明显存在一条天然的海沟，界限分明。而台湾岛则与钓鱼岛同在大陆架上。这么简单的地图，傻子也该一看就明白。

不好意思，因为你的脑袋不好使，本来准备 30 分钟就可以辅导完的内容，拖到1小时20分钟，而且看上去你还是没有完全理解的样子。没关系，回家跟你的上司菅直人一块儿好好复习复习，争取下次考试及格。好好记住，《波斯坦公告》仍然是有效的。下次跟你谈的时候，就不仅仅是一个小小的钓鱼岛了，还要加上琉球群岛。散会！

【跟帖】

小园香径：哈哈，俺强烈推荐无聊同学作为中方谈判大使。哎，这历史你学得真好啊，俺不得不表扬地说。这个得当范文挂墙上了，那小日本，那么无知，哪儿能和你是一个重量级别的呢？派你去，那就纯属高射炮打蚊子了嘛，嘿嘿^_^

秋尘：呵呵，您这得背下来多少东西呀。强烈建议——一首七律就够了。一来考考小鬼子对中华文化了解的水平；二来显示一下居然人称无聊的先生都这么地有"聊"；三来给他们来点藏头连环啥的，意见也下达了，还可以让人家车轱辘没完没了地乐下去；四来，我再想想？够了，仨就够了。您就准备去吧。

18、 老四

【随笔】我思想转变的过程

我一直在想，我 TMD 有思想么？在天坛的时候，被认为是左边儿的，现在想想，应该算是被对反党反革命集团的厌恶推到左边的，脑子里并没有真正的左倾思想。

谈思想就要挖出身，作为城市平民之后代，读书沾了先帝的光，一路免费；出国沾了邓小平的光，搞活开放。我作为 70 后的代表，应该说思想不左不右，换句话，后天的影响更大一些。这个后天，可能就要算到出国以后。蓝同学么，熟得晚点儿，我个儿又矮，阳光雨露接得少。

很多人出来都有其内在动因，对民主人权的强烈追求啊，对花花世界的望眼欲穿啊等等。我出国则比较搞笑，其动因就是因为我一哥们告诉我，我这样的符合加拿大移民标准。按阶级划分，出国前我就是一由城市平民蜕变的小资产阶级代表，刚跨出国门又跌回到流氓无产阶级。从多伦多的一些华人论坛看，我这样的人在加拿大还是挺多的，也就是说，我还是有代表性的：没有很明显的政治主张，但是反对极左或极右思潮；对严重反党以至于反华行为表示厌恶，但是不排斥反思我党历史上的运动；成长过程中没吃过什么苦，对文革及以前没什么亲身体会，于是对现在的帝国主义生活质量也没什么太大的好感。反观二十一世纪我国城市白骨精阶层的财富增长速度，后悔出来的心思与日俱增。我觉得这是把我们这些 70 后推向"左边"的一个因素。

在对国内事务上，我们主要持以下态度：第一，我国的事情我国人民内部解决；第二，要求完善法制；第三，要求保障基本民生；第四，严重羡慕大款。我们这样的人，不可能作为草根阶级的代言人，不可能成为大资产阶级的代言人，顶多作为大资产阶级的附庸，跟现在国内的白领差不多。

对国际事务，我们比国内的愤青还要愤一点。这很好理解，祖国强华侨的腰杆子才硬，国际事务没什么民主人权好讲，只看实力。你跟美国佬谈"已所不欲勿施于人"那是白费劲，你就得用美国佬的游戏规则跟他玩。

综上所述，我们跟国内的白骨精有着血缘上的关系，打断骨头连着筋那种，差别主要在于社会层次和家庭观。在外面混的，能到管理层的很少，所以我们当中大部分人都心甘情愿地把一技术活操练到八级水平，然后在技术级上退休，这就算圆满了。白骨精不一样，白骨精的价值主要体现在管理上，你一个人能创造多少效益啊，当领导就不一样了，一个团队，成绩都算在一个领导头上。白骨精就要玩人，费脑子，压力大，当然，在社会上地位也高。我们在社会上混得惨，就得回家找面子了，这个找面子不是打老婆，是胡哥倡导的和谐，努力建设和谐家庭。你白骨精哪有这么多时间这么多精力陪老婆孩子啊？我们有，我们海华男有空还上论坛，跟哺乳期妇女谈怎么搭配母乳跟奶粉合适，这你白骨精办不到吧。

十几年过去了，我们从上海话叫小开的街头混混发展到自觉自愿当五好劳工，这种思想转变是巨大的。我认为，这是符合马列原理之经济基础决定上层建筑的，在社会上混到哪一层你就得做什么样的人。最近有一个问题一直在我脑海里回荡，我要是不出来，现在会怎么样？为这事儿，最近没少做梦，都少儿不宜，以后再说吧。

【跟帖】

又红又砖： 估计是 75 后。70 年代的人每三年就是一代，思想差别特大。而且北京人和上海一带的南方人差别也特大。我记得我出国那会儿根本没有加拿大移民这个选项，那时候硅谷还没兴起，IT 泡沫还没吹起来。

心言： 个小的都是精品，真的，起码是压缩干粮那种。

【随笔】年终小结版

写一下年终小结，这个传统还是有必要保留的。

今年吧，亏了不少钱，经了不少事，家里多了不少矛盾也解决了不少问题，大体总结一把就是，又白瞎了一年。

年初赔了一点钱心灰意冷，年中看奥运热血沸腾，年后钱快赔光了只能耍光棍，年底迷上电视剧得到一总结：活着真好。当然，我每年都对"好死不如赖活着"有进一步的认识，今年尤甚。

在元旦前夕，祝大地的老中青同学们：

老同学们，就是儿子能泡妞闺女要嫁仔的那拨。祝你们三低：血压血糖血脂；三高：孩子收入，自己401K，房子面积。你们也就是夕阳无限好，就是快下班的那种，说点好话哄哄你们吧。

中同学们，就是娃娃满地乱跑或者短婚无孩的那种。我跟中同学们有仇，一首歌里唱道：只要你过得比我好我就受不了，所以没什么好话，接着当你们的三明治吧。

青同学们，像阿力小跳那样没事儿就挥霍生命我拿青春赌明天的那种。赶紧找一对象加入中同学的队伍吧，眼睛别老盯着钻石王老五。在现实生活中我就没见到过一个，大多数都是普通人，属于自然分布，还得先成家后立业。

【跟帖】

古月曰：中心思想段落大意：向前看！

咱老百姓真：哈哈，还有一首歌名好像是：有多少爱可以胡来……

19、 小秋虫

【散文】人生 · 葡萄酒 · 宿命的抗争

一瓶传奇年份的葡萄酒和人有个共同之处，那就是总有一天，人也会像葡萄酒那样躺在地底，贴上标签，写上名字，标上年份。所不同的是，葡萄酒有一次复活的机会，走出地下，拔出木塞，再获重生，而人则没有。所以当你和一瓶葡萄酒碰面时，一定是你和她彼此生命的最后一次；而当你像她那样躺在地底，贴上标签，写上名字，标上年份时，一定是你与这个世界有所关联的最后一次。

经常听人们说人生如梦，人生如戏，人生如酒。人生确实很像葡萄酒。

人生或多或少地带有些宿命的神秘感。一切都是早已被注定了的，这个注定的意思并非指规律性的东西，比如人总是要死的；它潜在的含义多多少少都牵扯到神秘主义，比如主宰一切的上帝，比如"一样米，百样人，各人命运不相同"；有些人天生命好，有些人天生命苦——红颜薄命；有些人天生长寿，有些人天生短命——英年早逝。

葡萄酒也一样有着其早已被注定的命运。有些天生品质卓越，因为生在出顶级佳酿的 terrior 之上，受当地独一无二的 climat 的影响；有些天生廉价劣质，因为并非生自能酿出卓越葡萄酒的天堂。这就如同有些人生在富贵世家，养尊处优，从来吃穿不愁；而有些则生于贫贱，日出而作，日落而息，面朝黄土背朝天一辈子，庸庸碌碌度一生。

有些葡萄酒天生耐久存，因为它们有强劲的单宁或酸；而有些葡萄酒则注定要尽早喝掉，因为它们的美丽就如昙花一现，在她最美时莫要错过。人们常说葡萄酒似女人，女人也如葡萄酒。确实如此。大部分的酒都经不起时间的考验，只有少数顶级佳酿才能越陈越好。大部分女人也经受不了岁月这把无情剑的削磨，磨走了光滑，堆出了皱纹。也只有少数女人，会因为阅历的增深而越见知性优雅。苏菲·玛索说："女人最可悲的不是年华老去，而是在婚姻和平淡生活中的自我迷失。女人可以衰老，但一定要优雅到死，不能让婚姻将女人消磨得失去光泽。"优雅到死，不知又有几个可以做到。

其实葡萄酒也似男人，男人也如葡萄酒。女人常常感叹青春短暂，说女人三十豆腐渣，男人三十一枝花，男人上了三十岁青春才开始，四十岁正值风华正茂……我有一男同学听罢，很感慨地反驳说："其实，男人，只有在中学时代，当他还会英姿飒爽地打篮球时，他才能赢得女孩子的几声尖叫，那才是青春。等到出来工作了，要是没几个钱，要是秃了顶，要是混得不怎样，还说什么青春！"这段话让我想起了中学时代操场上那些男生打篮球时矫健如鹰的身影。不知他们现在是否还有闲情逸志去打篮球呢？想是每天加班加点地工作，一天时间都不够用，哪来的时间去打球？为生活奔波，为家庭劳累，有少部分混出了些人样，而大部分却少了当年的雄心壮志与风华光彩。可见，男人也如葡萄酒，偶尔有些的青春可以驻得长久一点，但大部分庸庸碌碌的男人则如一般品质的葡萄酒，高峰一晃而过，就走下坡路了。

青春的逝去，巅峰的过后，就宿命论而言，是简单的规律性的东西。然而在神秘主义方面，宿命论既是自由意志的难题，也是对人类尊严的嘲弄，无情地打击着个人奋斗的价值。但人类之所以成为人类，就是因为我们的文化信仰不允许我们真正地绝望，所以就有了对宿命的抗争。

人们都以为命运掌握在自己手中，因此努力改变自己的命运。杨培安的《我相信》唱出了人的自主能动性和改变世界的气魄，"想飞上天，和太阳肩并肩，世界等着我去改变……我相信我就是我，我相信明天，我相信青春没有地平线……我相信自由自在，我相信希望，我相信伸手就能碰到天……"但是改变世界，伸手触天，这也只是典型的年轻人才会唱得出来。稍微有些阅历的人都会明白，人，可以部分地改变命运，却不可能完全地改变命运，因为，有一种叫做宿命的东西始终贯穿你整个人生。

人可以凭借毅力、勇气和智慧部分地改变命运，酿酒师也可以凭借高超的酿酒技术部分地改变葡萄酒的风味。加糖可以提高酒精度，逆渗透法可以除去葡萄汁中的一些水分使酒更浓郁，橡木桶的培养可以增进葡萄酒的香气，氧化的作用又可以使红酒色泽更淡，白酒色调偏金黄……夏布利独特的 terrior 使酿出的霞多丽有着令人兴奋的迷人酸度，但为了取得圆润丰美的口感，可以在夏布利霞多丽发酵后搅拌酒和死酵母使之丰腴。不少新世界的白葡萄酒为了突出酸之骨架而往本来圆润丰腴的白葡萄酒中加酸……这，既是技术，也是艺术。

但无论酿酒师的技术和艺术如何高超，也不可能使得品丽珠摇身一变成为赤霞珠，也不可能让霞多丽变成雷司令。阳光、雨露、泥土、气候等的影响根深蒂固。葡萄酒，是种出来的，而不是酿出来的——这，是葡萄酒的宿命，天生就注定。因此，酿酒师只能部分地改变葡萄酒，却不能根本地改变其本质。

对于雪莉酒那戏剧性的自我实现过程，酿酒师也只能静观其变。雪莉酒的诞生本身就是一个奇迹。第一年的酒放入桶中陈化，有些桶中的酒毫无动静，而有些则产生一种独特的、密集的、覆盖着白膜的酵母，也就是所谓的酒花（flor）。这种酵母的出现是无法预知的，它与西班牙三角地区寒冷、潮湿的气候形成的霉菌有关，至于哪个桶能产生酒花，哪个桶没法产生，这就是命吧，酿酒师只能祈祷其能产生厚厚一层酒花以酿制成被莎士比亚比喻为"装在瓶子里的阳光"的雪莉酒。

人的一生跟雪莉酒一样，也是一个自我实现的过程，也与所处的环境息息相关。时势可以成就英雄，无意中遇到的人、偶尔的一个转变，这些细微的"偶然"可以革命性地改变人的一生。偶尔的一个机缘，你凭着它扶摇直上，成就自我；而跟你起点相同的人，或许就没这么一个机缘，他花几十年的努力，也不可能取得你一年的成就。更有甚者，"富贵天注定"、"王侯将相宁有种乎"，在我们的传统文化中，宿命论的影子浓厚得让人绝望。然而，那终究不是正常的社会形态，并非正常的人生奋斗。个人的奋斗如英雄威廉•华莱士，也免不了最终被行刑分尸的结局。

对宿命的抗争并不一定能取得想要的结果，因此，"世界是公平的"、"人生是公平的"等"真理"成了很多人心中的信仰。当遇到"不公平"时，丑陋的女人会妒忌红颜，认为"红颜是薄命的"；庸庸碌碌的男人会妒忌英杰，认为"英年是早逝的"。但在葡萄酒的世界里，红颜般的优质美酒、英年般的卓越佳酿，却有着惊人耐久存的本质，它们并不薄命，也不会早逝。薄命的，往往是那些品质一般的；早逝的，也往往是那些经不起时间考验的。大多数酒经不起时间的考验，大多数人的容貌也经不起时间的考验。跟一瓶酒的相遇，是你和她之间生命中的最后一次；跟一个处于最美丽时期的人相遇，也是你见证她最美年华的最后一次。因此珍惜那个在最美丽的年华里与你相遇的人吧，因为，没有谁能逃得过衰老并死亡的简单而规律性的宿命。

【跟帖】

秋尘：越写越知性了。人不是被埋在了地下，就没有了生命的。很多人有生命，比如你的孩子就会记住你，还有你的朋友。那也是一种生命的延续，也是一种"复活"。每一瓶葡萄酒，也像我们个体的人，一瓶葡萄酒再好也不能成气候，但同一品质的葡萄酒都好，才会打出品牌。所以，价值不只是个体的，更是集体的。这就是为什么我们这些在海外的中国人，都不愿意对祖国有所微词的原因，因为和这里的不同品牌的人相比，我们是属于另一种标签的。至于男人女人，其实每个人的人生都有好有坏的时候。好的时候你能分享，是你的福分和运气，坏的时候你能忍受，也是你的机遇和宿命。人是相互影响的，在修炼自己的同时，也影响着他人。所以，物以类聚，人以群分。但人无千日好，花无百日红，日出美丽，日落也有另一番美丽，关键看你的眼睛，你的心，怎么去看，怎么去体味。人生真的很美丽。

【散文】色彩、光影与美酒

莲花山，适合一群人去爬，三两个人去亦可。当然，找不到伴去，还可以独自一人去爬，而不用像爬梧桐山、笔架山那样担心安全问题。总而言之，莲花山是最适合爬的山。

冬天的莲花山仍然姹紫嫣红，是红花绿叶的海洋，在这里完全看不到冬的痕迹。除却在树阴下有些冰凉的风提醒你时值严冬，在有阳光照耀的地方，你都会感觉到一片暖融融——那既是日光的暖，更是山花的暖：漫山遍野的花，艳红的、火红的、紫红的、橘红的、粉红的……无不像一团团冬日的烈火，燃烧起一片温暖。

曾看过一篇文章，讲的是普罗旺斯的桃红酒。对普罗旺斯的记忆，是令世人惊艳的亮丽阳光、蔚蓝天空，是漫天遍野的熏衣草香，是深邃酒窖里回荡的源远流长，是嘎纳蓝色大海、红色岩石赋予的浮想，是桃红葡萄酒细润醉人的芬芳。在普罗旺斯，无论是早餐午餐、湖边烧烤、户外野餐，人们无一例外带的都是桃红葡萄酒，因此提起普罗旺斯，就让人想起桃红酒。那么，莲花山又让人想起什么酒呢？

肯定不是白葡萄酒，因为只要靠近莲花山，铺天盖地而来的、最先映入你眼帘的，是杜鹃花那鲜艳如火的大红色、是美人蕉那性感妖娆的火红色、是紫荆花那高贵美丽的紫红色……让人想起的，是跟这些冬日红花一样如火如荼的红葡萄酒。

而在冬天，最适合喝的也是红葡萄酒，非白葡萄酒或桃红葡萄酒。白葡萄酒与桃红葡萄酒清新，冰镇过后饮用风味才佳，更适合炎炎夏日饮用。而红葡萄酒是温情的火，在寒冬饮用，其单宁和酒精都能给人火一般燃烧的温暖。

红葡萄酒之所以能在中国大红大紫，而白葡萄酒仍不被多数人重视，固然跟其鲜艳与清冷之色彩有关。君不见莲花山头最抢眼的就是那燃烧整座山的火红的、鲜红的、大红的、紫红的花，而非黄白色调的花。莲花山上并不是没有白色黄色的花，只是跟红色花相比，它们更少，夹在绿叶丛中也不抢眼。

桃红也是红色，桃红与紫红有相同的色源。桃红更深些，便是紫红了；而紫红更淡些，更成了桃红。但紫红好像远比桃红要高贵，桃红更多地带有了一丝俗媚。那一片紫红深浓的花开着，是那么深情绚丽；而那一树粉红色的花烂漫地盛开，却平添了几分妖娆与俗气。或许就是这种妖娆与俗气使得桃红酒在普罗旺斯以外的地方注定红不起来，而浅龄的红葡萄酒，那种深浓美丽的紫红色，密集、浓郁、高贵，撩拨着人的心弦，征服着人的视觉，让人无可抗拒。

但是再红如火艳如霞的花也有凋谢期。曾见过一树萎靡颓废的红花，朵朵大红花依然挂在树上，但已垂头丧气了无生机。我真恨不得过去将那一树红花都摇落——天妒红颜，容颜的衰退永远是一种悲剧，宁愿死去，也不愿你看到我如此姿色无存的模样。那也是一种宁为玉碎、不为瓦全的决心，大悲、大苦，然后看破一切。

如果你不幸打开一瓶酒却发现它已进入衰退期，你的心情也会跟见到迟暮美人、昨日红花一样的沉痛，在她们——美人、美花、美酒最美的时候，你错过了，而等来的，记住的，却是她们风华不再。或许不再回头是最好的，因为美人如花，也会凋谢。不打开一瓶沉睡的酒也是最好的，就让她继续沉睡，在沉睡中死去。

　　大红大紫的中间，总夹杂着那么一些零零星星冷冷落落不为人注意的小白花、小黄花，例如一树紫红色的杜鹃里，却偷偷地夹杂着几朵白色清丽的白杜鹃；绿叶婆娑中几朵淡雅的鸡蛋花悄然绽放，米白色是那么的雅致——白葡萄酒，其实也一样的清丽雅致，只是那是一种与红葡萄酒迥然不同的风情。

　　山坡上也有连绵不断的野菊花，只是墨绿色的叶子多，深黄色的菊花少，就像汝拉的黄酒那么稀有珍贵——传说中世纪，在汝拉夏龙堡有个叫古拉比尔的贵族应征入伍去了前线，六年后回到家乡时发现自家酒窖里用萨瓦涅白葡萄陈酿的上好白葡萄酒全变成了黄色，酒液上还浮着一层厚厚的白色霉菌。他认为酒已变坏，因此找来工人将其倒掉。好奇的工人偷尝了一口发现酒味远胜白葡萄酒，便悄悄将酒卖掉，发了横财后逃之夭夭。聪明的酒农便将错就错，将这独特异常的黄葡萄酒一代代传了下来：由于汝拉的地理气候，真菌附在葡萄皮上，发酵时会在酒的表面形成一层厚厚的白色霉花，从而酿成珍贵的黄葡萄酒。这也是为什么当地酒农在葡萄发酵前不做污泥处理，且在整个缓慢氧化的培养过程中不需进行杀菌程序。

　　你可曾见过淡绿色的花吗？对，是淡绿色的花，而不是淡绿色的叶。在莲花山上我就找到了一种跟金银花有点像的但却是淡绿色的小花。或许你不曾见过淡绿色的花，正如你不曾听过绿色葡萄酒（VinhoVerde）一样。绿色葡萄酒并不是指酒的颜色为绿色，而是产自葡萄牙北部、在米尼奥河和杜罗河之间、在葡萄牙的受欢迎度仅次于波尔图的葡萄酒。它是味道清新的果味酒，酸爽怡人，有类似碳酸饮料的麻刺口感，要趁年轻时便喝掉——绿色葡萄酒，新鲜为王。

　　火红、紫红、桃红、米白、深黄、淡绿、墨绿……大自然之于大地的杰作，表现在绚烂色彩之间的搭配；而酒之色彩，也是大自然与酿酒师共同的杰作。而光影之于色彩，又像绣花之于锦缎，是可以"锦上添花"的。冬日阳光洒在湖面上，波光潋艳、闪闪烁烁，跳跃着粼粼光彩；照在柏树林里，光与影相互交错，风一吹而过，树动叶摇，光与影也在跳跃戏耍，仿佛在窃窃私语，朦胧似梦幻；照在杯中美酒上，折射出微妙变化的色彩与光晕，在光与影的双重影响下，映射出的，是另一个神秘与瑰丽的世界。

《人生何处不相逢》（第2集）

【跟帖】

秋尘：看看，美酒酿制出的美文，真是好看！人说灯红酒绿，原来还真有绿酒？！这个莲花山在哪儿？怎么没有莲花？倒是可以叫杜鹃山了，哈哈。你没看过《杜鹃山》吧？

遍野：小秋虫，我要借你这个《夕阳美酒》用用啊？——先谢了！一直跟读你的这个系列呢，是一种超然美的享受！

20、 老黑鱼

【纪实】剥夺敌人的生命是最高的境界

那时，我是一名技术兵种的副连军衔（尚在大学中，被特调入军），第一次上前线心情很是复杂。

离枪炮声越来越近了。一同坐在行驶中军用卡车上的某连三排的战士们，每个人脸上的表情似乎都不相同，有的阴郁；有的平静；有的带着奇怪的笑容；有的话语不断……但每个人的眼睛里都或多或少泛着一丝丝红光，出发前吃饭时倒是喝了些酒，但量不大，每人也就三小杯。

我明白这红光是何物，那分明是充血现象在起作用。车上二十多人中印象较深的是一位贵州兵李尚凯（化名）班长，前后就听他一人大嗓门，说些趣事开个玩笑，不久，满车士兵的情绪便开朗了许多。

终于要分手了，我和另一名技术兵到三线指挥部报到。首长从帐蓬里出来，下达了简短的军令。车上的战士们下车，身背肩扛着枪械弹药步行向一线前进。临别时没有挥手拥抱说再见，我只是向他们静静地行了一个军礼。眼看着他们一行人静悄悄地消失在树林后面，心里想他们定会于数日后完成任务，欢声笑语地回到这分手的地方。

我的工作是做模拟分析，多数情况是和他人一同去二线甚至一线，用高倍数望远镜观察或实地考察地形，努力用脑用心记住，而后回指挥部绘制作战图，不停地计算着时间、地点、方向、速度、人员配置、火力分布等等。当然，沙盘也得根据需要时时更新。

这次我军行动的目的是要打开一个似葫芦口形状的山地狭长地段。如果做不到百分之百的全面控制，就意味着我军后续部队无法顺利通过，并且军需补给也难有保障可言。因此，清理干净方圆 30 公里内的一切有腿有生命移动物体包括平民百姓是最重要的环节。敌人也深知丢掉这里意味着什么，所以越军也投入其王牌部队，对我军进行了多重手法的阻扰和抵抗。

中午，前方的火炮声大作，指挥部内的首长们显得异常焦急，不停地在几台步话机前度步。五六个频道交织在一起，几乎无间断地传出来自一线不同阵地的报告声音，听着让人心惊肉跳。那不是说话，是呐喊、是嘶叫、是狂啸，让我不能忍受的是，经常能听到惨烈的哀号声夹杂在其中，那显然是临死前的绝望气息。我偷眼看看身边的几位，知道一场遭遇战正狂风暴雨般地进行之中。

半小时过去了，我军的推进仍然毫无进展。指挥部里的人坐不住了，大家聚集在地图前焦躁不安地寻找着新的突破方案。

首长命令我和一名参谋、一名通信兵前往一线和二线的中间地段，查清各种疑点，而后报告本部。

通过望远镜我第一次看到了一幅幅今生今世永远难忘的场面，被炸飞了的鲜活肢体尚在抽搐，被子弹击中的躯干仍在地上缓缓蠕动。他们没有死，但是，没有人也不可能有人救他们。我只能隔着几层望远镜的镜片，远远地、眼睁睁地看着他们慢慢地死去，心理受到异常的震撼，一瞬间感到生命是那样的虚弱无力。

我们三人潜行至山脚，看见的又是另一景象。在山间一条小河旁的二十多米见宽的开阔地带上，我军的六十多名士兵被越军打得头都抬不起来。从口形上看去，连长好象是在不断地喊"冲啊、冲啊！"可就是没有一个人跳起身来向前行动一步，倒是能看到时不时有人往后移动着身体。身旁的参谋小声对我说，他们是第一次参加战斗，挺过这一关就好了。

我怎么努力也无法将这一切和电影中那些视死如归、战无不胜的场景挂上钩，心中暗暗地感叹，初次参加战斗，谁人不是这样？

傍晚，战斗终于有了突破，枪炮声离我们远了。指挥部的人这才有了喝口水吃口干粮的时间。我惊魂未定地吃了口水果罐头，却对午餐肉罐头产生了厌恶恐惧感。首长过来对我说："吃饱点，今晚早点休息，明天早上你有新任务。"

我想可能是要收拾指挥部的资料设备等，而后向前线推移，为快速拿下下一个纵深目标干些什么吧。谁知完全不是那样的，我接下来的所作所为，可以说彻底改变了我的人生观。这项任务，一下子让我从一名普通士兵"进化"成为一名战斗激情高涨的合格军人了。

第二天一大早天边刚见一丝亮，我就被叫醒。天气和前一天一样，仍然是又潮又闷。当我和其他几位战士抬着担架，带着被单、沙布、消毒水、大号帆布袋等刚要上路之前，才被通知说是去打扫战场，搬运尸体。

尽管早些年，我也曾经见过上吊的死尸，跳楼自杀后脑袋都进了胸腔的奇怪尸体，车祸严重变形的躯干之类，心理素质不能说差，但这次任务之残酷之现实，还是令我触目惊心。

从身上的番号看，有几具遗体是与我同乘一辆卡车来的某连三排的战士。那些没了生命气息的躯体真重，一副担架两人抬着直往下沉。当我抬了七八具尸体后，我脸上的汗水和泪水混合着往下流。也不知为什么，恐惧渐渐转化为悲愤，虽然和牺牲的战士们非亲非故，但我确实强烈地感到失去兄弟般的痛苦在撕咬着自己的心灵和肉体。还有另一个感受，那就是唇亡齿寒，没有了他们，自己的生命难道不是少了一份保障？

想不通，就是想不通，刚才还是阳刚之躯生龙活虎的七尺男儿，现在，胳膊腿不见了，脑袋爆裂了……一半以上的遗体面目全非。我的视觉、味觉、触觉样样都受着巨大的折磨，心中有一股情绪在躁动，有一股复仇的烈焰在不知不觉中升腾。

在阵亡登记簿上我发现了李尚凯的名字。看着他的遗体，我想起他的家人，想到很多很多……

几个小时后，我们才清理完，每个人都呈虚脱状。但是现场还有许多越南兵的尸体，我们一时不知如何下手。保管或埋葬他们，都需要太多的时间和人手。多搁置一个小时就是罪过，人体发紫并浮肿，恶臭扑鼻，血已是深褐色，肉继续腐烂发酵……尽管撒了不少来苏水也无济于事。仇恨归仇恨，理性归理性，不是我们不愿掩埋他们，而是那一刻我们确实没有一丝心力和体力来处理他们。不在那环境中，你是无法理解的。这并不是没有人性，没有道德，没有伦理，而是麻木，是无奈……对待那些尸体我们只是像拖半扇猪一头羊一般，简单地将尸首堆到一处平地上，砍倒了几棵树，稍作遮盖，浇上汽油，头都不回地点一把火一烧了之。

人的心变硬了，眼睛色盲了，环视四周好象只能看到灰色和红色。山不再青，水不再绿，出身于军人世家的我，那时只想端起一把枪，只想上第一线杀敌！坦率地说，我也常常想家，想念亲人，我也怕死，但严酷的现实环境绝对可以重塑一个人。

什么是正义？什么是道德？战场上没有，绝对没有。唯一有的只有一个铁的法则，那就是杀死对手！打赢战争！

此后的一次战斗中，当我身旁的战友一个个倒下，当死亡的绝对值大于生存时，当全队人员快要一名不剩、达到百分九十以上阵亡时，我产生了长时间的错觉——不死，是不正常的！

"癞活不如好死"这种心理，未参加过战争的人们，有几人可以理解？

我明白了董存瑞为何要舍身炸碉堡，我明白了黄继光为何舍身堵枪眼，我明白了邱少云为何火海不动身……战士，这个称号，其实就是一个踏上了一条不归之路的神！对特定环境的某时某刻来说，活着就是受罪！

又一轮新的战斗要打响了。这次的行动是个铁桶计划，我军将投入一个综合师的兵力，志在全歼越军一个加强团。战斗按计划如期进行，莫明其妙的是，某营一连的百名官兵竟提前了十分钟冲进了穿插地段。从步话机里听到他们到达目的地的报告时，指挥部的所有人简直不敢相信自己的耳朵。我风风火火地赶忙复查数据资料，发现了问题所在。

不知是劳累过度还是精神紧张，一起做同一工作的我的部下王占元（化名，副排待遇），在演算进攻方案的递进速度和炮火覆盖时机的计算时，搞错了小数点后面的一位数字。为时已晚，想撤下这个连已不可能，但接下来的是我军炮兵团要对这一地面进行百分之百的饱和式轰炸！怎么办？这边话务员不停地喊着："迅速撤离！迅速撤离！"首长两眼发绿暴躁如雷，冲过来狠狠地抽着王占元的耳光。倾刻间，炮声大作，完了，一切都完了……首长绝望地夺过话机凄惨地高叫："就地隐蔽！"但是那边没有回话……相对沉静了片刻，首长怪叫一声："来人！拉出去执行！"

两名警卫员架起半瘫的王占元就往外走，我满头大汗昏昏噩噩的脑海里一片空白。"慢着！"我说："我是他的上级，要处分先处分我。"见鬼，当时说这话时，我好象根本没考虑后果，完全是一时冲动所言。首长走过来用一种怪异的目光盯着我看了数秒，嘴里嘀咕一声："你们这些秀才真 TMD 成事不足，败事有余！"随即挥挥手示意警卫员下去。后面的协调战斗打得还算顺利，首长被战事吸引着，好象忘了我和王占元的存在。那王占元一直就蹲坐在门口一角，耷拉着脑袋没敢动地儿，我也是呆站原地听候发落。

我快要忍耐不住了，又饿又渴不说，被自己人无视让我陡升一股恼羞成怒的憋屈之火，于是我说："首长，请允许我们带罪立功。我们要求上第一线，杀敌百人赎罪。"首长过来打量着我说："就你这个熊样？哼，能杀一个敌人算你是个儿子娃娃。"扭头不再搭理我，我也无语可答。又过了一个小时，战斗基本结束，从前方得到的情报我们知道，某营一连的百名官兵仅剩十几名还大多负了重伤。

这个连据说是有历史有传统有封号的铁一连，所以部队没有打算让其自然消失的意思，决定重编。可以想象，我和王占元的命运，从此和这个连是脱不了干系了。战斗的良好结果可能是占元没被就地枪决的重要原因之一。夜幕降临后，我和王占元被关了禁闭，说是关禁闭，其实就是在自己的休息处被限制行动，枪当然是被缴了，警卫在外面守着。

首长在我们离开指挥部时，命令我充分注意占元的举动，如有异常立即向他报告。我理解那是为了防止占元有自杀行为。

这时的王占元一直呈呆若木鸡状，眼神暗淡无光，一句话也不说，看得出他的心已经死了。深夜十一点左右，警卫叫我去指挥部，说首长找我有事。我惊慌失措地向指挥部摸去，怕有什么不幸在等待着我。

微弱的灯光下，只有首长一人坐在那里。他冷冷地注视着我，让我不寒而栗。"坐下！你把白天的计划再给我算一遍。"我不解地呆望着，不明白为什么。首长见我迟疑，啪的一拍桌子吼道："让你再算一遍没听到？"

我神情紧张地演算着，结果同白天一样，明显是个计算错误。首长静思了片刻，用一种沉重而刚毅的语气对我说："事情已经发生了，我不想让此事影响全军士气，你必须……这是命令！"

我内心矛盾重重，只能点头回答："是！"

回到铺位，看见占元用被子蒙住全身在不停地抖动，我知道他是在哭。

第二天一早，全体人员被召集在一起，首长表情严峻地发话："昨夜我又一次复核了计划，王占元同志没有算错。我认为是一连的指挥员搞错行动时间了。这件事到此为止，今后有何疑点，解答全部在我，其他的人不得议论乱说。明白了？"众人齐声回答："是！"

中午，我和两眼红肿的王占元简单地收拾了一下行李，从参谋手中接过首长的手令，在无人送别的情景下，如孤雁两只，往一连报到去了。

我被降了两级，从副连降至副排，由于上火线，又被临时提升一级，任一排排长。占元被彻底降为了普通士兵，编入一排一班，我俩仍是上下属关系。

占元身高一米七八，虽比我矮三公分，但平时也没觉他低我多少。可自从犯了这个重大错误后，他像一下子矮了半头似的，胸脯也挺不起来了，尽管我还时时在安慰劝导他。

他的恕罪心态使他完全改变了原来的那个书生形象，浑身上下时时刻刻都充满了杀气。我有时在想，当他夺去百名敌人的生命后，还能回到原来吗？前后打过两场小规模的战斗，他一无所获，我见他话语更少了，人也瘦了一圈。

第三次战斗结束后，终于看到占元象个娃娃一样的笑出声来。他跑过来朝我又比划又跳蹦地说："我打烂了两个越南兔崽子。"那感觉好似孩子们过大年领了大红包一般，我心中一惊，杀了人如此欢欣鼓舞，人还能算正常吗？

人，一旦报定了必死的决心，那将是非常恐怖的，对敌人来说，那就是魔鬼，就是阎王爷。你难道没有看见？每次前进途中，占元所在的一班总是开路在最前方。一班的兵，平时都是嘻嘻哈哈有点儿痞子兵模样，可打起仗来还真是敢死队风火战神，我能活到今天，能说不是因为有他们的存在？凭心而论，你给我一个连的人我不要，我只要我的一班！

终于，黑暗的日子降临到我们头上了。四名一班的好男儿，没有倒在阵地上，却倒在了地雷面前，其中就有占元。我飞身扑过去抱着他缺腿少胳膊肠子都流出的身躯，看到的是半个下巴被炸没了的一张血脸。我，怎么也找不回来原来的占元了。

眼看着他满身的伤口都往外流着血，我和士兵小刘四只手堵呀堵，就是堵不住。我附耳想听清他最后的遗言，但他只是张着没有下巴的嘴却出不了声。一只眼睛已爆了，另一只快要从眼眶里掉出来的眼睛，拚命地盯着我。我明白，他是想临终前看着自己的战友送他上天堂。

我失魂落魄地朝他喊道："兄弟，你不能死，你发过誓要杀敌百人的！"他没有反应，只是大口大口地喘着气。

我感到我攥着他仅剩的一只左手在阵阵痉挛，知道该是执行战场上那个不成文规矩的时候了。我对占元喊道："回家！我送你回家！"他仍无反应。

静静地放平他残缺的身躯后，我朝小刘挥了一下手，再指指天空，转身离开了十多米。随着身后传来的一声枪响，我流下了无比怪异的两行泪，端起冲锋枪向空中狠狠地放了一梭子……我不知是要感谢还是怨恨那位首长，他的做法让我内心疑点至今尚存，是借刀杀人还是别的什么？但是，有一点我必须肯定，无论如何，他让占元象一名真正的战士一样的走完了一生！我相信占元是带着万分遗憾自责的心态离开我的，他的死不能说不悲壮。后来听说，两个月后的某一天，指挥部遭到了越军的一次偷袭，那位首长负伤回国了。

归国后，我注意到那位首长的大名未出现在军政大员的名单里。好像从那时起，我的这块心病才算有了一点点的愈合。但是，王占元这个名字，将会无法摆脱地伴随我一生，直到有一天我在他界再次与他相逢。他离去的那天深夜，我在心中暗自咬牙切齿地发了一个毒誓：一定亲手完成他的遗愿，补齐百名敌尸，让占元在天之灵，能回到九泉之下！

【跟帖】

小园香径：看得心都抖了，战争就这么残酷啊！王占元的死很悲壮，但是倘若他活着，会不会一直活在自责里？要说那位首长那样处理也算明智之举了，倘若不那样说，王占元会有什么样的下场？也许更生不如死。我想知道，对那场战争，你现在什么感觉？

跳蚤：生得豪气死得壮烈！一身豪迈舍我战士其谁！

21、 咱老百姓真

【纪实】斗蟋蟀

小时候，我家还在江南一个宁静的小城里，我和七大姑八大姨表舅堂叔家的一群孩子们一起共度了童年。孩提时代，我比较顽皮，正好我那表哥也是个淘气鬼，俩人对了脾气，于是上树掏鸟蛋，下河摸鱼虾这等顽劣事一件也没少干。而更有一件难以忘怀的趣事，那就是斗蟋蟀。

江南水乡里的小城镇都是青山绿水，一到夏秋季，正是岸草平沙，柳袅烟斜，满树梨花，端的是人杰地灵。据说从明清两朝代起，这里的居民便世代相传着斗蟋蟀的爱好。孩子们斗蟋蟀主要是为了好玩；大人们斗蟋蟀则分品位和格调，俨然是一种雅兴了；更高层次的，则直接和经济利益相关了。为何这么说？且听我慢慢道来。

每年放暑假到了八月桂花飘香的季节，我们这群小光头便各自早早把家里的蛐蛐瓦罐清洗干净换上新土，做为迎候蟋蟀的新居。然后带上铁丝网罩、捅扦、水桶等工具，到田间树边、灌木丛中、瓦砾堆旁，悉心倾听雄蟋蟀的浅吟低唱，悄悄接近蟋蟀的巢穴，再行抓捕。当然，视蟋蟀的巢穴之不同，捕捉方法也不一样。对付瓦砾堆里的蟋蟀，用的办法是"分割围歼"；对付田间土沟里的蟋蟀，则用"声东击西"法；对付树洞深穴里的蟋蟀，则用"水淹七军"法。而最难抓的是躲在墙洞里的蟋蟀，对此我们有一绝招，基本上十拿九稳，方法我暂时保密。这些都是我们在长期的实践中总结出来的宝贵经验。

从八月底至九月中，小伙伴们会不约而同地开始把各自养的蟋蟀拿出来斗了。那时我家门前的一条街上热闹非凡，小光头们一个个窜进窜出，伴随着得胜蟋蟀的鸣叫声和孩子们的欢呼声，通常一个星期内就决出了谁家的蟋蟀是整条街上得胜的王者。孩子们斗蟀时，大人们通常不参与，偶有驻足者也是瞄两眼即走。但是，渐渐地，不知从何时开始，我们发现每逢我们斗蟀时，就有两个成年人的影子时隐时现在我们中间。后来我们才知道，正是这两个人和我们在人生道路上的一次偶然的交叉，完全改变了我们这几个孩子对斗蟋蟀的认识。这俩人一清瘦一魁梧，清瘦者约三十出头，而魁梧者像是四十左右。

那个年轻清瘦者叫小青，年长魁梧的叫瞿叔。通常，只是小青穿梭往返于孩子群之间，瞿叔则远远地坐在某户人家的门前石阶上，手中夹一支烟，看似漫不经心却又若有所思地吐着烟圈。这小青倒也不仅仅是观看斗蟋的热闹，偶尔兴致来了，他会参与到孩子们中间，先对两尾即将开斗的蟋蟀仔细观察一番，然后再做一番输赢预测。我们起初对小青的预测颇不以为然，以为他不过是在我们孩子面前摆摆老资格，信口胡诌而已。可是后来却发现小青的预测虽不是百分之百的准确，倒也八九不离十。等到小青和我们混熟了，大家便主动邀请小青给即将开斗的两尾蟋蟀做个预测。虽然我们知道小青的预测很准，但常常不怀好意地期望小青的预测失败，尤其是被预测将要败落那一方的孩子，十分不服而又满怀着侥幸胜出的希望。

令我们惊奇的事情是发生在每当小青预测失败时，小青便会恳求双方孩子们暂时停止下一轮的斗蟋，而用手势召唤坐在远处的瞿叔。这时瞿叔便蹒跚而来，先对我们大伙亲热地笑一笑，然后就捧起蟋蟀罐对小青预测失败的那两只蟋蟀仔细端详。这个过程通常约五分钟左右。有时候瞿叔还会从随身带的提包里拿出个做工精致的放大镜，对着蟋蟀的头部仔细观察。通常，瞿叔看过蟋蟀之后，会对孩子们说一声"对不起，打搅了，你们继续玩"之类的客套话，便转身离去。但也有几次，瞿叔在看完蟋蟀后并不即时离去，而是和小青一起静静地站在孩子们的圈外，一直等到孩子们要散场离去时，小青便主动招呼某个蟋蟀的小主人，于是一场交易便发生在蟋蟀的孩子主人和瞿叔之间了。

瞿叔和小青与我们孩子交换蟋蟀的所用物很少是金钱，而常常是一些孩子们喜爱的小玩意，如盛蟋蟀用的陶罐，捕捉蟋蟀用的网罩，可临时存放蟋蟀的竹筒以及供蟋蟀喝水用的陶瓷小水盆等等。读者可不要小看了这些小玩件，这些东西没有一件不是精心制作的，比如那个供蟋蟀喝水用的月牙形陶瓷小水盆，上面常常印刻着微型的古代山水或仕女图，一看就知道不是当时社会（文革后期）生产的物件，而是解放前或更遥远的晚清时的产物。这些东西流传在民间乡间，也不知瞿叔他们是如何收购来的。当然，我们这些孩子当时并不知道这些东西的价值，只知道这些玩意在市场上有钱也买不着，而玩蟋蟀时有了这些玩件就如锦上添花，可以在别的孩子中炫耀一番。可以说，在这一点上，瞿叔和小青是吃透了我们这群孩子的心理。不过有一点，瞿叔和小青在以物换蟋蟀时从不逞强胁迫，即使某个孩子不愿交换，瞿叔仍会留下个存放蟋蟀的竹筒作为礼物。久而久之，孩子们对瞿叔就自然萌生了一种信赖感和亲切感。或许正是由于瞿叔的洒脱而豪爽的性格吸引了我和表哥，以致于在有一年的斗蟀季节里，当瞿叔和小青登门相求时，我们便慨然应允了。我也是在与瞿叔的一直交往中才知道在蟋蟀这个小小的具有灵性的昆虫身上，我们的祖先给我们留下了天大的学问和未解的疑问。

说起我和瞿叔的真正交往，我依稀记得是在小学最后那一年的暑假。有一天清晨，母亲让我去镇东头三婶家借个淘绿豆的筛子，我便沿河边的石板路一路蹦跳着向三婶家去。当我快要接近三婶家后院时，就听到一阵清脆的蟋蟀鸣叫声传入耳中，我轻步蹑足循声而去，最后发现那只鸣叫的昆虫藏身在三婶家鸡舍的垫基石下。那鸡舍从上到下由石头砖块垒成，顶部覆以毛毡类防雨席棚。因是清晨，鸡群已放到场院田间，我一看是个机会，便一不做二不休，从顶部向下一块块地把垒鸡窝的石块搬掉，三下五除二便拆了那鸡窝，翻开最后一块垫基石，捉到了那只蟋蟀。为此事，我三婶一状告到了我老娘那里，害得我被禁闭了整一天。按理说，我们那里镇前镇后都有蟋蟀可抓，为什么我会阴差阳错单单费大工夫抓那鸡舍石板下的一只蟋蟀，我也说不清楚，只觉得当时心中就有那么一股子冲动。后来想想，或许是那蟋蟀的叫声与众不同而吸引了我。在接下来的几天里，我的那尾鸡窝蟋蟀便很快证明了镇上其他孩子们的蟋蟀都不是它的对手。一般的蟋蟀和它相斗，只两三个回合便败下阵去。我这蟋蟀还能连续作战，一口气斗赢三到四个对手之后，才振翅高歌。

也就二三个星期的时间，我抓到一只好蟋蟀的消息不胫而走，于是小青很快便找到了我和我的表哥。在我的记忆里，第一次是小青一人来的，提出要看一眼那只昆虫。小青看过后并没说什么，只临走时说一两天后还要来再看。等小青走后，我也曾悄悄打开我的蟋蟀罐，也没看出我那鸡窝蟋蟀到底有什么与众不同之处。只是有一样，我那只蟋蟀通体透着一层淡淡的蓝色，而在阳光的折射下，它背部的翅膀上会隐隐的泛出一道金黄色彩。两天之后，小青和瞿叔如约而至，和他们一同来的还有一位老者，年约六旬开外，虽说不上童颜鹤发，但慈眉善目、和蔼可亲，听小青和瞿叔管他叫徐先生。我和表哥明白这三位到来的目的，毋须多言便把我那只鸡窝蟋蟀捧到了他们的面前。

这是我第一次看到瞿叔仔细观察蟋蟀的全过程，除了用放大镜看头部之外，还端着蟋蟀罐在阳光下看它的全身和腹部，最后是用逗蟀草拨开蟋蟀的门牙看颜色。瞿叔边看还边和身旁的徐先生低声交谈，瞿叔说："我看像是一只'青紫'。"徐先生说："不，应该是'正紫'，当然还要由叫声验证一下。"他们的对话，我和表哥听得是云山雾罩的，不怎么明白。但听徐先生说到要听它的鸣叫声，我表哥赶紧说："它不爱叫的，每次总要斗赢了几个对手才肯叫的。"瞿叔这时回过身来，对我们笑着说："小兄弟，这只蟋蟀我要定了。至于交换的条件嘛，只要我力所能及的，随你们定。如果你们一定不愿意交换，那我能不能借它一用？"听瞿叔这么一说，表哥就问我的意思，因为这蟋蟀原本就是我抓到的。我便说："既然瞿叔想要，就拿去吧。"瞿叔听我如此说，大喜。立即从小青随身带的提包里拿出一套三个雕花釉彩的蟋蟀罐，这三个罐子可依次套放在一起，每个里边还附着蓝瓷水盆，一看就是精工细作的好东西。瞿叔又从上衣口袋里拿出个牛皮信封递到我手上。我和表哥打开一看，吃了一惊，里面是五十元人民币。在当时，尤其对我们孩子来说，这已是个不小的数目。瞿叔和徐先生似乎很懂我们当时的心态，便步出屋外观景闲话，给我们留下一点时间来定夺。

在屋里我和表哥简短商讨，都觉得东西可收下，但钱不能要。这也算是当时我们这些孩子从家长、老师那里所得到的基本的道德常识。我和表哥步出屋外对瞿叔说："蟋蟀你拿走，蟋蟀罐我们要，钱不要，但我们还有两个条件。"瞿叔赶紧说："请说，请说。""第一，我们今后还想看看这只蟋蟀。第二，我们想看你们斗蟀。"对我们的第一个条件，瞿叔很快便答应了；对第二个条件，瞿叔和徐先生低声交换了一下意见，也答应了。但告知我们，现在还不是他们斗蟀的时间，他们每年第一次的斗蟀时间是农历八月中秋左右桂子飘香的时节。到时候，他会叫小青来接我们，但人数只能限定我和我的表哥。瞿叔他们临走时，我听到徐先生对瞿叔说："今年的收成很好啊！"直到后来我才明白了这句话的含义。

【省略】

　　徐州来客每年都上瞿叔他们的斗蟀场来玩几次，瞿叔他们也曾带蟀北上回访，来往交手过几次，各有胜负。根据瞿叔他们的印象，徐州客那个斗蟀圈子总带着一股子匪气，非但人形彪悍，而且押花时出手豪阔，落败后睚眦必报，以后定来翻本，就像武林里的邪门旁派。也许是徐蚌地区的水土与江南略有不同，徐州客们带来的蟋蟀上品虽然不多，但常常出奇兵制胜。有一年，徐州人带来一只名叫"白紫脆须"的品种，那是一尾紫蟋蟀，但通体泛出红白两色，每斗一次，头上长须便自动蜕短一小段，听汪先生说，等那蟋蟀头上脆须断完，就寿终正寝了。但就是那只"白紫脆须"在那一年斗遍了瞿叔那个城市愣没有敌手。

　　文叔是在无意之中得罪了徐州客的。先是文叔的一尾"鸡蟀"（这类蟋蟀的翅膀包衣很长，鸣叫声中带有低沉的"咕咕"声，故而得名。但打斗时咬口很快，喜欢速战速决，是名品的一种），在一次斗蟀中因落闸落得晚了，文叔的"鸡蟀"猛追敌手，不慎咬伤了敌手，而那敌手蟋蟀的主人正是徐州客人。前面我说过，斗蟀时秤重配对和互不见面是公平的，但只要是常在斗蟀场里混的玩客，依然有办法玩出花样来。比如，只要你的蟋蟀拿出来斗了一次，别人便可记住你蟋蟀的体重和品类，等下次你再来斗蟀时，当唱名配对只要报出你蟋蟀的体重，别人当可猜出你蟋蟀的品种，然后就可或趋避或选对手相敌。我记得徐州人后面几次来时就专候文叔的蟋蟀唱名，一等工作人员唱出一只文叔的点 2.8 时，徐州人跃身而起，说：我有 2.8。于是就配上了。显然徐州客人们等候文叔的这只 2.8 蟀久矣。等裁判汪老似往常那样一声清呼："大将军入梭，无事不欢。"后面就是入斗梭、押花等程序，一如我前述。在押花时，徐州人喊了加倍，当时文叔也犹疑了一下，但很快就同意了。接下来是用蟀草逗蟀热身，这时双方的蟋蟀都鸣叫了，虽然各自仍看不到对方的蟋蟀。当时就有好心的看客劝文叔退出，一是对方蟋蟀叫声有异，品类当属上乘，二是徐州客这次有备而来且来者不善。而文叔的蟋蟀，只要文叔同意，自己圈里的人是可以看的。这时徐先生掀开斗梭上覆盖的绵纸，看了一会文叔的蟋蟀，朝文叔意味深长地微笑了一下，并未开口。徐先生的微笑似乎增强了文叔的信心，于是文叔同意开闸决斗。

当裁判汪先生除去斗梭上绵纸的一刹那，大家都能看清两边参斗的蟋蟀时，观众们竟目瞪口呆了。只听围观者中有人轻呼一声拖肚王啊！读者已知，来参加斗蟋的都是行家里手，你的蟋蟀是骡子是马一经亮相，别人当能猜出个八九不离十来。这拖肚王是名品大腰鼓这类中的一个子类，它的头不大，但身躯自颈项以下至腹部大腿等特别粗壮，形似个葫芦，就像日本的相扑运动员。这类蟋蟀拼斗时看起来比较迟缓，但耐力极好，胜算极高，是难得一见的好品种。那些徐州人这次拿来参斗的，就是这样一只拖肚王。大家再回视文叔的蟋蟀，只听有行家说那是一只正黄蟀，色泽黄里透红，顶门发亮，肉身晶莹润白，也是难得一见的优品。两员大将拼搏，这一仗本应该好看，但问题不在这里。徐州人的那只拖肚王明显比文叔的正黄蟀个子大了一圈，按体型看至少应该秤出 2.9 至 3.0，可怎么会是一只 2.8 的蟋蟀呢？我和表哥这些初入门者的疑惑在事后经瞿叔他们一解释也就明白了，可当时就觉得文叔的蟋蟀要吃亏，这明显是以大压小了嘛。

原来在蟋蟀行里有一种喂养蟋蟀的方法叫"缩重"。大约在一只蟋蟀要参斗的前半月开始，对蟋蟀的喂食就要日减，像我们人类的减肥，但这种减食不能以减低蟋蟀的战斗力和损伤蟋蟀为代价，所以要拿捏得准就很难。坊间及古书上有一些方法，比如用苍蝇的蛹虫喂养蟋蟀，就好比别人的蟋蟀吃的是饭，而你的蟋蟀吃的是肉，一次量还不能给多，要用竹笺挑起喂食蟋蟀，很麻烦费事。总之，"缩重"这类方法一般养蟀人是不用的，主要怕伤了爱蟀，除非为了特殊的目的，才冒险而为之。时已至此，撤局已不可能，除非自动认输交出双倍的押花。瞿叔这个圈子里的都为文叔捏着一把汗，文叔倒显得坦然，大概知道自己的蟋蟀实力也非同一般。

这时，裁判汪老见双方再无异议，就喊一声"开闸"，斗梭中间闸门便拉起了。按说，一般的参斗蟋蟀到了此时此刻，通常是一路鸣叫猛攻猛打，先用气势压倒对方，但这次文叔的正黄蟀与拖肚王相遇，则是另一番景象。正黄蟀和拖肚王相遇时都开了牙，但双方都不鸣叫，在相距约三厘米处停止上前。有人说，这是真正的好蟋蟀，双方都想后发制人。双方在三厘米处略停一停之后，正黄蟀便上前用牙对着拖肚王的牙轻轻一碰，这是火力侦察，看看对方实力如何。双方的牙轻碰之后，就搅在了一起，只见那拖肚王把头一扣一甩，正黄蟀一下子被拖肚王甩出去约五公分，而拖肚王在原地基本未动。接下来大家看到的是一个很奇特的场面，那正黄蟀绕着拖肚王周身游走，像是要绕到拖肚王的背后去攻击，但拖肚王也周身转动，始终用头部对着正黄蟀，如此约转了三圈之多。我正在想如此下去，恐怕正黄蟀体力消耗太大，要落下风，忽见拖肚王突然主动出击了。就见它一跃向前，用牙口钩住正黄蟀的门牙，又是一扣一甩，但这次却没有把正黄蟀甩出去，只见两蟀的牙扣死在一起，身躯部便因冲力而弹起以至合抱翻滚在一起，这时两蟀的大腿也交错在一起，互相用力一蹬，就见两蟀突然分开，同时鸣叫起来。我们大家正看得目不暇接，忽见两蟀同时鸣叫，说明暂时未分胜负。但仔细看时，正黄蟀已被跳起的弹力抛到了斗梭的南边，而拖肚王仍站在斗梭中央，明显地占了上风。这时候文叔叫了落闸，此时落闸并非认输，而是一种策略性的休整，可以让暂处劣势的正黄蟀得到体力恢复。这时候"迁手"徐先生用两张浸过水的绵纸覆盖在斗梭顶蓬之上给双方的蟋蟀散热镇凉。略等片刻，裁判汪先生在征得双方同意之后，又再次开闸。当时我看得手心里都冒汗了，好像参斗的是我自己一样。但冷眼旁观文叔和瞿叔等，他们都镇定自若，我想，他们毕竟是大场面见得多了。

　　第二次开闸后，大概是双方蟋蟀都知道对方实力如何了，就见拖肚王步步为营地向正黄蟀的斗梭南侧进逼，两条头须大幅分开作搜索状前行。正黄蟀也往前略探，张开两个大门牙严阵以待。等两蟀牙口一碰，拖肚王便钩住对方门牙紧锁牙口，仰头把正黄蟀举起来了，正黄蟀后腿撑住斗梭侧面横梁就势一跃，反而倒转了 180 度，头朝向北，和拖肚王对换了位置。说时迟，那时快，正黄蟀甩脱拖肚王正面攻势之后，对着拖肚王尾翼便咬。拖肚王虽然体形看似肥壮，其实转身回防非常敏捷，它尾翅被正黄蟀咬了一下便立即回身，对着正黄蟀的攻势，头对头，两蟀的牙又一次紧扣在一起。这次的交锋是真正的实力比拼，就像我们人类掌与掌拍在一起时比拼内力那样，就见两蟀的牙扣住之后，各用后腿死命上拱，头部便向上拱了起来。因为牙扣紧在一起并不分开，两蟀角斗的形状合在一起就成了一个人字形，此人字形在空中停留约数秒钟后，因两蟀都感疼痛，便又挣脱合抱再次翻滚后跃开。斗到此时，观众都感到惊心动魄，我和表哥更是把心都提到嗓子眼上了，屏住呼吸继续往下看。两蟀分开后又同时鸣叫。这时文叔再次喊落闸。

第二次落闸后，文叔和瞿叔等我们这边圈子里的心情都紧张了，因为正黄蟀明显已经受伤。有经验的玩蟀人从它的叫声中已经可以听出，再看它行走时已略带趔趄之势，而对方的拖肚王只是尾翼受了轻伤，无大碍。但正黄蟀仍振翅高鸣，说明它不服输，还要斗。这时我看到文叔的额角已渗出汗珠。我看了一下时间，从开斗到现在已约有十五分钟。这时瞿叔对文叔说，要不我们退出吧，押花你别担心，我负责解决，如此可保住正黄蟀，调养半个月即可恢复如初。也许是当时文叔认为他的正黄蟀不会输，或许是被徐州人的诡计和傲慢所激，文叔摇摇头说："既然这只正黄斗志正旺，就遂它的意吧。"

第三次开闸后，受了伤的正黄蟀出人意料地主动进攻了，而不是像一开始那样围着拖肚王边游走边寻找战机。拖肚王还是老办法，凭着体大力猛，每次钩上正黄的牙口，便使劲一甩一扣。此时正黄的两条后腿已显疲态，已不能完全抓钩住斗梭底部的糙纸。每一个回合，正黄蟀或被拖肚王甩出几厘米，或者被拖肚王仰面倒扣在斗梭底部。可以说，那一阵子看到愈斗愈伤的正黄，我真有些不忍心看下去了。正当斗蟀场面令人心痛不已，卒不忍睹之时，忽见两蟀身躯裹携在一起翻腾起来，由于两蟀是搅在一起快速地腾挪跳跃，我当时看得眼花，并没有看清什么。这时就听围观者中有经验的看客说："咬到腿上了。"再看两蟀，经过几个翻腾，就见拖肚王硕大的身躯突然在翻腾中剧烈地向后窜出，落在斗梭地面，而正黄蟀却一跃而起，撞到了斗梭的顶蓬再反弹回地面，落在斗梭的一角。这时裁判汪老没等双方叫落闸便落下了闸门。

第三次落闸后，斗梭里出现了出人意料的静寂，双方蟋蟀都没有鸣叫。拖肚王一摇一摆慢慢地拖着身躯移动着，好像已丧失了斗志。大家这时才发现拖肚王左侧空虚，行走时老向左侧歪斜；再仔细看，它左边一条小腿没了。而斗梭中央却留着一条蟋蟀的小腿，无疑是被正黄蟀在激斗中咬断的了。再看斗梭另一角的正黄蟀，它静静地躺在斗梭的一角，两条头须略呈卷曲状，微微颤抖，可是身躯却一动不动。观众中有人忽然喊道："那是什么？"大家顺那人指向看去，只见在正黄的头前嘴角旁，有黄豆粒大小的一滴乳白色水珠。这时汪老探身仔细看了一下说："这是蟋蟀吐的血，凡蟋蟀吐出这等水滴，基本已濒于死亡。"这无疑宣布了正黄蟀因激斗而阵亡。

　　这时大家面面相觑的第一件事就是胜负如何判定。按斗蟀场规则，胜方蟋蟀必须鸣叫且用逗蟀草引逗时应该开牙。可此时拖肚王大概因伤痛已斗志全无，非但不叫，而且用逗蟀草一碰便走，显然已露败象。但如判定文叔方赢，正黄蟀已死也不能鸣叫，似乎也没有理。徐州客人大概也是被眼下惊心动魄的斗蟀所惊疑，也不执意争判胜了，只是小心地把己方受伤的拖肚王装回蛐蛐罐中。事后我听汪先生他们说，徐州客的那尾拖肚王也废了，不能再上斗蟀场了。这时我看到文叔把垂垂将死的正黄蟀捧在手中，两行热泪顺脸颊而下。那时情，那时景，正如古诗上说的"报君黄金台上意，提携玉龙为君死"。任谁也想不到，一只小小的蟋蟀，在身负重伤时流尽了最后一滴血力竭战死，却没有辜负养蟀人的期望，使在场的人无不动容。自那次观战之后，我彻底改变了对蟋蟀的看法，我觉得它们是有灵性的昆虫，可以说直至今天我仍然没有改变这看法。比如狗猫类高级哺乳动物，人类养做宠物，对主人感恩图报当可理解，但一只好斗的蟋蟀，被主人调养数月便能在强敌面前血战至死而不服败，不能不让人顿起无限遐想。以前我玩斗蟀时，若是遇上一只斗败了的蟋蟀，因使我失了面子，便和其他孩子们一样，常常会把它处死。自从那次看了正黄蟀和拖肚王的决战后，我对所有的蟋蟀，无论胜败，玩尽兴之后都把它们放归大自然，不再加以伤害，也算我对它们这类小小昆虫的一点敬意。

【跟帖】

Wliao: 好一场惊心动魄的比斗，什么东西都能玩出绝的，难怪有人乐此不疲，哈哈。

　　　　蟋蟀将军入赛场，胜负荡气又回肠。
　　　　灵活机智看正黄，沉稳凶狠拖肚王。
　　　　正黄拼死谢调养，拖肚为主腿残伤。
　　　　可怜小虫知报恩，看客唏嘘添遐想。
　　　　戴上耳机的效果的确不一样：

　　笛箫交缠神气扬，鼓点铿锵斗蟀场。

　　弦丝拨弄藏杀机，两败俱伤谁称王？

溪中石： 牛文啊！赶上冯骥才们的风俗文章了。头一回知道斗蟋蟀这么多学问。

叉：　玩虫并非以前批判的玩物丧志，其实挺有学问在里头

Tend：　写的是武侠小说？真牛！

22、 又红又砖

【杂文】我思想转变的过程

大家常问，为什么旅日的华人里汉奸多？这里有客观原因。

就我个人转变来讲，出国前绝对是汉奸。我那时候的思想是颠覆性的，对于中共宣传的旧道德旧意识全都嗤之以鼻。比如说，中共说慈禧汉奸卖国，我就很气愤，大清国是她慈禧自己的私有财产，她卖不卖关你屁事？她有什么理由要卖国？再比如香港回归，我在学校里就写了篇文章骂回归对于香港来说是个灾难，经济必然倒退，政治必然黑暗。

在国内接触的贪污腐败，政府无能，点点滴滴的积累让我对中共忍无可忍，我看到中国的一砖一瓦、一草一木都是厌恶的，看到街上的人都如同行尸走肉，哀其不幸怒其不争。那时候我毫不犹豫地相信只有推翻中共，经济上搞彻底的私有制，政治上搞多党制民主才能救中国。刘晓波说中国需要被殖民地 100 年才能实现现代化，这种观点虽然激进，但是我都是支持的。那时候常常跟朋友聊天粪土中共，历数建国后种种罪恶，也就是说教导的那些轮子网上的小资料我 20 年前就已经倒背如流能脱口讲演了。

既然无力救国，那就只好自救，于是我就削尖了脑袋出国跑到了日本。

到了日本，我被这个井井有序的资本主义社会惊呆了。那时候我觉得日本简直是太好、太典范了，中国没有解决的社会问题日本都解决了。日本人口稠密，很像北京，可是却不像北京那么混乱，等车买东西都排队。同样都是黄种人，同样都用汉字，同样东方文化，都和中国一样为什么差别这么大？买东西没有砍价，全都是实实在在明码标价做生意，任何产品都不用担心质量，政府部门态度极好，各行各业服务态度都极好，想客户之所想，急客户之所急，地铁公交分秒不差，没有堵车，晚到一分钟都要在广播里向乘客道歉，而且公交晚了上班不算迟到。社会贫富差距小，只要有工作，别人买得起的东西你都买得起，没有明显的暴发户，大家很少谈钱，看谁都不生气。人们享受清新的空气、清洁的水、优质的大米和水果，人们脸上没有皱纹看起来比实际年轻 10 岁！这里不强调爱国，听不到国歌，看不到国旗，但是大家都爱自己的家，每个人都做好自己的事情国家自然稳定和谐。

简直太天堂了！民主的理论和民主的实践贯通了。那时候，我觉得中国太需要资产阶级民主了。后来我几次往返日本，终于在日本找了个工作，闲暇之余就上网宣传民主自由人权，反对爱国主义，反对独裁专政，希望广大网友猛醒，中共的所谓社会主义制度实际上是经济的资本主义、政治的封建主义，大家千万要看清社会发展趋势，不可逆历史潮流而动等等。

那时候我对美国也特有好感，曾经跑去美军基地参观，大喝美军运来的走私啤酒，认为日本把国防交给美国人是占了大便宜的，节省不少军费开支，促进了日本发展……估计我如果一直这样呆下去的话，也就这样一直右派右下去了。

结果阴错阳差，我有机会跑到美国住了两年。探究去美国的动机，无非也是因为向往民主自由，无数宣传资料早就告诉我说美国民主而且强大，是移民的天堂。

可以说飞机一落地纽约，第一脚踏上美国土地我就失望了。机场工作人员懒懒散散，工作不负责，效率低。厕所里设备陈旧，浪费纸，连"干手机"都没有。接机大厅里游荡着黑车司机，连胸前挂着牌的工作人员都是骗子，帮助黑车司机拉活。出租车里的防抢劫用的铁网比北京的出租还严实，为了高速公路费还差点跟司机打一架。到了纽约市内更是让人失望，黑乎乎的建筑，连大铁桥都被漆成黑色，满地口香糖的痕迹。遇到朋友后，他第一件事情就是告诉我身上至少带20美元，遇到抢劫就老老实实给人家，见到警察不要乱动等等。

后来我去了一个中部小镇，又搬了几次家，最后去了西部，一共住了两年。其间的思想转变在《我对美式民主的认识》一帖中写过，总结起来就是怀疑——震惊——失望，我没想到民主老家的美国居然是这个样子，与日本反差太大了。可以说，中国没解决的社会问题美国同样没解决。新闻媒体舆论诱导严重，缺乏客观公正，人民多信宗教，甚至很多中国留学生都被宗教洗脑。食品不健康，社会秩序乱，贫富差距严重，治安恶劣。我在日本建立起来的对美式民主的信心在这里崩溃了。

渐渐地，我终于理顺了这里面的关系。美国决不是世界上最民主的国家，但它确是最强大的国家。这说明什么？原来"民主"和"强大"并非成正比。中国的首要任务是强国，而不是民主！

美国经过二战变成世界第一强国的时候，它在向上爬坡的这个阶段并不民主，黑人遭到歧视，与白人不能同乘一辆车，不能同进一所学校，日籍后裔还被关集中营。可见"民主"必然带有阶级性，马克思主义根本就没过时！日本那种小国寡民，国防外包的体系到现在才算真正看明白。日本军事不独立，它在经济上就永远要被美国奴役。日本人工作辛苦世界公认，但是生活水平却没有美国人高，美国人懒懒散散可生活却比日本人富裕，这种国际间的剥削居然存在，也证实了文革中的宣传。

这就是我思想转变的过程，从右派到左派。在美国的这两年我看到了很多毛时代的影子，教会的查经班、家家户户门口的星条旗、教科书上的自由女神像、个人崇拜、以领导人名命名的街道和机场、样板戏一样的肥皂剧、与全民乒乓球相对照的全民篮球，电视新闻只报道外国的缺点决不报道优点，对迅速崛起的第三世界充满敌视，对外战争的合法化宣传等等。

也许有些网友你们不同意，那是因为你们没去过日本。如果你先在日本生活，之后再去美国的话，你会清清楚楚看到一个比毛泽东更凶残的帝国主义集权专政。毛主席难道真的错了吗？没有！

日本贫富差距小，企业终身雇佣制，这不是资本主义的特征，而是社会主义的特征。这是建立社会秩序和道德的主要基础。商品明码标价，保证质量等等，我对日本的那些好印象其实都是毛泽东时代的翻版。毛泽东建立的社会主义制度根本不是洪水猛兽，那个时代的特征无论优缺点，在美国和日本都能看到。

到了后来，越是在美国生活我对毛泽东就越理解；越在美国生活，我就越宽容毛泽东被广泛批判的所谓"错误"。邓小平说"资本主义是必由之路"，可是我却发现"也许文革才是强国的必由之路"。在六七十年代的政治环境下，要想与美国这么一个资本主义怪兽对抗，中国不搞文革怎么可能？文革简直是历史的必然。

　　崇拜日本的汉奸也许自己都没意识到，他们喜欢的日本其实是社会主义的一面。另外，改革开放后国内汉奸右派对于建国头 30 年社会主义时代的丑化蒙住了我们的眼睛，使年轻人丧失了对比和反思的标准。这就导致我走了一个大弯路，对比了日本、美国，绕了地球一圈才把这个事情搞明白。

【跟帖】

黑眼睛：这篇文章的论证视角很别致。否定之否定应用的也比较高明。

柘：能清醒过来的必竟是少数。小时候看电视、电影：美国人多厉害……西部拓荒史、牛仔…国中时的历史课，自己慢慢就感觉美国是个坏蛋。长大后，教职时期的美式教育几年，即确定了反美路线（约 20 年前）。至于"反民主"则是在上网之前就已成形。

【杂文】谈谈我对化妆品的看法

　　首先搞清一个概念，化妆品不是护肤品。对皮肤不起保养作用，甚至有时候还增加皮肤负担。之所以要把这个概念搞清楚，主要是防止有人利用某些化妆品里面增加护肤成分，由此替化妆品辩护。

　　首先，用化妆品是虚伪的作弊行为。把自己乔装打扮扮靓，把脸上的眉毛画成非人的线条，把嘴唇本色遮盖，把皱纹、病斑统统遮掩起来，欺骗异性，欺骗群众。据说是为了爱某个人而打扮，号称"女为悦己者容"，反过来想，她们连自己最爱的人都骗，还有什么人不敢骗的？鉴于使用化妆品的多为女性，我有理由认为女人比男人虚伪得多。一个人做一次假并不难，难得是几十年如一日，每天早上化妆，饭后涂唇，时不时还要跑到卫生间补妆，如此毅力，几十年如一日地作假而不露馅，那才是最难最难的啊。

　　曾见过一位日本老太太，跟我夸耀她贤惠的儿媳妇，说那个媳妇每天都赶在丈夫之前起床。起来干什么呢？化妆。就是为了画出一张美丽的脸给丈夫看。老太太对这位媳妇的勤奋赞不绝口。这老太太自己脸上也是厚厚的白，好像驴粪蛋上扑了一层痱子粉，笑起来皱纹处像结了疤。

其实女士们也不容易。本来就是男权社会，男人经济实力强，社会地位高，而且男人之间也是穷多富少。为了嫁个有经济基础的丈夫，逼得女人不得不作假。投资买化妆品，换得一生富贵，这个投资还是划算的。女人找老公就像找工作一样重要。俗话说"男怕入错行，女怕嫁错郎"，可见嫁老公之对于女人，就像找工作之对于男人一样重要。既然男人像选商品一样选老婆，女人当然就可以山寨一把，涂涂抹抹做个假脸给男人看，给男人编织一个梦，金屋藏娇的美梦，娶到家才发现伴随而来的是化妆台和一大堆瓶瓶罐罐。

市场经济社会中，人生有四大失败"买房买成房东，炒股炒成股东，泡妞泡成老公，练功练成无用功"，从泡妞到结婚，女人结结实实报复了男人一把，娶到家，发现真相，后悔了，但什么都晚了。生出孩子发现跟妈长得不像，为什么？因为孩子没化妆。所以说，经济上不平等势必造成阶级压迫，化妆品这东西不仅仅是阶级压迫的工具，而且更被用来作为阶级报复的工具。

所以我还是怀念毛泽东时代，到处可以见到女性的自然美，沐浴阳光的黝黑皮肤、自然的直发、灿烂的笑容、被汗水浸湿的衬衣……那时候，你喜欢一个女人那才是真正的爱情。自然的女性美，比那些天天夜里躲在卫生间里拿着小刀刮毛刮出来的"美"要美很多倍。

【跟帖】

大草帽：你是提倡抹护肤品了？护肤品才是最宰人的，一小瓶就宰一两百块，日霜、晚霜、眼霜、防晒霜，还有各种名目繁多的爽肤水、精华素，要搽好几遍才轮到那些霜，洗脸还有一套清洁清的，这么一套下来要多少钱？一套只能撑几个月，你还是把护肤品一起批比较好，嘿嘿。再加几句，还有去专业美容院的费用，面膜、去死皮、各种护理，拍拍打打

南城：老红是无产阶级的弗洛伊德,这文要顶!

【评论】左蓝、翠平与晚秋的革命与爱情——评《潜伏》

左蓝把组织放在第一位，领导让干什么就干什么。组织让她离开余则成去延安，她就去延安，让她去苏联她就去苏联，她爱余则成却听组织的。左蓝的动机让人怀疑，最初目的是想通过余则成打入军统

内部，没成功就一个人跑了。军调的时候她与余则成不期而遇，左蓝明显摆出一副组织第一、感情第二的架势。两人拥抱热吻的那场戏也是在明确了组织关系之后，他们首先对暗号，接头暗号准确无误之后，左蓝才投入余则成的怀抱。那时候投入余则成的怀抱实际上就等于是拥抱组织了，还号称什么"革命的爱情分外甜"，其实不是，那不仅是组织的爱情，更是政治的爱情。左蓝的爱情前面有定语限定着，她对余则成的所有行为都可以用"组织"来替换。保护余则成就等于保护组织，为余则成牺牲就是为组织牺牲。我不能说左蓝不爱余则成，但是左蓝的爱情远不如翠平的爱情自然畅快，不如翠平的爱单纯，也不如翠平那样有积累。翠平给余则成做饭，可是左蓝反着，余则成到合唱队给左蓝送饭，他给左蓝做饭！翠平跟站长太太说过："和平了以后我就指望老余"。那时候胜利了，不用潜伏了，她就指望老余。可是左蓝不一样，左蓝指望组织。

左蓝的特点是永远不会说领导坏话，对上级绝对服从，革命第一，恋人第二。翠平就不一样了，余则成是翠平的上级，她敢骂余则成，她还说过"袁政委真是站着说话不腰疼"。

翠平对革命的理解是从阶级立场上来的，她看不惯富人大吃大喝，收金收银，搞破鞋，糟蹋粮食，看不惯旗袍开叉太高。翠平仇富，她服从命令，但是却敢发牢骚。翠平对袁政委、对余则成都有牢骚，特别是余则成教唆、强迫她适应腐败的生活方式的时候，翠平表现出了极大的不满情绪和反抗行为。

与余则成和左蓝不同，翠平参加革命不是源于对国民党腐败的失望，而是出于对共产党的期望，出于对无产阶级的爱。她不止一次对余则成说过手下的二十几个弟兄杀日本鬼子如何英勇，一枪打过来，脑浆挂在肩膀上，队员死了以后留下的都是老人、寡妇和孩子……也就是说，余则成和左蓝这样的人参加革命是对旧势力的反叛，他们是叛徒。而翠平不同，她根正苗红，她革命是源于忠诚，对无产阶级革命事业的忠诚，她是捍卫者。

与翠平共同生活对于提高余则成的思想觉悟很有好处。余则成思想中原有一些精英主义意识，以为只有自己这种在敌后实施潜伏任务的才了不起，翠平通过自己的战斗经历给余则成上了一课，告诉他"以为就你能！"同居之初，余、翠二人的冲突实际上是党内两派、两种思潮的冲突。工作方面，翠平大大咧咧、傻乎乎的性格也给了余则成最大的保护。吴站长曾说："翠平那么一个傻得挂像的女人怎么可能是中共？"可见翠平对敌人的迷惑相当成功，而且翠平藏而不露的武功、出神入化的枪法都让余则成折服，两人形成互补。正因为有了翠平，左蓝才能击毙马奎，余则成才能暗杀陆桥山，翠平功劳不小。余则成对翠平由担心到佩服再到恋爱也就不难理解了。对于一个潜伏特工来说，他对爱人最需要的是信任，翠平的忠诚毋庸置疑，翠平的保守近乎苛刻。对于一个潜伏人员来讲，这样的老婆无疑是最理想的。

下面再说晚秋。晚秋的革命最荒唐，她为什么爱上余则成都让人感觉莫名其妙。起初，汉奸穆连成一家拼命巴结余则成无非是为了保命。晚秋既没有革命的理由，也没有革命的爱情观，即便是后来让谢若林打了个嘴巴服毒，也只能表现她的无力，她离一个革命者距离还太远。

个人修养方面，晚秋善音乐、会作诗，而且还是新体诗，余则成都不懂。在文化上余则成根本无法超越她。余有什么地方值得晚秋爱慕的吗？无非就是一个军统情报处主任的保护伞。余则成每次登穆家门的目的都是为了敲诈和监视，这些晚秋也都知道，这样理想和现实都格格不入的两人之间怎么可能产生爱情呢？

穆连成逃跑后，晚秋很快嫁给谢若林，这是顺理成章的。晚秋缺乏独立生活能力，只能依附于男人才能活得下去，无论这个男人是地痞还是革命者。晚秋去解放区就是因为挨了丈夫的打，还有就是追求余则成失败，既不是阶级仇，也不是民族恨。她没有向军统揭发余则成那是因为对她没有好处，损人不利己。同样，谢若林也没有急于揭发余则成，这对夫妻都是看淡主义的，他们夫妻俩人之间的区别是，谢若林看重生意，晚秋看重男人。

晚秋既没有忧国忧民的高度，没有受过左蓝那种青年学生中的进步思想的洗脑，也没有翠平那样被地主恶霸鞭打的血海深仇，更没有余则成那种战友被杀的切肤之痛，晚秋她怎么可能对革命那么坚定呢？难道仅仅是因为对余则成的爱？那种小爱？可是她的爱情基础又是什么呢？

我们可以参考一下翠平的爱情。翠平不识字，余则成教翠平识字，教翠平密电码，教翠平接头，教翠平高智商的斗争智慧，教她如何与敌人周旋。穿睡衣、用厕所、打麻将，甚至用卫生巾，无论是工作上还是生活上，余则成都是翠平的老师，都是翠平的上级。在潜伏斗争这个新领域，余则成是扶翠平上战马的人。余则成化解危难，屡屡得手，翠平有足够的理由深爱余则成。可是晚秋为什么爱余则成呢？难道是因为余则成很帅？不，他不帅，小眼睛。难道是因为共同的政治信仰？也不是，他们之间从未谈过政治。他们有共同的生活背景或者生活圈子？明显没有。晚秋欣赏余则成的智商？也不是，因为晚秋并不知道余是中共特工，直到分手为止。晚秋这个富家的娇小姐与余则成爱得莫名其妙。特别是晚秋还忧伤，她有什么可忧伤的呢？按照正常逻辑她的忧伤只能源于缺乏生活目标和独立生活能力，找不到有势力的男人当靠山而忧伤。

《潜伏》播出以后，很多观众对结尾不满，感觉对翠平太残酷了，我也有同感。编剧在结尾部分安排余则成和晚秋结婚，似乎是还了一个愿，把余则成还给了晚秋。让看起来"金镶玉"（吴站长语）的两个人成为夫妻，让两个知识分子门当户对。我觉得编剧的认识水平很接近军统吴站长，带有严重的时代局限，其实这个结尾严重伤害了广大劳动人民的感情。毛主席早就给知识分子指出了一条光明大道，那就是与工农相结合。与翠平结合，才应该是余则成的唯一出路。只有与工农相结合的知识分子才有出路，也只有这样，知识分子才有真正的幸福。

【跟帖】

品品：比剧本还深刻啊。

芝麻：最后看到翠平上交了一百多根金条，却穿成那样抱个孩子在山顶上盼望着余则成回来，于心不忍。

23、 呆子

【随笔】莫名其妙的"艳遇"

人走在路上，多少会遇到一些意想不到的事吧。

记得呆子还是大一的时候，一天晚上下晚自习，一个人从图书馆出来，正走在食堂后面一条黑漆漆的小路上，就听后面传来一个声音："同学你好，我们认识认识吧？"嗯？是跟我在说话吗？不管，低头接着走。"同学，我们认识认识好吗？"哦，真的是跟我在说话啊，不过你是谁啊，就跟你认识呀。"你这个同学也太没有礼貌了吧，我跟你好好说话，你怎么不理人！"切，也不看是什么时候，还什么礼貌不礼貌的，赶快溜才是正经的。呆子撩开蹶子闷头狂走出黑暗……

第二次是上大二时，大考完的周六晚上，呆子正在宿舍里歇着呢，就见同屋的老孙老杆儿和静冲进来，说男生们要出去捉青蛙，不肯带她们去。咳，这还不容易，呆子说："走，我带你们跟踪着去。"于是拉着三个人就跑出去了。呆子手拉着老孙正在校园里偷偷跟踪呢，就见一个人突然横穿出来，"同学，我们交个朋友吧。"切，也不看是什么时候，交你个头啊。呆子侧脸一看老孙，那家伙竟然楞在那里，嘴里还喃喃不知所云地嗯嗯着，呆子一把揪着她跑开了……后来，跟踪男生们到了校园外的田里，抓了不少的青蛙。呆子最怕这类东西，一个都没敢抓。一伙人忙乎到夜里两三点，等回校的时候，校门都关了，后来还是翻墙头回去的，呆子在跳墙的时候，一不留神还把脚给崴了。第二天早上呆子就回家了，也没赶上青蛙宴，也好，反正也不敢吃那东西。

第三次应该是大三了，又是跟老孙，陪她出去做头发，回来的路上被一小子给跟上了，上来乱搭腔。也许因为是老学生了，比过去可是长进多了，瞎说谁不会啊。结果那小子要约我们晚上出来，我们把他指到另一个女生楼下见面。晚上胡扯了啥也没印象了，反正是东一句西一句的，最后 88 走人。后来那家伙还在校门外堵过呆子，呆子总是以各种繁忙的借口回绝他，以后也再没理过这碴儿，以为一切就这么过去了。没想到上研究生后，回学校看班上的同学，男生们竟然说曾见过老孙的曾经男友，经他们一描述，天，竟然就是那个小子。呆子真是服了老孙的胆量，大马路上窜出来的家伙她也敢谈。

最后一次是研究生毕业后，傍晚跟一位好友正在压条很繁华的马路，就见路边上的几个小毛孩（估计最多是高中生），冲着我们围了上来。呆子赶忙跟好友说，无论他们说什么，可千万别搭腔啊！于是我们仍旧走着自己的路，聊着自己的天，不管那帮小毛孩说什么。他们跟了一段觉得很无聊，于是就走开了。真是的，连阿姨也敢堵。

不过再怎么样，呆子的"艳遇"比班上的杆儿可是要强多了。那杆儿是经常被"艳遇"上，有一次上完晚自习，刚出教室楼，书包就被人抢了，那人还跪在地上，非要杆儿答应跟他约会，才把书包还给她，把杆儿吓得不轻。不知道别人是不是也有这样的"艳遇"经历。

【跟帖】
84：依我看来，没有艳遇才是莫名其妙的，嘿嘿！
路小米：我想起了郭德纲的相声，"同学，这块板砖是你掉的吗？"
Feiyang：傻胖儿，我们重新认识认识好吗？哈哈哈！

【随笔】 大马大哈

呆子的马大哈是打小就在学校出了名的，最突出的表现就是在作业和考试上。

记得有一次做数学题，最后一步是7＋4，呆子顺手就写了个14，于是老师回敬了一个大红叉！作业本发下来，呆子一看就急了，拿着本子就找老师去了，理直气壮地问老师：你为什么判我这道题错？7＋4就是等于14嘛！话刚落下还没沾到桌面呢，呆子就意识到了自己的马大哈，一下就没声了，溜了。

还有一次考化学，题目说的是制氢，呆子看成制氧了，还在那儿估算这二氧化锰催化剂要放多少呢！一边算，还一边心里嘀咕：这催化剂用方程式配平根本就算不出来啊，老师咋出了这么一道破题。于是估摸着随便给了一个数。卷子早早就做完了，呆子在那里百无聊赖地检查着。就见老师一会儿到讲台上，一会儿绕着大伙的桌子，不停地在那里说，同学们，看题一定要仔细啊，要好好检查。听着都觉得烦，好不容易熬到交卷。呆子那次考了90分，就这氢氧的一字之差足足扣了10分，一整道题1分没得啊。

后来那个老师跟呆子娘可劲儿抱怨说："你家呆子真马大哈，怎么提醒她都没用，那天我一遍又一遍地提醒大家，其实就是冲着她说的，可她理都不理我，就连头都不带抬一下的。"呆子听了以后心说，你指着那题跟我明说一声，题看错了不就结了，干嘛采取这种暗示的方法么。

就在这马大哈的路线上，呆子考试从来都是偏低水平发挥的，不是这儿漏了，就是那儿看错了。最可笑的是，考试之前呆子还经常会自作聪明地提醒同学们一些容易出错的地方，等考完试，人家都兴高采烈地谢谢呆子，说要不是你提醒，那儿还真出错了云云。然后就剩下一个犯错的--呆子。甚至有一次，全班竟然就呆子一个人把求根公式给写反了，就连呆子自己都不知道当时那笔是怎么划啦的。

所以考大学的时候，爹娘就一个劲儿地嘱咐：看题要仔细，千万别看错，卷子前后都好好翻翻，别把题漏了，做完题先别急着交卷，好好检查检查。幸亏那次呆子没有超水平地马大哈，虽然还是有不少小粗心，但总算还是上了自己想上的大学。隔壁班呆子最好的一个朋友，就是因为考化学时整整漏了中间一大篇而落榜，真是替她可惜。

呆子上了大学以后，丢三拉四的那就更多啦。作业考试就不用说了，还外加丢钱包、饭盆、笔盒。连娘都说：哪天把自己丢了，就什么东西都不会丢了。为了防止无限地丢下去，呆子就采取呆措施来防范，比如给饭盆做个布兜绑在书包上；取消钱包，把饭票用皮筋儿捆了套在手腕上；把宿舍钥匙穿在皮筋儿上，然后再扎在头上；那笔盒嘛，丢了就不再买了，反正没那玩意儿，照样可以读书。

就这样，一直到头一次公公到家里来，那头发上还扎着钥匙呢，那时呆子都已经工作了。好在公公还挺开明，回去跟婆婆说：嗯，媳妇挺朴素的，连钥匙都绑在头上……

【跟帖】

古月曰： 活灵活现！好！

夏枯草： 你是大智若愚嘛。

碧云天： 乐乐，你的生活一定很快乐，我们都已经被你传染了。

外星人： 性格决定命运。乐乐一生随和，大气。所以一定很幸福。

【随笔】领导，冒号

在外头，很多人都觉得我在家应该是 LD，其实他们真是不懂，象我这样喳喳呼呼的，怎么可能是LD呢？真正的LD是不用说那么多话的，只要摆摆脸型，甩个眼神就够了。如果你理解不了那脸型或是眼神的意思，LD 就会说了：真没有眼色！所以我就是一冒号，从认识我家的 LD 起就是，直到我自己都有了冒号--小冒号了，我还是个冒号，不过是升级为资深冒号而已。

与 LD 相比，虽然老冒号经常冲着小冒号们大呼小叫的，但毕竟比不上 LD 脸型和眼神的威力。但毕竟同是冒号，小冒号们还是跟老冒号更亲近些。就算老冒号把他们吼得眼泪汪汪的，小冒号还是会搂着老冒号的脖子说：妈咪，I love you！当然小冒号也经常跟老冒号没大没小的，有时还会欺负老冒号。自从LD给小冒号买了wii，小冒号几乎每天都要在上面玩儿上一会儿。开始小冒号还不肯带老冒号玩儿，说是老冒号不会玩儿。切！没这样小看人的！老冒号把脸一拉，威胁道："你们要是不带妈咪玩儿，以后妈咪就不给你们做饭！"小冒号最怕没饭吃了，往常只要一听说妈咪要出门，小冒号第一想到的就是：那谁给我们做饭啊？我们又要吃垃圾食品了。在小冒号的眼里妈咪就是自己的胃，家里绝对是不能没妈咪的。所以小冒号再不情愿，也要带上老冒号一起 wii。

后来小冒号才发现，有些 wii 的游戏，老冒号远比他们要厉害，所以到后来干脆就不玩那几个游戏了。至于 LD 嘛，冒号们一致认为是家里的最笨笨，所以更是不带他玩儿。偶尔让 LD 玩儿两次，冒号们都是在一边乐得前仰后合地看笑话。后来又有了赛车的游戏，小冒号倒是常喊着老冒号一起玩儿，不过小冒号一见老冒号赛车名次比他们好，就在一边偷偷嘀咕，下次再赛的时候，他们就故意选老冒号不擅长的赛车地点，于是老冒号的车不是摔下悬崖，就是被迎面而来的大卡车给压扁，要不就是掉进红彤彤的熔浆里……总之是他们都跑完三圈到终点了，老冒号还在那里掉啊掉的连一圈还没跑完。小冒号还在一边装模作样地安慰：妈咪，我们刚开始玩儿的时候，掉下去了十几次呢。哼！就知道欺负妈咪！

LD 是从不跟冒号们一起疯的，只是常常在冒号们玩儿得乐不思蜀的时候，在一边拉着长白山的脸说：不要再玩儿了，该睡觉了！小冒号冲着LD说："呆滴，妈咪也在玩儿呢！""妈咪玩儿也不行！"LD坚决地说，然后走到电视前，一个一指禅，就把屏给黑了。老冒号看着小冒号无可奈何地耸耸肩，咳，谁让咱是冒号涅！所以小冒号有时会偷偷跟老冒号抱怨：哎呀，呆滴很讨厌啊！

在家里，小冒号做了错事要写检查；老冒号也类似，虽然不用写检查，但要挣表现！在没有小冒号的时候，常会听到LD跟老冒号说：

"你知道做错了吗？"

"知道（不知道也得这么说啊）。"

"错哪儿了？"

"错…错…错…那儿了（其实没觉得有什么大不了的）。"

"那以后怎么办？"

"我改！（反正每次都得这么说就是了）"

"哼！管你，比带一个团的兵力还费劲！（才一个团啊，也太小瞧我了）"

不过冒号知道，一旦 LD 认为做错了啥，自己就得赶快夹着尾巴挣表现。某次在网上玩儿得多了，LD 脸一拉，把冒号的无线给掐了，冒号认真改造三星期才恢复自由；又某次在实验室里玩游戏乐过了头，LD一气之下，自己开车回家了，冒号深夜里一个人走回家，挣表现N周。前不久，又是因为玩计算机游戏昏了头，LD 二话不说，把游戏给删了，这次愣是连挣表现的机会都没给。这下冒号愤怒了，冲着LD咆哮起来："当LD的不能这样把事做绝吧，冒号再怎么不对也应该给个悔过的机会么！"当然 LD 是不能错的，就是错了也不会承认的。后来，LD借了某个机会跟冒号说："我给你买个XXX游戏。"

这次 LD 主动跟冒号商定了玩游戏的规则，以及冒号犯规后的挣表现条例。这还差不多！不过冒号因为家里家外事情太忙，至今还没有让 LD 把游戏买回家来。

【跟帖】

风：哈哈哈，你们家真好玩!四个人都很可爱，呆滴+三个冒号=快乐一家子。老冒号啊，你就一小孩儿嘛!

遍野：瞧这一家子！个个冒号都很可耐。还好还好，不算太威慑。真正威慑的不会管这些冒号事儿。

明珠：看来这领导有点官僚，幸亏乐乐这粘合剂做得好，没让领导脱离开群众，蛮融洽的。

【随笔】头发与父爱

听俺娘说，打小俺爹就不喜欢俺。娘说俺二三岁时特懂事、特讨人喜欢，当时娘都想过，这辈子就是只有俺一个也知足了。可不知为啥俺爹就是不喜欢俺。

后来俺又有了一妹，爹就是喜欢她，不管她再怎么刁蛮无理，爹就是舍不得动她一指头。娘说爹曾经做过要打的架式，但俺那两岁的妹对爹说："毛主席说了，要文斗不要武斗，不许打人和骂人。"据说俺爹当时就傻了眼。俺妹后来也曾用同样的招儿对付娘，俺娘只回了一句："毛主席还说对你这样的小坏蛋要实行无产阶级专政呢！"这回是俺妹傻了眼，乖乖地被娘狠狠地专政了一把。

俺娘开始也一直整不明白俺爹为啥不喜欢俺。当然娘也说了，俺长大以后，大概是六七岁以后，俺是越变越坏，每次俺爹给俺娘写信，三篇纸中至少两篇半是在控诉俺的种种罪状：什么跟小朋友一起玩儿到半夜都不着家啦；吃饭的时候找不见人；洗完脚擦也不擦就往外跑，害得他拎着擦脚布在后面追；更可气的是在外面见到他从来都装着不认识似的，不叫爹等等。可俺除了记得不爱叫他爹以外，对其他的罪状没有任何印象。

俺承认，俺是独立惯了，没太感觉是有父母的孩子，见了他们不好意思开口。但那也不能都怪俺，谁让那会儿俺老是一个人被丢在家呢。记得俺爹那时老要带工农兵学员下厂，一走就是一两个月，把俺一个才六岁的孩子留下，每天挂把钥匙，平时在楼里的邻居家干活、吃饭，晚上自己一个人在家住。所以一个人习惯了，就好象自己是从石头缝里蹦出来的一样，见到爹娘还真不好意思叫。

可总的来讲，俺除了脾气拧点儿、人倔点儿，有时疯得有点儿象小子，但俺其他的还行啊。就连娘也觉得俺还没坏到让人那么讨厌的程度。于是就和娘一起找原因，可一直不得要领，问俺爹吧，他又不肯告诉俺，没办法。直到有一天，娘想起一件很久远的事情来……

娘说，她生完俺妹时，护士曾对她讲："你爱人真逗，别人都是先问男女，可你爱人见我们的第一句话却是：有头发没有？根本就没问是男是女。"听完娘讲这些，俺娘俩都觉得爹不喜欢俺跟头发有关。

俺娘是一头秀发，又黑又亮，跟俺爹结婚那会儿，两条粗粗的大辫子齐腰；俺妹妹的头发象娘一样，也是黑黑粗粗的。就俺生下来时几乎没头发，就头上那几根，娘还说那简直都算不上是头发，充其量就是几根黄毛而已。俺长到三四岁了，还是一个大脑门儿后面飘着几根毛。娘说那时俺一看到电影里的列宁就特激动，摸着自己的不毛之地大喊："看！列宁！列宁跟俺一样是光光头，光光头！"俺小时候的照片大多是带头巾或是带帽子的。就是因为头发少，从小到上大学俺的发式都没变过，齐耳短发齐 P 帘儿。娘说除了一刀齐，没法整成别样的，否则一不留神，三根头发就成两根了。

俺"质问"过爹，他不喜欢俺是不是因为俺头发少，爹嘿嘿地笑一笑说："没这回事。"俺又问他，你见俺头发少，有没有给俺剃光头？他说有啊。还翻出一张俺和妹妹的光头合影照片来作证。俺仔细一看，不对啊？就又问爹：为啥老二的头比俺的看上去要亮？爹不好意思地说：她的俺用刮胡子刀刮过，但你没有。俺一听就急了，爹赶忙说：那俺还给你了一个聪明脑瓜呢。切，就俺那脑瓜也叫聪明？

爹对俺态度的转变是从俺上高二时开始的。俺打小就喜欢数学，但上高中以后慢慢又开始喜欢上了物理，经常跟俺在大学教物理的爹争论问题，虽然俺是屡战屡败，但似乎从没真正服输过。爹也因有俺这个胡搅蛮缠的而过足了他的讲解瘾，对俺的态度嘛自然就有所转变。俺后来如爹所愿，考上了他所在的大学，而且学他所学的专业，他那个高兴啊，从此俺成了他最宠的一个，就连俺妹都忌妒地说俺爹是

"势利眼"。

但头发的问题却成了俺心中永远的痛。以至到现在，俺一见到头发多的妹妹，都要忍不住地多看几眼，心里说不出的喜欢。而对于俺自己头上的那几根有限的毛，就只好以"贵女不顶重发"，"热闹的马路不长草，聪明的脑袋不长毛"来自我安慰了……

【跟帖】

小筱：俺要是有颗能争辩物理的脑袋，少几根头发实在是太小意思了，俺现在满头的长发好像用处不大。

张维舟：呆子，我原以为你是小子呢，谁知你是少头发，短头发的姑娘，有人说"头发长，见识短"，你这样最好。这是一篇情深意切的好文，藏而不露，曲折有致。我也羡慕你。

24、 跳蚤

【随笔】生活点滴（三篇）

酒要喝得爽，尿要撒得响

男人一辈子其实就两件事情：酒要喝得爽，尿要撒得响。

心底坦荡，无愧天地，万般磨难亦不轻言放弃，一生活得痛快淋漓，喝酒自然畅快。身康体健，热爱生活，老年尚能马上将军，雄风不减，自是男人一辈子向往的美事。

暧昧的氛围，迷离的灯色，歇斯底里的《咱当兵的人》的嗷叫声，小姐进出了三批，"册那，来夜总会找小姐当找老婆啊。"阿果有些不耐烦地嚷起来。和妈咪干了杯中酒，尘埃笑道："今晚就喝酒。"男人的通病，酒一多，眼里都是美女。胭脂水粉堆饰出的一张张和年龄不般配的脸蛋，老道的酒词，望着一个个曼妙身姿，尘埃又次想起小美，想起她问的一句话：我们之间到底算什么。是啊，情人、朋友、兄妹？尘埃自己也搞不清楚和小美之间的关系，她最好的小姐妹维维，尘埃曾为之心碎，或许性是他和小美之间能联系的纽带。

"你这种禽兽不如的大流氓。"记得小美曾怒嗔过，娇柔的身子伴随着抽泣，梨花带雨。心底的触动又被生活中太多的现实所麻木，爱又怎么样，不爱又如何？到了一定的年纪，总算明了为何男人爱好杯中物，或许更多的是为了消磨时间，排泄心底深处的惆怅和无奈，酒精的浇灌伴随喉结的蠕动，把所有的辛酸和不快都吞咽在无言中。

男人吃嗲功，女人吃花功，尘埃向来认为女人是要哄的。世道真是奇妙，当尘埃这类痞子包装成文化人过正常的生活，他最爱的论坛里的知识分子们却成了痞子。尘埃很仰慕这类人，起码他们改变了尘埃对知识分子一贯呆板无趣的观念，小筱的可人坚强，水影的聪慧，小凡的灵气，大草帽的睿智，江海洋波的豁达，古先生的幽默，遍野的才气，燕子的多愁善感，木先生的敦厚，豆腐的才华横溢，耳顺的犟真，又老师的含蓄……忽然发觉，老稼娃和风妹妹都同属于率真之人，当两人较真时，尘埃觉得他在坛子里小屁孩的称号总算有了接班人。真是幸运，想必他所敬爱的小园老师会同意他的申诉的。

阿果问尘埃真为这点薪水就甘愿放弃目前的生活，尘埃没有应答，他想用行动来证明。两星期来披星戴月，早出晚归，但尘埃很充实，做个正常人真的很简单，热爱生活是首要条件。

尘埃的公司不大，是上海一家老牌报纸和东方明珠移动电视的广告代理，主要经营家居、装潢、建材类业务广告，每月还在光大主办装潢会展。当一家居集团愿意成为公司的合作伙伴时，尘埃觉得自己很幸运，两个星期能有业绩，运气占了很大的比例，起码下月拿了佣金尘埃不会再在赌场里打发时间。虽然目前的生活亦会让人不快，想起国际知名卫浴品牌的市场经理傲慢的表情，尘埃着实恼火。十一晚上喝酒的时候，阿果说让人拿着管刀逼他签约，尘埃哈哈大笑，大声称赞是个好主意……真晕，尘埃忽然想让阿果来大地海阔天空里做老师，教学做流氓的标准。想着有 windy 和他同晕，真是幸福。

酒要喝得爽，尿要撒得响。这是尘埃的生活目标，工作是美丽的，或许以后会跳槽，但起码他在努力让自己生活正常，一切会好起来的。也祝愿大地的朋友永远开心，和尘埃一起实现这个理想。

【跟帖】

水影： 小跳这么好的文采，还不是知识分子吗？很久没听到这个词了，觉得挺逗的。这篇的尘埃让人感觉很好。

Muyu： 小跳没事就码字，你已经有很多粉丝了。你创下了大地一个门派：率性写作、直抒胸臆。

亲人朋友

对于父亲，尘埃觉得只是一种符号，譬如王老师，李先生的，没有任何感情色彩。回头看了曾写的《世事皆有因果》，尘埃试图扭转内心的这份固执，而现实让他觉得没必要掩饰自己的情感。虽然年少时曾把侮辱父亲的人暴打住院，虽然现今会给父亲买上两瓶好酒，骨子里感觉不过尽一个儿子应尽的孝道，和爱无关，亦如也不恨一样的感觉。

男人唠叨很是让人头疼，这也是很少和父亲同桌吃饭的原因。更多的时间，在家还是陪着母亲看电视剧。若干年前，大舅的去世，让母亲在尘埃怀里痛哭，搂着这个羸弱的女人，蓦然发觉长大成人后唯一一次与母亲依靠得如此亲近。漂泊十多年，尘埃早变得世故圆滑，母亲则越发苍老，总想着法子逗母亲发笑，也总信誓旦旦地说要报答她辛苦地把两个儿子抚养成人。母亲总幽幽地说"你还得起吗？"噎得尘埃无地自容。尘埃知道他给家和家族带来了太多的麻烦和痛楚，可母亲总无怨无悔地守候着他的归来，或许对于老人而言，小儿子静静陪着她看电视剧就是她最大的欣慰。

师傅是个女人，姓周，属猴。从色彩理论到相机原理，手把手地教尘埃学习影像行业的相关知识。因为笨，曾受到无数次的训斥，从开始的脸红耳赤，到今日时不时把她调侃得又羞又恼，期间经历了八年的时间。

女人奔四十，感慨无限，总抱怨发福带来的难堪。尘埃 MP 地表露使现今的师傅更妩媚更有女人味，也总色眯眯地瞅着她羞红了脸。尘埃问师傅这么多年的友谊，终究男女有别，公司里有没有闲话。得到肯定后，尘埃厚颜无耻地说不如让谣言成为现实，师傅一脚踹得徒弟哇哇大叫。转念一思量，情人没准反目成仇，朋友却可以交往一辈子，倒不如做徒弟的好。

因为情感的失败，师傅默默听着尘埃的絮叨，他把师傅当成最好的朋友。一直觉得男人对男人哭诉是件没脸面的事情，所以更多的时候师傅更像是她的姐姐。但当师傅好奇地询问，在玲离去后身边不停变换女人累不累时，尘埃不屑地回答：你以为我是奶牛，吃的是草挤的是奶啊，当然累啦。又把师傅逗得小脸通红。师傅像个邻家小女孩，脑瓜里总有古怪的疑问。尘埃讲了承包店时带着回国探亲的教授客户去夜总会找小姐的故事，教授怕病毒，带上两个避孕套，把师傅笑得差点背过气。

尘埃好赌，师傅向来痛恨，她的逻辑，男人烟酒色总有个底，一旦好赌，尸骨不存。也的确验证了她的忠告，在钢材公司和宏基广场承包店面赚了不少，可因为赌博，尘埃银行卡里已分文皆无。两年来，因为又一次的情感失败，尘埃对自己彻底失望，远离了他过往的一切，在一个不被外人了解的圈子里混迹江湖，唯一知道他电话号码的只有师傅，她也是唯一与尘埃交往的故友。师傅说作为男人尘埃这半生淋漓痛快，作为男人尘埃却极其失败。后一句，尘埃花了近两年的时间去思考，他不断地反思，亦如求人不如求己一样，怪人不如怪己，只要心里还有重新开始的欲念，一切都会重来。

做个好人，热爱生活是首要条件。热爱生活，心中不能缺少温暖的亲情和友情，尘埃慢慢地和过往所有的朋友开始联系。有爱真好！

【跟帖】

windy：看来男人生活的道路上离不开女人，母亲、知音、恋人、爱人……只要能反省自己，最终会找到自己的位置的。

超然鸟：这叫啥？不正经啊。看来师父徒弟还得异性的好。同性的都是披着藏着的。赌博是万万不行的，你看老清炒股都炒绿了，何况赌博。为何国内赌博的多？我想就是挣了点钱后烧得不知姓啥了，为什么会不知姓啥了？环境使然，不挥金如土就得不到承认似的。像小跳这样的，就应该绑到走私船上偷渡到美国，每天在中餐馆打黑工 20 个小时，既锻炼了身体又改了坏毛病。

若无情何来义

飘浮两年，阿东的入狱让尘埃反省自己的路是否再次走错。年少的无知，脾性的火爆让自身吃足苦头，两次的收审，留下的是烦恼不堪的肠炎。尘埃熟悉冰冷的栏杆内外人无法想象的煎熬和丑陋，亦深知自由对一个人有多重要，就如《勇敢的心》里的男主角临死时的呐喊，虽然自由的境界不同。

A 公司是尘埃醒悟后去工作的广告公司，初始的一份小合同点燃了尘埃对生活重新开始的憧憬。三个月的勤苦操劳，尘埃再一次打动客户的心，一份大合约即将签定。始料不及的是公司以种种冠冕堂皇的理由，言定尘埃到手的佣金只能是先前商妥的一半，尘埃知道是自己愚笨，未曾和公司签定合同及佣金提取协议才遭暗算。人生不如意十之八九，尘埃面临着选择，欲要在公司生存，必须忍耐，心有多大天有多大。或者以牙还牙，让公司打落门牙往肚里咽，思虑许久，尘埃选择了后者。

尘埃温顺地接受了公司的安排，私下却马不停蹄地联系 B 公司。尘埃知道飞单向来为各个公司所不齿，是不厚道的事情，但既然他人无情，你又何必有义。一切细节已经商定，只等 B 公司财务核算后老总的电话通知。若 B 公司否决报价，尘埃还得夹着尾巴做人，想想人真是虚伪。

好人与坏人的界定有标准吗？

阿果和阿东有过牢狱的生活就是坏人，那文质彬彬的老板就是好人吗？

若 A 公司的老总是木鱼或秋尘，作为尘埃仰慕的对象，他在知晓他们无情的情况后亦会无义吗？若 A 公司的老板是清怪或古月曰，在没有违背誓言的情况下，尘埃会做出对不起他们的事吗？

真真假假虚虚实实才是这个社会的本质，一切都是未知数，这是回复小园的短消息里的内容，尘埃觉得生活的确如此。

【跟帖】

84： 好题目！好人与坏人的界定没有标准。中医号脉，看谁都是病人。好男人怎么也想不通为什么自己老受表扬却不可爱。真真假假虚虚实实。先不知道后知道，那就是假的，其实没变。以为能拿到却没得到，那就是虚的，其实也没变。

山水悠悠： 小跳两条腿走路，明智。走夜路多了总会遇鬼的，A 公司老总开始有麻烦了。

muyu： 尘埃的选择是以毒攻毒，不做宋襄公。

这个蚊叮蚤跳的年代

卷发披肩，女人托着下巴若有所思，妩媚的神态让男人心动。"在想什么呢？"男人很奇怪女人难得的安静。"成千上万的输钱，为什么不买件西装呢。还有你这样的男人。"晕倒，但想想也是，所以当穿上崭新的西装站在试衣镜前，男人明白了女人们为什么如此钟情购物逛街。焕然一新的感觉真好。

女人很女人味，因为孩子生得早，又保养得体，女人过三十却还是显得很年轻。了断了过往的情感纠葛，女人想和男人组成一个家。

"一张纸就能维护一辈子的感情吗？"这是男人的逻辑。"恋爱和结婚是两码事，恋爱的保鲜期不过两年，再者男人不结婚都属于小孩，而且过了三五年还单身容易心理变态。"这是女人的逻辑。这让男人很恼火，作为一个江湖中的浆糊高手，被人说成小孩滋味真不好受。"现成的房子现成的孩子，还有……"女人撒娇的时候总让男人心动。"现成的嗲女人，老娘我难不成求着嫁你？靠。"三十后的女人最有情趣，那声"靠"让男人忍俊不禁哈哈大笑。男人知道有人追求女人，这不是他顾忌的，可怎么做个好老公、好父亲，很让人费神。男人过惯了天马行空的生活，结婚意味着失去很多的自由。"那会死人的。"男人边思量边嘀咕道："做情人不是很好吗？"凝视着，女人缓缓地说，"那去死吧。"

这个世界有太多的未知数，当年天不怕地不怕，年少无知两次收审让男人怕的是人，两次情感的失败让男人却最怕了女人，让男人第一次感受到"江湖越老胆子越小"这话的含义。阿风的被判入狱六年，让男人想起过往一切，不禁一身冷汗。江湖飘摇，直到去年才反思，想来半生真是荒唐。

这个世界有太多的未知数，从当年什么都在乎到现在事事无所谓，烦躁浮躁暴躁，知道性格里的缺陷，男人觉得只有身无分文的时候才是他最安静的时刻。他回味小园劝导男人去贫困山区支教的事情，或许人生总得有支撑点，工作的目的不过是生活正常化，结婚生子不一定代表人生的完美，世上走一遭难不成就是为了传宗接代。

这个世界有太多的未知数，金钱至上主义横行，每个人都成物质上的精神人。亲情友情爱情追随着面包逐渐变质。什么才是以后的人生所要追寻的，男人忽然觉得自己还是一片茫然。

这个蚊叮蚤跳的年代，对于男人的生活而言，的确如此。

【跟帖】

crystal：害怕承担责任不就是小孩么？一个35岁貌似男人的小孩，嘿嘿。那张纸就是你的责任，你要对自己，对她负责。反过来，她也同样要对你负责。这是双向的。人家一个女人尚愿意担这责任，你一个号称男人的却畏缩害怕。丢不丢脸啊！你不是最喜欢赌的么？为什么不敢赌上一把？男人要有男人的气魄和豪情，否则就别怪人家叫你男孩。

Windy：这个世界有太多的未知数，太多的迷茫，太多的遗憾，太多的寂寞。我们还是要在这个世界生存下去，到老，到死去的那天，想清楚了，就要好好走完自己的一生。

25、 Soundbox

【随笔】关于"沟"的随想

读了丁香关于"沟"的大文，有些感想。

虽然当年"代沟"这个词随处可见，可从来没联系自己。我家里的父母就象我们做子女的领导，而我们下属只有听从执行的份儿。过去我从未奢望与领导站在同一个层面上去讨论问题，因此也就没有"沟"这一感觉。即便母亲现在已经近80，她仍是我们的最高领导。现在的我们经常从她的角度去考虑她的生活，都非常尊重她老人家的喜好。

至于"性沟"，从丁香的文中第一次得知。虽然知道男女之间有很多差异，想着只要多进行坦诚的沟通，便可获得一些理解，也从没渴望去统一别人的思想。有些无碍大事的不同，则尽量避免涉及，以免不愉快。有一本书叫《男人来自火星，女人来自金星》就是专家总结出来的男女之间在思维和表达方面的差异。我们不得不承认和面对那些差异。

其实任何两个人之间都会有差异，如果不经常沟通，都会有"沟"，甚至现在的自己与刚才的自己也会有"沟"，只是自己不觉得。对于爱发表意见或性格外向一点的人，外人便会觉察到此人经常前后矛盾，或情绪不稳定等等。

沟通、理解和宽容是减小"沟"的途径。

【跟帖】

秋尘： 同意！支持！沟，一定是存在的。但处理"沟"的方式却是可以不同，很不同的，关键的是后者。所以，孔老先生说50知天命，60耳顺。等耳顺了，大地人间万物就处处平坦，见怪不怪了。丁香已经达到这个境界了，嫉妒一哈。嘿嘿。

丁香： 你真是个幸福的人，我母亲也八十多了，年轻时十分地"领导"，我就很苦恼。你肯定性格非常好，所以，对"领导"十分地接受。现在，我也"耳顺"多了，也非常理解母亲的行为。人确实需要沟通，需要爱，理解，宽容。我对《圣经》讲的"爱是恒久忍耐，又有慈心"很多时候是从母亲这里得到深化。因为我想爱她，我坚持要自己忍耐。我相信忍耐就是爱。非常好，她现在非常慈祥。变了一个人。她有一次对我说：上帝爱你。我非常感动。

【杂文】说说与孩子的交流

　　小乖已正式走上工作岗位。作为母亲，我已基本完成养育下一代的使命。不过我希望能在事业和爱情这两个人生大问题上给女儿一些有用的帮助。

　　算起小乖的工作经历已有七八个年头了。开始是做收银员、办公室助理。在大学二年级时，她自己到工作市场拿到了第一个 Intern Contract（见习合同）工作，以后每个夏天她都要做 4 个月见习生，故在正式工作之前她已经做了四期见习工作，积累了一点专业工作经验。这些经历增长了她的自信，也难免添加了几分傲气。

　　前些日子，小乖在工作上与老板有些分歧。她认为老板对她做的项目不够关心，她通过电邮向老板反映的工作情况几乎得不到回应。眼看项目快到期，她心里很着急，可老板不以为然，要她用最简单快捷的方法把这个项目了结。她认为这是一种不负责任的做法，很不乐意依照老板的方法去做。带着这个烦恼，她打电话给她的好朋友。这位朋友比她大 5 岁，虽然工作经历不如她多，可从这位朋友的谈吐来看，对处理人际关系很有一套。听了她们的交谈后，当晚我就与小乖认真交流了一番。首先肯定她朋友的意见和建议，其次表明我对此问题的看法：第一要摆正自己的位置，你是在老板的领导下做项目，是为老板做事，也就是老板的助理；第二应该以团队的利益为重，当你在做这个项目时，你会觉得这个项目重要，但作为整个团队来说，这个项目可能是无足轻重的。然后用过去她推荐我听的小说《基金经理》中的一段情节作为例子，表明老板自有老板的道理。任何做法都有其两面性，作为下属最好是站在老板的角度去理解其做法，学会找理由说服自己去做。

　　这是我的想法，也许不合适或不具说服力。期望能与大地的朋友们作些交流。

　　对于孩子的培养教育，我的体会是，尽量了解孩子现时的思想动态和喜好，特别是他们当前的困惑和烦恼，用他们能够接受的语言和例子来引导和开导。经常交流（以听为主）是获取信息的最好途经。而与他们一起看他们喜欢的电视剧是一个最好的交流机会。通过剧中的故事和人物，以及他们的评论，可了解他们的很多思想情况。同时我们可以有意识地发表自己的看法，让孩子在不知不觉中了解父母的观点。另外，读他们认为好的书，有空时与他们交流读书心得。日后在帮助他们解决问题时还可引用书中的话语和情节使他们较好地理解我们的意图。

【跟帖】

溪中石：这个分享很好。你家孩子很懂事、能干！老美确实很看重团队的进展。只有电影才宣扬个人英雄，嘿嘿。

Windy：哈，女儿工作了，按国人的习惯，你的工作更严峻啦。国外长大的孩子做事情是以他们的教育方式、生活圈子为依据的。我的经验是让他们自己去闯，自己去校正自己。

26、 温带季风

【小说】午夜徘徊

寒冬的夜总是漫长而寂静，时针已过子夜，偌大的床上，娇小的菁儿卷曲成一个问号，显得那样的形影孤单。她和大脑中的那份清醒争斗着，力图让自己入睡，然而一切却是徒劳，总有一根不安分的神经活跃着不肯静下来。她只能习惯性地在死一般寂静的夜中瞪着双眼，空洞地望着漆黑的前方，而脑海中那根不安分的神经却高度警觉着，随时扑捉楼梯间的细微动静。

十几年了，只要老公夜不归家，菁儿仍会六神无主。她恨这个习惯，但这个习惯却像毒瘾一样跟随着她，让她难于戒掉。菁儿索性披衣起床，赤着脚踩在冰凉的地板上，推开窗户，让窗外的寒气尽情敲打已经冰凉的身体。抬眼望去，天，空旷而赤裸，没有星星的陪伴，天也一样孤寂着。

"老公，你在哪儿呢？"对着夜空菁儿无声地呼唤，她知道他在这座城市里，在某一个灯红酒绿的角落。她还清楚地记得那一次他和老公的对话：

"怎么回来这么晚？"

"有事！"

"什么事呀？"

"和你说不清楚。"

"以后早点回来！"

"你自己先睡嘛，不用等我！"

从那之后，她再也没有问过老公，尽管她是那样想知道他在做些什么，然而她的自尊却容不得她再去问。只是把这疑问和等待化成暗涌，在脑海深处保持一种固定的姿态，声势磅礴却悄无声息。

菁儿心底里苦笑着，发现自己越来越像个"空巢女人"。

她仍旧深深眷恋年轻时那种被宠的感觉，那种相依相偎的亲近。

在夜深人静的时候，在难耐的等待中，回眸往日，唏嘘感叹，菁儿不甘心地想道，难道过去的温情真的不能重现？所有浪漫只能成为昨日奢侈的记忆？她想起一句告诫，要想抓住男人的心，就要先抓住男人的胃。她亲自下厨精心捣鼓了几个小时，做好了老公喜欢的菜，兴高采烈地打电话，换来的是一次又一次的失望，一切都是徒劳，她的手艺又怎能比得过餐馆的一级厨师？

菁儿痛楚地接受着时间的改变，但却产生了一种迷惑，这个世界到底需不需要我的责任？精心的烹饪没有了热情的喝彩，悉心布置的家居，却不能再令老公归心似箭，家，只是歇息的旅馆而已。

菁儿带着问号，跑到网络上追问不同的男人，"怎样换回老公的热情？""不可能！"所有的回答一致而肯定。"为什么？"菁儿茫然地问，"你已经失去新鲜感。"是啊，"新鲜感"，"新鲜感"……菁儿重复念着，一种强烈的失望漫过她的心头。她知道，既然这是不可更改的事实，那么，情感的退潮也许是一种成熟和必然，每个家庭的情感都会从轰轰烈烈走向平淡如水，现实就是这样无可奈何。

带着浑身酒味深夜晚归的老公，是有理由让菁儿不放心的。然而菁儿却拒绝猜忌和不信任，她知道那只能给自己带来伤害，她不想打破和再次找寻，只是想守住已经拥有的这份安定。她相信着她的男人，理解着她的男人，相信他做的事是没有超出这个阶段男人的常态。

肩负着社会和家庭的双重责任的男人，忙着和现实打拼的男人，忙碌在花花绿绿世界里周旋的男人，是没有太多时间来关心太太情怀的，外面世界中的些许成功，远比家中卿卿我我对他们更具有诱惑力，对此，作为太太能选择什么呢？似乎范围很小，默默承受，慢慢适应也许是最好的选择。

理智是一回事，情感又是另一回事。菁儿仍然渴望着，一边做着重现往日的温馨的荒唐梦，一边祈祷着时间老人快些教会她扔下老公也能安然入睡。

几声响亮的犬叫，给寂静的寒夜陡添了一份恐怖，菁儿不由得打了一个哆嗦。是啊，这座城市不是也在改变着吗？几十年前，谁能想到，这座城市黎明中不能听见鸡鸣，却能闻得狗吠。房门响了一下，屏息一听，钥匙的转动声，老公在开门。菁儿一个箭步跳进被窝，佯装熟睡。她不愿意让老公看见她深夜还在游荡……

【跟帖】

Crystal: 十几年这样不睡，肯定要神经衰弱的。可怜的女主角。有时，觉得这样的女人真是哀其不幸，怒其不争。很显然，她和男人已经距离遥远，她不知道他在干什么，他的工作，他的应酬，他的烦恼，他的快乐，他想要的是什么。她只是停在表面地，象寒喧一样地和他说话。他没有说真心话，她居然因为什么自尊心就算了。连基本的交流都不会，还谈什么抓住男人的心？新鲜感？其实就是他想要一点改变，一成不变的日子是会让人麻木的，他也因外界的环境会有所变化。如果她能了解他的变化，跟上他的步伐，她就可以做到随时掌握他的变化。抓住胃而抓住心，实在是本末倒置的话。

陶江湖: 菁儿总期望老公改变，期望太多变得失望太多。大多数时候个人是没有力量改变他人的，与其等待，不如试着改变自己。家庭主妇最可怕的是与社会的脱节，老公在社会上遇到的疑难杂症都不愿意和老婆交流，大多是认为老婆的能力不够，或怕老婆没必要的担心。当然也有些在灯红酒绿下的勾当，不愿被老婆知道。一个女人如果把自己的活动场所限定在精致的家居，美味的食物和等待男人回家上，难免让人乏味，自己也会变得自怜自艾。

【小说】这个男人死了

子亭死了，他选择在峨眉山金顶，在初春一个阳光灿烂的日子，亲自结束了自己的生命。在他临死的前晚，有人发现他满身的淤伤。据说，那是他第二任太太的杰作。

初春，府河岸边，杨柳吐新，迎春花开，暗香浮动，在摇曳的月影中得知不幸消息的雨涵状如雕塑，心情沉重。深深的悲凉侵扰着她，她难以想象风流倜傥的子亭被折磨得遍体鳞伤的样子，难以想象乐观幽默的子亭绝望的神情。雨涵有点灰心，炎炎之世，生命原来脆弱得如此不堪一击。

那些曾经的过往又浮上心头。

雨涵的同学玉儿大学一毕业，便被36岁的子亭深深吸引。才华横溢、风度翩翩的子亭，有很多作品在国际影展、全国杂志上露面。玉儿玩得饥肠辘辘的时候，子亭会出其不意地送来精美点心，烦闷的时候，会收到子亭情意缱绻的长诗，玉儿总能从子亭那里收获惊喜。21岁的玉儿在子亭面前可以尽情胡闹，尽情刁蛮，而子亭却总是用笑嘻嘻的神情怂恿着她，对于玉儿，他似乎总有永远不完的好脾气。

子亭很喜欢呆在玉儿和雨涵的宿舍用他那充满磁性的男中音讲述一个个妙趣横生的故事。每每讲至深夜，玉儿却抱怨时间过得太快，恋恋不舍送出门外还会咬舌良久。目睹难舍难分如胶似漆的二人，看着玉儿充满爱意的眼神，雨涵担忧地提醒玉儿：你了解他吗？大我们十几岁人的世界能和我们的世界相融吗？他第二任太太可正怀着他的孩子。

玉儿有了惶惑，便存了心机去了解子亭的过去，从玉儿嘴里雨涵知道了子亭的过去。

子亭和原配青梅竹马，两人家都有着骄好的家世，前妻更胜一筹，家里是高干。两家富裕宽松的家庭环境，培养了两颗骄傲而任性的心。强烈的争强好胜的个性使他们婚后的生活常常是硝烟弥漫。一件事情为了争个输赢，常常唇枪舌战，仅仅是为了赌气，两个人分道扬镳了。

前妻找了一个小15岁的弟弟结婚了。而子亭也不甘示弱很快和小10岁的第二任太太结婚了。第二任太太家世更为显赫，军长的独养女儿，漂亮而泼辣。婚后不久，骄纵霸道的性格显露无遗，暴躁的性格比原配有过之而无不及。

玉儿深信子亭说的一切，她对雨涵宣告：要经历大起大落风风雨雨的真爱，要用她的爱将子亭从水深火热之中解救出来，要坚守到子亭和他怀孕的第二任太太离婚来娶她。

知道了子亭过去，雨涵并不认同，认为他婚姻态度轻率，缺乏责任感。雨涵对玉儿说出了自己的看法，爱河中的玉儿哪里听得进反对意见，反唇相讥、冷嘲热讽抨击雨涵平庸之极，不懂真爱。为了玉儿，雨涵私下找到子亭，"你是有家的人，能给玉儿什么呢？你不适合玉儿。"子亭笑笑，不置可否。

半年后，子亭调入省城某编辑部做主编，请玉儿和雨涵吃了一顿豪华大餐后，突然销声匿迹了。

几个月下来，玉儿那双清澈明亮的眸子从渴求和期盼慢慢地变成了呆滞和绝望。看着玉儿的变化，雨涵心疼又难过。这段情也因为子亭的销声匿迹戛然而止……

　　几年后的一天，雨涵在充溢着消毒水、药水气味的医院走廊里见到子亭。子亭已消瘦得不成人形，深深地弯着腰，要艰难地扬着头才能和人说话，手就那样不听使唤地摇着、摇着，稀疏的几根头发没精打采地挂在头上。那一刻，雨涵简直不敢相信自己的眼睛，心中陡生不可名状的酸楚和凄凉。

　　"吓着你了吧？"子亭微笑着问道。

　　"……"雨涵还未从惊讶中回过神来。

　　"嗨，你怎么还在长个头啊？啥时候长得和我一般高了？"子亭使劲挺了挺已打不直的腰。

　　"你，还好吧？"雨涵盯着子亭发亮的头顶，声音里带着明显的颤抖。

　　"别担心我的头发哦，进理发店可以打折，哈哈。"子亭笑嘻嘻地说道。

　　"不好意思，"雨涵赶紧把目光从头顶收回，使劲挤出笑容，"你，怎会这样？"

　　"帕金森这家伙缠上我了，脸皮真厚，赶也赶不走。"他爽朗的笑声。

　　"呵呵，你的笑容永远那么迷人。"雨涵真心实意地说。

　　惊异的雨涵在子亭的笑声中安静下来，回赠了子亭一个甜甜的笑。至少声音，子亭的声音，依然那么浑厚动人。

　　夜，有些深了，一层雾气悄然缭绕，给月夜凭添了一丝朦胧和诡异，夜风吹来，寒冷刺骨。雨涵猛然惊醒，发现自己泪眼婆娑，一个人在夜色中站得很久了，力图把思绪拉回来，然而几个小时前子亭原配的话却清晰敲耳。

　　昂贵的医药费和子亭病残的身体，让他第二任太太承受了巨大的压力，窘迫的家庭现状使她完全失去了控制情绪的能力，脾气变得更加乖张、暴戾。虐待子亭成了她唯一可能的发泄。子亭默默地承受着，躲避在几乎所有亲人的家里。太太一次次将子亭逼走，却又一次次流着泪把子亭接回。

　　子亭终于离家出走了，带着满身的伤痕，带着一颗破碎的心，来到了他挚爱的峨眉山。那里曾经赋予他灵气，给予他自信，完成了许多优秀的摄影作品。他选择了那里，让他的灵魂得到永恒。

一生玩弄文字的子亭，没有给他的女人留下一个字。永远也没有人能知道，在最后那一刻，他想的究竟是什么。

雨涵一连几天打不起精神，子亭的故事总是缠绕着她，有种想法顽强地冲入脑海：也许，子亭是爱玉儿的，正是为了爱才选择离开，那之中也许包含了许多的隐痛，许多的无奈。

雨涵陷入深深的愧疚与自责：假如我不干涉，玉儿与子亭会不会终成眷属，子亭的生活会不会好一些……

【跟帖】

明珠： 老辈人说，婚姻是一辈子的事，一点也不假，女怕嫁错郎，男是不是也怕娶错妻？老辈人还说过：行不下春风，别指望秋雨。当妻子需要照顾的时候，他在外边花心，当他需要照顾的时候，被妻子"花身（满身的淤伤）"，是不是也是一种因果？

外星人： 以残酷的揭露，宣泄心仪者的惋惜；以不露声色的素描，挞伐他行为不恭；以不可挽回的结局，实行惩罚，并醒世励人。这是作者的本意，是这篇小说的明亮光泽。实际上，真正爱上他的不是玉儿，是雨涵。

27、 唯一

【随笔】我的谋生手段

虽然我对资本主义的天空很有信心，可今天我觉得大概要入秋了。不用说，华尔街肯定要大裁特裁；在 IT 业，HP 说要陆续裁两万来口子，还有谁要裁来着？Anyway，估计未来的日子"裁员"二字会象苍蝇一样在大家耳边嗡嗡。

在这样的日子里愁白了少年头是没有用的。我决定先想好退路。

首先，我肯定不会在家里坐着。我这人闲不住，我必须得工作。所以，完全可以放心，自己不会成为社会寄生虫。

其次，找什么工作呢。这个我倒也不担心。文，咱可以做本职工作；武，咱也可以从事体力劳动嘛。

除了专业技能外，我还有以下技能和经验：

做饭，哈哈，人人都会，竞争者多了点儿。

缝纫，这个活计至少男的不会，竞争者减半；女的会的也不多，竞争者再减半。

女招待，竞争者大约也只要 1/4，哈哈。别以为是个人就能端盘子，还得眼里有活。

月嫂，咱们有实战经验。

做生意，经验丰富。

综合上述技能，我可以开便利店、咖啡店、茶馆……餐馆？餐馆还是算了，太辛苦。

假如经济真的来个大萧条，估计做生意得做最基本的，比如进口，就是吃的东西，而且进口的生意本小，但又不会饿死自己。

有人可能说我的想法不够高尚，想到的都是提篮小卖拾煤渣的活路。不过我是这样认为的，往上走，走多高都不需要做思想准备；但是如果你连最低谷都想好了，还有什么可怕的？

想好了最坏的结果，我现在就可以"马照跑，舞照跳"，水照灌。

【跟帖】

渔樵闲话：有歧视大老爷们儿的嫌疑吧？俺最多做回老本行——打渔、砍树。当然还可以数数别的，铺地砖、铺地板、修院墙、油漆、教开车。

溪河江海：如果真的大萧条来了，我打算专门拍摄大萧条时期的人们，混点面包吃。

Wliao：日子没有最苦的，因为更苦的还在后面……哈哈

【杂文】读书的一点认识

读了一本叫做《My Stroke of Insight》的书，作者是一个研究神经的哈佛 PHD。她 37 岁时左颅内脑血管爆炸，做开颅手术后，用了 8 年时间完全康复，以亲身经历写了这本书。

我看书的原因很多时候是好奇。看这本是因为想到老之将至，病之将来，提前了解一下不妨。书挺枯燥的，但是我学到了一些皮毛。

作者写到，病后她失去了说话、走路、读写各种功能，后来一一锻炼恢复了，不过恢复最差的一个功能是算术。到病后第四年才会加法，第五年会了减法乘法，但是除法一直不行。因为她受伤的左脑中最重的那部分就是管计算这个功能的。

中风病人的脑细胞受伤，智力和基本自理能力基本就是回到小孩子的水平，需要锻炼才能恢复到病前的状态。这使我想到，有一些小孩子的算术不好，不说明他笨，而是他的那一部分脑细胞还没有成熟或者没有受到足够的刺激；有一些孩子说话晚，恐怕也和管理语言的那部分脑细胞有关。我们有时发现一个孩子读书突然开窍了，也许不是变聪明了，而是那部分脑细胞正常工作了。

以此推理的话，肯定有一小部分孩子在某一科目上永远不开窍；还有一小部分非常超乎常人；而多数小朋友是居中的，不特别差也不特别出色。

人对事务的分析结论来自自己的大脑，有人左脑做决定，有人右脑占上风，因此同样的事情两个人的结论可能大相径庭。神经不大正常的人会产生幻觉，但是他们自己绝对不会认为那是幻觉。

人的大脑里面肯定有些一辈子都没用到没刺激到的细胞，也就是

说有些功能可能终身都发挥不出来。我胳膊刚坏那几天，只能用一只手做事，很不方便，于是我用上了牙齿和脚，以前绝对想不到脚能帮上忙。这几天我胳膊好了，就不用牙齿和脚帮忙了，但是如果我一直手脚牙并用呢？是不是生活工作效率能大大地提高？

我常常看些奇怪的书，不断地刺激大脑，说不定哪天一直沉睡的某些脑细胞突然就振作起来了，我就成了一名大器晚成人士。哈哈。

【跟帖】

菲兄：好想法，但是早已过时了。早二十年，人们对基因调节、蛋白表达极其功能认识有限，就对显微镜下的观察尽情联想努力发挥。其中一点就是神经突触让神经元勾肩搭背的多少去解释智商高低。人的智力是可开发的，尤其在少年和青年，中年以后就难了，老人要想再聪敏些如同日出西山一样难。那么是什么决定智商呢？是蛋白的表达。智力活动是一套 SET 蛋白的综合功能表现，有些能少点多点，有的不能少，也不能多。如果某人的蛋白表达就不能凑齐那么一个 SET，他/她就不可能完成某智力活动，例如如何让漂亮的妹妹舍生忘死去跳海。大器晚成的前提是他/她有那么一套蛋白 SET，往日年青没有开发，老了一开发，嘿，原来老头老太还蛮聪敏！

张维舟：唯一很有思想，唯一的文章很有新意。

【评论】《廊桥遗梦》的成功之处

以前看过这部电影，没留下深刻的印象，倒不是觉得东树林和梅瑞儿显得老，而是觉得这个故事没有什么过人之处，也没有什么特别感人的。可是，好像这个故事感动了很多人。我不明白为什么，就借书来看。

不少人说这故事描述了伟大的爱情，我还真没看到有多么伟大。这个故事就是一个寂寞已婚中年妇女的红杏出墙篇。作者一开始就交代了，佛朗西斯卡已婚 N 年，生了两娃，现在和老公是左手摸右手的感觉，不过几个月左手都不摸一次右手，所以没感觉了。这时，一个偶然的机会，上帝给寂寞的佛朗西斯送来了摄影家罗伯特。

这篇小说不长，充其量是部中篇。作者在不长的文章里很多次强调罗伯特有多么性感，比如描绘他瘦得恰到好处，且一身肌肉，又比如从佛朗西斯的角度去看，几次用"HARD"这个词来形容罗伯特。两个完全陌生的人，在没有什么深层思想交流的情况下，此刻的吸引完全是性吸引。

再看看他们两个人相处的四天里有多长时间是在床上？两天以上。作者强调罗伯特在床上的表现有多么出色，仿佛一只豹子，还是温柔的豹子。

佛朗西思和罗伯特最长的对话是在分手的那一天，不过是解释为什么不跟他走，谈不上多么深的心灵交流。

没有深层思想共鸣的爱情不算伟大的爱情，这是我的看法。不过，我以为这部作品的成功之处在于两点：一是佛朗西斯没有抛弃家庭跟着罗伯特走；二是分手后他们没有再联系或者见面。

不管社会进步到什么程度，人们思想开放到什么程度，一些基本的道德准则还是不变的，比如关于人是否应该忠于婚姻和誓言。如果佛朗西思抛弃老公和孩子，那么这个故事就成了另一个《查特莱夫人的情人》；如果他们分手后仍然情书不断或者时常见面，那也是不能被多数普通人接受的行为。

如果把《查特莱夫人的情人》里面的赤裸裸的性描写去掉，换成比较隐讳优美的暗示语言，这两个故事其实差不多。虽然罗伯特的职业比看山人高一些，但他要是个三百磅的秃头老儿，肯定佛朗西思不会一再留他吃晚饭。

廊桥是前卫的，又是保守的。这一点又和琼瑶写的故事差不多，所以这个故事是美式的琼瑶。

Vicky Christina Barcelona 里面有句台词：Unfulfilled love is romantic，廊桥遗梦体现的就是这种 unfulfilled love。它让观众想起自己的 unfulfilled love，也许是暗恋，也许是不伦之恋，总之是短命的，没成正果，所以想起来总觉得美好。恋爱要成正果通常是结婚，不过结婚之后柴米油盐比较讨厌，所以人们喜欢看这种与柴米油盐无关的恋爱。

【跟帖】

风：Unfulfilled love is romantic。唯大作家总是很尖锐，不肯让读者和观众做个梦。跟琼瑶阿姨的故事还是有些不同的，琼瑶阿姨好纯情好纯情哦！

九纹龙： 看了电影，不知道跟小说差多远。年纪轻轻从意大利跟随夫君来到美国中部爱荷华无聊小镇相夫教子，多少载后人到中年，心中长期埋藏的一大块缺憾，终于被周游世界的罗伯特撩开。她其实过得并不快乐，她的生活除了物质之外并非自己梦想那样。其实被身份锁在美国的新移民又有几个不是她那样？女主角事后还是没有冲动跟罗伯特私奔，决定留下来后没有把这段事告诉丈夫，她的丈夫是在她身边幸福地死去的。但有一点无法让人接受的是，如果她觉得现实和梦想没有吻合，她应该让丈夫知道，至少给男人一个机会为她补救吧。而现在她却在死后要求自己不和丈夫葬在一起，而是把骨灰也像情人那样撒到同一条河里。我想那丈夫在地下是不能瞑目的，一定要讨个说法的。嘿嘿。也许这个电影最大的积极意义是在结尾，人到中年的两个孩子读完母亲的笔记后，回到各自的家庭去寻找久违的感情火花。

【杂文】杂议上网

很多人说网络是虚拟的世界，一切都是假的，不可信。但是我的感觉正相反，网人说的话，如果不是诚心找茬打架的话，往往都是真话，有时不好听，但是仔细想想，很有道理。

在生活中我们做了朋友，有些话就不好说了，比如你洋洋得意地说"我今年收成不错。"作为朋友，我们肯定不便于指出"明年收成就不一定了"或者"我的收成比你更好"。但是在网上就不一样，网上谁也不认识说，一旦有人吹牛，马上会有人跳出来泼一盆凉水。

我常常觉得网络能够使一个人脚踏实地。

小时候我的老师经常这样批评骄傲的同学："最近有些同学的尾巴翘得比较高，要注意一下了。"网上的人就不会这样含蓄，会说："傻 X，你牛什么，你家多收了三五斗，我家多收了七八斗，我都没有出声。"吹牛的人听到这话，很愤怒，骂两句，但是从此就收敛了。这难道不是一件好事么？

人是无法控制自己感情的动物，比如玩股票，牛市的时候大家信心就足一些，熊市的时候信心就差一些，而且有个惯性，不是那么容易拐弯的。股市教育人的方法很简单，也很残酷，就是让你输血汗钱，输一大笔之后，算交割学费，还不能保证下次不会再输。网络在教育人方面要比股市好多了，被人泼凉水，挖苦几句，并不是让人出血么。

因此，我想这是很多人喜欢上网的一个原因。

【跟帖】

黑眼睛：可以考虑写一本《网络交际学》。

又：最新科学研究表明，每天上网 2 小时，可以多活 30 年。

勤劳：又不输房子输地，又不少吃一块肉……嘿嘿

山中狼：先帝说与天斗其乐无穷，与地斗其乐无穷，与人斗其乐无穷。

本狼以为这三斗加一块都不如与网斗，呵呵。

28、 84

【随笔】灰色回忆录：红色电影院

八二年以前的江东，除铁路工人文化宫外，好象就只有红色电影院这个公共娱乐场所。

红色电影院离火车站很近，从车站广场出来走 400 米左右就到。房顶上的"红色电影院"五个大字，仿毛泽东的手迹制成，用霓虹灯勾勒轮廓，晚上在远处就能看到五个醒目的红色字体。由火车站始发的一路公共汽车，沿着广东路，路过红色电影院门前，经由老湘江大桥，驶向江那边的主要市区。

我进中学后，上学放学一般都会从火车站附近路过，总喜欢到红色电影院附近去逛逛，看看电影放映预告时刻表，看看各种电影剧照和广告画。时常能看到电影院的美工在现场画大幅的电影广告，那大概是我后来操笔练了一段时间绘画的原因之一。

美工绘画吸引我，售票员写字我也感兴趣。在售票处，售票员坐在窗口后面工作，各场次电影的放映时间和票价都写在玻璃窗上。每当放映信息有变动时，售票员就用抹布擦去无效的内容，再用油画笔蘸着广告颜料写上新信息。那时我总会以佩服的眼光，看着售票员在窗口后面反笔划写字。虽说那些字并不算写得特别好，但是那书写的方式和流利的程度，让我觉得很有趣。我也练习用反笔划写一些字，然后到同学们那里去显摆。

红色电影院旁边也有一些好去处。新华书店紧挨着电影院的右边，那也是我经常光顾的地方。虽然那时没有开架售书，但是隔着柜台看看那些陈列的书画也好啊，且还可以装着有购买意图的样子，请求售货员拿某本书来短暂浏览一下。

走过新华书店，就是一家冷饮店。门口橱窗上的一个大美术字"冰"，写得雪融欲滴的样子，广告效果远远好于直接写出"冷饮"二字，吸引我有钱无钱都想进去转一圈，沾沾那迷人的凉气。冷饮店旁边，是一家占据整个街道拐角门面的副食品商店。里面有包装精美的烟酒茶叶、糖果糕点和各类罐头。我最喜欢进去看看粘着糖霜的冬瓜条，还有那面上撒有粗粒白糖的水果软糖，用彩色塑料纸包装成橘瓣状。我会吞着口水回味那偶尔吃过的味道。那年头，一般家庭是不买那些食品的，主要是来去的旅客购买当作赠送礼品。

转过弯去，就是我见过的第一家清真餐厅。当初还不懂什么叫清真餐厅，直到有一天放学路过，看到餐厅门口围了一大堆人。插缝挤进去，见一位外地人在哭，嘴边有从鼻孔流出的血迹。听围观者说，那位外地人进去用餐，点菜要炒猪肝，结果被餐厅工作人员一个大嘴巴子狠抽脸上，说那就是炒猪肝。围观者劝外地人说，算了小伙子，记住教训，清真馆子是回民开的，进去说要吃猪肉就是去惹事，赶紧走人吧，他们少数民族是受保护的。什么？点菜不妥会挨打？那一堂生活中的课我终身不忘。

虽然就餐不当遭打让我吃惊，但是打架斗殴并没有少见，尤其是在红色电影院周围。那时江东这边的铁路中小学包场组织看电影，基本都是在红色电影院，其间打架事件时有发生。我目睹的一次，是电影结束灯光刚亮，人们起身往几个出口处走的时候，放映厅中间的出口附近突然一阵骚乱。看过去时，得手的一方人马已经逃出影院，几个高年级同学围着他们受伤的伙伴，一位解放军观众刚撕开几支香烟，手拿烟丝使劲盖住那位同学流血的头部，跟着老师要去医院。后来，听说那位同学头上缝了十几针，另一所学校肇事的几位都被处分。也许是听多见多了，我们同学之间说起来，都不觉得那是多大一件事，倒是说到烟丝居然有止血镇静作用，那解放军叔叔懂得就是多啊！

当然，留下更多记忆的，还是在红色电影院看电影。那个年代，看电影是主要的娱乐手段，票价也是人民大众化的，两毛到两毛五一张票，宽银幕片子也就最多五毛钱一张。那时候一般冰棍三分钱一支，豆沙冰棍一支五分钱，奶油雪糕也就才一毛五。看一场电影享受些冰棍雪糕用七八毛钱就打发了！因此那时候公开放映的电影我几乎全看过，很多还不止看一遍。除了学校包场看，同学朋友常常也约着去看电影，我自己一个人也会买票去看。有一次自己一个人去看晚场，在电影院里睡着了。

那时我哥哥已经下乡去当知青，妈妈随巡回医疗队下到铁路沿线去工作两周，我一个人在家，写完作业吃完饭，晚上没事就去红色电影院。碰上放映罗马尼亚的芭蕾舞剧，全剧没有一句道白和解说，剧中的音乐舞蹈和服装都很美，很让人开眼界，但是我的眼睛却在优美的音乐声中闭上了。幸好那天我的好朋友潘伟一家也看那场电影，他和他父母在散场人群的说笑声中过来叫醒我，不然就会是打扫卫生的影院工作人员大声吆喝我回家了。潘伟的父母也在医院工作，知道我家的情况，看到是晚上十点半已过，他们同意潘伟陪我回家。路上潘伟似懂非懂地介绍我错过的情节，孤独无助的感觉随着我们的笑声飘入家乡的夜空中。

妈妈也带我去红色电影院看过电影。我记得最清楚的是去看《闪闪的红星》。妈妈买回票来对我说，这个电影好，你就象里面的潘冬子。我听了心里说不出有多高兴啦！当妈妈带着我走进电影院时，我幻想着周围的人都扭过头来注视我：他真象潘冬子！我就是以那样激动的心情，在红色电影院里和妈妈一起观看了那部红色电影。

后来，在作文里写向冬子学习，在文艺宣传队里演冬子，邻居们夸我象冬子，我感觉特别好！过了一段日子我才意识到，那只是大家对一个淘气孩子的殷切期望。我长得并不象扮演冬子的祝新运，医院子弟里另一位东东才长得象祝新运那样帅气。我和冬子是有相似之处，不过我的妈妈没有牺牲，我的爸爸也没能象影片结尾时那样，骑马别枪来接我，我也没能象冬子那样，穿上军装背上枪，在红旗的引导下，和爸爸一起行进在革命队伍的行列中。

就象从梦中醒来，我回到现实里。也就象从梦中醒来，红色电影院消失了。现在的家乡，过去的红色电影院，新华书店，冷饮店，副食品商店，清真餐厅，都不在了。沿街是一家挨一家的商店，嘈杂的喇叭里放出流行曲和促销广告，各类商品色彩斑斓，红色混杂其中，已经不再那样鲜艳，不再那样显眼了。"红色电影院"那五个仿毛字体的红色霓虹灯标志，只会在灰色的记忆中微弱发光了。

【跟帖】

Windy： 很多过去我们熟悉的东西已经消失在现代生活中，只有在记忆中寻觅。

Muyu： 怀旧的好文字。可惜现在再也没有这样的电影院了。那时候，进到电影院，就进入了一种全新的生活。出来，才回到现实中来。电影院是一个提升人境界的地方。

【纪实】狐假吾威

　　去年在后院开出的一片花园里栽下的幼苗，今年看到成效了。可是，不时会痛心地看到一些花枝齐齐断在园地里。经过观察，发现原来是几只兔子干的。你说要是把咬断的全给吃了，那也算是没浪费，可他们不是，存心捣乱气我们呢！

　　为此，太太对此特别生气。怎么办呢？最初的办法是把我孩子小时候玩的强力水枪翻出来，装满"弹药"，坐在阳台上一边乘凉一边待兔，看见兔子出现就一梭子扫过去，把兔子们赶出家园。这个办法试用两天就放弃了。紧握水枪为花园站岗放哨，咱兵力严重不足，兔子们的游击战轻而易举得胜。

　　然后，太太去 LOWES 咨询，看有啥对策。店员和在场的顾客都推荐一种颗粒状化学物，说是撒一次管一个月左右。买一瓶回来，看成份闻气味，里面含有大蒜油和仿动物血等等，设计原理是把兔子们给熏走。买回来当天就撒了，花园里似乎是飘着一些意大利 pasta 的气味。起了几天作用，见兔子路过，没见花遭殃。几天一过，兔子们又回来糟蹋花了。难道气味挥发太快了？那就再撒！结果当天撒完，人家当天又来，跟没事儿一样。看来兔子们的嗅觉很快就适应了。

　　后来听人说，真正能熏走兔子一段时间的，是撒狐狸尿，因为狐狸是兔子的天敌之一，那玩意儿有威慑作用。可一般商店都没这稀罕货卖，要买得去找特卖店，肯定价格不菲，还有很多麻烦。算了吧！我对太太说，与其买狐狸尿，还不如你去商店里买一个假狐狸塑像回来，放在花园里，过两天去挪动一下位置，把兔子们吓走。太太说，你当兔子们那么傻？肯定不管用。我说，以前咱国内农村里，扎草人吓麻雀保护庄稼，就是这原理。试试吧！经常挪狐狸位置的事包我身上了！

　　太太抱着试试看的态度，去买了一只假狐狸回来。往花园里一放，嘿，还真有花园卫士的样子！半天刚过，我就去给狐狸换了个位置，还行，不算太麻烦，只要管用就行。第二天，也就是第二天晚饭后，"你看！"太太叫起来，"那兔子就在你的狐狸面前咬花呢！"气得我冲出去，带着狐狸追兔子。兔子跑了，我把狐狸留在花园的另一头。

"兔子被吓跑了。"我回到屋里。"那当然，那是狐假你威嘛！哈哈哈！"太太嘲笑着说，"跟你说不管用吧！那时候光扎草人不够，还得敲锣呐喊的。"

现在，那狐狸终成了花园里的装饰摆设，兔子们仍然肆意横行园中。狐假吾威，吾威何在？

今天去沃尔玛买了一副高级弹弓，与兔子们的斗争要升级了！

【跟帖】

秋尘：哈哈，笑S我了，肚子在疼。84太油墨了。我家的草莓也是这样，我至今都不知道啥动物吃的，估计不是松鼠，就是黄鼠狼，或者獾。大概它们吃7个，我才吃3。吾威何在乎？不在就不在，吾威不要了，哪天看见是个啥，一起打来吃！连本带利还来，嘿嘿。

Wliao：狐假被兔欺，吾威干着急。恼羞买弹弓，扬言要升级。哈哈。

碧云天：买只乌龟来，让他们赛跑，肯定兔子跑得快了，84就做螳螂，等着收获美丽的花园吧。

【随笔】为香椿树祈祷

朋友在2009年春季送了一株香椿苗，去年长势不错，我们那时已经吃上了香椿炒鸡蛋，激动的心情有小文为证。

后来，得知香椿栽种的位置应该离房屋远一些，给它充分的发展空间，同时也避免对房屋的负面影响。于是，我们在去年秋天把香椿树和另外两棵无花果树挪动到更好的位置。那里空间开阔，阳光充足，我们就等着今年香椿大丰收了！

没想到，两棵无花果树长势并不喜人，香椿树至今没有发新芽，让人甚为担忧。知道有"树挪死"这一说，可我们这是在树的少年时期，为了树更好的长远发展而做的挪动啊！

看到两棵无花果树已经适应新环境，开始从新枝桠成长，我们只能祈祷，祈祷香椿树能在这更好的大环境里生根发芽。

人对新环境的适应能力比树强。与香椿树的时间差不多，我们挪到新住址才两年多一点，感觉好像适应得还不错。不过，我们的孩子却不这么认为。他假期从学校回来，经常开车到老住处去会同学朋友。有一次在饭桌上聊天，说起从窗口望出去风景如何如何地好，他问道："我们为什么搬到这里来？就为了房子大环境好？我们搬得离朋友们更远了，你们不觉得吗？"

孩子的一席问话触到我的痛处。在老住处，我可以一周参加三次朋友们一起玩的体育活动。现在，我只能周末驱车来回一个多小时去参加一次活动。与朋友们的互访自然也减少了。

人挪活，树挪死。我们挪动，已经远远不是为了生存，而是为了活得更好。可我们的挪动真的使我们活得更好了吗？

从中国挪动到美国，从小房子挪动到大房子，我们捡到了或许是又大又甜的西瓜，我们落下的可不是芝麻。我们远离了家庭，远离了朋友，远离了故土。我们现在能一年回去团圆一次就算不错了。

都说根深才能叶茂，我们这样的挪动，根能有多深？

今天，我为香椿树祈祷，已经远不是为了香椿炒鸡蛋。

【跟帖】

soundbox：嘿嘿，看来84进入成熟期，开始反思，开始怀念故乡了。

Wliao：天宽地广椿苗壮，前途无量怀梦想。待到荫翳蔽日时，炒蛋腌菜满嘴香。

秋尘：84好文！祝你的香椿苗苗壮成长！谁是风儿谁是沙，风沙不弃闯天涯。离人此去才得晓，天地何分你我家？

【评论】看《易经的奥秘》有感

看了几期中央电视台《百家讲坛》栏目播出的《易经的奥秘》，由台湾师范大学曾仕强教授讲授。讲座结合实际生活的例子，非常有意思。

讲解其中一卦时，曾教授提到，有人问教育孩子该不该打，觉得这个问题争议很大，也是东方西方古代现代教育理念的主要差异之一。曾教授说，主张该打和主张不该打的人都是不懂易经的人。用易经来回答就很简单：打得合理就打，不合理就不打；打得有用就打，没用就不打。哈哈！感觉有点圆？就这个意思。

以我理解，易经这个意思就是不要程序化，不要教条化，不要绝对化。要机动灵活，要随机应变，要留有余地。

这让我想到一些文章和研究说美国如何如何，美国人如何如何，俨然一副很权威的口吻，常常误导不少读者。比如有报道说美国底特律社会治安极差，经常有抢劫和枪杀案发生。读了那篇报道的家人因此对我那时在底特律转机忧心忡忡。

还有文章中说到过美国人讲究独立独行不顾父母，家庭观念很淡薄。可我有幸共事的前后两位经理，一位家中住着他太太的外婆直至她去世，另一位几乎每周都去照顾他母亲，带她去医院，帮她铲雪。当然，这两位经理的家庭和工作条件使他们能这样做，还有不少美国人有这样的心却没这样的条件，可也不能说他们不顾家人，家庭观念很淡吧？

记得拉里伯德任职波士顿凯尔特人队的一个赛季里，他的一亲威去世了，拉里伯德立即把训练工作和比赛要事交给助手暂管，赶去奔丧。NBA 的赛事够重要，但拉里伯德的家庭观念更强！

这次美国东部大雪灾，我当时在新闻里听到杜勒斯国际机场那天下午开始关闭，到了晚上几乎没有旅客在机场滞留，只有一位女士呆在那儿不走。她是请假前往佛罗里达去参加父亲的葬礼，估计是不可能赶上了，夜宿机场虽然无济于事，但可能使她的心里好受些。

所以，我觉得那些以点带面以偏概全的"大话"、"大作"就是不懂易经的表现。尤其是出国二十年三十年或更长时间的人，还是不要以自己有限的经历来写那样大的题目。如果觉得自己可算是美国通了，不妨问问我们自己，有多了解中国？有多了解中国人？还是不要那么绝对才好。说绝对了很容易出问题。

曾仕强教授在讲解另一卦时，说家里一定不能有败家子。举例说明，他上卫生间总是只用一张纸，用那么多纸干什么？浪费嘛！那些在卫生间里哗哗地扯纸用纸的孩子一定是败家子！

嘿嘿，我不知道曾教授说的一张纸有多大，不过我本能地觉得他那天不小心说绝对了。万一闹肚子怎么办？另外还有其它意外情况。不要浪费是对的，可我觉得固守只用一张纸的标准是不明智不安全的，也是绝对不易经的。

哈哈！说得这么绝对，一听就知道我不懂易经。对对对，咱不是还在继续跟曾教授学嘛！

学而不问非真学生也。学生在此给曾教授鞠躬施礼了！

【跟帖】

外星人：很有深度啊！84是文艺、体育、学术样样在行。敬佩呀！

风：哈哈，学习了还思考了，好学生!继续学，继续想，总有一天能成为"84易经专家"。

温带季风：易经里的玄机妙理很多，你的悟性很高，慢慢参悟吧，定会收获多多。

29、 八音盒

【纪实】森田老师系列

一

我们日本小学校的一个老师叫森田。有次上数学课的时候，从窗口飞进来一只麻雀。刚开始全班都以为是马蜂，所以大叫"马蜂！马蜂！"森田老师好像吓得不得了，飞快地逃到了教室外，躲在墙角后面往教室里偷看。而教室里除了大家低头躲麻雀，同学们没有一个离开座位的。过了一会儿同学们看清了马蜂的真正面目，原来只是一只小麻雀，几个男同学就把它赶了走出去。麻雀刚飞走，森田老师就从墙角后大大方方，从容地走了出来，环顾一遍全班同学，然后板着脸对着全班大喊："你们胆子怎么那么小啊？一只小小的麻雀就逃到墙角后面。"全班无语。

二

开学了，森田老师叫我们把整个暑假的感想用一个汉字来表示，大部分同学都写"乐"和"游"。下面介绍一些有意思的字。

"夜"

老师问："为什么写'夜'呢？"

男同学回答："因为我这个暑假变成了夜行动物（指晚上出来行动，白天睡大觉的动物）。"

老师："这两天你给我再变回日行动物。"

"金"

老师："暑假和金有什么关系？"

女同学："我这个暑假把零用钱用光了。"

老师："你就不能省着点用吗？"

"痛"

老师："为什么是'痛'？"

女同学："我在山坡上骑自行车，结果摔跤了。"

老师："暑假前我明明说不要在山坡上骑车。"

"难"

老师："过个暑假很难吗？"

男同学："不，只是暑假作业太难了。"

老师："你得补课了。"

"协"

老师："你们齐心协力干什么事啊？"

男同学："捣蛋！"

老师："小孩子不要太过分了。"

最后发表老师写的汉字，他说："我非常认真地想过了，我这个暑假用一个字来形容的话就是……"同时拿出一块小黑板，上面写了大大的"太"（中文的意思是胖）。

全班先暴笑一顿，然后听老师解释："我这个暑假天天不动，整整胖了10kg，所以最近正在减肥。别笑我，你们肯定有人和我一样，特别是女同学。"

于是老师接受了全班女同学三天冷漠的目光。

三

森田老师暑假里胖了10kg，为了减肥，他开始每天骑车上班，四公里的路骑得像豹子一样快，不一会儿就到学校了。他每天晚上还吃十只辣椒，拼命出汗，因为他听说出汗能够减肥。但是问他昨晚除了十只辣椒还吃了什么，他说："先吃一公斤烤牛肉，再吃一碗饭，还觉得不够，又吃了一大碗面，还添了一大盘饺子，这时才感到饱了。"同学们都说，这个食谱怎么看都不像是减肥的人吃的食谱呀！我觉得他的减肥计划要落空了。

四

我们班一个同学姓"山口"。有次上课森田老师叫她名字，糊里糊涂地喊："山前同学，山前同学请回答。"然后眼睛盯着山口。山口同学一副很茫然的样子，两眼也直直地盯着老师，好长时间才反应过来是叫她呢。她赶快非常响亮地回答到："哈以！"

但是，森田老师假装没听见一样，又在嘴里咕嘟了两声："山前？山前是谁呀？"然后，又重喊了一句："山口同学请回答！"山口同学不好意思不回答，只好又乖乖地回答一次："哈以！"

五

快放学的时候，森田老师说有个重要的消息要向我们宣布，他几次按了按讲台，想掩盖住激动的心情，大声对着全班："我，终于要，终于要……"这时，别的班已经放学的同学都一个个从门口伸进了小脑袋，好奇地想知道森田老师终于要干什么。等到教室外挤得水泄不通后，老师总算是说出："我终于要结婚了！"全班同学"咦？"了一声，都觉得像是在愚人节受骗的感觉，没有一个人相信老师的话。"你们肯定觉得我在骗你们吧？但这是真的，对象就是教四年级的数学老师。"森田老师得意地说。

森田老师继续说："你们不准到处贴纸条做宣传，听到了没有？""是！"我们虽然答应不贴纸条，但是没说不口头宣传呀！一放学，全班所有的女同学都当小喇叭，走过一个教室就报告一声："报告老师！特大新闻啊！森田老师他要结婚了。""对象是四年级的数学老师。""数学老师长那么漂亮怎么会找上森田老师？"别的老师都说森田老师长得英俊，可我们班的女同学没有一个是这么认为的，在我们的口中，森田老师的形象就这么一落千丈了。

哈哈，估计下周这消息要传遍全校了！我很期待会有什么事情发生呢。

六

我第一次进森田老师的班级时，森田老师告诉我铅笔盒里该放什么，不该放什么。他说只能放铅笔六支，橡皮一块和一把尺子，红笔蓝笔各一支。他还非常得意地说："你看，我们班同学不会带乱七八糟的东西，都是规规矩矩的。"同时随手拿起一同学铅笔盒给我看："看见了吧，铅笔盒上都不贴粘纸的。"一打开，不对了，盒盖背面上明明贴满了粘纸，森田老师一下子气得满脸通红，"新学期一开始你就这么教新同学的吗？"

有了这个教训，森田老师决定对每个穿得花里花哨的同学都进行检查。检查了几个都很正常，森田老师的信心又恢复了："你看，大部分同学还是不错的。"然后打开最后一个女同学的铅笔盒，一切正常，当森田老师打开她铅笔盒旁边的小布袋的时候，从布袋里渗出耀眼的光芒，从里面拿出一把闪闪发光，好像缀满宝石的"宝尺"。

森田老师举着那把"宝尺"，大声质问："这是什么？"

那个女同学弱弱地回答："尺子。"

"我问尺子上面是什么？"森田老师厉声喝道。

"装饰粘纸。"

"我不是说不准带粘纸吗？我要没收！"

女同学抗议道："可这只是装饰！"

老师问我："什么叫装饰？"

"装饰就是把东西布置得漂漂亮亮的。"我回答道。

"嗯，布置得漂漂亮亮的，漂漂亮亮的。"森田老师重复嘀咕了几遍："好吧，这次就算了。"

森田老师有点灰溜溜的，我觉得当老师真不容易呀！

七

新学期，老师为了让我们回答时声音响亮，每天早上和下午放学都叫我们对着操场练习大声喊五次"哈依"，标准是把操场上的人的目光都吸引过来。为什么要这样做呢？原来是有典故的。

去年，森田老师也是教毕业班的。毕业时，虽然班级成绩是全年级第一，到了发毕业证书的时候，校长要叫同学的名字。结果大部分同学回答的声音比蚊子还小，听都听不见，给人的感觉就是这个老师没教好学生。森田老师大失面子，后悔不跌，决定从我们这批开刀，每天叫我们练习。

过了几天，测试的机会来了。五年级要组织到外面住一晚，在他们集合的时候正好被森田老师碰上了。森田老师叫他们走之前喊一声"我们走了"。约定在 8:30 分喊。森田老师赶快回到教室跟我们讲他的计划："8:30 以前我们都要偷偷地藏在教室的窗台底下，等他们一喊'我们走了！'我们就站起来回答'早点回来呀！'吓他们一跳。"同学们都不以为然，有同学说："万一他们不喊呢？""那就一直等到巴士开走了，我们再撤离。"大家还在七嘴八舌地讨论时，没想到从外面突然传出响亮的喊声："我们走了！"但这时候才 8:20。

"啊呀！"森田老师措手不及，赶紧安排，"右边的，把桌子往左边推！后面的桌子也往左边推呀！那位同学，是左边，不是右边！"教室里乱成一团，大家急急忙忙把课桌椅推来推去的。"别推了！就这样，快点蹲在窗底下呀！预备齐，喊！"全班一起站起来对着窗外喊："早点回来啊！"有的同学还对着窗外摆 pose 呢。可我们看到的却是载着五年级同学的巴士刚好开出校门口，一次多么好的秀的机会就这样错过了。

神啊，为什么这样对待我们啊！

八

有一天，森田老师要给我们班各组的同学分别拍照。很快六组都拍完了，但是给最后一组拍照时，就没这么容易了。

最后一组六人全都是男生，平常都喜欢装酷不爱笑，可森田老师偏偏喜欢大家都笑的照片。森田老师就开始逗他们："大家脸都好可怕呀。"没人理他。森田老师又对我们大家说："大家赶快逗他们笑！"还是没人理他。森田老师逗逗这个，弄弄那个，累得满头大汗，但讲台上六个同学一动不动，还是装得酷酷的样子。

森田老师没招了，勒令班里平时很搞笑的同学："你们赶紧弄他们笑，如果还笑不出来的话，今天的作业你们做 500 遍！"那些搞笑的同学为了写作业不挨罚，使出全身解术：做怪脸怪样的，说搞笑笑话的，还有的模仿电影电视里的滑稽样子。结果好不容易有五个人笑起来了，可最后一个还是超酷样，真有耐心啊。

森田老师急得抓耳挠腮，他命令旁边的同学挠"酷哥"痒痒。"酷哥"总算笑了，森田老师觉得这是个很好的机会，赶快按下快门。没想到"酷哥"笑得太过分，正好在森田老师按快门的瞬间倒向一边。森田老师拍完照，看了一下照片的效果："不错！"可又仔细一看，"不对呀，怎么少一个人？"原来第六个"酷哥"没有拍进去，等大家把"酷哥"扶起来的时候，"酷哥"又恢复了酷样，再也不肯笑了。

怎么办呢？森田老师只好使出"终极绝招"，亲自把"酷哥"的嘴巴拉得咧开来，把眼睛往上翘，固定了一个笑脸的样子，命令他不准动，皮笑肉不笑也得笑出来。

这张照片总算圆满拍成功了，但第六个"酷哥"的样子怎么看都觉得别扭。

九

你知道这几天森田老师最担心的是什么吗？你肯定猜不到。

学校里正流行二师兄流感，好几个班级都关闭了。森田老师也担心我们也得了二师兄流感，我们班也被关闭。可是，你们绝对不知道，他真正担心的不是我们的身体，而是他的婚礼计划。因为假如我们班被关闭，起码全班休息一星期，这段时间拉下的课，要在寒假补。这么一来，森田老师豪华的婚礼计划——澳洲旅行，就要泡汤了。

每天早上森田老师总是早早地探着头，一发现有同学缺席就喊："肯定是迟到了！绝对不是猪流感！绝对不是！"等电话一来，通知有人得二师兄流感，马上在那拼命数够不够达到关闭的人数，然后摸着胸口，"幸好，还差两个名额，还不用关闭。"

那天早上，森田老师刚踏进教室门就听见电话铃响了。一接，只听他说："哦，是，是，知道，再见。"放下电话，森田老师非常沮丧地对我们说："中靶了，又增加一个，只剩下一个名额了。"正说着，电话铃又"叮铃铃"响起来，吓得森田老师从讲台上滑了下去。他把拳头放在衣服里，装出心脏"咚咚"直跳的样子，把电话接了起来："喂？"

森田老师把电话接了起来："喂？"

"哦，好，什么时候能来学校？……嗯，噢，就这样吧，再见。"

森田老师挂了电话，脸色极度紧张，额头上的汗珠比天上的星星还多，真像见了二师兄一样。他双腿无力，目光呆滞，嘴里轻轻发着"哈哈哈……"的声音。突然，森田老师一下子又变得异常激动。他"啊！"地喊了起来，"哈哈！哈哈哈！哈哈哈哈哈！太棒了！Yeah！堀江同学一家今天去旅游请假，不是二师兄，大家听着，不是二师兄！不是二师兄，不是……"

森田老师把那这话重复了二十多次，讲台下的同学们都以为唐僧的爷爷来了（大家是不是也觉得唐僧念经很烦人？都说是紧箍咒使孙悟空头痛，其实我认为是因为唐僧念经太啰嗦，让孙悟空头疼的），大家在心里嘀咕着，"怎么可以不是二师兄？我们不能放假了。"
"本来还蛮期待看到森田老师知道自己不能结婚时的表情，看来没戏了，好失望呀。"

十

某日，森田老师问了我们一个问题："鲜奶蛋糕日是在11月几号？提示是15日的草莓节（日文的"15"可以念成"草莓"的）。"

有的说是10日，有的说就是15日，只有一个同学，装着满脸潇洒，很自信地说："老师，是22日。"

同学们议论纷纷，都无法解开"22日之谜"。森田老师又继续问："为什么？"那同学毫不犹豫地回答："很简单，因为鲜奶蛋糕上都有草莓，那么草莓的15日下面，就是22日，它就是鲜奶蛋糕的日期了。"

"请你过来一下。"森田老师以非常尊敬的语气说，"我有事跟你请教。"

那位同学在同学们投出的羡慕的目光中，向讲台大摇大摆地走去。讲台前，森田老师非常温柔地问那位同学："我能不能请教一下，这节日是最近新出来的，并且在最近的节目里刚刚播出，你是怎么知道的呢？"那位同学张口结舌，还没来得及开口，森田老师继续道："我记得那是今早一点钟播出的娱乐节目，好像叫'猜题王国'。""不，是'猜题庄园'，老师。"那同学说完愣了一下，知道自己说漏嘴了。

"嗯，是'猜题庄园'，不过，介绍它这节目的广告要超过12点才播放，你怎么会知道的？"

"这个……"

"怪不得今天早上你迟到了，原来今天一大早……"

"这个……"

"看我怎么修理你！"森田老师咬牙切齿地举起巴掌，另只手把那个同学的脸扶正，举着的那只手好像就要打到那个同学的脸上了。"乒！"的一声，森田老师的巴掌打在他自己另只手上，口里念念有词："这可千万不能让校长看到啊。"这时，走廊里正好路过一个老师，好奇地往门里看。森田老师紧张地说："我可没虐待儿童，Ho，

Ho，Ho……"等那个老师走掉了，森田老师又变回凶狠狠的样子举起手来："看我怎么教训你！乓！乓！"森田老师又打在自己手上两下。唉，他也太没新意了。

森田老师说："那你发誓。"那个同学吓得脸色苍白，赶快举起手来："我发誓，我再不看深夜电视，也再不迟到了！"

十一

森田老师为了显摆他很有男子汉气概，常在他女朋友面前吹嘘，"我的运动能力很好的，都能参加铁人三项了……（此处省略废话300多句）"有一天，女朋友在报纸上看到一则参赛者募集广告，是说海底乐园要办铁人三项。她觉得这是个绝好的机会，马上告诉森田老师："你不是老说自己很厉害吗？那你就去参赛，给我看看你到底多厉害。重在参与嘛，胜输不要紧。"森田老师就这样被他的女朋友逼着去参赛了。

几天后，森田老师在课堂上吹嘘，"啊呀，我当时参加铁人三项啊，第一项是游泳，我第一个冲在前面的，很厉害吧？如果我再锻炼锻炼，说不定能上奥运会呢！游泳后面是骑车，虽然没有游泳时那么快，但也已经不错了。最后再来个长跑，啊，当时我多么酷啊，真想让你们见识见识。虽然没得前十名，但全程坚持下来了，我多了不起啊！"他一边说，一边比划游泳、骑车、跑步的样子，把自己描述得像个超人一样。讲台下的女同学都假装很崇拜的样子，握着两手，眼睛眨巴眨巴地望着森田老师，但都在暗地里小声讨论说，"是不是真的呢？"

女同学们的情报搜集能力还是很强的，很快，从一个去看森田老师参加铁人三项的老师口中得到可靠消息，"其实还有点细节……"

"第一项游泳，森田老师确实很厉害，但开头太猛了，运动的开头是不能动得太剧烈的，否则要像森田老师一样。"

"森田老师怎么了？"同学插嘴道。

"森田老师后来就像放了气的气球一样——泻了气了。游泳还不错，好不容易爬上了对岸。他拿起自行车，一开始确实拼命蹬车，但没骑多远，显然就没力气了，后来甚至被一个慢悠悠的老头追上。开始跑步的时候，发现森田老师怎么不会跑步了，因为骑车时间太长产生了惯性，他跑步用的是骑车的动作，肯定是跑不快的嘛。"

这时，那个同学提出了疑问："那他得了第几名呢？"

那个老师说："森田老师好不容易气喘吁吁地爬到终点，就爬不起来了。还是我们几个老师把他抬上汽车的呢。他女朋友差点要不认他了。"

从此以后，我们班女同学见到森田老师的女朋友——四年级的数学老师，都会非常热心地上去安慰，"胜输不要紧，重在参与嘛！"

十二

森田老师终于要结婚了，地点在豪华的宾馆里。我们全班同学都去祝福，事先约定每人带一朵鲜花。到时候男同学送花给森田老师，女同学送给新娘。

婚礼开始的时候，我们都等在礼堂门口，看见森田老师和新娘的结婚照，同学们开始品头论足，"森田老师站在新娘子旁边好像显得更难看了。""森田老师脸怎么像喝醉酒一样红呀？""笑得好假呀！"终于，我们为森田老师合唱的音乐响起来了，礼堂的大门为我们而打开，全班同学蜂拥而入，冲向了在主席台上站着的新娘和森田老师。女同学一个个把鲜花献给了新娘，可奇怪的是，男同学违反约定，竟然也都把花送给了新娘，结果森田老师手里只有一朵孤零零的康乃馨。

不知道森田老师有何感想，反正最后合影的时候，他笑得比门口的那张照片好像还要僵。

森田老师度蜜月回来后，对着全班宣布："请你们写篇文章，关于各种花代表的意义，还有在婚礼上，新郎只得到了一朵花的原因。"大家好像得到惩罚似的，都"啊？"了一声。同桌告诉我，森田老师肯定为送花的事情受到刺激了。

很多男同学在作业里都写到：新娘太漂亮了，无法控制自己不送花给新娘。不过，另有一同学写到：新郎的花代表对新娘的承诺，所以只能有一朵。新娘的花是对新娘美德的展示，所以多多益善。

森田老师说，还好，这个理由能让我接受。

十三

森田老师结婚后到澳洲去蜜月旅行。森田老师一直对自己的英语水平很有信心，认为应付应付旅游还是绰绰有余的。

第一天在宾馆里，他在前台对着服务员说了一大堆英语，服务员又微笑又点头，森田老师越来越得意，又讲了一堆话，最后要求提供房间的钥匙。终于森田老师讲完了，热切地看着服务员，停顿了五秒钟后，服务员才回过神来，很绅士地说："Pardon？"

森田老师不明白什么是"pardon"，不是"Yes"也不是"No"，心想，大概是"马上给你"的意思吧。于是森田老师又微笑着看了服务员半天，服务员见他没有下文了，以为没事了，就离开了。森田老师以为服务员是帮他去拿钥匙了，在那傻等了半天，心里很不爽：澳洲人的工作效率怎么这么低？就不如日本。还生出对自己是日本人的自豪感。

过了很久，森田老师的妻子从大厅跑过来，"怎么回事？拿个钥匙要这么久吗？我在沙发上都快睡着了！"森田老师还不明白咋回事呢，还向妻子抱怨半天澳洲人的办事效率。他妻子只好亲自出马，很快就搞定了钥匙。

从这以后，在澳洲的所有地方，只要森田老师开口说英语，对方肯定回答："Pardon？"他终于发现在这个英语世界，除了 Yes、No以外，"Pardon？"是最常用语。

回到学校以后，森田老师给我们上了一堂难忘的英语课。他说："除了 yes 和 no 以外，你们还必须学会 pardon。这是非常重要的。"

原来，这次森田老师蜜月旅行的最大收获是学会了"Pardon？"。

十四

英语课的时候，森田老师说："到外国旅游时，最痛苦的是语言不通，所以你们一定要学好外语。我很荣幸我们班有一些外语人才。众所周知，我们的 Emmy 小姐擅长英语，八音盒小姐擅长中文。不过，你们还漏了一个懂得四种语言的天才。"全班向森田老师投去了惊奇的目光。"他的名字就是……"森田老师转身在黑板上大大地写了两个字"森田"，大家都哄笑起来，"那这个'天才'的森田老师会哪四种语言呢？"

森田老师板着脸，很严肃地说："分别是：日本普通话、大阪方言、福冈博多方言和鹿儿岛方言。"全班爆笑。

十五

下课时，森田老师组织大家玩抢凳子游戏。游戏规则是，把椅子围成一圈，让一个人当鬼。鬼可以说出某种条件，坐在凳子上的人里，如果具备这种条件的人，要站起来换个座位。没抢到座位的人当下一个鬼，这样循环玩下去。

第一个鬼说："今天穿白袜子的人。"然后大家纷纷看自己有没有穿白袜子，有些人还恨不得把自己的白袜子给脱了。穿白袜的人赶紧站起来抢凳子去了，没抢到凳子的人就成了鬼。

玩了几圈以后，有个鬼说："对森田老师有过'讨厌'、'愤怒'感觉的人。"结果全班站起来了。大家宁可做鬼，也要表达对森田老师讨厌、愤怒的想法。森田老师腿一软，好像要昏倒了。等我们都坐好了，森田老师弱弱地问："刚才没有站起来的请举手。"结果举手的只有他一个人。

森田老师沮丧地说："难道森田老师就这么不受欢迎吗？"

十六

第二天上课，老师问："森田两个字怎么读？"同学回答："啰嗦"，"难缠"，"鬼"。

森田老师说："太正确了！标准答案是啰嗦又难缠的鬼。接下来请做好心理准备。"说完，森田老师到讲台下找啊找，过了一会儿，森田老师拿出了一叠我们最讨厌的东西：考卷！"啰嗦又难缠的鬼今天要给你们考试了！"森田老师非常得意地说。

快毕业时，经常考试。我们悟出一个道理：当森田老师问"森田两个字怎么念"的时候，今天准有考试。

十七

樱花盛开的时候，迎来了我们毕业典礼的日子。

森田老师穿着非常华丽的西装礼服，胸前别一束巨大的鲜花，手里还捧了一大束，好像生怕别人不知道他是我们的班主任。说实话，我们认为他今天很帅，因为这次他身旁没有美丽的新娘和他抢光。不过我们同学也都是很漂亮的，女同学个个都穿着小套裙，男同学都一本正经穿着小西装，戴着小领带。"大家给我挺起胸脯，跟着我进入礼堂！"森田老师神气活现地说。在家长们雷鸣般的掌声之中，我们全班走进了礼堂。

领取了毕业证书以后，大家都簇拥在森田老师旁边，排着队要跟他合影。森田老师笑得合不拢嘴，"我从去年春天盼到今天，终于实现了我的愿望了！"所有同学都以为他指的是我们顺利毕业这件事，没想到他继续说："我终于感受到被粉丝捧场的幸福感觉了！粉丝们，我是不会介意多收一些粉丝信的！地址就在你们的纪念册里！"话音刚落，所有同学都往后退了一步。

森田老师的眼光突然扫向八音盒："八音盒，别以为我不懂中文就可以随便用中文贬低你的森田老师！我命令你用一年时间把《森田老师系列》翻译成日文交给我！"八音盒说："我已经毕业了，你没权利再给我留作业了！哈哈！森田老师拜拜了！"我溜，我溜，我溜溜溜……

满天的樱花飘落了下来。

【跟帖】

风：热烈祝贺小盒子小学毕业！大帅哥老师和小美女学生嘛！非常好，老师一看就喜气，幽默。

夏枯草：多可爱的老师和学生啊！可惜要分开了。祝小盒子在新的学校找到森田老师二。

大草帽：八音盒写得好，生动有趣，妙笔生花，更令人惊奇的还不是文笔，而是对人和事的透彻理解，独特的视角，大胸怀，令人过目不忘。

muyu：八音盒才小学毕业啊，这中文写得跟大学毕业似的。

30、 老稼娃一号

【小说】百态婚姻

"那你就嫁给我得了。"康康冷不丁地冒了这么一句。

"什么？"露露瞪大了眼睛，一副受惊的神情，侧脸看了康康一眼，发现康康说这话的时候并没有看她。

"你觉着怎么样，行吗？"康康一副赖不兮兮的样子，追问道。

"那怎么可能？"露露臊红了脸，有点不敢看康康。

"那怎么不可能？"康康紧接着说。

"我都不认识你，我的意思是说，我们根本就不了解。"露露开始觉着眼前的此人几乎不可理喻，有点不耐烦了。

"怎么能说不认识呢？你知道我是谁，我知道你是谁，我们认识都两个多小时了。"康康扭过头，认真地看着露露说道。

"可你姑妈是让你带我去跟你同学见面的呀，在此之前我根本就不认识你啊。"露露实在是觉得有点哭笑不得，只希望车能早点到站，好摆脱这种在她看来有点近乎无聊的纠缠似的对话。

"那你不是没看上他嘛。"康康说这话时笑了，笑得很灿烂，但却有点玩世不恭。

"哦，我没看上你同学，我就该嫁给你啊？什么逻辑！"露露没好气地说着，最后一句却几乎是嘟囔给自己听的。

就在康康还想再说什么的时候，公交车停了。露露站起来，看都没看康康，就走到了车门跟前，下车前小声嘟囔了一句"有病！"没曾想，康康拉开玻璃窗，冲已经下了车的露露大声说道："我可没病，我是认真的，你好好想想，行吗？"路上有行人停下来看康康，似乎想搞清发生了什么事。露露发觉大家都在看她，感到特丢人，就像干了什么坏事要赶快逃离现场一样，飞快地向自家的家属院儿大门奔去。

露露回到家后，心里不停地想着刚才跟康康的一番对话，越想越觉得荒唐。这人怎么这样啊。自己同科室的老刘说要给她介绍个对象，是她侄子的同学，然后介绍了一番对方的情况。露露同意见面后，老刘替她约好了时间，说到时候她侄子康康会带露露去见那个男孩儿，所以露露还没见介绍的对象，先见了老刘的侄子康康。康康不是那种让人一见就眼睛一亮的男孩，个儿也不太高。露露自己也不是那种特扎眼的女孩，只是皮肤很白净，长得比较简单，用康康后来的话讲，有点象白描画，不是大眉大眼那种。见面后，康康领着露露到市里一个公园去见他的同学，康康简单地介绍了一下双方，然后就走了。露露从见对方第一眼起，就一点感觉都没有，但出于礼貌，跟对方走了一会儿，有一搭没一搭地聊了几句。对方似乎也没有太多的意思，两个人就分手离开。露露出了公园后，到公交车站等车，康康又出现了。他说他也准备乘车回家，两个人站在公交车站聊了一会儿。其间康康问露露对他同学感觉怎么样，露露说没什么感觉，她也不打算再见面。后来公交车来了，两人上了车。开始都没有话，没曾想，康康突然冒出那句让露露觉着荒唐无比的话来。

第二天，露露上班后，老刘问她见面怎么样，露露简单地说了一下，但没好意思告诉老刘她侄子的荒唐。老刘说没看上也没关系，有合适的再帮露露介绍。然后老刘又笑咪咪地问露露觉着她侄子怎么样。一句话问得露露红了脸，不由得想起昨天那一番让人尴尬的对话，忙掩饰自己的窘迫，说没有想过。接着老刘嗫不嗫地说了半天他侄子的好处，还说，其实侄子托她给他同学介绍对象时，她实际上是想把露露介绍给康康，可康康说他要自己找，说他对介绍这种方式排斥，因此老刘也就只好作罢。

听了老刘那么一说，露露不禁开始仔细回想康康的样子，却怎么都想不起来康康具体是个啥样儿，只是一个大概的模糊的轮廓。这样一来，露露心理上产生了一种莫名其妙的想再次见到康康的感觉。

露露以为康康还会来找她，可一个星期过去了，康康一点音信都没有。同科的老刘也象什么事都没有发生过。露露内心的那种能再次见到康康的期望的感觉，却在这日复一日重复着的单调生活里渐渐地强烈起来。甚至有时候，露露都想自己去找康康，但她根本就不知道康康的单位在哪里。好几次都差点想张口问老刘，可女孩子的羞怯阻止了她。露露不断在心里埋怨自己当时也太假正经了，干嘛那么义正词严的。然而，每次想到最后，自己又都对自己感到害臊，觉着连人家长什么样都想不起来，有那么一点点印象还是他姑妈灌给的。可人家是亲戚，自然是什么好捡什么说，自己怎么傻乎乎地跟害了单相思似的。每次露露想到这里，就觉得现在荒唐的不是康康，而是自己。

就这样，露露在恍恍惚惚中度过了一个月，康康还是没有出现。这时的露露已经开始对康康忿恨起来，心想这个坏蛋的一番没头没脑的话，搅乱了自己的心，可他倒好再也没人影儿了。就这样，露露一方面怨恨着那个"坏蛋"康康，一方面又宽慰自己别再去想那个家伙，也许他根本就不是什么好人，就一恶作剧，拿人开心而已。可这么一想，不仅没有使自己的心情平和下来，反而更加气愤，甚至都想去找康康理论一番。可转念又一想，自己一个大姑娘，这种事，找人家理论什么呀，徒招人笑，最后可能让自己下不了台。再说，依自己这种性格，又怎么能干出那样的事来呢？

就在露露快要从这种莫名其妙的，连她自己都搞不清为什么的情绪中开始恢复的时候，那个可恶的康康出现了。这已经是一个半月以后的事了。

康康打来电话那天，是星期六快下班的时候。办公室里就一部电话，铃响的时候，正好是露露跑过去接的。露露并没有听出是康康，过去了这么长时间，露露根本就想不起来康康的声音是什么样的。当她听到电话里说找她，就问对方是哪位，电话的那头沉默了一下，露露就又喂了一声，然后对方说，"我是康康，还记得我吗？"露露内心一阵狂跳，可这狂跳还没结束，一阵委屈涌上心头，差点眼泪没出来。但这种感觉也就是一瞬间，露露很快就恢复了自制。

"哦，是你呀，有什么事吗？"露露故作矜持地说。

"你考虑得怎么样啊？"康康在电话那头问道。

"考虑什么？"露露心里又是一阵狂跳。

"我上次跟你说的话呀。"康康不急不慢也不恼。

"你上次说什么了，我都忘了。"露露感觉自己的脸有点发烧。

"让你嫁给我呗。"康康的口气又让露露觉着特无赖。

"你这人怎么这样啊？"露露不觉地声音提高了，说完，砰的一声放下了电话。但一瞬间，露露后悔无比，根本不知道自己为什么会把电话挂掉，内心里翻江倒海，乱作一团。整个人站在了电话机跟前，呆着发愣，丝毫没有意识到，她挂电话的声音，以及最后那句话，已经引起了房间里其他同事关心的询望。最后还是老刘开口问露露怎么了，这才把露露从那种发愣的状态中惊醒。露露赶忙回答说没什么，就回到自己的桌前坐下，心中还在不断地懊恼自己。就在这时，电话又一次响起。

露露一听电话铃响，想都没想，站起来就冲了过去，抄起电话就喂了一声，对方没回声，露露紧接着又问找哪位，只听对方说"找你！"是康康！露露一霎那间是心花怒放，觉着所有的郁闷在瞬间都烟消云散了。

"你……"一时间露露不知该说什么好。

"我想见见你，行吗？"康康很认真地说。

"这……"露露当然是一百个乐意，但又很不自觉地表现出犹豫不决的态度。

"下班以后，我在你们单位门口等你！"康康很坚决地说。

"别别别……，不不不，我意思是说，换个地方好吗？"露露一时慌乱地不知怎么说才好，因为她不想让老刘看见康康来找她。

"那好吧，我在你们单位前面的那个邮局门口等你，不见不散。"康康说完就挂了电话。

露露本还想说点什么，可听到康康挂了电话，心中不禁又很恼火，心想这人怎么这样啊。可转念一想，自己好像也没什么可说的，因为根本就不知道该说什么。就这样，露露感到解脱却又有些怅然地放下电话，抬起手看了一下腕上的手表，时间离下班还有一个小时。

露露怏怏地回到自己的办公桌前，一抬头，看到对面的老刘一脸神秘地冲着自己笑。露露脸一下子就红了，很害羞地笑了笑。接下来的一个小时，对露露来说很漫长。露露把手里的报表一页一页漫无目的地翻着，想象着一会儿见了面，那个家伙会怎么说，不会又是嫁给我吧，恋爱还没谈呢，就一口一个嫁，这人怎么这样啊。

露露没有恋爱过。大学是在本市上的。学校里面不提倡谈恋爱，露露的心思主要在学习上，对于一些男生们的相约，露露都以要回家为借口推掉了。大学四年很快，一转眼就毕业了。工作后的生活更加简单，接触的人也更加有限。回想起大学时的生活，露露总是觉着平淡的象水一样，太缺乏内容，因此常常感到后悔，设想着如果能重回大学时光，她将会如何精彩。然而，人生是单向的，没有回头路可走。

露露也并不是一个喜欢沉溺于幻想的女孩子，所以每每想到最后，总是会开导自己，过去的已经过去了，多想也无益，还是关心眼下的日子吧。

终于，到了下班时间。露露跟大家道了别，就匆匆离开了单位。

来到离单位不远的邮局门口，露露却没有见到康康。她想，自己还不至于见了他人认不出来吧，只是现在想不起来他长什么样而已。四下里张望了一番，仔细看看周围，好像没有哪个象是在等人的样子，又看了看表，就在邮局外的人行道旁站定。

"来了！"康康从背后冒出来的一句话，吓了露露一跳。露露扭过身，一种自然的想撒娇的情绪使她想用拳头去敲打眼前这个让她心绪混乱了一个多月的坏蛋，但那种后天教养成的矜持却又硬生生地让那还没举起来的手又放了下来。露露看了康康一眼，然后害羞地低下了头。此时，眼前这个男孩儿的相貌已经完全回到了她的记忆中。

"你什么时候来的？"露露喃喃地问道。

"我已经来一会了，在邮局里面看看有什么新杂志卖。"康康笑盈盈地说。

"我们走吧，别站在这里，别人看见不好。"露露像是有点催促的意思。

"别人？谁？"康康似乎感到有些意外。

"你姑妈呗，我不想让她看到。"露露不好意思地说。

康康一听，哈哈地傻乐了起来。露露说你乐什么呀，然后就自己先走了。康康紧跟几步和露露并肩走在了人流中。

"你追女孩子都是一开口就让人家嫁给你吗？"

"我没有追过女孩儿。"

"骗人！"

"真的没有！"

"那你怎么那么能搅和人啊？"

"搅和谁？你？我就见你一次再也没来找过你呀。"康康显得很无辜。

露露没有再说话，侧过脸，看了看康康。康康眼睛很朦胧地看着前方，样子显得非常单纯。露露不由得从心底感到自己真的是有点喜欢这个大男孩儿，尽管她对他了解不多，那种感受连她自己也不知为什么，那是一种无法言喻的亲近感和信任感。二十多年来，这种感觉也只有对父亲才有。露露想，她该跟这个男孩儿好。还在心里反复对自己说，这就是缘分吧，这就是缘分吧。

康康告诉露露，他上大学的时候，跟女生来往不多，除了上课学习就是踢球，要么就是跟着一帮同学哥们傻玩儿。哥们里面也有追女孩子的，大家一起也常说起谁谁的女朋友，但对康康来说，他只是拿别人的事说笑而已，却从没想过自己要去追哪个女孩子。当然，也许是没有遇到让他动心的，也许是他压根儿就没开窍。说到这些，康康又是一阵天真的傻笑。然后康康说他第一眼看到露露时，就觉着喜欢她，说不出缘由地喜欢，心里真是后悔当初没有答应姑妈的建议。可已经跟同学说好了，人家还在那里等着呢，只好无可奈何很不情愿地带露露去见面，可心里却无比希望露露别看上自己那哥们。人家能不能看上露露这都无关紧要，要紧的就是露露别看上他。说完这些，康康又是一阵很不好意思的嘿嘿傻笑。露露听了这些，心中有说不上来的高兴，但她还是想知道康康怎么一上来就说什么嫁不嫁的话。康康很不好意思地告诉她，当他听露露说她没有看上他哥们儿时，心里高兴坏了，但却不知道怎么跟露露说他自己的想法。憋了好长时间，终于豁出去就冒了那么一句，连他自己也不知道怎么就冒了那么一句。露露又问他怎么后来不来找她了，康康说，其实他在公交车上冒出那么一段话是憋着一股劲儿豁出去说的，等露露一走他就泄气了。其实这一个月来，他天天都想来找露露，可是又不敢，今天终于憋不住了，决定再豁出去一次，成不成拉倒，太难受了。

露露听完康康的表白，甜甜地看着眼前的这个大男孩儿，娇嗔地说了一句，"你呀，是大愚若智！"

就这样，康康和露露开始了恋爱。两个月后，一场意外的变故，让他们结束了恋爱，开始了他们的新婚生活。

【跟帖】

勤劳：不错的故事。俩人都比较单纯，只要看对了眼就容易多了。

【杂文】从今天在海洋世界的事说起

　　媳妇儿去佛州开会，我带着仨孩子在一个度假村连呆了几天。尽管有很多玩的，但几天下来，孩子们都腻了，所以今天我决定带她们去海洋世界（SEA WORLD）玩。说实话，如果不是为了孩子，我根本懒得去这种幼稚而又无聊的地方。刚到美国的头几年，工作单位年年都有些福利票，去了两次我就腻了，感觉特无聊。

　　我们家的问题就出在，是爹带仨幼小的女儿出去玩，而且是一整天，最难的就是上厕所。我以为象迪斯尼、海洋世界这种地方，厕所都有那种专门供家庭使用的，结果是我们只见到一个地方有可供单独使用的厕所，而且主要是为残疾人提供的。头一次让我焦头烂额是我家二妞要上厕所，我急忙带着仨孩子奔那个有单独厕所的地方，可门口一堆胖子在等。我只好故作镇定地让女儿憋会儿，结果我们二妞偏偏是最不能憋的，在厕所门口孩子急得是又蹦又跳又哭又叫，周围人都跟看耍猴似的盯着孩子。后来我实在是忍无可忍，留着老大看老三，尽管这样很不安全，因为老大刚过六岁生日，但我没有选择，只能带二妞进了男厕。第二次是下午，大妞二妞一起喊上厕所，我只好直奔最近的一个饭馆（我买了一天通吃的饭票），想着饭馆会有单独使用的厕所吧，结果还是没有。这次我不再象上次那样等了，直接一个一个地带她们去男厕所方便，当然留下刚四岁的二妞看三妞更不安全。当我带第二个去的时候，迎面出来的一个白人竟然告诉我说，嘿，这是男厕所，我当时想都没想就来了句"SO？"（又怎么样呢？）那个家伙又来了句，我就回复他说，我知道这是男厕所，你认为我该怎么做，你告诉我！接着我就带孩子进去了。等我们出来，那家伙还在门口，估计是等什么人。我没再理他，推着三妞的车招呼其他两个孩子准备走，就听见他在义愤填膺地跟他老婆（估计是，而且是个亚裔）重复我们刚才的对话。我忍不住，回过头告诉他，我是三个女孩在海洋世界里唯一的家长，你认为我该怎么办？我听见他老婆说他该给我们道歉，那个家伙火冒三丈，说凭什么他得道歉。我就说，我不需要你道歉，只是别装着自己很文明，你要批评就批评海洋世界缺乏人性服务。那家伙嘴里话更多了。最后我也就不客气了，直接告诉他，有些白人根本就是傲慢的蠢货。

记得好几年前，香港迪斯尼开门，很多内地游客去玩，国内媒体弄了很多大陆人在迪斯尼里所谓不雅行为的照片，大批特批中国人如何不文明、素质差。让我说，这纯属是自己骨头软、犯贱！那之后不久，香港迪斯尼因为效益不够好，香港媒体自己都开始指责那里的服务设施少而差。还有那些所谓的欧洲游，那些所谓文明的洋人们常笑话中国游客这了那了，国内媒体也跟着嚷嚷中国人应该提高素质如何如何，说白了还是犯贱。首先说事的洋人们他们就一群傻 X，你们要开放国际旅游挣钱，你们就得跟国际接轨，别说什么入乡随俗的话，欧美人的恶俗多了，早该文明文明了！现在倒好，中国一些所谓的"高素质"人指责并要求中国老百姓提高素质跟国际接轨，动不动就拿欧洲某些国家在厕所里用汉语写着不许蹲在座桶上之类的来说事。凭什么指责我们的习惯？那公共场所的厕所座桶是欧美人最恶心肮脏的最好证据！我不了解欧洲，但美国青少年女孩子有四分之一的人携带各种性传播细菌病毒，这么吓人的数字恐怕跟公用座桶厕所不无关系吧？

总而言之，一些中国人很"注意"自己的国际形象，其实这种注意根本上还是底气虚。反正我在此类情况下跟洋人理论时，从来不会顾及什么中国人的"国际形象"。凭什么洋人就骂不得，骂了他我就丢中国人脸了？

【随笔】务虚笔谈——给孩子念书，多早都不算早

有人说，一个人一生中学习东西最多的时间是在他出生后的头一年。这话有一定的道理。一个新生儿的大脑就好比是一个空白的超级电脑硬盘，从他出生的那一刻开始，光和冷这两项刺激作为最初的信息就存入这个硬盘。从此，他（她）所有感官接受到的外界刺激就都作为信息存入了他的大脑。正是因为认识到并相信这一点，从我家大宝满月后，我就开始对着她读书。为了在读的过程中能始终看着孩子的眼睛，我就尽量给她背诵一些我能记住的东西，因为我们坚信当我看着孩子的眼睛给她朗诵时，目光也是一种交流方式。

　　孩子两个月后，因为对孩子的医生不太满意，我们通过朋友的推荐转到了另一个医生那里。那是一个高大得已经开始有点驼背的白人老头，人非常和善，我和太太都很喜欢这个人。有一次我们带孩子去见他，当他把该查的都查完后，就随意问了我们一些孩子在家里的情况，并问到我们是否愿意尝试给孩子念书。当我们回答我们已经这么做了时，老先生很高兴地说，"你们做得很好，给孩子念书，多早都不算早。"接着，老先生给我们讲了他一个朋友的儿子的故事。

　　故事是这样的，老先生的那个朋友正在上大一的儿子有一天突然打电话回家，告诉爸爸一件他感觉很恐怖的事情。原来他在读所选的历史课的教课书时发现，他总是在读完前页后就已经知道了后一页的内容，他越读越害怕，感到不可思议。他爸爸听完后，就问他具体是哪一本书，他告诉爸爸是哪一本。他爸爸说："不奇怪，你一岁之前我给你读过那本书的老版本。"

　　讲完这个故事后，老先生对我们说："你们看，人的大脑是非常神奇的，你们就坚持这么做吧，我虽然不能告诉你为什么，但我相信它有好处。"其实，我们也相信的。

　　十多年前，在国内时，我也曾听一位礼佛的朋友给我讲过佛家对人记忆的一些看法。大致是说，人的记忆分九层，一个人从生下来开始，他所听所看到的所有的事情都储存了他的记忆中。所谓遗忘，也就是那些想不起来的事，其实作为记忆并未消失，只是它们被储存在那些不能被随意打开的记忆层中。佛家相信，通过修练，这些层次是可以被一一打开的。现代医学家们也相信，人脑的潜能非常大，我们现在利用到的，只是大脑的很小一部分。

　　自从那次听完医生的话后，我们就更坚定了给孩子念书的信念。说起来大家一定会笑，我给孩子念的第一本书是《大学》和《中庸》，平时背诵给她听的最多的就是那些韵味很浓，琅琅上口的古文和诗词。我除了每天都对着她唱歌外，还放各种音乐给她听，如中国的古典民乐，西洋的巴洛克时期和莫扎特等的音乐。我们相信，对孩子来讲，这些都是她所处的环境的刺激。之所以这样做是基于我们的一个基本的育儿理念，关于这个理念，我会在下一篇细细谈来。

31、 依林

【散文】妈妈的感觉

儿子突飞猛进地长着，这个周末他告诉我他已将近一米七零了！

仿佛还没有足够的时间享受他是小男孩黏着我的日子，转眼间他就摇身一变成了小伙子，还颇具男子汉风度！但他在我心里，永远都是孩子。

我和儿子相处的时间极短暂，每年回国探亲的那一个月的光景，分分秒秒都被我们珍惜着，然后成为我们天各一方时一份经久鲜妍的回味。

他小学三年级就入选校队，踢足球和打篮球。他最"拿脚"的是贝克汉姆式弧线球，还留着贝氏发型——头顶上的头发都起立往中间靠近，被我"美称"为鸭子尾巴，在学校他却获得"弧线帅豆"的迷人称号——老师喜欢这个精豆儿，同学也是，甚至后来成为女生追捧的帅哥！哪曾想儿子心里，妈妈才是骄傲。一次我回去，他力邀我去看他足球训练。酷热的大太阳下，我撑着伞抱着他的水壶、毛巾，看他生龙活虎驰骋球场。和我坐在一起的有不少女孩子，为他加油。看她们为儿子雀跃欢呼，我着实得意一场。儿子的这些女同学不时和我搭讪，我才知道，儿子最炫耀的不是球技，而是他的好朋友——我这个远在海外的妈妈。他把我这个"好朋友"的理解和对他的尊重及支持宣扬，让夹在父母和学校之间的"三文治"同学们羡慕不已。儿子搭着我的肩膀出校门的时候，我俩走得雄赳赳气昂昂！

儿子和我一般高了，我就成了他用心呵护的"物件"。他的感觉是——妈妈成了"弱弱"。我在海外时间越长，他越感觉我无法适应国内繁杂的交通、复杂的人际关系，也不会随时照顾自己的身心。过马路他得拉着我，上街他得盯着我的包，去速食店他替我冲锋陷阵，就连我小病休息，他放学一回来，卷起袖子下厨，三两下炒盘我最爱的番茄鸡蛋让我配粥，并瞅着我吃完。甚至情人节他也想得到。有一年我回国刚好赶上情人节，前一晚儿子就建议去牛排馆西餐厅。他爱吃牛排，我没多想，答应了。情人节晚餐，我们到了餐馆，选了很漂亮舒适的座位。刚点了晚餐，他就沿着缀满粉红色情人节装饰的旋转楼梯下去，丰盛的菜肴摆在眼前时，他回来了，立在我跟前，随着一声"情人节快乐！"他从身后变出一朵蓝玫瑰，两手捏着细长的茎，送给我——原来那天来就餐的情侣都会获赠一朵开得正好的玫瑰，儿子留意到广告，且选了我最喜欢的蓝色。他去礼品台讨玫瑰的时候，服务员问他是送给女朋友吗？他理直气壮地宣布：现在妈妈就是我的女朋友！服务员感动，特地让他左挑右选，甚至帮他在玫瑰茎上打了一个漂亮的蓝色丝带蝴蝶结。

去年年中，我突然生病，貌似严重，几乎让我觉得要交代身前身后事了。儿子已经中学，我们电子邮件往来频繁。我考虑许久，决定告诉儿子。在电话里，我尽力用调侃的语气说了情况，儿子安静地听，不时仔细询问，临挂上电话的时候，他说："没事儿的！有我呢！"第二天一开电邮，就看到儿子的来信："妈妈，你在西半球，我在东半球，你没有宗教也别害怕，我是你的十字架。"我当时就落泪，然后决心一定要好起来！儿子是我心灵的守护神！

感谢生命，我今年终于全然康复。儿子陪伴了我三个月后，我又回到美国。这次儿子迷上 QQ 视频交谈，每周末先讲电话，重要的事情说完了，就 QQ 聊天。这个星期六，他投诉学校每天从早晨七点一直到晚上七点，安排了十节正课，午餐休息时间从一个半小时缩短到四十五分钟，而且老师为了避免他们吵闹和弄脏崭新的教学楼，课间十分钟休息都必须留在座位上，去卫生间都要轮流去，一天下来，相当郁闷。我安慰他，再坚持两年吧！现在苦些，学得扎实些，将来到了美国，专攻英语就有更充足的时间和精力。儿子是愁事不留步的性格，经我这一说，即刻高兴起来："妈妈，你是我的棉花糖！"我一头雾水："啊？你小时候很不喜欢棉花糖哦！"儿子哈哈大笑，"那是啥年代的记录了！现在不一样！我和同学去野餐烧烤，把棉花糖串起来烤，特别香、特别甜，特别软！——跟你一样！你是我的甜蜜梦想！"我乐得找不到北了，"哈哈！先警告，我这棉花糖只能看不能咬哦！"

儿子立刻发一个闪屏过来，顿时我的电脑荧幕的视窗就摇得人眼晕！然后一行字：不能咬，那就摇摇我的棉花糖吧！

我错过了儿子成长的许多记忆，但却没有错过儿子的爱和快乐！

【跟帖】

小园香径： 感觉你和儿子真是朋友呢，一直觉着你很小，不曾想却有这么大个儿子哦，好幸福的你！你是想等儿子上大学时再去国外吗？呵呵，其实国内现在很多人，在孩子一上高中就送出去了呢。

跳蚤： 哈哈，这孩子招人喜：孝敬，懂事，心思细腻，哄得依林滴溜转。

【小说】粽子

天已经黑得很彻底，她才从办公室出来。好累！

路过华人超市，她突然想起凌晨的梦。梦里年少的自己和年轻的母亲包着粽子。日有所思夜有所梦，这话说得真不错！昨晚睡前，在网上读了一则端午节的故事，这梦就接踵而至了。

她调转车头来到超市。去年端午节出差，忙得晕头转向，把这事儿忘了。今年更忙，焦头烂额，却因这个梦，想吃粽子。

还有三天才到端午节，超市里应节的粽子却已经大张旗鼓地饱满着、拥挤着了。她来来回回翻了好一阵子，一脸失望，有气无力地拖着步子，在殷实的货架间她走得似乎漫无目的。

一个华裔超市员工正蹲着整理货物，她凑过去问："请问哪里有卖只包着糯米和红枣的甜粽子？"那员工回过身，一下子被她问得措手不及。她无奈地笑笑："不要紧，谢谢了。"

"从北方来的吧？"冷不丁，从身后冒出个不急不缓不高不低的声音。她转身，一个身高马大的中年男人温和地望着她说："这一区的华人超市都没甜粽子，都是大肉粽。"

"哎，我实在吃不惯这种南方又甜又咸口味的肉粽子。"她觉得很难得，美国这么大，还能有个人懂得她说的甜粽子。

"我也是。我在东北长大，吃惯了糯米红枣的甜粽子。"他微微笑了笑，"蘸着白砂糖吃。"

她脑海里一个二十几年前的情形瞬间清晰：年少时的端午节，全家人围着红漆小方桌上刚出锅的甜粽子，各自捧着盛了几大勺白砂糖的粗瓷大白碗，大口大口吃着甜粽子。

"是，蘸着白砂糖吃呵……"她心里一阵酸楚。出国十几年了，辗转了好几个国家，却从来没有再吃过东北老家那种白糯米裹着大红枣的甜粽子，怎么今天在美国这么大老远的地方，竟然突然异想天开起来了呢？

"我都是自己包。"他语气中略含些腼腆，"嗯……白糯米裹着大红枣……"

她简直不敢相信："你自己包啊？！"

他被她瞪大眼睛吃惊的样子逗乐了，"嗯，每年都包，味道蛮不错的。瞧！"

她低头看他伸过来的篮子，一把干粽子叶，一包白糯米，一包干红枣，还有一包白砂糖。她佩服地笑了："你可真行！我没时间。况且，我自小肠胃弱，刚出锅的热甜粽，最多也只能吃两个。自己包不划算！"

他眼里闪过一抹淡淡的失落："我也挺忙……"他望望她，有片刻的欲言又止，但还是继续说了下去，"不过，我觉得蘸着白糖吃着粽子的时候，离家就不那么远了……来美国 5 年了，还没回去过……"见她还聆听着，他接着说："哎，你知道的，美国的移民政策是最熬人的。"

她听很多朋友都抱怨过申请美国绿卡的漫漫长路，更知道那一年又一年苦苦等待中无法离境的痛楚："你申请绿卡了？等了 5 年？"

"前几年打工，公司不准回国探亲，限制特多，所以第三年开始申请绿卡，现在还没批下来……"他脸色渐渐凝重，"没辙。好多次想放弃，可是不甘心，付出的代价太大了。"他的目光低垂，定定地停在篮子里继续说："我从小是奶奶带大的。那会儿，每年包粽子，都是她放米我掖枣，然后她包，我绕线系扣儿……她让我都系活扣儿，说是做人做事不能结死扣，磕磕绊绊、纠纠缠缠，活扣儿容易解。"

她点点头："是，我妈教我绑粽子的时候也这么说。"

他仍然没抬眼，"我奶奶前年过世。临终前，她说啥也不让我回，非要我安心等绿卡……去年……我爸胰腺癌晚期，临走前也说了和我奶奶一样的话……"

她一阵哽咽："对不起……"

他抬起头，眼里是浅浅的一痕泪水："自打我奶奶过世，每年端午我就自己包粽子。我能吃，把包给自己的吃了，把给走了的两位老人家包的也吃了……"

超市的扩音器播放即将关门的提示。她伸出手，"要关门了。认识一下吧，难得在这么远的地方遇到老乡。"他重新振作起来，握住她的手。

两天后，凌晨5时，她被电话铃惊醒，是他的电话。

"程子，对不起，吵醒你了。粽子刚刚出锅，要是方便，你给我地址，我现在给你送到公寓楼下。"

她看看日历，还差一天呢，"大黎呀，你搞错了吧，明天才是端午节呢！"

"我知道。昨晚才接到老板的电话，今明两天得紧急加班。我怕没时间，就连夜赶着把粽子包了。"

"你没睡觉啊！"

"泡米泡枣的时候打了几个盹儿，不碍事儿。记得你说肠胃不好，得吃现出锅的……"

"那就赶快送过来吧，赶回去也许还能再打个盹儿。"

一个城东，一个城西。这小城不大，20分钟后，他到了。

她往后座上一看："你怎么把锅都搬来了？"

他推门下了车："我也没吃呢，我觉着……"

他顿了顿，说："我觉着，这些年，我都是一个人吃……今天，很难得能有人和我一块儿吃……要是你不介意的话。"

她眼里一阵酸涩，点点头，坐进车里。

他递给她一条铺在腿上的毛巾，一双竹筷子，一个搪瓷大白碗，又从一个玻璃罐里舀了两大勺白砂糖放在大白碗里。

粽子玲珑标致，热热乎乎，跟她记忆里的一模一样。扣儿也是活的，她轻轻一拉，线绳就松脱了，那种岁月中久违了的甜粽子的香气顿时充满了整个车厢。

他们各自轻轻地拨开粽叶；各自用筷子把白嫩嫩的粽子滚满白砂糖；各自端着大白碗大口大口咬嚼着白糯米大红枣的甜粽子；也各自满脸满眼的泪水，一边吃着一边流淌着，并越加难息难止。

泪水，沁凉，大颗大颗安静无声地坠落，在他们各自的碗里筷间，在他们各自的手背襟前……

【跟帖】

Crystal： 端午快乐。今天的早饭就是豆沙粽。我们南方人不光吃肉粽。
小时候，外婆总会包肉粽，赤豆粽，绿豆粽，红枣粽，豆沙粽，还有白
粽。肉粽是四角的，其他都是三角的。如今，外婆不在了，妈妈也走了
半月湾： 特别怀念在国内过端午节的那些日子。五月的天气宜人，妈妈
买了粽叶用大盆泡上，喜欢粽叶的味道，清香。这边的粽叶都是枯褐色，
味道也没有那么香。依林好文！谢谢分享。祝节日快乐！

32、 夏枯草

【随笔】我的体育生涯

看了布衣单骑的文章，想起自己的体育生涯。

小学时候我学过一段时间舞蹈和乒乓球，但我最喜爱的是跳皮筋，跳绳，投沙包，踢毽子之类。刚上高中时，我长得细胳膊细腿的，不知怎么着，体育郭老师有一天看到我父亲后，就注意到了我，不止一次在体育课上和我说到我父亲。

我父母是山东人，父亲体格高大健壮，真正的山东大汉。冬春两季，父亲家里的穷亲戚一拨拨地来，人穷可身条不短，父亲一家沾亲带故者就连女性都是人高马大。那年头也没有什么科学测试一说，体育老师主观上认为我可能会象父亲一样，将来也是一个大个子。就这样，我被强行拉进校篮球队。

开头两天，我还有兴趣，先学传球、接球，你扔过来我扔过去，一群女孩子嘻嘻哈哈地玩。两天后开始学拍球——行话是学运球。就是一边拍球一边向前走，接下来又学习两只手换着拍，两条腿弯曲，移动过来移动过去，身子也侧过来侧过去。然后又学带球过人，前面一个同学伸开双臂做阻拦状，你一边拍球一边左右摇晃想办法闪过她冲过去。具体细节现在已经忘记了。反正几天之后就觉得又累又乏味，没意思的很。常常在老师的呵斥下我才漫不经心地晃晃悠悠拍着球向前走。有时老师让大家坐成一个圈，开始讲篮球规则，一些术语，队员站位，职责等。我仍然是漫不经心地听着，好像自己是局外人。这样过了大概一个星期，我们开始了基本的分组实训，也就是开打了。

篮球队有几位初中就接受训练的老队员，他们在场上起着领军作用，大声叫着，跑着，指点着。开始球传到了我的手里，我不知道该怎么办。身子刚一动，教练就吹走步。拍球时球一落地，就被别的队员抢跑了。其他队员来抢球时只要几条胳膊乱挥一气靠近我的身体，我就吓得赶紧松开抱球的手，于是球又落入他队队员的手中。更多的往往是不等人家来抢，我就赶紧把球放下，引得两队队员又气又笑。我还不时地被大声提醒：站位！秋，站位！可我根本不知道我该站在哪里。

两个星期过去后，别的新队员都有进步，不时听到教练表扬某某，只是一次也没有听到我的名字。我听到的尽是老师的斥责和队员们的笑声，还有教练的唉声叹气。可是我一点都没感觉到羞愧，每次大家笑我时我比别人笑的还厉害，好像被嘲笑的对象与我无关似的。

第三个星期的一天打对抗赛时，老师对我说，算了算了，秋你明个别来了。就你这样的啥瞎子不让你气坏眼哪！

我高高兴兴地离开了校篮球队，给老师同学留下深刻印象的体育生涯至此结束。来美国那年到芝加哥，天天晚上可以在电视上看 NBA 球赛。有天心血来潮给当年球队的好朋友——中锋勤儿打电话，我说我每天看 NBA，气死你。勤儿哈哈大笑说：你看也白看，不就看个热闹嘛！中锋前锋的事儿你弄清了没？

【跟帖】

空空：这个就不 PK 啦。上大学时，头两年有体育课，可俺从来没把篮球投进去过，咬着牙也投不到篮筐的高度，主要是那时个子还没长开。

碧云天：说到这个体育生涯，不好意思地说，这个"体育课还有比我还差劲的"人，就是我啊。

冰清：我中学时参加过一千五百米长跑，结果我们年级只有我一个人报名，我只好和低年级一起跑，我跑了最后一名，但我是我们年级第一名。

【随笔】迎春花

邻家的迎春花在残雪中，抽出了黄嫩的小芽。我知道再过几日，一丛丛金灿灿的花朵，便会在春寒料峭中怒放。

小时候四合院里种有各种花草，很多花儿的名字都忘记了，只有迎春花在记忆中最深刻地保留下来。

记得堂屋前是两根绿色的大柱子支撑着高大宽阔的廊檐，门口台阶两旁是两棵修剪得有型有款的迎春花。迎春花花朵不大，嫩黄色，秀丽典雅，样子很普通，象一个小喇叭。它开在早春的日子，黄澄澄的花朵刚刚开满枝头，小小的绿叶便随后蓬蓬勃勃伸展开来，很有些小家碧玉的味道。花期两旬过去后，整个春夏秋三季，它犹如两蓬绿伞，举在堂屋门前。深秋，绿叶落净，灰褐色的藤枝尽显出来，枝枝条条有的盘绕着，有的纷披下垂。于是，深秋和初冬，它都是铁青着脸，裸露着好似干枯的枝条在寒风中摇动，并不雅观。

隆冬大雪纷飞，迎春花的枝条很快被雪裹住，真的成了白色的大蘑菇。我们兄弟姐妹跟着阿姨，滚一个雪球放在白色大蘑菇上面，插上个红萝卜，便成了小雪人。有时我们把一个扫帚放在它的旁边，看起来更加生动有趣。

冬要尽了，西厢房前的梅花开过，妈妈和阿姨便说迎春花就要开了。放学回家走上台阶前，总是先去查看有无花蕾，发现一个嫩芽便大叫着报告喜讯。在一天天的查看和盼望中，迎春花终于带雪冲寒盛开了。在残雪的映衬下，无数娇小的金灿灿的花朵那么耀眼，又是那么秀雅，些许害羞地展示着自己的温婉和娇媚。

一九六七年的早春将临，又是迎春花开放的时候。远远看去，披金镶翠的迎春花簇，让寂静的小院充满生气。一天放学回家，突然看到家门前聚满了人。有大人腰高的我急忙从人缝里钻进去，一个画面让我惊呆了：一个带红卫兵袖章的少年男孩，估计有十四五岁的样子，正用皮带在抽打一棵迎春花。那黄色的小花瓣和嫩绿的叶子随着皮带的舞动纷纷落下。我愣了片刻，哇地一声哭叫起来，又喊叫着冲上去，旋即被一双手拉住了。阿姨跑过来搂住了我，连拉带抱地将我关进屋里，厉声训斥我，我什么也听不见，只管喊叫着往外冲。阿姨返身关上门，我扒在玻璃窗前，看着那个比我大不了几岁的男孩子挥动着皮带，金黄色的花儿有的被扬起到半空中，它们摔落在人们头上、身上、脚下的烂泥里。我觉得那些花儿会很疼很疼，我的眼泪成串落下来。我跺着脚哭着，看着阿姨站在男孩子跟前说着什么，那男孩子并不停手，一边舞动他的皮带，一边围着迎春花转着打。打完一棵要打另一棵。阿姨终于拉住了他的手，男孩子不说话，只瞪着眼看着阿姨。我多希望他能停下来，可是阿姨松开了手返回屋里，我们隔着窗子看那男孩子继续抽打另一棵迎春花。他的皮带每抽一次，我感觉自己的眼睛和身体都跟着颤动一下。那纷纷扬扬的花儿跟着我的呜咽，直到最后一个花瓣摔下……

家里早是一片狼籍，东西被翻得乱七八糟。但在我看来，都不及那两棵迎春花让我心疼。阿姨安慰我说，明年迎春花还会开放，可我幼小的心总是念念不忘那些被皮带抽飞的花儿。

春末，一纸勒令，阿姨走了。又几张勒令，父母也走了，我成了最年轻的家长。一些人家陆续搬了进来，四合院变得热闹非凡。干巴巴的迎春花枝杈上披上了邻家婴儿的尿布，花花绿绿，长短不一，裸躺在夏日的阳光下。那些细小的枝条，常被邻家小孩子折了玩耍。平日仪态万方的迎春花，风度尽失，容颜惨然。

我记着阿姨的话，心里依然有着盼望，盼望来年迎春花能重新活过。翌年初春，我一次次查看迎春花的枝条，从冰雪消融到五月艳阳天，迎春花铁枝灰面，拒绝再露芳颜。花儿通人性，宁愿玉碎。仲夏，外公来看望我们，看到人家的尿布日日挂在门前，便找了个借口，将迎春花的枯根刨去。至此，迎春花便只开在我心里了。

【跟帖】

潇湘：秋怡好文，好才情。要不要再帮你挂一幅迎春花？嘿嘿。

大老鹰：这回忆和牢头的很相似啊，秋老师也是历经沧桑后体味了很多东西。

森林木：记忆在头脑中，花儿开在心里。好。

【随笔】怀旧轶事

文革有段时间全民挖防空洞。

我们学校也不例外，下午上一节课后，也都分片包干挖防空洞。

我们班和其它两个班分在学校里一个非本地籍贯教师住的套院里。这个院子很大，非常漂亮，原是个大户人家的第二层套院，一些园景文革初期已被推倒，只剩下几棵高大的树木让夏季院子阳光斑驳，很是荫凉。我们三个班要挖的地点在算术谢老师住房门口。

谢老师是上海人，一副金丝镜，一口上海普通话，细声细语。平时教完课就猫在自己的屋子里，话不多说半句，步不多走半步。

一天下午，我们三个班又开始挖土打洞，谢老师门口已经横起了一条战壕，有半人深，她们家人进出只好垫上一块木板。

那天我穿了双新鞋，稍有土星儿溅过来，我就俯下身子去弹上面的土，有时跺跺脚，生怕自己的新鞋弄脏了。班里两个坏男孩，见状就故意拿个铁锹，轮番在我脚下挖土，我往后退，他们就往前铲，把我逼到了下壕沟的台阶边儿。我生气了，转过脸去不理他们，他们就用力撅。当我感觉有点站不稳时，就听咣咣几声响，以为是我的新鞋被铲坏了，赶紧转身低下头看，却见地上滚着几个白晃晃的东西，两个男孩也楞了。这时，我们班的女班长——两届留级生，最爱打小汇报的老装——正好走过来，她一看说，哟，是银元！这么一喊，一大堆大孩小孩忽拉拉围了上来。老师也来了，连声说，挖，再挖……不知怎么弄的瞬时我就被推上了壕沟，看着下面的人又是刨又是抢，我和谢老师就站在她家门口，看着激动的孩子和老师们乱成一片。

原来这是整整一罐银元。我当时正好站在这罐子上，两个男生用尖尖的铁锹开了个口，里面大概共有几百个袁大头。搞到最后公安都来了，我还被叫去问了一番。

学校让学生缴出银元，我们班的女班长抢得最凶，但是她缴得最少。几个近距离的男生一致指责她，在老师办公室吵成一锅粥。我们每个学生都要说明当时自己在现场的情况，我有谢老师做证，连碰都没碰那白花花的银元。后来学校共收了大概 400 多块，班主任语文老师说，肯定有人没缴出，要埋怎么也不能是这个数。

过几天我们又接着挖，不少高年级的学生就说，小草，你找个地方站站，让我们挖挖……

【跟帖】

小平：哈哈，小草，你找个地方站站，看我能不能挖成比尔盖茨。

水影：呵呵，小草你啥时穿上新鞋在你家后院站站，没准也能挖出什么宝贝：)

33、 张不才

【小说】老王和王婆的故事

　　王婆者，老王之妻也。而老王，乃是不才在陕北公学时的同修。

　　老王出身贫寒，长得也不起眼，故而发奋读书，以求有所作为。就着咸菜窝窝头，年轻的老王从乡重点、县重点，直到陕北公学，一路走了上来，后来又硕博连读，进而留校任教，可谓事业有成。

　　在王婆还是王姑娘的时候，王姑娘父母在朝为官，家境殷实，按现在的标准基本上属于富二代了，加上本人长相出众，所以没大必要读什么书，高中毕业后靠父母的关系，在下面县城整了个护士文凭，然后堂而皇之地回到省城，在陕北公学附属医院谋了个护士的差事。

　　王姑娘身为白衣天使，以及全方位的优越条件，给王婆家提亲者车水马龙，但是王婆的父母认为，俺们家啥也不缺，就缺知识。

　　（此处略去 8888 字）

　　所以，王姑娘就成了王婆。

　　王婆和老王可谓互通有无、相辅相成。老王得了个美貌妻子和足以在省城稍微叫叫板的岳父母做后台，事业更上一层楼，30 郎当岁儿就已经是学科带头人并领着一帮研究生的副教授了。平白无故地当上教授夫人的王婆终日里眉飞色舞，在一群叽叽喳喳三班倒的小护士里更是鹤立鸡群，羡死一堆人。

　　沉浸在无比幸福里的老王和王婆，频繁并焦急地恩爱着，恩爱着，恩爱了 N 久，铁杵都磨成了针，终于结了晶，王家上下乐开了锅。

　　但是接下来的事情，Who knows。到了 B 超那天，形势急转直下。

　　老王号称老王家八世单传（真假不知），B 超的唯一目的就是找茶壶，因为第一次 B 超的时间比应该 B 超的理论时间提前了太多，所以就没有找到小茶壶，然后就接二连三不停地超，一直超到孩子出生，也没超出个名堂来。

　　王婆没能够生出儿子，在姐妹们面前抬不起头，也觉得对不起老王，内疚之余，唯怨自己的肚子不争气。

老王家有据可查的历代祖先都不曾有过什么大的造化，祖祖辈辈蹲在山沟沟里，虽说是八世单传，倒也有惊无险地走过了一个多世纪，轮到空前出息的王博士王教授这里，差不多是恩科进士的档次。该是光宗耀祖的时候了，却面临无后之尴尬，老王郁闷至极，性情大异，变成了个闷葫芦，连王婆也撬不开他的口。

不久，老王打发了该打发的，收拾了该收拾的之后，只身一人飞往美国，王婆死活拦不住。临行前，老王在机场对着王婆及欢送队伍一抱拳后会有期后，一扭头就风萧萧地出关了。

老王这一走，王婆就丢了魂，虽然前后左右都认为王婆不久也将飞往美利坚，可对于内中究竟王婆也是心里没底，唯一能做的，就是悉心呵护嗷嗷待哺的小女。

话说老王来到山姆大学，以POSTDOG（博士后）身份，专攻内耳绒毛对听力的影响。做了没几个月，有一天老板把老王叫到办公室关起门来对老王说：你丫明显跟我装孙子么，我这粥少僧多怕是容你不下，从今天开始你丫不要玩儿了，我另外给你两个POSTDOG你领着干，你丫老老实实给我写FUNDING（项目申请），什么时候整到钱，什么时候自己玩儿自己的去，SORRY啊，工资下个月才能改上去。于是老王就蹲办公室写开了FUNDING，写着写着一高兴，顺便也写了个FUNDING给王婆。

盼星星盼月亮，王婆终于盼到了老王寄来的FUNDING。王婆马不停蹄东西奔走办理各种手续，不到一个月就带着女儿登上了飞往美利坚的班机。在山姆机场，看见老王和女儿那种天然的父女间的亲热，王婆不知道是喜极而泣还是悲极而鸣，禁不住满腔的热泪和着满腹的委屈，喷涌而出……

老王在山姆大学不紧不慢地做着PI（领衔科学家），有了自己的小FUNDING，专心埋头科学，王婆在家唯唯诺诺地照看小女，从前的不快似乎日渐淡薄，二人相安无事地过了一年。转过年去，老王买了块地盖了新房子，一家人有了属于自己的天地。和别人家一样，三口之家的老王家，和谐而温馨。下班回来，老王打开一罐啤酒在DECK（阳台）上一坐，看着女儿荡秋千，妻子整花坛，老王觉得SOSO。

悠闲的日子总是过得飞快，一晃之间，女儿就上学了。

女儿上学，老公上班，只剩王婆守着个空房。王婆不甘寂寞，对老王说，我也出去找点儿活干吧。王婆前前后后打了几份短工，一段时间下来，英语小有所成，于是又拿起教科书啃了些护理单词，经过几番折腾，还别说，居然勉强考下了护士执照，正正经经地在山姆大学附属医院当起了护士。这王婆一当护士才知道，护士收入好，加班费还多，到年底算下来，家庭收入翻番不止。同时，老王的FUNDING 也异常得顺利，虽然大的不多，小的倒是不断，老板直呼没有看错人，从此对老王更是另眼相看。

子曰：人逢喜事精神爽，老王家 N 喜临门，王婆又怀上了，这回明显带把儿了。

苍天开眼，老王家有后了。有了儿子，老王欣喜若狂，索性请了两个月长假在家带儿子，终日里眉开眼笑，对王婆也是温柔有加。

儿子一天天长大，越来越好玩，老王把他当个宝，每天晚出早归，回家就陪儿子。女儿大了，儿子有老王陪，王婆只顾上班加班的赚钱，因为护士加班可以拿一倍半，到年底一看，王婆的收入比老王高出一大截。到这份儿上，王婆已经不满足护士这个职位了，王婆开始业余时间读 MASTER（硕士），准备挣六位数。

家里的天平开始慢慢倾斜。

话说王婆工作顺利，收入丰厚，又入了米国籍，正在通往米国主流社会的康庄大道上阔步前进，并且还拿到 MASTER 学位，打算更上一个台阶，往小 DOCTOR 方向靠拢。

与此同时，老王似乎遇到了瓶颈，连入个籍都被背景调查掐在那儿。儿子的出生固然给老王带来许多欣喜，但同时也削弱了老王继续革命的热情。老王把更多的时间花在儿子身上，自然怠慢了工作，加上 911 以后 FUNDING 越来越不好整，寄在老板篱下小康可保，但是距离独立教授的彼岸却是越来越远。

一个插曲是，老王原来在国内的一个研究生，也和老王在一个系里，人家在山姆大学拿的 PhD，继而留校任教，不几年工夫已经混到副教授了，老王和人家相比，一个天上一个地下。对此王婆时常对老王露出不满，两口子经常吵架。

王婆如今非比从前，收入更是节节高，觉得现在的房子已经和身份收入不符，窄小的厨房不足以办大爬梯，王婆要换房。在换房的问题上，老王和王婆两天一小吵，三天一大吵，但是老王毕竟底气不足，后来索性甩手不管了，一切由王婆做主。

附近正在新建一个高尚住宅区，王婆看好了一个大豪斯，王婆打算先卖再买。夏天卖房的多，怕是卖不出好价钱，等 10 月份再说。等夏天一过，卖房的明显少了，王婆找来经纪，估好房价准备挂牌上市。可是没成想，几乎一夜之间，小区门口呼啦啦冒出一堆卖房牌子。王婆很生气，算啦，明年再说。

过了一年，也就是去年 10 月，王婆正要准备把房子挂牌上市的时候，又像去年一样，小区门口又一夜之间呼啦啦冒出一堆牌子，王婆差点儿气疯回来找碴和老王吵。老王也纳闷儿，这是为什么呢？这天傍晚，老王饭后去小区门口遛了个弯，把那些牌子看了个究竟，勃然大怒。回到家，老王把袖子一挽，左手往桌子上一拍，右手指着王婆的鼻子：放你娘的晃荡屁，你也不睁开你的狗眼看看，那些牌子是他妈卖房子么？那是你们米国人搞的他妈的选举。

（此处略去 2009 字）

老王和王婆终于不用再吵了，因为老王凭着一篇 SCIENCE 和一篇 CELL 拍拍屁股海归了，回陕北公学当长江教授去了。尤其令王婆气闷的是，早在老王正式就位之前，那边一个博士生（女）就已经提前上岗了。

是继续打拼往六位数进发，还是就地学摸一个白老头儿，王婆现在最郁闷。

【纪实】男人和女人的故事

话说有这么一对男女，这一男一女都是不才在陕北公学孜孜求学时候的同学，同级但不同专业。头两年上大课不分专业，俺们都在一起上课，我和那男的比较对脾气，混得比较熟一些。

男的是干部子弟，老爸是当时某市领导，人长得身高马大威武雄壮，在校田径队扔铁饼，就叫铁饼吧。女的属于小家碧玉，细白修长，很像林妹妹的那种，柳条一样风稍微一吹就要摇三摇，就叫她柳条吧。

铁饼是班干部，管些鸡毛蒜皮的事情，接触的人比较多。柳条文文静静，长相出众，想接触她的人比较多。所以，他们两人之间的接触就比较多一些了。但具体两人之间接触到什么程度，什么热度，什么深度，不才就不很清楚了，因为不才那四年把全部精力都放在了学习上了。

大学毕业以后，铁饼和柳条两人双双分到北京，不才就和他们断了联系。一直到N年前在美国又和铁饼取得联系，这中间断了快40年。这些年里他们之间发生的事情，不才都是事后听说的。

说是铁饼和柳条到了北京以后，没有像不才那样忍辱负重以事业为重把全部精力放到工作上，他们耐不住寂寞，很快就结婚了。不久，柳条J1公派到美国。大家知道美国大学里中国学生会里面的活动积极分子都是天天跳着脚急着找老婆的主，对他们来说接飞机是一天赐良机。毫不例外，柳条的到来成了某学生会活动积极分子的天赐良机。

接下来的事情很自然，柳条和接机的亲密接触上了。这一切虽然都瞒着铁饼，可俗话说一日夫妻百日恩，柳条并没有忘记和铁饼的恩情。在柳条的周旋下，不久，铁饼也飞到美国。

铁饼到美的那一天是柳条和接机的一同去机场接的机。按铁饼的说法，当天晚上铁饼被柳条和接机的安排到另外一个住处，并被告知有话慢慢再说，而摊牌是在一个月以后。对当时的事情经过，即便是事隔多年，铁饼和柳条仍是三缄其口，而同学间风传的是当时接机的差点儿被铁饼掐死。铁饼遭此一劫，身心受到重创，心念俱灰之下，决定西行远走沙漠。经多处辗转，最后落户得克萨斯乡达拉斯村。
（中间略去888字）

子曰：是男人就要勃起。N年以后，铁饼30多了，经国内亲友提携，两个未婚女青年的相片摆在了铁饼的案头，一个18，另一个28。铁饼心想18岁未必发育完全（铁饼原话，不才加工），就来个28的吧。不久，铁饼略施小计，让28申请L1，成功来美，先配后婚不表。铁饼婚后，怀着对新生活的渴望。离开得克萨斯沙漠，来到繁闹的东部。在一个和现在一样的春光明媚的日子里，铁饼和 28 到不才家里小住了几天，使得不才有幸一睹 28 的芳容。

果然名不虚传，28 身高 1 米 7，出落得极为标致。除了一张可人的脸蛋，还有一副骄人的身材。据 28 自吹，她自幼在少体校练游泳，驰骋水池多年，斩获无数，后投戎从笔考上大学，在全国大学生运动会上也是得过名次的。和柳条的林妹妹状相反，28 生性豪爽，健康大方，易于沟通。不才对二人的苟合觉得欣慰，只是隐隐对 28 的 too aggressive（太好强）感到些许不安，当然那不是主要问题，子曰过的：人无完人么。

我们当时讨论的主要问题是，不才的儿子都快要生儿子了，可他们二人婚后几年了 28 还没有怀孕，检查结果说问题在女方的生殖功能（靠，子也太牛了，居然知道人无完人）。具体什么毛病不才没有详细咨询，不才猜想这或许和从小游泳有关系，况且游泳运动员难免要接触一些药物。他们当时在准备做什么人工受孕，每年可以做两次，二人表现得很有信心，倒显得不才有些多虑。

然而，接下来发生的惊天动地的事情证明了不才的忧虑是有道理的。

铁饼和 28 的产物在体外 meet 了好几次，可是最终没有能够结晶，他们很失望，而更失望的是铁饼他爸——老饼。

老饼当时在知府级干部任上，在那座几百万人口的城市里可是有头有脸响当当的人物。老饼有铁饼和二饼两个儿子，铁饼在外闯荡，二饼在家伴随父母。二饼育有一女，而铁饼媳妇儿至今未孕。日子一天天过去，老饼一天比一天着急，如此名门望族，焉能无后？简直岂有此理，老饼咽不下这口气，吩咐两个儿子妥善解决此事，休得再拖。

饼家上下经过协议，想出了一个简单宜行的办法，那就是把二饼的女儿过继给铁饼，让二饼再生一个，争取是男孩。如此一来，铁饼有了孩子，饼家还续了香烟。但是二饼夫妻不合作，他们把女儿视作掌上明珠，不肯把她过继给兄长，另外也不愿再生第二胎受二茬罪。铁饼是长男，肩负传宗接代的重任。为家庭大计，铁饼不得不苦苦另觅他径，比如领养一个男孩。可是不问不知道，一作调查才发现中国人重男轻女，女孩子好找，男孩子还真不好弄。陆陆续续物色过几个男孩儿，但都因为有各种各样的缺陷而被否决。后来又听说有人在韩国领养男孩，他们也花了不少时间和精力，可惜都没成。这样几圈折腾下来，又花去不少时间，老饼实在坐不住了。老饼发话，领养的孩子再好也没有自家的骨血，作不得数。或者离婚另娶，或者借腹生子，小子哎，你看着办。

铁饼和 28 之间虽然多年未孕，但夫妻仍是恩爱如初，二人均无他想。另外，28 性格开朗，能说会道，几年来颇得公婆欢心，饼家上下不忍活活拆散他们。于是乎，借腹生子的计划自然而然地提到饼家议事日程上了。然而借腹生子谈何容易，一系列的问题超乎常人所想，可老饼何等人也，桌子一拍，手下人立马行动，屁颠屁颠的把事情给办妥了。女人是离了婚的单身。健康聪颖，皮肤姿色上佳，身材更是专门请人看过的，说是能生，且奶水足。除了没什么文化，其他方面找不出毛病，简直就是天生的生育机器。双方说好了生下孩子后，女方留下孩子拿钱走人，从此不再瓜葛。

万事俱备之后，老饼找了个理由一个越洋电话就把铁饼给招了回来。铁饼一人飞回来小住了几日，蜻蜓一般点了几下水就又飞回去了。事情的论议、安排，都在饼家私下进行，唯独 28 被蒙在鼓里，饼家认为八字还没一撇，没必要早早的就节外生枝。

若干星期以后，老家来了消息：病狗！铁饼朝思暮想，寝食难安，如何向 28 交代？

又过去几个星期，老家又来了消息：是个带把儿的。铁饼闻讯，悲喜交加。喜的是苍天有眼我老饼家终于有后，我铁饼没有辜负列祖列宗的厚望，悲的是……铁饼有一种不祥的感觉。

子曰：纸里包不住火。总不能等小饼出生了再告诉 28 吧。铁饼硬着头皮把事情的来龙去脉对 28 和盘托出。

28 闻讯，山崩地裂……

事情闹大了，大到不才也知道了，那时候离孩子出生还有几个月。不才一听事情经过，顿时大怒，一个电话打了过去：你他妈的不会和那个小寡妇在体外接触有什么 JB 必要亲自插入敌后，你小子也不是不知道 28 的彪悍，也不怕哪天早晨醒来，自己的吃饭家伙已经被冲进下水道或者油炸了喂了野狗。不才很生气。

28 尚且跳在天上还没有落地，老家那边来了最新消息：母以子贵，小寡妇要求扶正。

又几个月后，小饼出世了。再后来，收到几张小饼 9 个月时的生活照，活泼可爱+真帅。小饼他娘则住在铁饼买的房子里，在铁饼老家替美国哺育下一代。

铁饼很急很迷茫。和 28 的离婚官司正在进行中，小饼他娘的转正问题还没有正式摆上议事日程。

28 正和一位白人小伙 CEO 在加州生活着。不才谨代表陕北公学同仁祝她愉快，如果她不甚愉快的话。

柳条这么多年来一直和我们陕北公学的同学少有往来，和铁饼至今仍是好朋友。

【跟帖】

超然鸟：皆大欢喜嘛，即使包公再世也断不出这么个好结果了，你这个名字可以取名《啼笑姻缘》了。我认为 28 表面如何如何，内心窃喜也说不定。铁饼表面是惋惜中有些窃喜，柳条内心可能后悔当初没跟铁饼，小寡妇是白捡一个香饽饽加一帅儿子，根本就没有不高兴的。

夏凉：山到车前必有路，柳暗村前全是花么。

34、 岁月匆匆

【纪实】抗美援朝纪事（四篇）

入朝参战

1951 年年底，我们根据上级的命令，雄赳赳、气昂昂,从丹东跨过鸭绿江，奔赴朝鲜前线。

此时，祖国的东北，已是严冬季节。鸭绿江已经封冻，坚硬厚实的冰层覆盖着整个江面。晚上 8 时许，我们炮兵团开始渡过鸭绿江。

夜晚，伸手不见五指。无数辆墨绿色的军用卡车拖挂着各式各样的大炮，摆成一字长蛇阵，拉开距离，踏过鸭绿江厚厚的冰层，进入朝鲜国土。

与辽宁省丹东市隔江相望的，是朝鲜人民民主共和国新义州市。过了江，回头仰望祖国的丹东市，一片灯火辉煌的景象.然而，我们脚下的新义州，却是一片漆黑，没有灯光，也看不见人影。往日熙熙攘攘的新义州市街道和楼房，现在已经变成一片废墟。战争给这里带来了灾难。

为了防止敌机的轰炸，汽车一律不准开大灯。公路上，由于下过的雪融化后又结成冰，所以，路面就像一面镜子，光滑晶亮，汽车不敢轻易踩刹车，只能拉大距离，摸黑小心地行驶。我们的驾驶员，在国内开惯了旱路，第一次在冰路上行驶，感到非常艰难，真是一步一出溜。

漆黑的夜晚，敌机不断在上空出现。地面防空部队用探照灯强烈的光束照射敌机。只见无数个白色光柱，直插黑洞洞的夜空，然后交叉在一个"点"上。我们坐在车上，看到一架敌机在强烈的探照灯灯光照射下，懵头转向，仓皇逃之夭夭。与此同时，我防空部队的高射炮跟踪射击，炮弹在夜空中爆炸，形成一朵朵白色的烟雾，然后慢慢地消失在夜幕里。

我们正开车行进间，突然，前面一辆汽车因司机踩刹车过猛，车体向右滑行，翻倒在路边的雪地上。见此情景，我们的车立即停止前进，下车前去营救。这是兄弟部队的一辆卡车，只见一名战士的右小腿，被压在汽车驾驶室的踏板下，几个战士正在奋力抢救。我看到，那战士侧卧在雪地里，被压住的那条右腿，鲜血不断从棉裤腿里浸出来，染红了一大片雪地。我们一面用力抬车，一面安慰那伤者。大家齐声喊着号子："一、二、三——！一、二、三——！"汽车终于动弹了。另一名战士，用力拽着伤员的身体，他终于得救了。我们把伤员抬到了我们的车上，然后继续向前赶路。

【跟帖】

小园香径：对军人一向很崇敬，对像您这样参加过大战役的军人更是充满了敬意！推算您的年龄，和我父母差不多的。您还有这么清晰的记忆、这么敏捷的思路、这么高的写作热情，真的表示无比的钦佩和崇敬。

遍野：这是您自己的经历吧？崇敬！

"防空枪"让敌机威风扫地

F－58 战斗机是美国空军一种可以进行超低空飞行的战斗机。因为它的外形像一个扁担，两头各挑着一个大油箱，所以，志愿军战士送它一个外号，叫做"油挑子"。这种飞机可以超低空飞行，并对目标进行疯狂扫射和轰炸，具有很大的杀伤力，因此在朝鲜战场上，这种飞机的出现，令人恐惧。

据说，"油挑子"一开始出现在朝鲜战场时，就非常疯狂.因为它飞的低，速度快，所以，我军的防空武器很难对付它。听说，有一次，公路上有一条狗正在飞快地奔跑。一架"油挑子"发现了它，硬是追赶上来，俯冲扫射，直到将那条狗击毙在地，"油挑子"才趾高气扬地飞去。还有一次，我和另外两个战友休息日到附近的一个湖面上划船，突遇一架"油挑子"前来骚扰。我们看到它从头顶上飞过去了，还以为它没有发现我们，继续划船。可没过一会，就看见那家伙又从远处绕回来.我们知道事情不妙，立即跳上岸。但可恨的"油挑子"，锲而不舍地跟在我们后面俯冲扫射，直到我们躲进山洞。

"魔高一尺，道高一丈"。后来，志愿军战士根据"油挑子"的特点，发明了"防空枪"，用来专门对付它，才使它威风扫地。

当时，在志愿军部队里有一条不成文的规定，谁如果听见飞机声，谁就可以鸣枪报警。谁要是听见报警枪声，谁都可以就地再鸣枪……如同接力，以此类推，谓之"防空枪"。于是，每次敌机空袭来临，整个朝鲜战场，枪声像流水，从南到北，依次鸣放，形成了一个特殊的防空网。同时，志愿军战士们还发明了用步枪射击敌机的方法。所以敌机一来，万枪齐发，吓得敌机狼狈逃窜。

据说，每次发现敌机而鸣放"防空枪"所消耗的子弹，相当于一次小型战斗所消耗子弹的数量。不过，战士们用这小小的步枪，煞住了敌机的霸气，让敌机威风扫地！值！

【跟帖】

张维舟：我听一个抗美援朝的老战士讲，起初敌机很猖狂，后来有个战士竟然用手榴弹打下一架，大大地鼓舞了我军士气，美军飞机再也不敢嚣张了。

与上级失掉联系之后

1952年冬，我部队按照上级指示，行军到达指定地点——朝鲜西海岸的介川，傍晚在一个小山村里驻下。

这个小山村座落在丛山峻岭之间。高大的群山，环抱着它，山上长满了落叶松。如果是在夏天，这山上肯定是森林茂密，郁郁葱葱。然而，现在却是满山遍野的白雪，覆盖在每一个角落。我们就在这里住下了。

在山下的一家农舍里，我们架起了15瓦电台，试图通过它来和驻守在辽宁某地的师部联系。但是，由于这里距师部太远，电台的功率有限，所以始终联系不上。后来，我们把电台搬到半山腰的一个小山洞里，并架起了高达44英尺的"T"形天线，但仍无法和师部取得联系。此时团参谋长和团部的通讯参谋几乎昼夜陪伴着我们，给我们鼓劲。我感到压力更大了。部队和上级失去联系，就如同一只无头的鸟，不知向何处飞，团领导能不着急吗？

当时，15 瓦电台只有七个人，我是台长。另外，还有两名报务员和四名摇机员。关于摇机员，这里要多说几句。因为当时的小型电台在工作时要有足够的电力。而我们使用的电台设备非常落后，既没有充电电池，更没有交流电源。只有一台重达四、五十斤重的人力发电机，靠人力摇转发电机才能发电，供电台使用。于是，四个摇机员分成两人一组，轮流"摇机"，以供应电台所需电力。这就是当时为什么每部电台都要配备摇机员。

在阴暗、潮湿的山洞里，我和两名报务员昼夜轮流在电台旁，手持电键，头戴耳机，试图在茫茫的宇宙间，寻找着师部电台的讯号。但是两天过去了，仍渺无音信。

第三天一早，团长、政委和参谋长在指挥连连长和指导员的陪同下，来到了架设电台的小山洞。我们看到首长们严肃的表情，立即感到问题的严重性，非同小可……

团首长看了看洞内的环境：阴暗潮湿的地面上摆着一只木箱，电台就架在上面。洞的顶端，吊着一块雨布，遮挡着随时从洞顶浸出来的水滴。有的时候，还会从洞顶上掉下一些碎石块，我们就用手顶在雨布下，防止石块砸在头上。没有桌椅板凳，报务员就坐在木箱上，在微弱的烛光照射下，收报和发报，工作条件十分艰苦。团首长看到我们的工作环境如此糟糕，心情虽然不好，但团政委仍微笑着对我们说："你们在这样艰苦的环境下工作，很了不起呀！我代表团长、参谋长，以及广大的指战员，向你们表示敬意。"政委接着说："你们也十分清楚咱们现在的处境，和师部联系不上，咱们团就不知道如何行动．所以，请大家再想想办法，我和团长先谢谢你们了。"团首长的一席话语重心长，我们几个报务员此时更加感到担子的沉重。送走团首长后，连长和指导员蹲下来，和我们共同商量对策。

我在华东军区通讯学校学习报务时，就是学习上的尖子，大家都知道。到炮团后，领导把我分配到全团唯一的一台 15 瓦"大"电台上，我也清楚其用意。如今，和师部联系不上，作为一台之长，我负有主要责任。连长和指导员好像看透了我的心事，连长大声鼓励我说："小崔，这两天你费了不少劲，今天再试一把，好吧？不要灰心。"指导员也搂着我的肩膀说："小崔，再试试，等一会，我们让战士们再把天线往上升一升。"

领导的话，就像一颗颗重型炸弹，重重地落在了我的心上，虽然感到压力很重，我却只能点头答应："试试吧！"那时，我感到头上的耳机从来没有那么重；手中的电键，也从来没有那么沉。

时间一秒秒的过去。我俯在箱子上，低着头，从耳机里传出的千百个细微的电报信号中，仔细地辨认着师部电台的讯号。汗珠不断从脑门上渗出，脑子里全是"滴滴答答"的莫尔斯电码声。我就好像游浮在茫茫大海里的一条鱼，在无数个浪花里，寻找着失去的一棵最宝贵的珍珠。天哪！真是太难了！

时间仍在嘀嗒嘀嗒的分分秒秒中流逝，但师部电台的讯号，仍然捕捉不到。

很快，太阳落山了，进入夜间。根据以往的经验，无线电短波讯号，在夜间的传输距离，要比白天远。所以我想，到了夜间，很可能要出现奇迹。

晚上八点钟左右，我依然俯在电台旁细心搜寻。突然从细小如蚊声的讯号中，听到了那熟悉的莫尔斯电码声，意思是说："玉兔，玉兔，我是月亮，我是月亮。你在哪里？你在哪里？请回答。"此时，我感觉有一股热血冲上脑门，眼睛里已经溢出了泪水……猛地从座位上跳起来，大声喊道："听到了！我听到了师部电台发出的讯号！"大家立刻围拢过来，仔细地和我一起倾听着，倾听着这盼望已久、最最幸福的声音。我激动地抓起电键，"滴滴答答"的给师部回电："我是玉兔，我是玉兔，我团现驻 XX 地，请指示！请指示！"于是，师首长和团首长间的对话，不断地通过我的手指和电键传来传去。

就像一个人，血脉通了，部队立即有了生气。团参谋长来到电台，激动地握着我的手亲切地说："谢谢你，小崔！谢谢你，小崔！"随后，团长和政委也进到洞来，对我进行了表扬。

这一年，我刚刚十八岁。战斗结束后，团部还为此事，给我荣记了三等功。

朝鲜停战那一天

朝鲜战争从开战的那一天起，就是一场不义的战争。美国勾结几个附从国家，组成所谓"联合国军"，与朝鲜人民军抗衡。1950 年

10 月 25 日，中国人民组成了中国人民志愿军，跨过鸭绿江，抗美援朝，保家卫国。于是，朝鲜战场上，朝鲜人民军和中国人民志愿军与以美国为首的"联合国军"进行了将近三年的残酷抗争。在我军强大攻势下，1951 年 7 月 10 日，美国不得不坐下来，在三八线附近的板门店，与我军进行和平谈判。但是，由于美国根本没有和谈诚意，所以在很长一段时间里，朝鲜战争仍然是"谈谈打打，打打谈谈，边打边谈，边谈边打"的局面。直到 1953 年 3 月 30 日，国务院总理周恩来指出，双方必须无条件接受印度政府 1952 年提出的关于交换战俘的建议，板门店谈判才得以恢复。

1953 年 7 月 27 日上午 10 时，以南日为首的朝中代表和以哈瑞森为首的美方代表在板门店共同签署了朝鲜停火协议。协议规定，在协议签字后的 12 小时，即 7 月 27 日的晚上 10 时，交战双方一律停火。

我们炮兵团是 1953 年 6 月到达平康前线的。根据上级指示，我团立即做好一级战备。上级还进一步命令我们，一旦敌人退出谈判、或撕毁协议，我部将立即向对方发起进攻，给敌人以致命打击。我们电台的几个同志，更是马不停蹄地做好一切准备，以便在情况发生突变时，随时和上级取得联系，从而保证师、团首长的正常沟通。

1953 年 7 月 27 日这天，听说板门店和谈已经签字。但作为军人，我们仍整装待发，随时准备向敌人发起攻击。前沿阵地上，枪炮声、飞机轰炸声仍响成一片。就像年三十晚上的爆竹，劈劈啪啪响个不停。这时，大家纷纷将手表校对正确，一面备战，一面等待晚上 10 时这一停战时刻的到来。

手表咔嚓、咔嚓地响着，时间一分一秒的过去。已经是晚上八点多钟了，但阵地上的枪炮声依然激烈。我们的电台则一直和师部电台保持着沟通状态……

晚上九点半钟，枪炮声更加激烈。再有半小时，就要停火了。此时，交战双方，似乎都要在这最后几分钟里，把所有的子弹和炮弹全部打光……

九点五十五分，离停火还有五分钟。前沿各级指挥员都把袖子撸起来，一面两眼盯着前方不远处的敌军阵地，一面注视着手表的秒针进行倒计时。我则是始终趴在电台前，随时准备接收上级发来的急电……离晚上十时还有 10 秒、9 秒、8 秒、5 秒、3 秒、1 秒……"时间到！"大家几乎同时喊道。

就在那手表最后一秒"咔嚓"响过之后，顿时，前沿的枪炮声"嘎"的一声，突然停止了，飞机的轰炸声也停止了。全朝鲜战场上，所有枪炮轰鸣声都停止了。寂静，还是寂静！三年来，朝鲜战场上，从来没有过的寂静。寂静得好像能听到每个人的呼吸。此时，蟋蟀的鸣叫声清脆悦耳；风儿吹动树叶，沙沙作响；山间小溪流水发出的哗哗声不绝于耳……我们甚至还能隐隐约约的听到不远处传来敌人依里哇啦的议论声……好一片寂静的世界啊……

就在这短暂的寂静之后，突然，前沿阵地上的战士们从战壕里跳出来，从坑道里钻出来，从炮兵阵地里跑出来。人们大声呼喊，"胜利了！胜利了！我们胜利了！""和平万岁！""毛主席万岁！"

欢呼声震撼着大地，欢呼声在山谷中回荡。是啊！胜利了！我们胜利了！朝鲜人民在中国人民和全世界人民的支持下，经过三年极其艰苦曲折的奋战，终于取得了最后胜利，我们怎能不欢呼啊！

【跟帖】
秋尘：这一段写得很感人。多么来之不易的寂静啊！维持和平，多么不容易呀！
水影：当时那一刻该有多高兴多激动。你的故事很好看。

35、 蚂蚱也是肉

【小说】伊荃

火车、汽车、马车快快慢慢地一路西行。天气清爽下来，云高高地飘着，路边儿的枝枝干干突兀地向上立着，使得这塞外的江南显得有些萧索。伊荃靠在马车里，心随着马蹄起起落落，身边儿的琵琶不时的发些声音出来，和着伊荃的心放荡。路边儿的房子三三两两的多了起来，间或着行人影子一样前后趋退，车里的伊荃迷迷糊糊的涌着要回到开始的感觉，心怦怦的跳着想出来看看。

马呼噜几声停下来，伊荃醒醒神，抱着琵琶跳到地上。四周扫了扫，稀稀疏疏站着几栋仓库一样的房子，面墙上开着大大小小的洞，镶着破旧的门窗，里边儿灯光透出来照得地上一条一条的昏黄。墙上的洞吱吱叫了几声，走出来一个声音说，你是伊荃吧，请这边儿来。声音领着伊荃推开一个洞走了进去，里边儿已隔成了两半儿，顶上挂着的小灯照下来，后边儿的影子随着中间的布颤着。声音出去又进来，手里端些吃的，说咱们乒乓文工团刚成立，宿舍还没准备好，里边儿是另外一个团员。今天晚了，先吃些东西休息，明天再给你们介绍细谈。

声音带上门儿出去了。伊荃站在屋子半边儿的中间，外边天上的半月透过墙上的洞洒了些进来。抓起盘子里的东西用力嚼了嚼，咽了下去，抹抹嘴，先前光滑的轮廓竟有些扎扎的了。一天马车的颠簸让伊荃胯下有了些模糊的味道，混着不断传来马的叫声，有种想驰骋一番的冲动，扭过头，布那边儿的影子已躺了下去。伊荃铺了床，关了灯，月亮照进来，屋子里淡淡的暗，布在墙缝里流进来的空气里轻声地舞着。

伊荃睡了过去，梦里脂粉的香气随着布的晃动漫了开来，也是个月白风高之夜，马的嘶鸣远近可闻。伊荃抱着琵琶，背后斜插着弯刀，在高高的马上鹰视着河边一个小营地，琵琶响了，身边儿围着的马们呼啸着冲下去，几声嘶喊之后营地空了下来，火堆夹着响声一闪一闪地向上吐，映得边上的马车暗暗的红。伊荃从马上跳下来，走到马车旁，摆摆手，马们散了开去，顿了顿，撩开车棚挂下来的布帘儿，月光火光洒了进去，照在里边儿平静的脸上一晃一晃，手递了过去说，琵琶给你。

伊荃挣扎着醒了过来，梦中车里的脸还在眼前闪，屋里飘着些脂粉的香气，中间挂的布已推到了墙边儿。琵琶不知什么时候离开了伊荃，暖暖地靠在那半边儿的枕头上笑。起来穿了衣服，推开门，从房子的间隙看到了那条河，走过去撩些水到脸上。水里的脸碎了似的颤，河边儿的马车，车里的人都不见了，火堆在地上留了点儿淡淡的黑也远去了。伊荃抬头四周看看，这还是那条河吗？

荃哥你来了，珠落玉盘的声音说。伊荃转过身，清楚地看到了那张模糊的脸，琵琶抱手里，水一样涟漪的眼睛里映着伊荃，头发胡乱的打着卷儿，两颊下巴络腮横生，鹰隼一样的眼光在涟漪的水里慢慢化了开来。

我是你的卡玛呀，荃哥，珠落玉盘的声音说。

后记

纽约华奇办公楼的过道里，饭后的伊荃提着琵琶昂然地转悠，不经意瞥了一间会议室走进去，噼里啪啦的声音撞着刚关上的门儿清脆地传了出来，满楼满街的铜臭拥挤着进了瓶瓶罐罐，空气暂时地清爽下来。

把琵琶收起来，伊荃提提裤子，当年大妈摸过的球球有点儿酸，抬头看到窗外的阳光明媚，推开门朝自己的办公间走去。带伞了吗，就要下雨了，他对着路上碰到的男女说。男女看看伊荃前行的背影，回头看到窗外的明媚已暗了下来，雨点儿随着伊荃的屁股落在椅子上闷闷地夹着风打在窗户上。

伊荃拿出小镜子，里边的脸已是蹉跎了，伊犁的丝路，金陵的秦淮，生活的点点滴滴在眼前清楚地晃。窗外的天更暗了，拿起电话，摁了几下，珠落玉盘的声音传了过来，荃哥是你吗？伊荃擦擦眼，顿了顿说：下世我们回伊犁，我做你的荃妹。

【跟帖】

水影： 文字很有灵气又有些妖媚，伊荃也是这样的人物吧。

秋尘： 写得真含蓄呀！卡玛是对方的名字？文字很美！故事更美！

【随笔】老肖

当年东北的时候，地里不忙，就到山上弄些木头下来，盖小房子，准备冬天的劈柴。树不能太大，不然一个人弄不下山去。树倒了后，先把树枝就地砍下来，树干清理干净，一端绑上绳子，就可以拉下山去了。一般的人会选地上没雪的时候干，拉起来费些力气，但安全。俺们当时都是泼风的年纪，喜欢捡地上有雪的时候干，呼啸着往山下冲，生活简单的丰富。树干跟着绳子沿着踩出来的雪道匀快速的往下走，要是有点撞击突然地加了速，那人也就只能绳子一扔开始比赛了。

那天我早早的上山去了，中午的时候树倒了下来，原来稀稀散散透下来的光忽地敞亮了，露出了天上挂着的温温的太阳。坐在刚砍出来的树桩上，划了些枝叶把几个土豆埋进去，香气随着火苗的喷吐流了开来，和着风中松林淅淅簌簌的清新。卷颗烟点上，狠狠的吸一口，这才是生活，狗屁的万卷书。

那天的下午，下山的路上我参加了比赛，输了，身后的树干撞了我一下，把我抛起来，太阳隔着枝叶甩在我的脸上。再醒过来，已躺在炕上了，边儿上的声音嚷嚷着，老肖怎么他妈的还没来。

老肖当时 21，比我小一岁，是一排的排长，记得清的几代是中原人士，有点儿世家的意思，会功夫捏骨草药啥的，是营里的摔跤老大，直到我也参与了进来。老肖输了后，指点着我说，你也就是赢了，懂个 P 的摔跤。我笑笑说，老肖，人是有几生的，下辈子你就会比我厉害了。

门开了，边儿上的声音嚷嚷着，老肖你他妈的怎么才来。就是老肖你他妈的怎么才来，我心里也骂着。老肖让窗边儿的人闪了闪，拿起我耷拉着的半根胳膊看了看，说这么点儿事，你搞那么大的动静干什么，要么去师部医院，要么我来摁几下，你自己选。我说老肖，开始吧，就当你是冠军，我是败将好了。

老肖拿起那半截儿胳膊，先把下半截儿对了上去，全营的人听到了我那畅快淋漓的喊啸。老肖停下来，说你这样子，活儿没法干。当时我已懒得跟老肖废话了，摆摆手说接着来。剩下的事儿在我的深度思考中无聊地结束了，老肖在接口处抹了些黑乎乎的烂泥，清香也满屋子散了开来，拿起随手的木板摆好，接过有人递上一条蓝花布卷了起来。老肖拍拍手，说完了，养几天就行了，接着说来的路上去了趟营部，明天摔跤比赛就要开始了，你要是行的话一起来吧。

我在老肖剩下的事儿中表现的漠然传了出去，把那声喊啸冲散了。养伤的过程中受到了全营的绣球打击，可我的心已给胳膊上绑的蓝花系住了。蓝花的绣球打中了我，跟着我弃井离乡到今天，等会儿到家的时候，蓝花应如往的在门口儿等着我了

四十年了，那一段儿生活，上天眷幸的让我身在其中。

【跟帖】
wliao: 够危险的。俺觉着在后面推比较安全，就是不好控制方向。
tend: 老肖接肘子？为什么不骑了捆柴上一起往下滑，摔死也比扎死强呀，嘿嘿。

【小说】女人素描（两篇）

生活是年轻过的

那是许久前了，这个女人的背影牵着孩子扭捏跳动着往学校的方向走，算不上娇细了的身体在深秋的裙子里裹着，背后不合时宜的长发在晨风中散散飘着，习惯了女人们精悍打扮，这看上去有些新鲜，突然觉得也该去趟学校了，看看那回来的脸。女人跳动着擦肩而过，铅华满面了，眉角里若有若无着不再的风华，和着风中散开的长发无奈抗争着。

许久后的今天，这个女人又走进了寂寥的眼，铅华洗去了，眼光满满地洒在身边的希望们身上，脸上淌着流水的风华。突然觉得这世界还是有点儿意思的，所剩无几他乡废弃的心又慢慢跳了起来，四十

年前梦里蓝花的短发，贴在汗兮兮的脸上，在大小兴安岭松林内外、蒙古草原戈壁滩上活生生地闪着。

生活是年轻过的。

天儿真的冷了

大家入座半天了，虚无缥缈地聊着，边儿上的朋友贴过来说当年的她在楼下。怔了怔说是那个她吗？朋友说是。拍拍头想把当年的她从某个角落里调出来，可总是只能找到一张恍恍惚惚的脸。当年的脸是秀气还是羞气呢？是梳了一把刷子还是长发呢？时间太久远了。

来到楼下，看到了今天的她，淡淡的今天的脸，不是刷子也不是长发，生活真的跳跃了。走上前看着那今天的脸，当年的恍惚慢慢清楚起来，拉手的时候脸上是秀气去了羞气来的，刷子长发都有过，杏眼圆睁甩手而去转身奔回两泪娇滴……回来了，生活还是连续着到了今天。

今天的脸在我的无从说起中局促了起来，当年的脸的羞红慢慢地从精心打拌里露了出来，那无从说起的少年闯到了多年的东奔西跑外边儿，摸摸今天的脸，抓起今天的手，在这降了温的天气里，努力地想要说点儿什么，当年今天中间却都断了开来，冒出来的少年又躲到了东奔西跑的后边儿。

两手在欲言无语的暖不过来的凉凉中散了。天儿真的冷了。

【跟帖】
水影：重见昔日的她，别有一番滋味在心头，欲言无言，只得叹一声天真的冷了……好文字。
wliao：天冷有地躲，心凉无处藏。两情若无缘，重逢也白忙。哈哈。

36、 路小米

【小说】遇见（男生版）

明明已经是春天了，为什么还会那么冷呢？这就是传说中的乍暖还寒吗？可是这还寒的时间也太长了吧，春天呀，你快些来吧！

八点三十分，很多人都走在闹市区的这条马路上，步履匆匆，像是后面有什么猛兽在追赶，他，却是个例外。

他拥有一间属于自己的咖啡屋，每天这个时候，他都会闲庭信步般地走在从家到地铁站的路上，然后乘地铁去自己的店，开始一天的忙碌。所以，早上的这十几分钟成为了他一天中最悠闲也是非常适合欣赏美景的最佳时刻。

不知从什么时候起，他发现，每天走到地铁站旁边的路口时，都会看见她，一个身材娇小的女孩子。每天的衣服都不同，却背着同样一个大包，模样很清秀，看起来很是舒服。当连续很多天都看到她之后，在自己的心里，他清楚地听到了花开的声音。

春天终于还是姗姗来迟了，可持续的时间也太短了吧，阳春三月转眼即逝，取而代之的就是那热辣辣的太阳和湿乎乎的空气，潮湿闷热，人们的心情也跟着有了些许的压抑。

他还是像往常一样，准时出家门，准时走在那条周围都是行色匆匆的人们的街上，准时看到背着大包的她。而她，似乎也开始注意到他了。于是，当两人每次擦肩而过的时候，他感觉到了一种叫做浪漫的气氛。后来，在一次因故未能出席的婚礼录像里，他清楚地看到那个漂亮的伴娘，赫然是她。

夏天怎么还不结束呢？现在的气候还真是奇怪，短袖的衣服穿了四个月竟然还没有被换下的趋势，人们的情绪也随着气温的居高不下而变得有些焦躁了。

整整 180 天，他仍然会在老时间老地点看到她。他是多想跟她打声招呼呀，可那样会不会显得太唐突了呢？于是，他终究还是像几米漫画里描绘的那样，遇见了就只是遇见了，没有任何的交集。但他还是在某一天决定给她一个微笑，没想到的是，从那之后，他每天都会得到一个同样温暖的微笑。

总算是到了冬天，可冬天有情人节呀，终年忙于打理小店的他已经单身多年，而今年冬天又是罕见的千年极寒，那刺骨的寒风就像一把把锋利的小刀，毫不留情地割在他的脸上心上，让他不禁要把领子立起来，以此掩饰那深深的孤独。

半个月了，因为父亲病重，他暂时不能去看店了，他要每天奔波在家和医院之间。虽然还会坐地铁，但时间变了，熟悉的路口，熟悉的地铁站，却不再见到熟悉的她。他忽然觉得心里有块地方一下子就空了，原来，她在他的心中，早已不是一个过客那么简单。

周而复始，万向更新，又是一年的春天。花是红的，草是绿的，天是蓝的，阳光是金色的，就连人们脸上的笑容也像太阳一样灿烂。

父亲的病终于有所好转，他的生活又回复到了以前的样子，但最重要的是，他终于又能看见她了——那个最熟悉的陌生人。今天，他特意早早来到平常能看到她的路口，等着一拨又一拨的人潮从地铁口走出来。终于，在马路对面，他看到了那张一直渴望见到的面孔，接着，信号灯变绿，他兴奋地跑过去，就当她与他面对面的时候，他鼓起勇气，轻轻地冲着她说了一声，"嗨"……

【跟帖】

水影：写得非常真实。很多男生就这样。

秋尘：不知为什么，读到后来，我就想，这简直就是——小米的经历。

【游记】蓟县小游

蓟县，距天津市区约 110 公里，被称作"天津的后花园"。

十一假期，带着从未出门旅游过的老妈，来了个短途旅游，放松一下身心，亲近一下大自然。

"咣当……噗哧……"随着 6416 次列车一声如释重负般地刹车声，我和老妈在晃荡了三个小时之后终于抵达了蓟县县城。随着人潮挤出了蓟县火车站，眼睛不住地搜寻着接站的司机大哥。终于，在一片烟盒纸做成的接站牌中找到了属于我的那一块，接头、上车、启动，车子向农家院疾驰而去。

农家院是一个网友开的，只闻名却未曾见面，这次是地地道道的"慕名而来"。四十五分钟之后，车子便开进了名为"阡陌居"的农家院，这名字对我来讲早已如雷贯耳，这一次得见庐山真面，着实让我小兴奋了一下下。起初还在想车子开进来可怎么出去，山里的小土路那不是一般的窄。可一进院儿，嚯，嘛叫宽敞，不过如此了，停上三辆SUV都绰绰有余，汽车调个头岂不是当玩儿？

下了车，还在惊诧于这个宽敞明亮的院落时，我的身旁已经站着阡陌居堂主D姐了。未曾说话就已先听见了她那爽朗的笑声，那笑声亲切而自然，人也从骨子里透着一股别样的亲和，就像是邻家大姐。"来来来，小米，咱先安排一下房间，然后再带你们参观一下我这院子。"那干脆利落的气质让我想起了阿庆嫂，老板娘的形象飘然而至，"垒起七星灶，铜壶煮三江。摆开八仙桌，招待十六方。"

午饭是地道的农家菜，黄灿灿的是柴鸡蛋，焦香扑鼻的是贴饽饽，别样风味的大锅熬鱼，还有鲜嫩的小葱拌豆腐。平时在城里可吃不上这个，老妈自然是非常爱吃，要不是怕吃太多对胃不好，我想她会拿起那第四个饽饽，而我也是破例吃了两个。吃到一半，D姐给我引见了一个朋友，说是网友蛙哥的朋友。因为互相不认识，只简单寒暄了一下下。接着就听他打了个电话，一会儿的工夫，一盆羊肉就端上了桌。要知道，烤羊肉这东西是需要特别预订的，像我这种散客是吃不到的。正自纳闷，那哥们儿豪爽的声音已传了来："蛙哥说了，要吃羊肉，得给小米一份。"哈哈，原来认识人多真好，还有不要钱的羊肉吃，谢了，好久不见的蛙哥。

吃过饭，正好有两个小三口的家庭要去九龙潭玩，我们就跟他们一起拼车去了。大家都能相应减少些费用，互惠互利何乐而不为呢。一路上我们路过了石龙峡、黄崖关长城和白蛇谷几个景区，司机师傅很友好地一一为我们介绍着与其相关的旅游知识和相关历史背影。尤其是白蛇谷，据说是白娘子和小青当年修炼的地方，看来下次来要去拜访一下了。

九龙潭位于河北省兴隆县，也就是说俺们要出天津了。随着路上的车越来越少，我们离河北也越来越近了。当车子行驶了约半小时后，司机说了一句"咱走了一半儿了。"晕！紧接着，他又说"现在开始咱要走山道了。"蓟县本就是山区，盘山道以前也曾走过，我和车上的几人都并未当回事，可只拐了一个弯，我们的心也跟着越来越陡的山势而紧张了起来。而坐在副驾驶位置上的光头大哥，竟扯着嗓子唱起了"这里的山路十八弯……"

车上坐着的除了老妈和两个孩子，其他人也都是有驾驶证的人，其中一个长得很像陈创的大哥是吃司机这碗饭的。可当他看见那弯弯曲曲根本看不到前路在何方的山路时，也禁不住啧啧称奇，一个劲儿地感叹："介道我可开不了。"车上的八个人已经全部紧张到手心出汗了，可司机师傅却依然谈笑风生地跟我们开着玩笑。老妈和光头哥福贵哥的老婆们一个劲地提醒他"你啦赶紧看道呀，又拐了。"

当车子盘山盘了十几分钟后，司机师傅竟然还特意把车速降了下来，指着窗外对我们说："来，看一下，咱们已经上来多高了。"顺着他指的方向，大家齐往下看，真是不看不知道，一看吓一跳，车下便是万丈悬崖呀。再仔细看周围地势，更是心头一紧，左边是看不到头的峭壁，右边是瞧不见底的深渊。OHMG，山路也只能并行两辆车。我的脑海里马上浮现《头文字 D》里的极速飘移，耳边响起的却是快板大师李润杰的经典台词"华鎣山，巍峨耸立万丈高，嘉陵江水，滚滚东流像开锅……"虽然我们的脚下没有滔滔江水，但那种多打四分之一圈方向盘都会让车偏离安全轨道的地势，实在让人没了游玩的快乐心情，剩下的除了紧张，还是紧张。

车子又这样左盘右盘的盘了十分钟，当我们看见"青松岭景区"的标志时，心一下子就松了大半，自觉应该差不多了吧，孰不知司机又是短短一句"再翻过前面那座山咱们就到了。"天，竟然还有一座，终于知道了什么是翻山越岭。因为我们是一直在上山，随着海拔越来越高，车上包括老妈和光头哥在内的几个人竟然出现了耳鸣的现象。那光头哥也自嘲道："好么，介玩意儿，耳朵嗡嗡的，出天津市了，没信号了。"

终于呀终于，我们在行驶了一个小时之后，抵达这个偏僻的景区——九龙潭。这里在清朝顺治年间曾被封为"后龙风水禁地"，主峰海拔 1519 米，据说是"九潭连珠，峰奇石秀，古木参天。"买了票，我们八个人组成了一个小型的旅游团，即将开始九龙潭探秘。刚抬脚，司机就对我们说："我在这等你们，咱六点准时从这里出发往回返。"福贵哥一回头，笑着说："我们五点就回来，好么，六点天都黑了，你敢开我们都不敢坐，介地儿五点以后连个灯都没有，怪吓人的。"

别过了司机师傅，我们也真正踏上了九龙潭之旅。其实这就是一个峡谷，坐着车爬上了山，然后再步行走入峡谷。最初的一段路还是满宽敞的，起码可以并排走上三个人。抬头是群山环抱，郁郁葱葱的绿树将一座座大山覆盖，遮挡着火辣辣的阳光，让山谷里有着一丝清凉。左边是农家种植的庄稼，有玉米和毛豆若干，我们这些所谓的城里人自然是没见过这些，小孩子更是新鲜得不得了，伸手就想去摘两个，却被福贵哥喝止了，"别动，小心摘完让人逮走，爸爸可没钱赎你。"话虽有些可笑，却也是真的，因为就在庄稼地的不远处，赫然立着一块牌子"禁止采摘庄稼，违者罚款五百"。

再往前走，山路也变得越发崎岖起来，渐渐地窄成了只能过一人。我们也只好由几排变成了一列，孩子们走在中间，这地势好熟悉，左边仍是一面面高耸入云端的峭壁，右边虽算不上深渊，可也被一片杂草乱树遮盖，让人摸不透那里到底都有些什么。只是，走了十几分钟，除了树和石头似乎没看见什么能吸引眼球的东西，我开始埋怨那一进门就花出去的35元门票，而前行的光头哥也与我有此同感，让我颇感欣慰。

前行一个转角，眼前看见一样很熟悉的东西，小井一口，旁立小碑一块，上书三个大字——不老泉，底下还有三两人正在打水。天，这种东西怎么是个有水的地方就有呢？而老妈却在我还没有反应过来时就一个箭步迈到了泉眼边，手脚麻利地用空水瓶灌了小半瓶。我喝了一口，顺着嗓子就滑到了胃里，果然清凉无比，还有些许的柔和。

再往前行，看到前方的峭壁上全都支着长短不一的小木棍。正不解这是何用意时，恰巧旁边有两个正在插木棍的年轻人，听他们说话才明白，原来传说如果把木棍撑在峭壁之间，就可保证一辈子不腰疼。唉，这种传说太那什么了么，总是有很多人信，真没办法。老妈就是其中之一，听完之后，立马就找了根木棍，三下五除二就插了进去，嘴里还念叨着"不腰疼不腰疼不腰疼"。晕，真是个老小孩。

继续往前，道路也变得越来越不像路了，窄得只能贴着"墙根儿"走，还好有铁栏杆可以扶一下。再往下走就是铁板吊桥和石台阶，走过此般险峻之后，眼前一片豁然开朗，迎面一面石壁，红字书三个大字——霸下潭。

这水潭里的水清澈见底，水色清透碧绿，好似一块巨大无比的纯绿色宝石镶嵌在这乱石群山之中。而透过山涧洒进来的夕阳照在水面上，折射出一片片别样的金黄，绚烂耀眼。碧绿的潭水中间有块不规则形状的奇石兀自站在中间，上面零零散散地洒落着人们扔上去保佑自己财源广进的硬币，经太阳光一照，像一个个银色的小精灵闪烁跳跃着。

在这块还算养眼的景点前，我们停留了一会儿，不再继续向前。一来天色渐晚，不想再耽误时间影响了回程；二来听回来的游客说前面的景色已不再新奇。本来我们走的就是半程，看不到全部景点，再说出来玩儿的是心情，看着如此湛蓝的天、碧绿的水、清透的空气，景点多一个少一个又何妨呢？

原路返回，却发现来时是下山，不觉辛苦，回去可就是上山了，几百米落差爬上去可不是费劲两个字就能形容的。连呼哧带喘总算是在五点多回到了停车场，小憩了一会儿，上车走人回驻地。

有了上来时的紧张打底，我也习惯了这种盘山的方式，可以把眼睛放得远一点，看看远处的风景。原来这一览众山小的感觉果然不一般，那一条条盘山道就像白玉石做成的玉带缠在绿树环抱的群山之间，跑在路上的汽车好似镶在玉带上的各色宝石，整片山峦也被渐渐西下的斜阳映照着染上一层红晕。此景似幻也真，仿佛置身于仙境一般，让人浮想连翩。

湛蓝湛蓝的天、透过车窗看到的远山、红色的不知是啥的植被，还有那山里一样又别样的风景。

回到驻地，天色已黑，吃罢晚饭，回屋睡觉。没有消遣娱乐，只因山里太凉，众人各自回房，为明天养精蓄锐。

"金鸡破晓"这个成语是啥意思？记忆里有多久没有被金鸡破过晓了？想来也有20年了吧。

应该是早上五点多吧，我还躺在床上，透过窗帘看到晨曦零零散散地洒进来，穿过窗帘的缝隙映在朴实的水泥地上，有一种朝气蓬勃的气质。我伸个懒腰，听到了什么？公鸡打鸣的声音，清脆、高昂，还有动画片里一贯的骄傲。似乎在告诉所有人，清晨已经来临，这又是充满希望的一天，还在犹豫什么？起床吧！

好吧，起床吧。尽管平时从未起过这样早，但入乡随俗嘛。D 姐已经骑着她的小摩托采购回来了，二楼的厨房里也早早冒起了炊烟。做饭的阿姨也清了清嗓子，冲着那些还挂着窗帘的屋子喊了一句"起床了！"

各屋开始有了动静，最先起来的还是孩子们，这座院子又继续有了生气。大家都忙碌着洗漱，那种欢快是平时封闭的楼宇里所没有的，因为新鲜，因为零压力，因为回归自然。

清晨的空气总是比其他时间更清新，闻起来有一种露水的清香。院子里的花花草草也被晨露所覆盖，就像是一滴滴纯净的泪珠，在阳光的照耀下格外的晶莹剔透，就连停在院子里的几辆车也披上了一层特别的"车衣"。

七点半，大家都凑到了饭堂。今天的早餐是大饼鸡蛋，还有这里有名的腐乳（俺们天津叫酱豆腐），以及一些家常小菜。也许平时没人会注意早上吃了什么，匆忙往嘴里填些东西，管它饱不饱，吃不过是一种形式。而现在，大家开始数着大饼一共有多少层，鸡蛋是否和昨天一样灿若黄金，鲜红的酱豆腐是不是真如王致和。然后在饼上铺上鸡蛋，抹上酱豆腐再配上一些小菜，最后卷起来大口送入嘴里，还不忘点点头作陶醉状，"太好吃了，介东西搁市里绝对不似介味儿。"

出乎意料的是，我们这一桌散客全部都没有要出游的计划，也全都选择了到村里逛逛，买些土特产回去，而来蓟县谁又能空手而归呢？好吧，各自出发吧。

我和老妈走出了这座院落。不识东南西北的我也不知该往哪个方向走，老妈指了指斜前方，说从那里走过去会看到一片空场，那里有一片类似集市的地方，是昨天出去时看到的。

按照老妈指的方向走了十分钟，果然看到了这样的一片空场，这里应该是平时村民们休闲娱乐的地方，而现在则被老乡们开拓成了集市。大大小小的摊位有十几二十个，品种也都差不多，无非是核桃、红果、野山楂还有苹果和一些菇类野菜什么的。虽然我平时不买菜，但也知道这些东西的确比市里的农贸市场和超市里的要强上不少。

老妈好像挺高兴看到这些，仔细地一个个摊位的转着，挑挑这个，闻闻那个，再问问那个，所谓货比三家，转了一圈之后，她就大概了解到谁家的东西质量好谁家的便宜。于是，锁定目标快速出击，一会儿工夫她就把白云菇、野山楂、野菜若干收入囊中。只是这里的核桃不如她想像中好，暂时没有消费计划，继续前行，GO！

这个村子还真够大，我和老妈一边遛着一边看着身边的景色。这座村庄被群山环绕，怪不得昨天晚上那样冷，一眼望不到边际的除了山还是山。

我们看到了路标，指示着右转可以通往新开发的景点石龙峡，于是我们便沿着这条小路向石龙峡走去。小路两边是一片又一片的果园，有苹果，有山楂，还有萝卜，有的是自家果园种的，也有种出来给游客采摘用的，但无论哪一种，都洋溢着收获的喜悦。

现在还是初秋，两边的树上依然是郁郁葱葱，果实也很大。秋天就该是这样的，硕果累累，艳阳高照，碧蓝的天，碧绿的树，大颗大颗的果子压在枝头快要掉下来。哈哈，一幅好美丽的图画呀。

一边用相机捕捉下美丽的风景，一边跟老妈聊着天，突然发现这种生活真的很惬意。走着走着就走到了石龙峡景区的停车场，门口有个老婆婆在卖山货，葫芦、山楂、核桃一应俱全。老妈走过去，边看东西边跟老人家攀谈，一会儿工夫，就买了几斤核桃，还不住地夸赞说这核桃不错。而老婆婆也很高兴做成了生意，始终都是笑眯眯的。

拎着这一堆东西，自然是没法再去景区转的，只好打道回府，不过有这些战利品好像比去景区还要高兴。回到村里，为了能够多转转，我提议不要原路返回，老妈拗不过我，也只好跟着我瞎走瞎转，结果走了一圈发现，我们迷路了！

无奈，只好再按着原来的路线重走一遍，才找到了我的"阡陌居"，正好，其他几个"小分队"也都回来了。看着大家手里都拎着大兜小袋，大家相互问着价钱，点头笑着，院子里再次被欢声笑语充斥着，好一幅温馨温暖温情的小品。

吃过中饭，我和老妈也要回去了。真有些不舍这蓝天白云绿水，那些质朴亲和厚道的村民，还有经历坎坷却仍坚强乐观的 D 姐。再见了，我们一定会再见。

【跟帖】

明珠： 如今楼上养只鸟都有人提意见，还是农村好啊，鸡鸣狗叫鸟叫，什么声音也不缺。

Wliao： 果然有点山清水秀的意思么。这些地方除了开发旅游，还真的没什么致富手段，当地人称之为"穷山恶水"，也就是种点玉米，特产可能就是些核桃、黑枣、柿子之类的山货。

小囡： 哈哈，人吧，还总是向往不属于自己的东西。倘若让你在山里住上一年半载，嘿嘿，不知会怎样呢？但不管怎么样，我们还是很向往碧水蓝天白云啊，我也有去的冲动与渴望了。

37、 风在吹

【随笔】孩子们的情人节

别以为情人节只是爱人情人之间温情脉脉的甜蜜和浪漫，这里的孩子们一样也高高兴兴地过这个节。

每年情人节前夕，老师都会给家长发个通知，班上要搞情人节party，欢迎家长也去参加。老师还提醒大家，如果小朋友送给同学情人节小卡片，一定要送给每个同学，还有，别忘了老师哦！最后老师会细心地附上一张全班同学的名单。

上周末我正要出门去买菜，女儿跑过来要求陪我一起去，顺便选购给同学们的小卡片。我问儿子要不要也跟我们去，他没什么兴趣，甚至还说不用卡片了。热衷于情人节活动的女儿瞪大眼睛说："那怎么么行？肯定好多人送卡片给你，你还是送吧，我可以帮你写卡片。"她哥哥想了想说："还是我自己来写，你们帮我选卡片吧。不要选那些很女孩子气的呀！"

后来女儿选了有 Dora 图片的卡片，我们帮儿子选了一盒动物图片，又买了一大袋心形朱古力，打算每张卡片上粘一枚。经过一家饰物店，我们看中一副粉红的心形水晶耳环，就给女儿买下，让她班上开party 时去臭美一下。

一盒卡片有三十多张，而女儿班上只有二十个小朋友。所以她回到家中，就认真地研究这些卡片，把她认为最好看的，上面有甜言蜜语最亲密的，写给她的老师和几个好朋友。又把多余的写给一些不跟她同班的好朋友，包括在校车上老爱跟她坐一起的两位一年级小妹妹。儿子的三十张卡片一口气就写完了，他虽然没有象他妹妹那么夸张地挑选哪张给哪个同学，不过我还是偷偷注意到，他没有把甜言蜜语写给女同学，而女儿的好朋友里有男有女。

以前孩子们班上开 party，我都烤些小点心给他们带去，不过这次因为有同学某些食物过敏，所以就交了点钱，由老师统一去买吃的喝的。可以想象孩子们吃着朱古力和各种水果点心，交换着卡片，玩着他们喜欢的游戏，也将过一个欢乐的情人节。女儿总是喜欢细细地看她收到的所有卡片，不厌其烦地告诉说，哪位同学在卡片上附上了一颗糖，哪位同学多给了她一张漂亮的贴纸。她一直收着这些卡片，一年之中总要拿出来回味回味。看她乐的，让我觉得这样博爱的情人节还真不错，纯粹是给了孩子们一个开心的机会，而跟让人欢喜让人忧的爱情无关。人要是不长大多好啊。

【跟帖】

跳蚤：嗯，孩子的情人节简单又舒心，成人的情人节还得订花，订饭馆，费神思量饭局后去哪儿，烦啊。

小筱：啥事得从小培养，当然，与爱情无关，但与爱有关，呵呵。

【随笔】学中文趣事

那天全家在中餐馆吃晚饭。过年期间，餐馆的生意特别好，只见侍者来回穿梭非常忙碌。那位中年女服务员正拿着一大罐冰水经过我们桌旁，儿子抬手叫住她说："请你给我加点冰水好吗？谢谢！"

女服务员微笑答应，给儿子倒水时，女儿把杯子伸过来："我也要加一点，谢谢！"

女服务员给他们加水后，对我说："很少小孩用中文跟我说话的，你家小孩中文说得好啊！"

每次人家表扬我们家小孩能说中文，我的心里总是百感交集，既为现在的成绩骄傲，又为他们的不足而叹息。

我看周围的中国孩子里，中文流利的不多，许多孩子跟父母对话，父母说中文，他们说英文，甚至父母也说英文。我们家小孩能认的汉字不多，中文的日常对话还算流利，这当然跟我在家坚持说中文有关。前两天跟朋友通电话，女儿过来找我有事，朋友听了我和女儿的对话，笑说："你女儿说话跟你一模一样。"这个我打算自作主张理解为赞扬，说的是我女儿说着我那样动听的南方普通话，嘿嘿。

孩子讲中文，最大的难处是没有环境，还有就是受英文干扰，比如女儿总是按英文的习惯，把"去年，明年"说成"上一年，下一年"。那次她吃着广式大肉粽里面那块香喷喷的五花肉，满意地说："这块软软的肉，很好吃！"我告诉她，这是肥肉，不能多吃的。她问什么是肥肉，我说肥就是 fat，胖的意思，很多脂肪。过了些日子再吃那种粽子时，她不好意思地说："我还挺喜欢吃这块胖肉的。"

女儿喜欢看周末这儿中文电视台播放的综艺节目，我觉得能让她多听听中文也好，就陪她看。那样的节目有些内容是需要家长指引的，她也不完全看得懂，但她喜欢对里面的歌曲评头品足，那些在我看来颇为弱智的游戏，她也看得津津有味。最近节目中有个游戏叫"谁是毕加索"，主持人给一个成语，让来宾画出来，再让另一些来宾猜这是什么成语。

那些来宾，大多是艺人吧，常常很费劲还猜不出来，我总是最先猜对，让女儿佩服不已。这样，她也学了不少成语，什么牛头马面、丧家之犬、掩耳盗铃等。那天她学了个"掌上明珠"，听了我给她讲解，她、很高兴，知道自己是妈妈手心里那颗宝贝的明珠，还知道只有女的可以当明珠，她哥不是明珠。

前几天有个成语竟然是"珠胎暗结"，那个来宾画了个孕妇，她的肚子里有颗珠子。我给女儿解释说：这个成语的意思是，她悄悄怀孕了。女儿说："那么大肚子，别人肯定知道她怀孕了，怎么是悄悄的呢？她怀的是女孩，对吧？因为里面那颗明珠，只能是女的，你说的呀！"

学中文的道路肯定是漫长的，前途是不是光明的。

【跟帖】
外星人：风老师这个妈妈当得好。有文化，有爱心，有耐心，还有智慧。给风老师做儿女是非常幸福的一件事儿。风老师家这双小儿女真幸福啊！
Windy：风 MM 教育有方啊，俺就一直特别后悔，没有给孩子机会学中文。好在他上大学时，选了中文做第二外语。

【随笔】无声的泪

小时候，我住在外婆家。外公外婆舅舅们都要上班，小姨要上学，通常我早上醒来的时候，家里都没人了。我就跑到门口，大声喊张婆婆！张婆婆连忙小跑过来，给我穿衣洗脸。我外婆趁店里不忙的时候，会抽空回来给我做饭，然后再带我去上班。

我们家住在湘江边的一条小街上一个窄窄的小巷深处，小巷有一二十米长，巷口住着张婆婆一家四口。张阿公个儿高大脾气也粗暴，总是对张婆婆呼来喝去的。张婆婆不到一米五的个子，娇小玲珑，十分精致。她跟我外婆年龄相仿，如果在家受了气，总在午饭后那种静悄悄的时候，趁张阿公睡觉，跑来我家坐一会儿，低声诉说和哭泣。回去又一样低眉顺眼，温顺地伺候丈夫孩子。

那时我们两家都是大人，只有我一个小孩，我习惯了安静地听大人说话，不吵不闹，只是听。我在两家进进出出，反正大门都是开着的，谁家有好吃的，都给另一家端些去。张婆婆每次端东西过来，总小声笑着说："老头子让我端给细妹子尝尝。"

张阿公和我外公都是脾气火暴的家长作风，让他们的子女望而生畏，但是他们都喜欢我。那时他们爱玩一种骨牌，还有一种窄窄的细条形状的纸牌，都喜欢叫我陪他们玩，有时我外婆也参加，张婆婆则总是笑嘻嘻地，站在旁边看我们玩。

听大人们说话，我知道张婆婆在家地位不高，主要是因为她没有工作，家里全靠张阿公微薄的退休金维持，还有她只生了两个闺女，没有儿子。

他们的大女儿莉，长得很像张阿公，高大、结实，去了几十里外的军工企业当工人，跟工厂的一位技术员结婚，生活很稳定。

小女儿萍，跟张婆婆一样温柔小巧，很好看的，可她好长时间都没有工作，拖到后来，终于被安排去了一家福利工厂，跟一群残疾人一起做简单的手工，领微薄的工资。因为单位不好，她的恋爱也一波三折，后来嫁给了家境贫寒的小赵。

八十年代初，我们两家都搬离了那条小巷。我外婆和小姨住进了居民区的新宿舍楼。张阿公去世后，张婆婆卖了房子，以为那几千块钱可以防老，她没要宿舍，也没跟生活比较富裕的大女儿住，而是去帮生活困窘的小女儿带孩子。

老邻居的情谊一直延续着，张婆婆和我外婆很亲。她小女儿，我叫萍姨的，也和我小姨情同姐妹。我外婆去世后，张婆婆和萍姨常来陪小姨说话，小姨用缝纫机给她们缝衣服，她们带来自己做的甜酒、粽子什么的,一如既往地还是那样守望相助。每次说到我,小姨总告诉她们,我惦记她们,下次回去一定去看望她们。她们总说:细妹子回来,就打电话通知我们,我们来看她,她大老远的,带着小孩回来,多不容易啊。

上次回去我见到了萍姨,五十多岁的她,做了外婆了,也没见老,穿着简单合身的布裙,浅笑依然,苗条清秀依然。张婆婆当时正去她大女儿家小住,可惜没见着。但聊天中,我知道她们很安于粗茶淡饭的平常日子。

萍姨一直不宽裕,至今住在福利工厂的旧筒子楼里,还在走廊上做饭。不过她辛苦培养女儿成了大学生,能干的女儿前不久买了套大房子,正要接萍姨夫妇和张婆婆同住呢。

小姨最近几次提到,张婆婆毕竟八十多了,有轻微的老年痴呆,脾气也小孩似的,萍姨得多花精力照顾她。昨晚,小姨在 MSN 上告诉我,张婆婆不见了。因为那筒子楼的邻居家放在走廊上的一只锅不见了,张婆婆最近有点稀里糊涂藏东西的习惯,邻居可能责备了她,她一气之下就出去了。平时她偶尔也生点小气,就到楼下菜市场去走走,所以萍姨午睡后不见母亲也没太在意。到晚饭时分,婆婆还没回来,家里才着急了。小姨说,寻了一夜,也没寻到,这么热的天,她到哪里去了呢?

我晚上没睡好,想起张婆婆,其实想不起太多的往事,只有我对着巷口大声唤她,她赶紧碎步跑来,还有就是她总是低声哭,低眉笑的样子……她一夜未归,会在哪里呢,我揪心。早上起来,小姨在 MSN,我第一句就问,找到张婆婆了吗?小姨说:找到的时候,警察已经把她送去火化了,是溺毙的。

我和小姨无声泪下。

【跟帖】

外星人:无声泪下默然心痛。张婆婆走了,真正的是辛苦了一生,就这么地走了。有一种人含辛茹苦一生,临走的时候也是充满了悲情与屈辱。这样的人,应该是天使。他们在地上养育了儿女,善待了邻舍亲朋。他们的日子虽然清苦,可是他们令人怀念和不舍。他们的离开是一种解脱,他们回到天堂就再也没有眼泪,没有清贫。他们恢复了天使的身份,从此衣食无忧、不再悲哀与忧伤。我,抬头仰望夜空,希望能看见张婆婆。

38、 齐凤池

【散文】九寨沟掠影

镜海

镜海在九寨沟所有的海子中算是最大的海了。从诺日朗向日则沟方向走，第一个风景就是镜海。

镜海三面是高大巍峨的山峰，山上茂密的原始森林叶子绿得冒亮光，随便从一片低矮的叶子上，用手摸一下叶面，叶子是干净的，没有一丝纤尘。但手摸过的地方，却明显地留下手指上的油渍和汗渍。人的手，无意之中就弄脏了叶子的洁净。

镜海静得一丝风也没有，镜海的水面，光滑得比镜子还光亮。镜海倒映着天上悠闲的白云。云的形象各异，有的象一大群雪白的牦牛，在镜海上奔跑。山上的树映在镜海里，就象刚洗过澡一样，水灵灵绿油油，散发着绿色素的芳香。

镜海静得一丝涟漪也没有，就是投下一枚石子，也不会溅起波纹和水花。就象佛家说的那样，心静如水。其实镜海是不会动的，要是动，也是人在动，是人的心在动。人到了镜海岸边，只要站上几分钟，心中的浮躁仿佛一下就静了下来。因为镜海静得万物都静止了。

我伫立在镜海岸边，思想完全一片空白，心中所有的事都忘了。

诺日朗瀑布

九寨沟有十七个瀑布群。珍珠滩瀑布属于小巧灵秀盆景式的瀑布，它的美一部分是瀑布，另一部分是上面的珍珠滩。熊猫海瀑布、树正海瀑布和树正梯瀑布也各有奇妙之处，但最壮观、最迷人、最有气势的要属诺日朗瀑布了。

我从照片上看过冬日挂玉似的诺日朗瀑布，银装素裹，确实壮观。

但我认为，看瀑布还是得看飞流直下落九天的奇观。

我是站在诺日朗瀑布下侧看瀑布的，这与一般欣赏瀑布的角度是不同的。我感觉侧看瀑布从山崖上跌落下来，水流是不规范的，水的律动也是没有章法的。我觉得水不是往下淌，象是扳着悬崖往上爬。那些飞溅的水珠象是一串串走失的音符，离开了瀑布交响的乐谱。那些水质的音符一下就溅在了我的脸上和身上，还溅在了我迷幻的意识里，我的大脑里也响起了诺日朗瀑布的和弦。

我曾经说过，九寨沟的景色不能写。但我还是大胆地写下几笔，因为在我的身上沾上了诺日朗瀑布的仙气和灵气，我写下的这些零碎文字，就是沾了诺日朗瀑布的仙气。

珍珠滩瀑布

从镜海往上走，不远处就是珍珠滩瀑布了。

我站在珍珠滩瀑布下面，望着那一条条象从天上飘下来的玉带，真有一种进入仙境的感觉。那只有五六米落差的瀑布，比庐山瀑布显得小巧，比壶口瀑布显得文静，但我感觉珍珠滩瀑布好比上帝的门上挂着的玉帘，它遮住了上帝的面庞。其实，上帝究竟是什么样，谁也不知道，谁也想象不出来。但我感觉在珍珠滩瀑布玉帘的后面，上帝也正看着我们。

因为珍珠滩瀑布是上帝造的，上帝的居室就在瀑布的后面。

回家后，我想象珍珠滩瀑布的秀美，却又无法描写和形容。因为我深知，就我肚子里的这点墨水，是描写不好珍珠滩瀑布的，如果再写，真会弄脏了珍珠滩瀑布的圣洁。因此，我赶紧收笔，不能再写下去了。

草海

在九寨沟我感到这里的每一处风景都是美丽壮观的，好象这里的自然风景是上帝的神手造就的。不仅这里的风景无可挑剔，就连这里的名字都是美丽的，比如，五彩池、五花海、珍珠滩、金铃海、神仙池、镜海，草海，等等。我一直在想，这些名字是谁取的，咋那好听呢？到了九寨沟不用说看风景，就是看看周围的山，山上的树，听听这些秀美的名字也是一种享受。

草海算不上是好听的名字，但见了草海你就会感到，草海就象大山里藏着的仙女，虽然她名字很一般，但她的容貌、肌肤、身段是那么匀称，是绝对的美女天仙。

草海的草是稀有的，它的颜色与任何草不一样，它一生长出来就是黄色的，长到一尺高后，渐渐变得淡绿了。这种浅黄淡绿的颜色，就象北方窑里养植的嫩黄发绿的蒜苗，好看、精神。一片片毛茸茸密麻麻的，象一块块藏族女人织的地毯，看上去那么厚实，那么松软。躺在上面，我真想象不出是何等的幸福和享受。

我在草海岸边望着那浅黄淡绿的小草遐想，两只绿头鸭突然从海面飞起来，一前一后，象是在追赶爱情。它们在不远的地方又落入了海里。绿头鸭的起飞，打断了我的思绪。

离开草海，我突然想到了徐志摩的诗，"在康河的柔波里，我甘心做一条水草。"

我想，要是在草海里做一条小草也是幸福的。

神仙池

目睹了神仙池瑰丽的诗人，常把她的形状比作山上的梯田。我听了觉得俗气，怎能把神仙池比作那么现实的东西呢？这样的比喻不仅失去了神仙池的灵性，而且也亵渎了她的神圣。如果我比喻，最起码也是上帝洗脸用的玉盆，一个搭着一个码在山上，形成梯状。这种比喻虽说也不恰当，但总比用梯田形容有点灵气。

我看神仙池时，想的不是池的形状，而是池里的水。那半尺深的水，一层一种颜色。上一层的是草绿的，下一层的是天蓝色的，越到底层颜色越浅。好象是经过过滤后逐渐变淡了。其实，水是一种水，就是池子钙化后发生的变化。这些我不关心，我关心的是神仙洗澡的问题。

就这半尺深的水，神仙怎么能洗澡呢？我从电影里或电视上看过仙女洗澡的镜头。但这水是齐腰深的，而神仙池的水只有半尺深，难道神仙坐在池里洗澡的吗？我想的太愚蠢了，我怎么没想到水不在深有龙则灵呢。水深水浅对于神仙来说是可以变化的。神仙可以将水变得深不见底，神仙也可以把自己变得小得肉眼看不见。

前些年，我听人说过一个有鼻子有眼的神秘故事，说在一千年的皇宫里，夜里有几百个一尺多高的小人在大殿里举行升堂仪式，由于举办得太隆重了，惊醒了熟睡的打更人。打更人走到大殿从木横窗里望去，见上百个小矮人又吃又喝，象是举行盛大宴会，竟被吓得休克了。天亮，打更人被人叫醒后，说了自己亲眼看到的情景，可谁也不相信。后来，这件事传到了上级，为了弄清事实真相，他们请了国外的专家分析、解答。国外专家说：这种情况六十年出现一次，如果抓住一个小人或拿到一件他们使用的东西，都是无价之宝。这事听了有点玄。是真是假那只是传言。想到这个故事，我倒真想看看神仙们洗澡的情景了。

五彩池

从长海回来的路上，穿过一片茂密的原始森林，再往下走，就能看到在一片松树林中藏着一池碧水。说是碧水也不准确，其实五彩池的水是天蓝色的。

在九寨沟，所有水的景致都叫海，那为什么它叫池？可能是由于它的面积小，水浅吧。五彩池的面积只有几十平方米，它的形状更象是山林中的小溪或一小片沼泽。但沼泽的底是淤泥，人到里就陷入进去，而五彩池的底是大小不均匀的兰色宝石，站在岸边看得很清楚。

我站在用松木制作的栈道上，望着下面象蓝宝石一样溪水，水流得很缓慢，细听水的走动，有抚弦的感觉。那声音虽然细微，但穿透力很强，隔着很远的松林能隐约听到，象柳宗元《小石潭记》的那种空灵、幽静、深邃的意境。"隔松林，闻水声，如鸣佩环。池水清洌，酿泉为酒。"我想，宝石蓝的水，就象以前喝过的竹叶青酒和樱桃白兰地酒一样。我真想下去用手掬一捧啜饮几口尝尝这水是个什么滋味。

我禁不住咂咂嘴，感觉口渴了。一种想喝一口五彩池水的欲望更加强烈了。这时，我发现有人站在池边用手试水。那个人将手伸进五彩池里，他的手变了颜色。可惜我离池水远了点，不能亲手摸一下五彩池的水，我想如果抚摸一下，是否有触摸仙女肌肤的那种幸福。但仙女是不能随意触摸的，就象眼前的五彩池的水一样。触摸一下就可能触动神灵。

后来，我听说那位用手触摸五彩池的人，受到了处罚。所以说，美的东西是用来观赏的，不是用来把玩的。就象世上最漂亮的女人，人们只能欣赏，不能霸占。五彩池也一样。

39、 邱晓鸣

【散文】二月二

那时候，我正在吃着落花生，糖炒的，棉袄的两个荷包里装得满满的，往嘴里丢一粒，又香又甜还嘎嘎脆响。母亲喊我，伸手从温热的被窝里把我硬生生地薅起来时，梦里香甜的花生便不见了。我气，本想使性子对母亲哭闹一下的，这时，冷风趁势窜进了被窝，我立刻察觉到屁股底下一片凉，唉，又尿床了。我坐在湿乎乎的褥子上，不说也不动。母亲望着我的样子便骂开了：讨债鬼，白天里疯野，晚上就作阴天，真成了赖尿精了。天上也没个太阳，看你今晚怎样睡。说着，伸手把被子挪开了。我趁机迅速地套上冰凉的棉衣裤，踏着鞋就往外跑。母亲在我身后喊：浪哪去？还不快去锅屋搡早饭，别跑远，刘大今天来家给你剃龙头。

米稀饭真叫一个稀，一吹三道浪，一吸两条沟。我就着咸腊菜，一连喝了三碗，肚子便胀得鼓鼓的了。这时候，我听见奶林子他们在村街上传唱着歌谣，"二月二龙抬头，天子耕地臣赶牛，正宫娘娘来送饭，当朝大臣把种丢，春耕夏耘率天下，五谷丰登太平秋。"听着歌声，心里便长草般痒了。放下碗，拔腿就往外跑。来到院子，只见爹爹躬着身，用草木灰在院地上画围出些大小不等的圆圈。我好奇地问："爹爹，你画的是什么？"爹爹说："这不能说画，应该说垒。"哦，那垒的什么啊？粮仓啊，垒的粮仓越大，来年囤里收的粮食就越多，有讲究的，这叫围仓。我不再言语，站在一边望着爹爹忙活。围仓的圆圈，大套小，少则三圈，多则五圈，围单不围双。爹爹告诉我，这些圆寓为囤或仓。围好仓后，中间挖穴，爹爹把家中的五谷杂粮放在仓的中央，再用浮土压上。我望着，心想，过些日子它们会发芽么？真想往浮土上撒泡尿，爹爹在旁边，我不敢。

奶林子他们又在村街上唱开了，"二月二龙抬头，大囤尖小囤流，来年是个大丰收……"我听着，便跑出了院门。

天，雾腾腾的，风，有点凉。

寻着歌声来到河堤，远远地看见奶林子他们正在一棵柳树边聚着，有人爬上树去折柳枝。见了我，奶林子领着头，大家一起冲我喊：赖尿精，跟屁虫，赖尿精，跟屁虫……我气，弯腰捡起一块土坷垃，奋力朝他们甩过去。他们疯笑着，躲闪着，猴子一样地溜下树，风一般地逃开，又鸟儿似地聚集在不远处，一齐冲着我哄唱。我更气，专捡恶毒的脏话骂他们。可是，势单力薄的骂声还没传开去，就被他们的哄唱声压制、覆盖、吞灭了。没法，只能忍气吞声。过了一会儿，见我不再回应，觉得无趣的他们便一起向河湾里走去了，灰塔塔的身影，象数滴墨汁，浸入那一抹浅浅的绿色里。我知道，河湾里有香甜的巴根草，还有刚打头的枸杞苗。望着他们的身影渐行渐远，最终，消逝在目光的尽头。瞬间，我的心里漫过了几许无奈还有羞愤。

来到树下，我发现柳树睡醒了，垂挂着的柳条，黄里透着青，鼓露出一节节嫩绿的芽儿，扯一根，放进嘴里，嚼一下，涩苦里带着一股清香。我想：再过些日子，柳便会生出胖胖的新枝，折一节，做成柳笛，便能乌哩哩地吹响。想到这，心里便又活泛了起来。

摆渡的哑巴又在吼渡了，哇哩哇啦沙哑的声音里含着悲怆。望过去，河水清亮亮的，一支竹篙，一叶舟，上面或坐或立着仨五个人形，有雾，辨不清是汉子还是女人。有了他们，河边这个清冷的早晨活了起来。

哑巴住在对岸，靠摆渡生活。哑巴口哑人不傻，摆渡时，逮眼便能辨得清生人熟人来。生人过渡是要付钱的，五分也行，三分也管，实在没钱的，甩支烟或送个瓜果蔬菜的也能过得渡去。附近十里八村人过渡不用付钱，等到秋后，哑巴便会挑着稻箩，挨着村去讨要粮食。河边的人善，不会为多一升少一瓢的粮食，同一个哑巴去计较。这样一来，哑巴的日子就比一般人家的好过多了。奇怪了，哑巴娶了个哑巴，却一连生了三个会说话的水一般清丽的女子。有时候，哑巴会将女儿领上船玩耍，哑巴爱说话，见了人就哇哩哇啦的打着手势说这问那的，当过渡人弄不明白时，女儿便在当中传着话。

今天是二月初二，出行的人明显比往日多。这不，船儿还在河中央呢，河的两岸又聚了一些等渡的人。隔着岸看摆渡，我不禁想，哑巴今天发洋财了，一人三分钱，十几人就多了去了。唉，过渡的人也真是的，南来北往的干什么去呢？我就这么无聊地看着想着，肚子里鼓囊囊地响了一阵，努出一个夹着咸腊菜味儿的大屁，一点也不臭，接着，尿又急了。我掏出家什，憋足劲，想看看自己能尿多高。没曾想，劲使过了，一串白亮亮的尿溅射过了头顶，哗啦啦地落了一头一脸，忙用袖子去擦，还是晚了，嘴里咸咸的，我知道，那是尿的味道。

村街里响起了上工哨子声，接着从东到西全是杨队长破锣似的嗓音：男子汉带锹去稻场育秧苗，妇女们去漫湖大田给小麦追肥，迟到了扣工分呵……我知道，母亲要去上工了，想着今天要剃头，我烦。每次剃头，有口臭的刘大总用夹毛的手推子，把头弄得又疼又痒不说，剃过的头，还象马桶盖子一般，丑死了。于是，我便想着去河湾里去躲着母亲。

早春的河湾，浅浅的绿色，天，灰茫茫的，落雨了，细细的雨丝落在脸上，凉凉的。这时，母亲的喊声从村街上飘过来了，长一句短一声的，象唱歌：黑蛋哎，来家剃头。黑蛋哎，你这个搪炮子的讨债鬼，回来哟，回来剃龙头……

【跟帖】

田心：写得真好啊！二月早春的浅浅的画面里透着灵气，就好像哑巴生出黄鹂般的女儿。作者丰富的想象力真是没治了：一吹三道浪，一吸两条沟。

秋尘：那年的春天乡情浓浓……浓到今天都化不开……

【散文】故乡的模样

人，到了一定的年岁，便喜欢怀旧，某事某人或者某个季节的更替，不经意的，就会把过去的日子从记忆深处扯出来，象画，一幅幅的平铺在面前，清晰而又真实，伸手就能触摸。日子每天都是新的，记忆在时光之外堆积，岁月的磨砺，让人慢慢地学会了遗忘。然而，有些东西无论如何也抹不去忘不掉的。比如故乡，这不，清明将至，便有些想念了。对我来说，故乡就是一面存放在心底的镜子，想念的时候，取出来对着镜子自说自话；都还好么？如若还不能化解，便会在镜面上画出一条弯弯曲曲的思乡路，说，沿着它，归去吧！

　　我的故乡在滁州，确切地说是在清流河边一个叫小伏的村庄，那是我出生的地方。村子很小，清流河在那里拐了个弯又扭呀扭的向东延伸，形成一个小平原。因河而生的沟渠旁边，一汪汪的水田，种着稻谷、油菜，还有冬麦。村舍被树的绿色包裹着，沿着河湾散散落落地住开去，露出片片白墙和青色的屋脊。对我来说，村子里住着的数十户人家是最熟悉不过了，就是现在回去，闭上眼睛也能找准每一户的家门。算起来，我仅仅在那里生活了十五年，离开时，还是个懵懂的少年。可是，这么多年下来，我的骨子里固执地留下了小村的许多印迹，比如乡音、饮食习惯，最多的是常常把梦派回到故乡去，把它的贫瘠、质朴和温良，爱了一遍又一遍，一年又一年。究其根源，我知道，是因为我的脐带掩埋在那片土地上了。故乡有一种风俗，孩子出生后，总会把新生儿的脐带埋在自家的地里，这样，将来不论你走多远，都不会忘记故乡，就是死了，魂也会归来的。我想，这其中有一定的道理。

　　对于故乡，真不知道该怎样去描述，忘不了的不仅仅是村舍河流，通往学校的小路，老槐树上的喜雀窝，还有我遇到委屈时，邻居大婶伸过来温热的拭泪的手，夏夜纳凉的河堤上，三大爷讲述的摄人魂魄的鬼故事；河边，摆渡的哑巴又在吼渡了，吵哑里夹带着苍凉的声音，随着清流河水潺潺东流去；黄昏，会唱戏的玉升老爷在挥鞭晚耕，人形牛影剪纸般贴在暮色里，哎嘿嘿哟……悠长的催牛号子，饱含着无奈和焦虑；我的大哥，身着蓝色咔叽布上装灯芯绒布鞋憨厚的大哥，做了新郎官时，兴奋得连路都走不正了，胆怯的步子，却踩醒了一个村庄小伙子的梦想。

　　屋檐下，剪春的燕子又归来了么？池塘里的荷尖上，歇息的蜻蜓是否变了模样？秋夜去邻村看电影回归的路上，田野里蛙声一片，萤火虫在左右飞舞着，闪亮的一短一长。院地里的柿子熟了，一个个象挂在枝头的小灯笼，把冬天乡村的日子点的闪亮。

　　听说毛蛋子终于娶上了队长家的七丫头，那个我曾经暗恋过的惠子，生下了一双儿女，儿子长得和儿时毛蛋子一模一样。我同龄奶林子，四十五岁就白了头发，当上了爷爷还做了村长。那个又矮又胖的小土，做建筑发了财，扔下翠巧和三个儿女不管不问，自己却娶了个城里的姑娘。壮如牛的任老四，不知怎么就得了病，二十八岁就死了，媳妇一直守着家带着儿女，日子过得凄凉。九十三岁的李大妈，子孙满堂却依然单独过着日子，眼不花耳不聋，身子骨还很硬朗。瘸子长庆五十多了还是个光棍，四叔八十四岁死的那天，姑爷请来了哭丧班，又唱又跳的闹喜丧。后来，哭丧班的一个抹得象妖精的女人走上台，跳起了艳舞，边跳边脱花裤衩，脱一件，里面还有一件，等脱到第四件时，人们在哄笑中发现瘸子长庆紧张得昏厥了，口歪眼斜的再没醒来，就这样，光棍长庆陪着他四叔一起去了，给人们留下了闲言碎语，蜚短流长。

　　故乡，我不知道该怎么对你说，这么多年，我远离你的暮色，你的荒芜，你的幸福和忧伤。每当想起你的时候，我的心一直是温暖的安静的，仿佛还躺在你怀里，总想把所有的热爱都献给你。故乡呵，远离你的我，常常徘徊在思念的中央，一遍又一遍地想你，有时候想得竟让自己忘记了你的模样。

【跟帖】
田心： 小时候的记忆是很大一笔财富。
水影： 那么多有趣的人物，每个都可以写一篇小说。

40、 梦江南

【纪实】职场生涯：记美航的二三事

一个人的职业生涯会有几个十年？回顾在美航的这十年，有收获，有失落。朝九晚五，日出日落，三千六百五十个云和月，让一个职场上的菜鸟，羽翼渐渐丰满坚实。偶尔回头一看，一些人或发生的事，是那样记忆犹新，点缀着人生旅程的一段不可更改的职场之路。

加入美航 AA

十多年前的那一个春天，美国航空 American Airlines 到我在读的学校招聘职员。当时我正面临着毕业找工作的时刻，就报名应征了他们的"college recruiting"（大学征召）。经过第一轮的筛选面试之后，不久就接到了通知，让我在周五去 Down Town（市中心）的一个酒店参加下一步招聘活动。

感谢那阵 IT 方兴未艾的火红时候，刚准备出校门，还没来得及写简历，竟被邀请到五星酒店，订好房间，夜幕降临的时候，由专车接到另一极具西方特色的餐馆，在震耳欲聋的乐队的演奏声中，与未来的雇主款款而谈，共进晚餐。

同桌的七八个人，大约应征者和面试者各一半。席间，醉翁之意不在酒。大家都衣冠楚楚，有如"相亲"一般，谈笑对答，暗藏契机。后来发现，身边座位的那个 AAIT 市场分析预测部的 Director（主任）凯文，第一天上班就成了我的顶头上司。

晚餐之后，在酒店住了一夜，第二天清晨八点，又有专车来接去参观美航总部和飞机控制中心，然后送回总部三楼，这才开始正规的面试。经过几班轮番轰炸，最后，吃了人家的小甜头，终于签名画押成了美航 AA 的长工。

经历 911

加入 AA 不久，震惊世界的 911 就爆发了——那是 2001 年的晚秋。

美航的总部在机场南端，由两幢姊妹楼相连而成。周围的绿草茵茵，林荫道蜿蜒环绕，我常常午休时在此散步。正门的小广场每天都飘扬着高耸半空的美国国旗和 AA 的标旗。我的办公室就在三楼，通常是九点到达。清晨，我驾车穿过机场，刚穿过 AA Cargo 机房，一架银色的波音 737 正在我的头顶桥上慢速移到另一边的起飞跑道，此时，车里的收音机的播音让我震惊：今晨 8 时 46 分，美国航空公司由波斯顿开往洛杉机的 AA11 次航班，遭劫机者胁持，撞击纽约世界贸易中心……当时脑海中一片混乱，既然是 AA 的飞机撞了，就得赶紧各就各位，上岗听候上面的调遣。

我的工作概括来说是用电脑程序分析预测航班最佳市场，建立最佳航班线路，通过分析全世界所有的航空公司的航线，知己知彼，给不同型号飞机在千百条航线上排班，从而获得最好的企业效益。

一进总部大楼，就感觉到了，连空气都凝着肃穆，人人一脸的惊愕，会议室中的电视屏播放着撞机实况。我看了一眼，就赶紧到办公室打开电脑，查看电邮，未看到任何动静，同事三三两两过来，都一问三不知。那就还是去看电视吧。

再进会议室，迎面又有惊人的报道：9 点 37 分，美国航空公司又一架飞机，由华盛顿开往洛杉机的 AA77 次航班，带着 10000 多加仑的油以 530 里的速度撞入五角大楼西翼并且引起大火……

正在这时，我的顶头上司把我叫住：情况紧急，原因不明，AA 总部大楼也可能会爆炸。大家都立即分散，开车回家！

几天之后，AA 总部大厅里，同事们举行了追悼大会，一排一排的穿着带蓝色 AA 空服的小熊，每一个都分别写着一个在这场事件中殉职的飞行员和机组成员的名字，有认识的，也有不曾谋面的，愿他们在蓝天中安息。

在美航拍商业广告

曾几何时，走在机场或街头，平凡小女子也会好生羡慕那些漂亮的广告。异想天开地梦想哪天会在茫茫人海中，遇上一个"星探"，哪怕是客串一个"匪兵甲"也算尝尝拍摄广告的滋味。

机会说来就来，一天，收到某部门领导的通知，叫我于下周二去美航的训练中心和波音 757 上拍商业广告，刚一看吓了一跳，回过神来一想，好久没有度假了，正烦着呢，何不去玩玩呢。

大清早准时来到 AA 的航班人员训练大楼，这是一片环境优美，树木花草郁郁葱葱的地方，对面是航空博物馆和总控制中心。进门的大厅里，是一架不带机翼的麦道 M80，做舱体训练之用。新的 Flight Attendant（空服人员）就在这里训练熟悉飞机里的环境，学走步，拿东西，招待乘客。届时，早餐已摆在左边的桌上，很丰盛。这里的巨大的餐厅布置高雅，玻璃长廊交映着庭内外的绿树红花，景色很不错，这栋大楼也是用来接待所有对外的商业合作伙伴和会议的。

早餐完毕，按通知单去了楼上一个会议室，看到了一起来拍广告的男女十来人，好几个专业的化妆师、发型师已准备就绪，开始给大家化妆。只看见几个大箱子打开，里面好几层粉墨瓶瓶罐罐，流水作业开始：头发被一把梳起，最后才由发型师整头发，先粉底，再眼睛，卷睫毛，画嘴型，描口红（发现都是用特殊的笔来画而不是口红管，是广告化妆师的专利）。一路下来，大约一个多小时过去了，脸上就象戴了一个面具一般。

化好装后，一辆已等在楼下的大巴，把我们带到机场深处闲人免入的地方，下来后看到一架波音 757 停在跟前，这就是我们的拍摄现场。飞机中有几个摄影师打着几把银色的反光伞在试光线，然后听他们摆布，整整拍了四五个小时，最后还在驾驶舱、头等舱与机长、机组人员合拍了一些。短暂休憩时，他们还搬出了头等舱的各种食品来慰劳我们。

想想花了这么大功夫来拍照，最后问了问摄影师，可不可以私人保留几张，得到的答复是：不可以，因为这是商业用途的照片。

架一条飞往中国的天路

随着中国经济的日新月异飞速发展，近年美国各大航空公司竞相飞往中国，能争取到中国市场是世界上每个航空公司的愿望。通常，一条新的飞机航线，特别是国际航线的开通，要经过许多复杂的过程。例如市场的分析预测，航班的排定，选择合适的机型，机组人员的配备，甚至到头等舱里的酒，经济舱是否配中国的面条或小笼包，都是根据航线的特点细细斟酌的。按惯例，一条国际航线的通航，还须要对方国家派遣一个代表团来美检测所有的设备和程序，认可之后才签署协议。之后，飞机就可以起飞了。

一天，接到 VP（副总裁）的一个通知，为了开辟 AA 的第一条飞往中国的航线，中国方面将派出一个代表团来洽谈各项程序和签署协议。由于我有中国的背景，所以指派作为美方的代表之一，全程协助中方代表团在总部和芝加哥的一切活动，以完成这项具有历史意义的工作。该团队由四人组成，一个领队，负责全面工作，一个飞行员负责测试将飞的波音 777。另外还有两个队员，一位女士负责检测飞机上的危险物品及黑闸子，另一位男队员负责检测以飞机化冰为主的程序，因为机翼上极少量的冰滴也会造成很大危险。

星期二的早晨，见面之后，我们相互都感到格外亲切。首先带他们参观正在运行的总控制室。这是个阴森得令人屏住呼吸的地方，俨然科幻电影里的总控制室一样，荧光闪闪的指示灯象冬夜里饿狼的眼睛交错闪烁。从一大片玻璃窗往下望去，是密密麻麻的控制终端。上百台计算机屏幕和工作人员正在跟踪着当时飞行中的航班，日日夜夜没有间断。可见我们平时生活中的点点滴滴都是由无数人们的辛勤工作来成就的。

参观了总控制室后，飞行员去试飞了波音 777，这是一种不上天的模拟飞行。即使这样，当你坐在高高的驾驶舱里，往下望去，也会有一种如站在冰刀上失控的恐惧感。据说这样一次的试飞花费也不得了。随后，他们参观了机场里众多的飞机设备，黑匣子的使用和保管方式也都拍了照片存档。尔后，我们就登上了去芝加哥的飞机，准备在那个全美最大的、最繁忙的而且极有可能会下大雪的机场进行实地考察。

到芝加哥的第二天清早，那边接待的机长就把我们接到机场里早已布置一新的会议室。一进那里，不由得一阵感动，整个房间是中国的大红装饰，中国的富贵竹也青翠欲滴地摆在中间的会议桌上，一行人分两边排开欢迎着我们。丰盛的早餐之后，天公作美，我们期盼的大雪如愿而至。片片鹅毛飞舞，如春风吹落了万树梨花。一个现场化冰的绝佳机会从天而降！

为了能够看清楚整体的化冰过程，我们登上芝加哥机场内的总控制塔。这里指挥和控制着每天两千多架飞机的起飞和降落，装载着南来北往、成千上万的人们，带着他们的喜怒哀乐，匆匆奔往世界的各个地方。放眼往塔下看去，机场的工作人员象一群群小蚂蚁井井有条地工作着。蚂蚁们穿着不同颜色的小马甲，在各自的岗位上各司其职。偶见三两个爬在高梯上，向机翼和发动机喷洒着什么，这就是我们所说的化冰。看似简单，然而这是一项非常严格的程序，就是那些喷洒的水剂的类别，听起来就复杂得一塌糊涂。

回到机场内的会仪室吃中饭——一顿真正的中国饭，丰盛而又地道，据称搜索了全芝加哥最美味的中国菜。饭后之余，与在场的正准备上岗的空姐空少们交流了片刻友谊。说起来，空姐们的工作看似吸引人（尤其是在中国），其实还是很辛苦的。后台一间间的化装间，已远不似在家中对镜贴花黄那般悠闲了。镜中的一笑一颦，一举手一投足，都是职业的规范，由不得你是否乐意。

三天之中，我们顺利地完成了所有工作，分别的时侯到了，大家不免有一番依依不舍。当我目送着他们的飞机昂首冲向天际，飞往东方，飞向那本也属于我的故乡，冥冥之中，竟不知自己身在何处，是主是客。

啊，该是回家的时侯了。可是，家在哪里呢？

好在，一条崭新的天路，就要在我们的手中启航了。

【跟帖】

遍野： 谢谢分享这样有特色的经历！

41、 心言

【杂文】美国让世界学到了什么

奥巴马这届年底终于把美军撤出了伊拉克。这个举措在多事多灾的 2011 年看来，的确意义非凡。

如果没有这场旷日十年的战争，就没有每月高达一千亿美元的战争开销，今天美国的财政赤字就少了十二万亿美元；如果再没有在阿富汗每年四千多亿美元的军事开销，那么今天的美国财政就还略有盈余了。但是，十年来的两次战场，除了石油公司逐个季度百分之百的营利增幅，及华尔街令人作呕的巨额奖金之外，中产阶层的收入，扣除物价上涨因素，缩减了多少？当今美国的经济处于何种境地？这些根本的问题，政客们的竞选演说里，触及真正症结的有吗？

还有，如果考虑到美国产业大规模外移以来对经济造成的伤害，也包括自克林顿当选之初富人们近百分之五十三，迄今已经降到百分之三十八的税收，什么样的经济实体能承受此等负荷？天下哪有这等好事？只有付出没有收入能不伤元气吗？能跑的马儿不需要吃草，况且已经是一匹病马？

目前，又到了如火如荼的选举期了。可美国的政客们在说什么做什么？美国的主流媒介又在谈论什么？民主的价值难道就是被利益圈子所绑架，不涉及任何自身的问题不思进取，而是奢望出现捷径，冀望于其它国家政局的失误，走老牌资本主义掠夺的老路么？如果这就是所谓的民主，所谓的普世价值的话，人类的出路在哪里？毕竟，从现有的地球资源考虑，即使个别财富垄断集团霸占全部的资源也难以为继。世界的出路在哪里？战争又岂能解决得了？

美国让世界学到了什么？是颐指气使，巧取豪夺？还是量入为出，长久繁荣？民主的真正价值应该在于折衷兼顾各个利益群体，互相包容和制约，从而在每个时期都有较好的社会发展选项，进而达到长久繁荣。真正的政治家要有长远的眼光，博大的胸襟和敏锐的洞察能力，坚持自己的价值取向和判断，敢人之不敢之言，行人之不敢之事，有中流砥柱的勇气和力挽狂澜的魄力；退一万步讲，起码要有讲真话的诚实。遍观当下民主党和共和党的那些政客们，这样的政治家有吗？

当然，民主体制的优点在于其自身的适应度，尽管有时也要假以时日。一番波澜过后，美国还会复苏繁荣，这不仅得益于其现在自以为傲的军事实力，而更得益于其自由的言论环境，独立成熟的社会咨询机构，丰富的自然资源，还有其合理的人口年龄比例。只是以目前的情形分析，一个真正的复苏恐怕要经过一场更为剧烈的阵痛，是一个浴火重生的过程。

前车之鉴，西方发达国家的起落，恰恰是值得整个人类文明深思反省的现实例子。

【跟帖】

江海洋波：美国折腾了这么多年自己的经济还是不行，但不这样折腾可能会更惨。

秋尘：我觉得美国的历史太短了，还属于愣头青的年纪，或许都不到。这 200 多年来，被"宠坏"了。有峰就有谷，每个人都是这么过来的，每个国家其实也差不多。

【杂文】夫差之耻

姑苏山上拔剑自刎的那刻，夫差是羞愧交加的。以吴国之力，越国是永远无法与之匹敌的。可如今被困在这姑苏山上，有阵而不能布，有兵却不能用，那盟誓称霸的王者之风却怎又奈何得了一个蓄势三十年的勾践呢？

悔吧，为了这徒有虚名的王者之仁，他留给勾践一条生路，以为那就是为北上图霸找到的捷径；几番攻打齐国，可谓机关算尽；为了北上的一条通路，为了逼晋国让出盟主之位，自以为是步步为营万无一失了。可万万没想到，他对已经臣服的齐国的攻击让列国寒心，加上连年的征战已经耗尽国力，徒然让越国坐大。那凿修邗沟的气魄，那劳民伤财的宫廷楼阁，都只不过是勾践范蠡设下的圈套，此时悔之晚矣。

吴国不是没有敌人，唯一的天敌就是勾践，就是越国。那个在山峦里由几个部落拼凑的弱小地域。若要生存下来就必然要处心积虑精于算计，然后方可以弱胜强。可惜，夫差的心太大了，谋划太宏伟了。他要做天下的王，王中之王。他可曾设身处地为吴国的百姓们考虑过，为他的兵士们考虑过？他所谓的崛起，所谓的霸业，只不过是自己的虚荣心使然，好大喜功却功亏一篑，终于才有了这被困姑苏、死于山上的结局。

越国对吴国的攻击是不对称的，国之小势之弱，以至于从未被他夫差当做一个有潜在威胁的敌人。但是，在夫差有了可望却不可及的称霸野心之时，在把齐国等其它诸侯列国树成层出不穷的敌人之后，越国就有了喘息的机会，就可以相机行事，以弱胜强。

越国贡来西施的同时，也送来了瓦解吴国意志的阴霾之气。当伯嚭们的好色贪婪之风日盛之时，那些为吴国鞠躬尽瘁的伍子胥们死而不得其所，也就不是什么出人意外的事了。接下来那源源不断的越国林木，打造的不是吴国宫殿的辉煌，而是百姓的穷困潦倒，国家的世风日下；兵将愈加迷茫，不知为谁而战了。而这时范蠡文种只需派遣一两个宵小，使些乖巧编造几首儿歌，就可以令吴国民心瓦解，意志衰竭了。

耻吧，那吴宫里夜夜甚嚣的笙歌，终于换回公孙雄肉袒乞降的耻辱。伯嚭们往日里陶醉的美人财宝，终于压到厦于即倾。宗庙即毁，国家灭亡。他夫差心里向往的王道也好霸业也罢，都在姑苏山上被困死的这一刻化为过眼云烟。倘知今日，他又何以会忘掉杀父之仇，竟遍地树敌，何以会盲目陶醉，意志全无，忘记进取呢？

史如铜镜，照出几多春秋？今天，我们似乎已经忘却了这样一段铭心刻骨的历史了。在崇尚豪华奢侈、美女淫逸的世风里，甚至连这样一段历史史实也已经被我们自己搞得残破不全了。商家们知道的只是钱，官员们只乐于贪欲，还有谁知道奋斗进取、艰苦卓绝、源远流长这样简单不过的道理呢？

谁是我们中国人的敌人？不是远隔重洋的当今晋国，也不是过去相濡以沫的友好邻邦。如果自己把自己的根拔出来，忘记自己来自哪里，忘记自己的后人们赖以生存的精神和物质的起码保障，而只醉于一时的辉煌，那么这个敌人就是我们自己！请回首看一看我们民族的历史吧，那久远得已经模糊不清的和近代痛至骨髓无法忘记的一桩桩、一件件，哪一桩哪一件能够让我们忘乎所以，狂妄自大呢？

前事不忘，后事之师。我们先人的在天之灵在看着我们，我们后人命运的起落安宁在约束着我们。我们民族振兴强盛的使命啊，还在毫不松懈地激励着我们。

爱我们这个民族吧，把所有的虚荣，所有的贪图都抛在脑后，找回自己的根，找回自己的意志，以史为鉴，奋发图强。

【跟贴】

小园香径：前事不忘，后事之师。你这番慷慨陈词，但愿可以让世人警醒！心言大师就有这本事啊，酸起来草木动情；激昂起来则群情激奋。

Wliao：内忧外患不可怕，怕的是外忧内患。

【评论】炒作与生活的距离无穷远——也谈《蜗居》

在所有拜物的文明里，家居都是地位、权力和财富的标志，特别是在社会风气被引导到极端的淘金热里、甚嚣尘上之时。

新中国一路走来，从勒紧裤带发展国力的前三十年突然转移到把享乐生活、追求自我价值奉为神明的今天，人们怎么能不追求有自己的安身之隅。只是，这样的转变来得太快太突然了，以至于人们还没有找到自身的价值和追求的目的，就被一波又一波的物质热浪冲昏了头，随着潮流去追求那些平常人等可望却永久求不到的生活品质，直至被物欲所淹没。无论是那些已经暂时得到了的还是那些永远巴望却得不到的人们，都彻底失去了自己。

改革开放以来的一次次房改，普通阶层从刚刚能够倾尽积蓄换一处小屋到今天把余生都赌上来押注到一处蜗居，穷的是越来越穷，甚至连自己的话语权也被剥夺了。可那富了的却乐此不疲，总要把已经被剥干了的阶层再榨一遍，再掏一次，让他们把自己的余年，甚至他们儿孙的将来都拿出来，去装潢既得利益者头顶的光环。无论穷者富者，都还麻木不仁地和着相互的腔调来歌颂什么太平盛世。

这般富强，这种盛世，这类喧嚣，这等和谐，这等巨大的贫富差别，中国历史上没有过，世界人类文明史上也从没有过！

《蜗居》这个题目，仅仅是一个创作题材的名称，就吸引了所有人的注意力，不由你不思考一番。可是看《蜗居》这个电视剧，观众得到的是什么呢？不要说有什么共鸣，就是按这个题目思想一番，绝对看不到自己想看的东西，想呼喊出来的压抑。

还有一个华人敢相信自己的民族曾经有过五千年的文明吗？一个是非混淆的《色·戒》，曾经被商家炒作到极致；一个喜欢出风头的女学生，都可以借奥巴马演讲的机会炒作自己一番；2009年的尾声，又出现了这样一个以所有中国人都关心的题目打出来的电视剧。我们的文化已经被商品经济吞噬了，肤浅到惨不忍睹！

无独有偶，《色·戒》当初是以床戏作噱头炒热的，奥巴马演讲背景处的女学生是靠脱一件衣服炒红自己的，这个《蜗居》又是以露骨的性台词来炒作的。就是每个演员，如今都是以性话题来主动或者被动地炒作的。我们五千年的文明，已经不是拼命模仿追随其它国家里商品社会的快餐文化所能匹敌的，已经被演绎成为赤裸裸的"性文化"了！

假如剧中的海萍像现实生活中的普通人物那样，知道自己的命运就是为既得利益阶层垫底的，若一朝令改，狭小房子的土地使用权又会进入哪个新贵的钱囊，她就该买一个平平常常的房子。可是，她拼命工作，拼命节俭，为了圆自己和女儿一个安居梦的话，那么她的故事会得到多少人的共鸣？可惜的是她不是我们希望看到的人物。她随波逐流，明明知道不可能却偏偏要试探命运，于是便促成了自己妹妹命运的悲剧。海萍不是在向自己的父母、公婆和妹妹借钱，而是把自己这些亲人们的未来生活抢夺过来押出去，满足自己的欲望。小贝的乖巧里透露着精明，他知道，海萍不可能有能力维持对她和苏淳来说今后不可能还清的房贷，何况是他精打细算节省下的积蓄。而且他的目标是现实的，以自己的积蓄自己的能力，让海藻跟他过上他们这个阶层可以承受的安宁生活。

海萍超越能力的欲望害惨的是妹妹海藻。按照常理，这样一个故事也有它的生活基础，它的生活原型，只是这出电视剧以后的发展就让人失望了，失望得压抑，而且俗不可耐。

宋思明是个什么人物呢？推算来他可能是刚恢复高考时的大学生，然后找到一个高干的女儿，借妻子这块垫脚石进入政府。那时候，以自己的学历当本钱找靠山是被人瞧不起的。极少数肯为之的人物也的确都是心术不正之徒，只是这种人等后来果然飞黄腾达，或是抛弃妻室，或是别处藏娇，贪污腐化。这种人会对海藻动真情吗？可是剧情的发展，就是后来居上，把蜗居这个本来的题材演变成宋和妻子以及海藻的感情纠葛了。一个中老年男人和一个单纯的女孩一出又一出裸肩露膀的床戏，就占据大半个故事，难道这是一种时尚，一个卖点吗？如果剧本的原创动机中有抨击社会邪风初衷的话，那么宋和海藻在一起的每个缠绵镜头，却实在是倒了观众的胃口。而且到此剧作的创导人员还不知道打住，还要加上海萍在美国人家里一次又一次喝醉的暧昧后，又发展到了要这个美国人再跑回国做海藻的救世主，带她到美国留学的地步。倘若宋真的有这样个美国朋友的话会是怎样的呢？他会不会也是涉案之徒？突然回到美国还敢不敢再回来？况且还要把涉案的海藻接走？剧情发展到此，已经远不是《蜗居》的题材了，倒像琼瑶的爱情剧，没有逻辑，没有章法，就让观众昏沉沉地打发时间，而得不到任何有意义的东西。

《蜗居》是一出什么剧呢？背后有个实力强悍的暴发户公司华谊兄弟支持着，打出这么个耸人听闻的题目，结果还是按照俗套炒作出来，终于倒了许多观众的胃口！

【跟帖】

小园香径：既然这不是我们的生活，我就不去理会了。不过你的评论我还是认真读了，写得很尖锐么。

路小米：都说这剧不错，还夸编剧语言犀利，可我却发现有很多台词是网上已有的，并非原创。

42、 田心

【散文】爱情婚姻一锅煮

偶尔在一个名为《结婚七年》的讲一夜情的电影里听到这样一段对话。男的说：我猜你们是把初恋、性爱、婚姻、爱情一锅煮的那种。女的说：那当然。然后男的就说，这样的婚姻经不起风吹草动。

我觉得挺有道理。爱情和婚姻本来是两回事。爱情是人性的产物，婚姻是社会的产物。把这两样东西捏在一起，是不是合理呢？我看到的反面例子多过正面例子。

因为婚姻是要持久稳定的，而爱情呢，按照心理学的研究，爱情的生命期大约在 18 到 30 个月之间。如果婚姻是以爱情为基础的，那么当爱情消失了以后，婚姻靠什么来维持？

我们不妨把建立在爱情基础上的婚姻叫做爱情婚姻。成功的爱情婚姻，是因为夫妻双方比较能够适应心理上的变化，他们适时地将爱情转换为亲情，加上孩子的出生，和经济上的纽带，以及对往日爱情的回顾，从而可以长久地维持良好的婚姻关系。

但是爱情，不管你承认不承认，早就没了。不信的话，你可以量一量见面时的心跳加速度，拥抱的力度，接吻的热量，彼此注视的时间等等。有人说，没关系，老夫老妻了，还要这些干吗？可是当他或她再度遇上一个可以让自己心跳加速的人，这没关系就变成大有关系了。

从爱情和婚姻的内容来看，一个是风花雪月，一个是柴米油盐，只是因为加入了性这个罪魁祸首，才硬是把这两件风马牛不相及的事情凑在一起，把不合理变成了唯一合理。

婚姻，是夫妻双方长期合作，从抚养孩子到老来相伴的一个平台。夫妻双方能否很好地合作，要看他们的价值观是否相近，是否彼此信任，能力是否可以互补，配合的是否默契。这也是一种 chemical（化学元素），但和爱情的 chemical 不同。前者不会随时间而消失，反而会越来越加强。

所以我以为，结婚，就应该找这样一个好的合作伙伴。或者可以把这样的婚姻叫做合作婚姻。结婚后，夫妻利益更为一致，信任度与合作水平也会随之提升，出现的矛盾一般会是方式方法的问题，不是大是大非方向性的问题。

这样的伙伴如果可以擦出爱情火花，那什么问题也没有了。如果不能够，那至少也会是知己级的朋友，是一个可以建立和谐生活环境的伙伴。跟别的有过轰轰烈烈爱情的夫妻相比，最多只是头两年的不同，18-30 月之后大家都一样了。而且还没有爱情消失的后遗症，不会因为对对方的期望太高而失望，也不会因为对方不爱自己了而寻死觅活。

合作婚姻会比爱情婚姻牢固许多。就算日后合作婚姻的一方有了婚外情，他（她）也会比较理智地去守护自己的婚姻。因为坠入情网容易，而要找到一个永久的合作伙伴却不是那么容易的了。

聪明的人，不要把爱情和婚姻一锅煮。爱情是不能选择的，而婚姻是可以选择的。如果遇上了爱情，你就好好地去爱一场，充分地享受着 18 到 30 个月的时间。如果把婚姻寄托在这让你迷失的爱情上，那以后就只能靠运气了。这就等于错失了一次生命中最重要的选择的良机。

【跟帖】

秋尘： 田心这个说法不是新说了。不过，爱情婚姻之关系从来似乎也没有定论。每个人有每个人的说法。如果两者分开的话，婚姻会很无趣。爱情也难以善终（不过爱情好像总是不能善终哈）。我觉得还是看人吧。爱情和婚姻，其实在某种程度上，都是赌博。一个人，连自己都掌握不了自己的未来，又怎么能掌握两个人的未来呢？

【散文】回归自然

当朋友提议长周末去 Amish County 回归自然，我的脑子里出现了电影 Witness 里看到过和善可亲的 Amish 女人们，戴着那种特有的荷叶边帽子。关于他们不相信电，拒绝现代化设施，马车代步，保留着原始的接近自然的生活方式，我心里充满疑惑，去亲眼看一看将会是蛮有意思的。

开阔的田野上，一群群的奶牛歇息着，一种与世无争的姿态。得得的马蹄声从田间小路传来，一辆漆黑的马车由远而近。从穿着一看就是 Amish 人。礼拜天，大人小孩一律穿着肃穆的黑色。偶尔看见走着去的一家人，他们在路边停下来，从容而有礼貌地同我们打招呼。我四下寻找，却不见教堂的影子。原来他们是去教友的家里参加教会活动的。

很久以前，Amish 在欧洲身为异教徒被政府排挤甚至镇压，逃亡到德国南部山区。这种地下党式的教会仪式就是在那个非常时期形成的。家家户户都有一间会议室，供教会轮流使用。虽然不是正规的教堂，参加教会是严肃认真的事情，绝不能随随便便开居民会议那样。座位是规定好的，男人女人分别坐在屋子的两边，孩子或跟父亲或跟母亲坐。圣经是德文的，颂歌的歌本只有歌词没有乐谱。有人领头一唱，大家便跟着他的调子唱下去。

教会的午饭由作东的人家提供。菜谱一早就规定好了，没有人会想着做些特别好吃的招待大家。那样的话会引起各家女主人的竞争，而竞争是不提倡的。读圣经时用来坐的长凳搁起来就成了简易的饭桌，一切都是那么实实在在，没有奢侈，没有浪费。

Amish 人的住房里所有东西都必须有实际用处。具有装饰性的，也就是墙上挂历上面的画了。另外有两张贴在墙上的东西比较特别。一是在习教房间墙上的家谱。他们不照像，没有全家福之类的照片。所谓"家谱"就是从他们家的老祖宗开始的一份家庭成员分支结构图，绘制得十分粗造。大约也是怕做得精致了，大家会比来比去吧。另一张是挂在后厅，所谓的 Good Room（好房间）里的一张通讯录，用大大小小的字体，密密麻麻地登记着所有信件来往的地址，包括邮政编码。真不能想象他们这种没有电话的日子。我们小时候再不方便，至少也有公用电话。

Good Room 是最体面的房间。有客人来的话会铺上地毯，冬天时还能生火炉取暖。主人的卧室在 Good Room 的隔壁，可以借到一些暖气，不会太冷。主卧室的另一头，是厨房兼餐厅，放了一张宽大的餐桌和几条板凳。仅有的一把带有滚动轮子的"太师椅"，是属于辈分最高的男主人的。

　　孩子们的房间都在楼上。男孩合住一间，女孩合住一间，成年后有单独的房间。衣架上挂着的衣服单调得象制服。很少有钮扣的，因为钮扣会让他们想起以前镇压他们的军队制服上那金闪闪的铜扣。女孩子的是同一式样的深色连衣裙，配一条白围裙。因为没有电熨斗，料子都是化纤的。腰上蝴蝶结之类的装饰也是用来区分年龄或是结婚没结婚的标志。

　　最让我感到安慰的是一个浴室。虽然简陋，抽水马桶和浴缸却都齐全。就这点，比中国的农村还是上升了不止一个数量级。家里唯一称得上机器是一架缝纫机。Amish 女人很会做 Quilt（一种拼花毯子），在手工艺品店里卖得相当贵。那些图案确实挺漂亮的，可是针脚却有点歪歪扭扭的，或许是女孩子们的针线活吧。

　　人们通常认为 Amish 人停留在十九世纪，不再随着时代进步。其实他们也是在慢慢改变的，不同的是非常谨慎。对于新思想新技术接受与否，主要看能否使他们保持简单的生活，保证他们的家庭观念不变。就说电吧，谁知道它会给生活带来些什么冲击呢？他们真是有先见之明。如果让电话，电视，因特网侵入，Amish 恐怕不能有今天的宁静。

　　坐在晃晃悠悠的马车上，听着驾车的女孩讲述她妈妈的故事。女孩的妈妈原是 Amish 的孩子，长大后嫁给了外人，但是他们还会去 Amish 走亲戚。Amish 女孩到了十五岁，会被允许到外面世界看一看。她们第一次逛商场，第一次上电影院，第一次穿上泳装来到海边。想像她们该有多兴奋啊。如果她们喜欢，这样的第一次，就可以变成将来的无数次。大人们一般尊重孩子的选择，并不强求。一旦选择了教会，再反悔离开便是离经叛道了。女孩的阿姨就是一个例子。她受到应有的惩罚，再也没有资格和家人同桌吃饭。我有些为这些孩子们难过，十五岁就要做这样的人生抉择，太难为她们了。

　　而男孩子呢，到了年龄，他们最向往的是拥有一张驾照。不错，每个男孩都会得到一辆汽车。他们可以开车去他们想去的地方，可以去打棒球，可以参加舞会，甚至彻夜不归。一部 Amish 土制电影，反映了一个男孩在十字路口的复杂心情。和其他同龄男孩一样，他开着自己的汽车到处跑。十九岁了，还没有做出最后抉择。要么过父亲那种每天两次挤牛奶的一成不变的生活，要么离开家，离开亲人。他祖父始终耐心地谆谆诱导。最后因祖父的马车被一辆横冲直撞的汽车撞翻而死去，使得男孩幡然醒悟。说教规说教，我还是佩服他们的民主。而这样的民主并不影响教会的清规。经过心理挣扎，才能更为坚定。不能同时拥有两种生活，是他们的聪明所在。绝的是，百分之九十以上的孩子都作了让父母满意的选择。

也可能是因为他们在外面世界碰了壁才选择留在教会？Amish 孩子只上八年学，而且一年级到八年级孩子都在一个教室里上课。电影里男孩的弟弟到了上学的年龄。他问爷爷，如果将来象爸爸一样生活，为什么还要上学呢？爷爷说的话我们都很熟悉：我们要把自己的村庄建设得更好，需要文化知识。以前老师说同样的话的时候，我们在学校里并不能真的学到什么。当我们后来有机会真的学到一些有用的知识后，却不能满足于把学识贡献给自己的家园了。也许聪明的 Amish 人懂得教育要适可而止吧。

有关 Amish 的疑问和好奇，一切释然。心里慢慢加重的是对自己生活的反思。Amish 人提倡平均，杜绝竞争。连带有竞争意味的游戏都不能玩，比如打球，下棋等等。我努力思索，却找不出一样我们生活中不带竞争色彩的事情。男人们拼命工作比谁赚钱多，女人使劲健身比谁更苗条，公司里比谁升职快，学校里比谁成绩好，学校外比钢琴，比游泳，比电子游戏，比公文补习，我们生活在一个充满竞争的世界。Amish 人很难在这样的社会生存。反过来，我们是否也开始在竞争中麻木，变成为竞争而竞争，丧失了原有的意义？

回家路上，我突然领略到以前所受的共产主义教育的精髓，包括艰苦朴素，包括自力更生，包括不贪图享受，包括做一颗螺丝钉。我们同样以衣着朴素为荣，同样吃大锅饭，同样信奉友谊第一比赛第二，同样封锁国门。结果共产主义没有在中国大陆实现，却在被资本主义重重包围的 Amish County 实现了。看他们一家盖房子全村人出动，还自己建立了互助金医疗保险，一切的一切，不都是公社制的体现吗？朋友的一句玩笑话相当精辟：别忘了马克思是德国人，德国人学起马克思主义来才学得到根本。这是俄国人和中国人无法体会的。

在华人圈常听到这样一个词汇：主流社会。似乎是华人在美国的竞争和奋斗的最终目标。我始终不能非常清楚地理会这"主流"的含义，它难道不是许许多多支流的汇合吗？反观 Amish 的社会状态，自成一体，有其自己的特色。他们的物质生活远不如我们的优越，但因此也不受到由此而产生的副作用的侵害。比如战争，比如恐怖主义，比如贪污行贿。也不会有离婚，第三者，毒品，青少年问题，甚至 AIDS，SARS。他们能够有选择地接受新事物，我们为什么不能借鉴一下如何保持平实的心态？不能否认，他们的精神状态是充实的，大家和和美美地在一起。你能说这不是人们一直以来所苦苦追求的幸福吗？

【跟帖】

秋尘： 阿米什人，上帝钟爱的人。这是一篇报道。写得很平实，又很精彩。有使人身临其境的感觉。如今的人已经没有了信仰。吃喝玩乐成了生活的主要内容和目的。竞争，攀比，嫉妒，纷争，比比皆是。所以人活着一点儿都不幸福。相反很累，很苦闷，悲观厌世者众，自暴自弃者众。所以很羡慕阿米什人。他们能在纸醉金迷的包围中不为所动，潜心过着清教徒一样的生活，并且能够一代一代的延续下来。他们是很有智慧的人。也是人类中最幸福的一群。羡慕他们。希望有朝一日能去朝拜，如果能在他们那里住上一阵子就更好了。很希望成为他们中的一分子。

溪中石： 拜读了。跟读了田大作家的小说和随感，很佩服你的思想深度。我原来在加拿大也去参观过一个集体农庄，村民们也是这种生活方式。只是我不知道他们是不是阿米什人。

43、 晚成

【纪实】爱的苦旅

1968 年春，度完探亲假，我返回北大荒。妈妈和秋韵去上海大连路码头送行。当巨轮缓缓地离开时，妈妈站在码头上久久不愿离开，不断地挥手，直到她在我视线中变成一个小点，最后消失。这是她在有生之年最后一次能亲自给我送行，一年半后，她病瘫于中风，卧床十六年后离开人世。

我出生在一个民族资本家家庭。家里的企业很小，却是三十年代末国内第一家生产鞋带的工厂，而鞋带此前都是从日本进口的。文革时我父亲作为"公私合营"私方人员已退休，但还是未逃过抄家的厄运。1966 年被抄财物先是就地封存，直到 1968 年春才全部弄走。秋韵与我在上海经历了抄家的全过程，见证了"造反派"来把家俱衣物一件件地搬走。当时，我要下了属于我的皮箱，内有 1966 年我们结婚时的衣饰和纪念品。我们大都默默地看着眼前发生的一切，而大姐却撕心裂肺地哭着，她做了一辈子的会计，眼睁睁地看着一生的辛劳积蓄就这样被剥夺了。1968 年全国各地武斗正频，我也担心着回单位后，对立派会对我施加迫害，好不容易盼来的一年一度探亲假，就在惶惶不可终日中度过了。

返回北大荒后，秋韵也随后回到了湖南省 L 地区气象台工作，我们又过起牛郎织女式的生活。那时别说是"伊妹儿"、手机，就连长途电话也是极少使用的。我们都是通过写信，表达彼此的思念。信又写得十分小心，怕一旦落入别人手中，会找出问题被加害，就连谈情说爱之类的词句，也怕被作为资产阶级思想来批判，所以，信读起来就象两个清教徒之间的对话。即便如此，这些信还是定期被我们销毁，怕将来节外生枝。记得"文革"中我时常读鲁迅的作品，其中的《两地书》令我印象特别深刻的，是他老人家与他学生许广平师生恋的交流。秋韵和我虽然都是小人物，但如果我们当初保存了全部信件，如今能挑选整理出版，也会成为"文革"式的《两地书》，可惜这批信早已"纸船明烛照天烧"了。

即使这种费时又费心思的通信，也因为我在 1968 年 4 月被打成"反革命分子"而被剥夺了。我回到嫩江后，即被以"辱骂伟大领袖毛主席，反党反社会主义，做资本家孝子贤孙……"等罪名，打成了"现行反革命分子"。我的"罪行"很有普遍性，有不少"现行反革命分子"都因在喊口号或写大字报时，该用"毛"时却用了"刘"，遭了揪斗。而我是玩笑之中，因一字之差就成了辱骂伟大领袖毛主席，连 1958 年向党交心的材料也作为我"反党反社会主义"的证据，一大堆罪行足以枪毙了。

隔离审查一个多月，又经过一次全县的公开批斗，一次全局公开批斗，被挂牌子、"坐飞机"、游街、打耳光、黑灯逼供信后，我被送进了"牛棚"，与近二十名"地富反坏右和走资本主义道路的当权派"关在一起。每个"牛鬼蛇神"都在背部或胸前挂白布，写明"反革命"头衔，每天劳动十小时，两星期才有一天休息日。秋韵的来信都被拆开，我的去信要先审查才可发出。这时的信已经有信无实了，大多谈论天气，最滑稽的是秋韵迫于压力，来信中要我"相信党，相信群众"，"好好改造自己"。但我能想象，在这些信的背后，她是忍受着多大的精神压力。我们都担忧，上海大连路码头那一别，或许会成为我们俩的永诀。

到了 1969 年初，在关了八个月的"牛棚"后，对我进行了处理。基于"其认罪态度较好，年纪还轻，有改造好的可能"，给我定性为"敌我矛盾，按人民内部矛盾处理"，同时开除团籍，降低一级工资。我从"牛棚"中迁出，发配到局办农场，开始了猪倌的生活。此时正值三九隆冬，北大荒的冬夜，冷至零下 40 度，四周是静谧的大地，天空星星在闪烁，农场小屋，孤身一人。但不管怎样，几个月的动荡和折磨，现在终于能暂时安定下来了。我宁愿这个世界把我遗忘，只要我的父母、姐妹还记着我，秋韵还想着我，我就有重新生活的勇气。在这寒夜孤灯下，我想念秋韵，这种思念使我胸中神奇地升起一股暖流。当一个人的所有理想和追求破灭之后，这份爱情就变得"致命"的珍贵。当时我曾想过，如果连爱也被剥夺了，我也许会去死，虽然我害怕死亡。

　　秋韵是坚贞的，当时十分盛行的离婚案例，是夫妻任何一方，如被打成"反革命"，另一方提出离婚，不但不被劝阻，甚至被鼓励。倒是如果还保持着婚姻关系，并且如果还公开显示他们爱的忠贞，等于是向革命挑战，轻则被骂为狗男女，重则硬性拆散，把某一方"下放"到更偏远农村。

　　转眼之间到了 1969 年夏，在一位工人朋友的帮助下，让我调换工种，到取暖锅炉房劳动。我不得不与可爱又忠厚的猪们告别了，猪实在是比人更有人性，经历了"文革"的恶斗，看多了人凶残的那一面，我这个已被打入另类的"反革命分子"，与猪们却建立了深厚的感情。猪是可靠的，它们没有阴谋，不会出卖朋友，人们说"丑得像个猪八戒"，其实仔细看它们友好地站在你面前，整个脸部显得温良恭俭让的样子，渴望你的抚摸你的爱。我饲养了三四十头猪，有病时打针喂药，母猪下仔时帮着接生，有时一窝下十几个猪仔。吃奶时颇为有趣，母猪横向一卧，小猪纷纷上前找各个自己认定的奶头。一只小猪认定一个奶头，即使猪妈妈翻身，小猪们还是去找自己吃惯的那个奶头。一年后，当雪蕾出生后，她甚至没有像小猪仔那样，自由自在地吸吮母亲的乳汁。不到她满月，秋韵就不得不狠心给她断奶，留在上海，自己只身回湖南工作，那时的单位根本不允许单身母亲带着婴儿上班。

　　1969 年 9 月，秋韵有了探亲假，先从湖南去上海，恰逢此时妈妈不幸中风入院治疗。多年来我们担忧的事终于发生，我外婆在 60 岁那年猝死于脑溢血，妈妈长期来都有高血压，中风病起时正好 66 岁。我心急如焚，向领导请假回去探母亲病，有电报为证，却遭到拒绝。理由不问自明，我还是一个有罪之身，"帽子"还在群众手里，你一走，还能跟几个人去监督你么？幸好上海的姐妹们奋力抢救，母亲病情稳定下来，但从此半身瘫痪。"文革"对她的冲击是病的诱发主因，家被抄，金银手饰上缴，又日夜担心当时也被打成反革命的二姐及我的安危。秋韵父亲是医院副院长，被打下来扫厕所、搓棉球，她母亲被红卫兵逼三天三夜，要她交出"金银细软"。我爸爸已年过七旬，受累于我的反革命，被召回工厂监督劳动。我父母双亲还曾被罚站在长板凳上，接受群众的批斗。二姐 1951 年参军，1957 年入党，还是被打成美国特务，"九大"时罚跪一整夜。两个妹妹也受我的牵连，在各自单位里被逼着要交出所谓我藏在她们那里的黑材料。我们两家比起成千上万家破人亡、妻离子散的家庭，虽吃尽了苦头，但人还没死，还算是幸运的"文革"幸存者。

秋韵到北大荒来探亲了，这距上次分离已有一年半时间。四十年前的通讯和交通，尤其在中国，其落后是可以想象的，电报要二天才能送达。从上海到黑龙江省的嫩江，先后要换乘三个班次的火车，历时三天三夜。那时物质匮乏，到北大荒这个著名的粮仓，却还要带挂面、大米、咸肉等食品。上海的家人和秋韵想着我的牛棚猪倌生活太苦，千方百计让秋韵多带点东西来改善我的生活，这样她的长途旅行也就成了长途驮重。秋韵就是这样开始了她的爱的苦旅，此时是1969年9月末，北大荒已经是初冬。

从上海乘火车直达哈尔滨，大约二天二夜。那几年上海有几十万知青"奔赴边疆，保卫边疆"，这趟直达快车的拥挤程度，仅次于上海到乌鲁木齐的火车，车厢内恶浊的空气，厕所里屎尿横流，臭气冲天。过道挤满了站着的旅客，更有极为疲惫的乘客，钻入座位底下，爬上行李架上去睡觉。到达哈尔滨时，幸好有她同学来接站，过一夜，又踏上去齐齐哈尔的列车，大约要乘五六个小时，再转去嫩江的列车。这中间上下车，背驮着总共百来斤的两个大旅行袋，加上自己的小提包，很难想象她是如何闯过来的。最后一段旅程，窗外一片漆黑，听不到列车员报站，简直象是通往世界末端。车内大部分是农村老乡，虽然他们是善良的，但由于生活的贫苦，穿戴和外形显得十分狰狞，头戴长毛的狗皮大帽，吸着纸卷的烟叶，车厢内是乌烟瘴气。秋韵把随身带的钞票放在贴身衣袋里，把头埋在双臂下，装着睡觉的样子，却不时要抬起头去看看车是否已到了嫩江。

当时长途通信若求快，唯有靠电报，每个字三分钱人民币，地址就占二十来个字，为了省钱，其内容就十分简略了。我接到电报"××日离沪去嫩韵"，就推算她可能到达嫩江的车次和时间，由于她中间要转两次火车，转车车次有多种可能，到达嫩江的确切时间就无法预测了，何况头天打电报，要到次日中午才能收到。为了让秋韵到达时我能接站，我提前一天，由离县城还有三十里路的工作单位，早早到县里招待所住下。按每一个可能到达的车次，一次次去车站，在月台上张望，却一次次地扑空，一次次地失望，一次比一次更多的担忧。秋韵是提前下错了站，还是因为打瞌睡坐过了站，或者出了什么事故？

　　时间已是深夜，我又一次去车站，如果再接不到秋韵，就必须等到明天。当笨重的蒸汽机车拖曳着疲惫的身躯，喘息着缓缓停下来后，小小的月台半明半暗的灯光下，不多的乘客步下火车，我急切地在幽暗的光照下张望，又不敢移步，怕跑到了前头，错过了后头，或跑到了后头，又错过了前头。突然间，我发现了秋韵！她肩前肩后扛着两个大旅行袋，正蹒跚地走着，焦急地探寻着。等我奔到她跟前，我们两人不知是因为紧张、激动、抑或是喘息，居然相对无言。我把两个大包扛在我的肩上，秋韵随着我匆匆地出了车站，找了一辆驴拉板车，也相当如今的"的士"向三公里外的街区驶去。

　　下车的当晚，在嫩江县城一个简陋的招待所，给了看门的老头一包香烟，换来一个阴冷的房间，将就着过了一夜。第二天下午，有返回飞机场的班车，又经过一段颠簸的旅途，终于到了目的地，一个暂时的家。此时离秋韵从上海出发，已经历了四天四夜不眠的旅程。

　　我和秋韵临时的家安排在单位的招待所，一幢日本人留下的建筑，巨大的屋顶，严严实实地盖着厚厚的麦秸，压着低矮的房舍。进门后，犹如进入一个洞穴。我们住在走廊尽头的一间，几乎没有人来打扰。我们像两只躲在洞穴里过冬的受伤田鼠，没有进入冬眠，却开始舔着彼此的伤口，叙述这一年半来的悲惨遭遇。由于受我的连累，秋韵单位革命群众把大字报贴满她住房外的窗户，逼着她交待我藏在她处的"黑材料"即日记或信件之类。一年半来，她是顶着"反革命分子"家属的屈辱生活过来的。秋韵诉说她的遭遇时，却仿佛在讲一个别人的故事，没有悲伤，更没有眼泪。我却相反，平时看来愤世嫉俗，嫉恶如仇，实际上相当懦弱，面对强权会变成一个卑微、畏缩的人，心里憎恨到了极点，却还要对当权者献媚，或许算是一种求生手段吧。我这一年半来的苦难，终于有了倾诉的对象，感情的闸门被冲决了，我躺在床上突然失声痛哭起来。秋韵从没见我如此伤心，她只是喃喃地重复着"不要哭，为什么要哭？"寂静的夜，被黑暗笼罩着，这漫漫长夜何时是个尽头？

　　北大荒在十月初就进入了冬天，房间内却异常温暖，一面大"火墙"，烤得整个房间暖洋洋的。秋韵和我结婚已三年半，加起来在一起过的日子也不超过六个星期，而且从没有作为一个独立的家庭生活过。这次她来探亲也是第一次有机会实习日常的家庭生活，买菜、做饭、洗涮、缝补。我们学着这些新鲜的事情，如擀面条、包饺子、生火取暖。临时的家什么炊具都没有，现在已记不清当时是如何去找那些锅碗瓢盆，用什么去盛油盐酱醋的，只记得用酒瓶子在房内唯一的一个小桌上擀面条。秋韵似乎很爱吃那样擀出的粗面条，放入一些大白菜，加上一调羹猪油蟹粉（是秋韵母亲特别为我们准备的），她大碗大碗地吃着。她的这种爱好，即使到了加拿大后，超市里有那么多的美味食品，饭店里有那么多的美味佳肴，但秋韵对那人工擀的手指般粗的面条，还是情有独钟，一次吃两大碗绝对不成问题，她的这个"毛病"恐怕也是在"文革"中落下的吧。

秋韵和我自从 1958 年入大学，分在同一个班级开始相识，到这次孟姜女寻夫式探亲，整整十一年，而花前月下的谈情说爱时间却是少而又少。在大学里，学生是禁止恋爱的，那时学习也非常紧张，如果有点意思不要说频送秋波，就是想在课上饭间暗地传送都有困难。N 大学女生全在 E 宿舍住，一幢非常大的楼。约会弄得象地下党搞接头似的，先说好要去找她，探头探脑地溜进 E 宿舍，上二楼，敲 208 室的门。那时她们是十个女生一个房间，轻敲几下后，必定有某位女孩出来应门，也都是一个年级认识的同学，一看是我，上下先打量一下番，也不打招呼，只是诡谲地一笑，迅速把门一关，我能听到里面叫道："秋韵，有人找！"秋韵也不问谁找她，就匆匆地准备着出来，而我则早就一溜烟窜出 E 宿舍大楼，跑到 ZJ 路大门口去等着了。就是到了街上，俩人走在一起也很不自在，有点紧张，象解放前我党的地下工作者在国民党统治区，最怕撞着特务、密探似的。约会回来，到了快接近校园的地方，俩人就化整为零了，我走宿舍区前大门，她则从宿舍区后大门分别溜回。我们这一代人经过解放以来一系列政治运动，把我们一生中精力最充沛、最能为社会做出贡献的宝贵青春岁月，给白白地断送了。其实，何止于此，多少对痴情少男少女的爱情、家庭、生活，都被这种"与天斗、与人斗、其乐无穷"的斗争哲学，动荡的社会环境给葬送掉了。

日子就这么地打发着过去，我们那时很少有同事和朋友来探望，倒也省去许多无聊的应酬。只有那些与我有相似身份的人或真挚的朋友，才来看望秋韵，这倒显示出那份友情的珍贵，几句问寒问暖的话语，都令我们十分感动。我和秋韵还去看望过晓庄一家，他也是 N 大学比我高一届的校友。在学校里勤学苦读，成绩拔尖，他爱人成瑜，四川人，1963 年毕业于 K 大学，为人太直率，但心地却十分善良，对复杂的社会自己觉得已能对付，实际相当幼稚，结果卷入派性斗争，被打成反革命。因为是女的，不关牛棚，期间还怀孕、生产，又不能做重体力劳动，其困苦可以想见。我当时任"牛鬼蛇神"队队长，我的地位是在革命群众万人之下，但关起牛棚的门，却在这小撮"牛鬼蛇神"之上，权力相当大。因此，我对成瑜怀孕期间安排的劳动，也相当照顾。去看她们一家时，成瑜已同我一样处于半管制半自由状态。家里的贫困要比当时一般家庭更甚，无几件象样的家俱，小孩才出生几个月，孩子身上有一股尿臊味，家里十分混乱。他们真诚地招待我们一餐简单的晚饭。

虽说日子在打发着过，我和秋韵每天还是算着屈指可数的假期，还剩下多少。秋韵将要离别的日子越近，我心里越发变得忧伤。我和秋韵一生中所体会到的悲欢离合，可能比我们两人的兄弟姐妹中任何人都要多，俩人相隔五千公里，怎是万水千山能等闲的？

1969 年 10 月 18 日，离我 29 岁生日还有两天，分别的一天还是来到了。我俩从机场早早乘汽车到县城，在小小县城兜了几圈，两人照了一张在 1966 年拍过结婚照后的第一次合影，这张照片至今还保存着。秋韵剪的短发，微笑着，眼睛里看不到忧伤，嘴唇还保持着那种含蓄的性感。我理的是平头，看上去健康阳光。这张照片显示，文化大革命的风暴并没有真正地摧毁我们，经历了这样洗礼，我们的爱更加深沉，意志更加坚强了。

中午时分，北大荒冬日的阳光并不温暖。当我目送着载她而去的列车渐渐远去时，心中涌起阵阵哀伤，似还有无穷尽的话要说，而刚才送她上列车时，俩人却都沉默着，还有什么话语能比沉默更能表达我们此时的感情？

秋韵走了，她带走我的爱，带走了正在开始孕育的小生命，留下了我无穷的思念。1970 年 7 月 28 日，在动荡不定中，雪蕾在上海她外婆家诞生了。

三年半后，秋韵毅然离开南方较好的生活环境，把工作调动到北大荒，我们结束了长达九年半的分居生活。当时由于北大荒生活还相当艰苦，便决定把雪蕾寄养在她外婆家，直到 1980 年，我们工作的森林保护研究所迁到哈尔滨后，才把雪蕾接来哈尔滨，终于有了一个团圆的家。

1989 年 4 月，秋韵和我由于种种原因，加之三姐的鼓励、帮助，也可能是命运使然，我们移居到了加拿大。二年半后，即 1991 年 10 月 17 日，雪蕾突破重重障碍，又一次与我们团聚，一家人在异国他乡，开始了白手起家重新创业的新篇章。

【跟帖】

遍野：有一种感情是融在血液里的，你说的这种就是。你这个是不是可以成为《远方的白桦林》里的一章？很沉厚的一章。

古月曰：刻骨铭心的爱是永远也不会被遗忘的！用亲身经历告诉后来人历史的一部分真相，是一种义务和责任。

44、 老阳

【随笔】时间在动

梦里看到了家乡的那条街
空气带着光线走进夜晚的黑暗
把定格的画面拍出有画面延续的预期感
还有很多的明天啊，昨天好象也很多
奇，声音很吵又很静
随风随意随心动
刮风下雨下雪，天抱地
远处传来钟声
外面比较冷，天气很没面子
手指头敲敲敲，居然出字了
太阳当头，暖中有凉。其实很冷
天上的云很浓，还排列着不同的形状，明暗相间
眼睛快睁不开了，可光还往里跑。关上眼帘啥都好
疲乏是很容易感觉得到的，过去的常在现在重复
慵懒懈怠疲乏，明天会轻松
节日的心情融进了空气里
阳光在哪儿？起风了。问自己和朋友们好
应该飘雪的窗外飘着雨
新年的新跟旧有点差别
有些倦，不过心情有些光亮
有星星没月亮，云在夜幕上走
登录登陆，天天登录，一天不登，工分不足
傍晚的雾气很重，隐约的月亮洒出发散的淡光
清泠泠的水，蓝凉凉的天，还有来自于北边的吸热的风
眼中谨见，心中畅想，光圈快门，整成图片

　　潮湿的冷比干燥的冷还要冷得多

　　夜色匆忙的来，昨天越来越远，晨光有多近

　　房顶有霜，空气潮湿阴冷，云层遮住了大部分的天光

　　山高水长道路远，风急云涌远望难。就这样了

　　在广大的秩序中有那么一点乱七八糟

　　京，琉璃，红墙，绿树，蓝天。还有那熙攘人群

　　夜里有颜色出现，拌着光流动。停下来就是画面

　　有唱的有吹的又喝的有说的，乱

　　黑暗中的月亮泛着光晕，可能是镜头的问题

　　早就是早，晚就是晚，不早不晚就是不太疯狂

　　思想是粉状物，光变成思想好像很慢

　　腿儿着去照相，汗掉地下摔成好几瓣儿

　　有很多形态上的不确定，流动的迷雾总有流动的方向

　　忙碌想着清闲，清闲想着忙碌。转来转去都一样

　　缺氧有空气，水却不流动。阳光洒下来，云在动

　　有时没事当有事，有时有事当没事。需戒躁

　　敏感有没有用对地方是一个敏感的问题，废话

　　屋里开着暖风，持续慵懒

　　随心随意仰望夜空，星斗闪烁，随心随意

　　场地内很嘈杂，人很多

　　抬头看天花板

　　残淡的光，显得很冷清

　　我太懒了，不想敲键盘

【跟帖】

秋尘：很感性，很意识流。

小平：似乎在拍照。

45、 夏凉

【随笔】情爱三篇

真爱是谁？

爱情是个永恒的主题，永远是人生的焦点，谁也无法回避。俺也凑个热闹。

俺想真爱不但存在，而且能够引出一系列人生社会现象。没有真爱，人生就缺少了很多精彩。真爱在人的一生中出现的次数不会太多，所以才引起大家对真爱的兴趣。不过俺不想讨论如何寻找真爱，如何维持真爱，而是想从更深的心理，社会层次解析真爱和婚姻的某些现象。俺也没有什么依据，大部分是自己一家之言，只是给大家抛砖引玉，提供思考和讨论。

俺们探讨爱情，首先假定爱情就是源自真爱。但是什么是真爱呢？这里讨论真爱，当然是指情爱，并引申为爱情。但是，在俺看来，真爱并不等于爱情。俺下面对这些概念试着分析一下。

什么是真爱？俺认为，真爱就是有性指向的童心之爱。因为孩子的感觉没有受社会意识的影响，自己感受的表达都是出于人的本能。同样，对真爱的感受，也应该是内心的本能，没有掺杂任何社会意识的影响，否则就不是真爱。从这个角度看真爱，就知道真爱在性的指向下，有着两个最根本的特性。

真爱的第一个特性当然就是"真"。这种真是出于内心的本能，是以孩童般的心态对爱的表达。这种爱，是自身内心的自我流露。初恋之所以美好，因为那才是纯粹的真爱。没有世俗对感情的干扰，只有一心一意地追求。为了所爱的人，可以妥协，可以受苦，甚至献出自己的生命。爱情被人们所讴歌，正是因为陷入爱河的人更可爱，或者是傻得可爱，他们的行为更接近孩子。孩子的举止在大人看来都是傻的，但是他们的行为更接近真理。记得小时候俺娘曾让俺买小葱，结果俺经过反复比较，专门挑回了跟韭菜样细名副其实的小葱。因为那时在俺眼里，这才符合小葱的定义，谁会想到大人的"小葱"其实大大地打了折扣的。但是，被讴歌的爱情，也往往是悲剧，因为，他们的行为很孩子气，超现实的。罗密欧与朱丽叶就是这样一对可爱的傻子。明明成不了的事，却还自讨苦吃。

真爱的第二个特性应该是"善"。"人之初，性本善"，这种善是爱的外在表现，是对所爱方的一种具体表达形式。善的出发点是利他的，也就是通常所说的"爱是给予，而不是索取"。为了爱人，自己可以忍受任何的折磨痛苦。为了方便爱人，宁可自己不方便。虽然这种善，在其他人看来往往是种自我折磨，甚至是自虐，但由此而产生幸福感会使其心理上达到平衡。正是由于这种真爱的无私性和可贵性，才使爱情的话题成为永恒。

至此，对真爱的讨论只是限于单方。遗憾的是，这种真爱很可能是不对等的，甚至是单方向的。如果一方的真爱，能在另一方得到相应的回应，这才能在精神上升华成为爱情，那就是不朽的传世佳话了。因此，俺可以说爱情是真爱的主观愿望与行为得到了实现。

【跟帖】

跳蚤：所谓孩子气或超现实都是因为热恋中的男女对事物的判断是盲从的，反之带着精明的头脑去恋爱那就不是真正的爱情了。不论罗朱还是梁祝，爱情总能让人迸发超强的勇气和信念为对方牺牲一切。所以跳蚤认为那不是自讨苦吃的表现，而是对爱情的忠诚或执着，也是真正爱的体现。

呆子：要我说啊，真爱就是你愿意跟他一生一世，不管将来会如何。就是无论是上天堂还是入地狱都跟定了的那种。

外星人：爱，是人生的迷宫。迷宫没有了，人生就完结了。反过来读就是：人生没有了，是因为没有迷宫了。迷宫就是爱。

单相思和失恋

俺之所以从真爱谈起，是因为俺认为，真爱是人间一切恋爱婚姻种种现象的原动力和起始点。这就像宇宙的大爆炸，从发生那一时刻起，宇宙才出现，并形成丰富多彩的大千世界。人的生命，由于真爱的出现，将永远被改变。佛教在这方面看得最清楚。万魔皆从一念缘起。佛教很多是讲如何控制这种欲念，但是有多少信佛的人能够控制，更别说俗人了。

真爱又像是细胞，在恋爱和婚姻的种种现象中都可以找到她的踪迹。俺也试图把这些以更明白的展示出来。

上次说到，俺认为真爱就是有性指向的童心之爱。有网友对童心有质疑，觉得有不成熟之意。俺也是一时没想出什么词汇来代表，但是，俺确实有意指真爱的不成熟性。但是这种"不成熟"并不是贬义词，而是指没有受到社会意识干扰的状态。与其说它不成熟，俺觉得用原始性更恰当。原始性更表示其纯洁、单纯性。但是童心一词确实容易误解，也没有包括人的所有真爱。在初恋以后，人的心理经历都会发生很大的变化，初恋时的真爱也会有所改变。但俺相信，成熟的人如果从真善上衡量的话，也还属于真爱的范畴，只是与初恋的爱还是有所不同，里面掺杂了理性的思考后形成的性爱本能。俺想童心式的真爱，可以用"原性爱"来代表。

中国人对人的看法和西方的基督教不同。基督教讲究原罪，人类的种种丑恶现象均源于原罪，没有了原罪，基督教就无法存在。而中国人的理念中，人是有原爱的，所谓"人之初，性本善"，在性成熟后，这种原爱，就转化成原性爱。因此，俺可以把真爱再划分一下。真爱有最原始的原性爱和以后的所谓"成熟"了的后性爱。

上次说到，真爱可以外延为真和善两种属性。俺进一步地说明，真爱是单方的行为。只有真爱发生在双方时，真爱才能成为爱情。能够认清真爱和爱情是两回事很重要，因为很多悲剧都是对此认识不清造成的，包括单相思、失恋，从而造成了自杀、情杀等等。

俺一直觉得爱也是种能量，不管它是动能、势能、电磁能还是生物能，反正它能够改变很多事情。充满爱的人，首先就能改变自己。自己的生活会积极向上，充满信心。爱也能改变别人，以心才能换心，形成正反馈。如果两人的爱情圆满，两人就是 1+1>2。

但是，一个人的真爱如果没有得到相应的回应，或者因为并不认识，或者认识但不好意思表明，再或者表明了但是遭到人家拒绝，就完全是单方面的感情了。直白地说，因为这种爱无法疏导，就成了一种单相思。

单相思往往出现在初恋时期。那时有了性觉醒的朦胧，但是又羞于启口，只是默默地关心对方的一举一动，对对方充满了幻想。单相思由于是单方的思恋，应当是比恋爱的机会更多，恐怕人人在恋爱之前都经过单相思的过程。单相思本身并不是什么坏事，甚至还有积极的成分。适当的单相思有助于爱的成熟，因为在不断变换的单相思中就不断地塑造自己今后伴侣的雏形。如果说，在未来的某天，终于碰到自己意中人，恐怕就是在多年的单相思中勾化出来的形象。但是，如果过度留恋关注于某个人，在情绪上就可能会有失落、压抑，虽然很少会有暴力行为，这是因为，单相思还并不是真正意义上的恋爱，更不是陷入了爱情。与恋爱还不同的是，单相思更是一种自恋。这听起来很矛盾，但是很合理。如果一个人的爱无法得到实行，往往就会释放到自己的身上。比如，在单相思过程中，更注意自己的着装打扮，言行举止。为了给心中的对方一个好印象，无形中，把关注他人的精力都放到了自己的身上。

如果自己的爱向对方表达出来，也被接受了，那么，这种真爱就已经是在恋爱的过程中了。当双方都处于无保留的爱对方时，就是爱情的结合。但是，恋爱的双方，很少有爱意对等的，或者是随着时间推移开始不对等。当一方的爱意虽然释放了出去，但是无法如从前那样得到同样的反馈，更甚者，在半途中就憋住，遭到拒绝，这就产生了失恋现象。如果当事人无法从这种失恋中解脱出来，除了有常见的情绪失落压抑外，还有可能走向两个极端。一个极端是自我折磨，甚至转成病理性忧郁症，直至自杀。另一个极端是向对方施暴，甚至情杀。这两种极端之所以形成，都是源于真爱之"真"的特性。由于这种感情出自内心，使当事人无法回避。很显然，爱之心越切，伤心就越深。如果当时的爱之真大打折扣，就更容易脱离这种感情。如果根本就不在乎，那就是所谓的花花公子了。

失恋后的两个极端的走向，俺认为是真爱的第二种属性"善"所决定的。在第一种极端中，如果善心站了上风，失恋者宁可折磨自己，也不愿再干扰所爱的人。事实上，恋爱的人，是经常性的处于折磨之中，换句话说，爱就是一种折磨中的幸福。由于这种折磨和幸福感形成巨大的反差，这才使恋爱的过程刻骨铭心。失恋者这时的哲学观就是，爱情就是无条件的让爱人幸福，哪怕是被爱人抛弃。这种失恋者，只有通过自虐、酗酒才能达到心理的平衡。更极端者，引发忧郁症，感到生活没有了希望，甚至以自杀来终结这种痛苦。

在失恋后的第二种极端情形中，如果"善"消失了，就会出现针对对方的羞辱、暴力，甚至强奸和情杀。这时的失恋者多觉得自己受骗，以前付出的很多，却没有得到回报。岂不知，爱情是一种互动，是一种相互的无偿付出。当索取回报时，就已经失去了爱情成分。因此，这时曾有的真爱已经不真，自然"善"也就无从说起，并被恨所替代。这时的心态是自己得不到的（注意，这时想的是索取了），就要毁掉，由此而萌发出暴力，甚至强奸和情杀。

失恋者的心态，大多数都是这两种极端之中的温和状态，所以失恋时才出现失恋现象，要经过一段时间的失落和宣泄，并需要一段时间的心理调整。歌德失恋后，宣泄办法就是写出了《少年维特之烦恼》，据说他当时要是不写这本书就可能自杀了。一个悲剧的形成，也可能是种不幸的财富。

【跟帖】

呆子：不是很赞同你那"爱就是一种折磨中的幸福"，我觉得这样的爱还太孩子气了，真正的爱是建立在让对方更幸福和快乐的基础之上的。那种因爱恋而折磨自己的，其实还是没有真正整明白啥是爱。我这个比较纸上谈兵哈。

水影：真爱就是发自内心的爱。真爱如果是暗恋那是自己和自己谈恋爱，爱的是自己的幻想；真爱如果成了明恋，就会有很多情况了，失望了，吵架了，背叛了，波折出来了，感情被岁月磨淡了……真爱其实也是 Come and go。

爱情法则

大家对爱情有不少经验，什么真情法，成长法，技巧法，尝试法，甚至有"男人不坏，女人不爱"之说。俺要说，爱情只有一个法则，就是：鱼找鱼，虾找虾，乌龟找王八。

其实爱情就是个缘分，两个人对上眼了，说什么都没用。那个乌龟俺们看着长得挺难看的，但是在另一个乌龟眼里就是仙龟。所以，在俺的真爱的两个属性里，只有真和善，没有美。如果有了美，那不就是说丑女就没了真爱了么。事实上，情人眼里出西施这话才是真理。

面容美只是一个人的一部分，当你被其它特质所吸引，不美的那部分就被忽略。那些刻意化妆的女同学要注意了，如果用那假面具吸引男同学，哪天卸了妆，会把男同学吓跑。当然，如果你还有其它特长，他的注意力被转移了，倒也是可行。

有天俺在休息室里，站在窗台边喝水。举杯看着窗外，见两只鸽子挨在一起。突然，就在光天化日，俺的两眼睽睽之下，两只鸽子脸对脸，French Kiss（法式亲吻）起来！

俺刚开始还以为是打架，但是两个鸽子，并没有挣扎的迹象，倒是摇头晃脑的，很是享受的样子。而且 KISS 起没完没了，足足有一分钟，闹得俺都不好意思看了。KISS 完了，又相互拢羽毛。

是不是鸟知道 KISS 暂放一边不谈。试想想，如果鸟把嘴伸错地了，比如猫嘴里，那是很危险地。爱情的嘴，可以很甜蜜，也可以很伤人。究竟哪个是甜，每个人都有种本能去鉴别，当然找错嘴的时候也很多。

男女就像一把钥匙一把锁，这把锁老是打不开，不是因为没有钥匙，而是没找对钥匙。正在寻找爱情的人，不要灰心，不要丧气，钥匙总会有的。

在几分钟前，俺看到了另一对鸟。两只鸟在空中上下盘旋，相互缠绕，戏耍得很起劲。俺离着不远，手里举着高尔夫球杆，就呆呆地看着，没有打下去。等俺去取照相机，人家都完事了。俺觉得鸟是个很聪明的动物，能学人说话的好像只有鸟了。一夫一妻制在某些鸟里也是严格遵守的。人为食死，鸟为偶亡，也是有的。想想它们都是恐龙时代存留下来的后裔，也是有不少本事的。

【跟帖】

呆子： 说得太对了，还有一种说法就是：金花配银花，西葫芦配南瓜。

风： 人和鸟都要遵守爱情法则，嘿嘿。深入浅出，写得好。

路小米： 没错，绝对的王八看绿豆，就得对上眼儿。

46、 溪中石

【散文】灾难中的神

基督信仰说神爱世人。既然神爱世人，那我们为什么会有灾难呢？一时之间，灾难中的人顺手把神也丢到不信的灾难里。

从古至今，灾难就没少过，如火山爆发、地震、蝗灾、战争等等。光是圣经里记载的就已经够多。在提到有些灾害时，指出这是神在教训人，要人谦卑、顺服神的意思而不是顺从人自己的意思。

听起来不顺耳，但是灾害的确是一种警醒，在警示人类未来去避免更大的毁灭。以日本为例，过去的地震使日本建立起抗震、防震的各种措施；1945年的核打击使世人警惕核战争的毁灭，人类保持了某种自制，或者这也防止了大国之间的第三次世界大战；现在日本核电站的爆炸和泄漏，开始使几个大国检讨核电站的安全性，在核电开发和利用上保持警惕。这是继前苏联切尔诺贝利军事核站的事故教训之后的又一次大教训。如果没有这些灾害的警告，人一定会大力扩展核的应用，直到有朝一日无法收拾的地步。以灾难预警也许正是神对我们人类怜悯和爱护的方式。

灾难发生时，神为何不怜悯人呢？我们看见了地震、海啸、核泄漏，但是没有神的怜悯，灾害会不会更大更烈？神是不是提供恰当的帮助以减少损失？这些问题，人对此没有证据。只可能有两种看法：信神的说神作了该做的事；不信神的说没有神存在。灾害只是提供一种情境，或者使人有所警惕，但基本不会改变人对神的态度。

现在是这样，过去几千年里都是这样。以色列人是所谓神的选民。圣经中记载以色列人曾是埃及人的奴隶，被神怜悯带出埃及。自由地生活在旷野里的以色列人物质上有所匮乏，就开始抱怨神，说要回到埃及做奴隶时的"安逸"。他们责备神、也背弃神。人就是这样。风平浪静时随心所欲、得意忘形，神是"愚昧者"的虚妄。灾害来了，或者不顺利了，人就质问神在哪里。呼之即来、挥之则去，这就是人对神惯有的态度，一种主人对仆人的态度！从伊甸园犯罪那一刻开始，人就不知责备自己。神问亚当、夏娃为什么偷吃禁果。亚当说，"是你让我的女人教我去做的。"夏娃说，"是那条蛇教唆的。"言下之意，是别人的错，甚至是神的错——因为夏娃是神给亚当造的。找替罪羊，最终归罪于神，这就是我们人类几千年以来一直在做的。人的罪性没有半分改变。

只要人之罪性（自私、骄傲、诡诈等）在，人类就永无解救。人的欲望是无止境的，只有外力可以限制。除了日本的灾害，我们也可以看到祖国片面追求经济发展的短期效果，导致生态环境的极度恶化，也导致社会道德的急速堕落和阶级矛盾的尖锐化。如果人对神有敬畏心，就应该迷途知返，适可而止。没有神的警告，人总以为自己可以做的更多更好。不是吗？我们的大坝越造越"大"，火车高速了还要高速，汽车内的享乐设备越来越多，楼越造越高，肉越吃越多，粮食也要越种越多，钱要越来越多，体育要"更快、更强、更远、更高"……，甚至连性伙伴也要越多越好。这时候我们忘乎所以，所有这些都是可以夸耀的成就。而一旦坝垮了，车翻了，楼倒了，肉不健康了，粮食害人（转基因）了，贪官家破人亡了，运动员年老体残了，性病来了或者家散了，人有没有想到这是自己造成的恶果呢？

人如果真心信神，就会谦卑、自省，就会抑制自己的欲望。圣经里从来没有说要豁免灾害，免除人类今生的死亡，也没有说信神的人就万事亨通，可以随心所欲。神给我们的应许是永生，是信祂以后内心有平安，哪怕是灾难面前。

【跟帖】

山中狼：写得不错，但发现这句话最安慰我，就是亚当说的"是你让我的女人教我去做的。"我一切的问题都是我老婆没有把我教育好管理好。

老阳：人所具有的任何特点都是神造就的，努力或惰落。人信神也好，不信神也罢，这种信与不信也都是神造就的。一切源于神。人所经历的一切过程是神降临的，只有神有这种能力。人对于神来说，只是宏大中的一个微小的环节。人是神的极其微小的一部分。

大草帽：信仰很难说透，更多的是心灵的感应，再就是个人经历。不同的心理路程对信仰的建立起着关键作用。刚听一个故事，一个人被判得了癌症，症状太明显，所有的辅助检查都做了，说是肺癌晚期，只有两三个月的时间。这人就信教了，手术前的切片发现是真菌，信的人认为是上帝的力量，不信的人觉得是误诊。

【随笔】我的朋友阿米尔

我刚去加拿大时是一个人，就在大学附近和人合租了一套房子。其他房客中有两个加拿大人、一个新加坡人和一个巴基斯坦人。

巴基斯坦人叫阿米尔，从我一搬进去就对我特别好，也喜欢与我聊天。起先我听说他是巴基斯坦人，就说你们很会唱歌跳舞吧。阿米尔有些惊讶，说他们不玩这个。我说有啊，我看过一个你们的电影，是讲一个歌女和她恋人的故事。我是想说那个叫《人世间》的电影，故事里歌女是快乐的平民女孩，与富家子弟相恋，恋人去国外读法律后，歌女则为生活所迫堕入风尘，又卷入人命官司。这时恋人已是功成名就的律师，于是出庭竭力为她辩护。挺美好的故事，可惜那时我刚出国，语言不够好，不仅故事讲不清楚，连片名《人世间》该怎么翻译都想不出合适的词。阿米尔就说不知道这个电影，又唱歌又跳舞的是印度人吧。

阿米尔直白地对我说："我们是朋友，中国和巴基斯坦是好朋友，印度是我们的敌人。"我当然知道印度和我们干过一仗，小时候就看过《滚雷英雄罗光燮》的小人书。至于巴基斯坦，因为我有个小学同学的长辈去那儿搞过援外建设，我自然就觉得巴基斯坦和中国的关系是好的了，其他的就知之甚少了。那时也很奇怪于阿米尔对我的热情，而且他对中国的事似乎了如指掌，比如台湾闹独立，新疆的民族矛盾等。他说，"你们中国是唯一一个敢跟美国叫板的国家，真棒！"我本想谦虚几句，还想夸夸巴基斯坦，可一时却想不出合适的词，就替祖国收下了这些赞美。

我去加拿大时生活装备齐全，甚至带了一块切菜板和一把"十八子作"菜刀。阿米尔没这些家什，就常找我借。因为忌讳我切过猪肉，他每回都把切菜板的背面翻上来用，连刀也要仔细地再洗几遍。

相互聊的多了，就知道了阿米尔的很多事情。他来自巴基斯坦南部的第二大城市卡拉奇，家境还好，有些田地，家里还有两个帮佣。阿米尔由父母资助来加拿大自费读研究生。看得出来，阿米尔和他爸妈很亲，他见了我买的牙膏就喊，"嘿，我爸妈也用这个牙膏。"牙膏牌子叫 Close-Up，壳上印的是一对紧贴着的俊男美女头像，挤出的牙膏是红红的，有些特别。阿米尔因是自费留学，所以在生活上比较节省，但打电话却比我多。经常听到他在房间叽里咕噜地讲电话，大概是打往巴基斯坦的。那时国际长途电话费是很贵的，我打往中国的是每分钟两块多加元，阿米尔说巴基斯坦也差不多是这个价。

不久，阿米尔说他在巴基斯坦有女个朋友。他不仅常给父母打电话问安，也给女朋友打。有一段时间我见他晚上总很饿，问他才知道他中午什么都没吃。又过了些天，阿米尔来说他给女朋友买了礼物寄回去了。他很率直地说，因为是用父母的钱买礼物，心中不安，所以他特别省下中午饭钱，这样买礼物才有意义。我心里嘀咕了一下，这人蛮实诚啊。脑子里就又想起《人世间》，觉着那样美好的爱情故事应该就是他们巴基斯坦的电影吧。

这天，阿米尔神色不定地来跟我说，女朋友要跟别人订亲了，又说这是女孩的妹妹偷偷告诉他的。女朋友跟了别人，但又一直瞒着他，阿米尔显然很受伤。坐卧不宁之际，他抬头问我："我长得是不是很丑？"

我说："没有啊，你长得挺好的。"

他凑近我说："你看着我，看着我的眼睛说，要实话。"

望着那双大眼睛，我还是肯定他长得不错。我一副诚恳的样子，但说话却多少失了些底气，不是因为说了假话。阿米尔长得的确不错，主要是被男人逼视的感觉不太好。不过，阿米尔总算是得了些安慰，不再怀疑是自己长相的过错。

失恋的滋味终归不好受。随后的几天里阿米尔总跑来找我聊天，以此排遣他的失意。说话是东拉西扯，有一搭没一搭。我也往往一边看看别人给的《明报》，一边陪他说话。有一天他跟我说："你知道吗？我可以杀死她的。"我一惊，夸张一点地说："不会吧。你想杀死她？"他之前曾经告诉过我，卡拉奇是在山区，过去他总和朋友去打猎。

阿米尔说："我可以叫我的朋友去杀死她！我有很多朋友在那里。他们会为我干这事。"接下来，他给我讲，在他们那儿，女孩子结婚时，女方家人送去男家，当晚不敢离开，而是在外面等候到天亮。最怕人说新娘不贞洁，那时会被男家"砰"的一枪打死，又把尸体丢出来。那样女方家人得赶紧上去抬走尸体，灰溜溜地回去。阿米尔嘴里模仿"砰"的枪声时，似乎快活了些。我劝慰他一番，不要干这害人的事，就各自回房去歇了。

阿米尔没有叫人去报复前女友。他有很多的功课要操心，失恋之痛也就渐渐地平复了。转眼间就到了除夕。照例，每年新年钟声敲响时，在市政府前的丘吉尔广场上都会放焰火庆祝。那天阿米尔几次来邀我同去观看。大冷的天，我本来打算躲屋里把图书馆借的几本中文小说看完，但经阿米尔多说了几回，我心里忽然也起了孤寂的感觉。于是算好时间，两人一同出门去。走到外面，风横着吹来，落下的雪片又大又密。我们到广场时，离子夜还有十几分钟。那儿早有几百人聚着，手里托着小蜡烛。钟声响了，焰火冲天而上，把天空点缀得分外壮观。我们大家挤在一起，在每一朵焰火开花的时候都跺脚吼着"Happy New Year!"一时身上也不觉得太冷了。对我和阿米尔来说，都是第一次在国外迎接新年。

寒假之后，阿米尔为方便学习就搬去了学校的宿舍。偶尔有他的信来，我先保管着，等他方便时过来取。问他在学校宿舍住的如何，阿米尔说跟他同住一个单元的那个中国人不很友好，略微有些失望。又过了几个月，我老婆要带女儿来团聚，我也搬到了新住处。不久我给阿米尔打电话，约他来吃晚饭。那天只有他和我一家人，我们不是很会做菜，但特意准备了牛肉、鸡肉。阿米尔很高兴，又多少有些拘束。席间他告诉我们，他的父母给他找好了女朋友，过几个月他就要回去结婚。那时他正申请移民，结婚后也要把她办过来。我随口说，那以后再请你和太太一起来吃饭。我后来了解了巴基斯坦的一些风俗习惯，特别是知道他们一般不让女性见客人，才想起我这样的邀请不合适。不过，当时阿米尔也并没有什么不满意的。

与家人团聚后，我的生活圈子和内容就全变了。我与阿米尔后来通过一次电话，随后便失了联络。不过，初到异国的这段友情，想必他也会记得。

【跟帖】

古月曰：好文。中巴友谊源远流长，都流向全世界了。大到两国之间，小到溪中石和阿米尔之间。"永远健康"的那架三叉戟就是巴基斯坦帮着买的。基辛格访华也是巴基斯坦穿针引线。

山中狼： 我在美国刚开始打工的时候，曾经遇到一个老板对我特别的好，后来才知道他是巴基斯坦移民。前人栽树后人乘凉，这个要感谢先帝。

【随笔】礼求诸野？

周末，早起如常。既无谋食之急迫，便读闲书，览闲帖，继而发呆，想起诸多闲话。

勤劳贴图介绍的太清宫坐落在上海浦东，与高楼比邻而居。古语有云"小隐隐于野，大隐隐于市。"太清宫能在繁华闹市之中辟一方净土，为俗人提供心灵快餐，其宗旨该是了不起的。可惜，细看道观的一份"关于钦赐仰殿冠名'太清宫'的启事"，声称"此善举旨在规范观名，提升地位，扩大影响……"云云，其言辞立意与凡人别无二致。与时俱进至此，"大隐"便很成疑问了。

我其实不该惊怪的，道家早就是多元了。只不过老子出函谷，庄子逍遥游以及道教名山的清雅，让我一直相信洒脱出世的理想是道家正宗，而忽视了祀神、驱邪、祈福实际上是道教文化更重要和普及的内容。心灵自由的翅膀，难得不为世俗捆缚。即使是避世而居，有好的外环境，但如果缺少坚定的信念，那也是难以成功的。

在公元 1100 年左右，西欧曾经出现一个名为白修士会(Citeaux)的基督教教派。他们追求质朴无华的信仰，重视静默和简朴生活，强调体力劳动。为此，他们去遥远的荒野建造教堂，并且开荒务农、牧养牲畜，以求生存。许多年后，教会成长得很大，经济活动特别是饲养羊群带来了滚滚财源。修士们的劳作使命逐渐地转移给那些不识字、不在修道院里居住的信徒代劳。资本和别人的劳动循环带来了越来越多的财富。逐渐地，修士们的行为与其追求简朴生活的目标南辕北辙，结局极具讽刺意味，白修士会在十四世纪被控以贪婪罪而土崩瓦解。

现时代还有没有人尝试避世呢？

九年前，我去加拿大卡尔加里市附近的一个"集体农庄"参观。那里的人们主要是种植作物，放养牲畜和加工农牧产品。大家统一劳动，财富由农庄统一管理和分配。我们去参访的每个家庭都是一样的房屋和家具，均由农庄统一配发的，村民们在农庄食堂免费就餐。人们的衣着打扮也相同，女人一律是穿白花点的衣裙，头上裹着头巾。有村民告诉我，他们的先辈原是从俄罗斯迁出来，在德国居住过一些年，后来才到加拿大扎根。他指点着农庄四周说，远处那些聚居点是和他们类似的农庄。这些农庄之间互有联系，年轻人也有通婚。据说村里的孩子在当地学校上到中学就停止，很少有人离开社区去外面读大学。村里还有教堂，但我那时忘了问他们是什么信仰。

一路所见，农庄的村民都显得很朴素、良善，对我们这些陌生人很好奇，这让我联想起国内农村的亲戚。一位大叔得知我是从中国来的就显得很兴奋，急切地说他知道毛泽东。他问起我很多中国的事，我简单地回答了一些。老人对我的答案似乎有些迷惑。后来他又问我对离婚怎么看，我说婚姻要有感情的基础，实在不行也可以离婚，这是自由世界么。大叔反问说："不喜欢就可以离婚了，那人跟畜生又有什么区别？哪一个女人没有美丽过？又有谁不会衰老？"

我一时哑口无言，也无心辩论，赶紧告辞去追赶参观队伍。

这次参观让我粗略知道，在资本主义的北美大地上，有一群特殊的人在实践着他们的简朴生活信仰，弃物质的荣华而求精神的充实。在欧洲，在以色列，据说也有类似的集体农庄。这样的社区能够保持不被渗透，长久坚持吗？我好奇。

【跟帖】

大草帽：能抵挡功名利禄的侵蚀不容易，所以借用隔绝来防止。

四不象：返璞归真、朴实无华的生活！我也好奇，若长久以往，会不会形成近亲结婚呢？

tend：物质的追求，确实使人很累，这不应该是人类的终极目标。

47、 明珠

【随笔】山中风物系列（三篇）

金不换的"长虫蛋"

前几天，我拿着遥控器找节目，换到中央七台，主持人关于"竹笋"的解说不由我停止了按键，边听还边奇怪："笋"为什么是一声？等看到画面才知道他介绍的和我想的根本不是一回事，他说的是竹荪。

竹荪，第一次听说呢，这东西有意思，黑黑的脑壳，下面还有一个漂亮的镂空白裙子，很是妖娆。主持人说当地人说它是"金不换"，还是从"竹蛋"里出来的，这扁圆的"竹蛋"，妖娆的"竹荪"，似曾相识啊，在哪见过？仔细看他的介绍，是贵州那边人工养殖的。贵州，离我这里老远了，我从没去过，那里的气候条件和我这里也不同，这个印象是哪里来的呢？

第二天，我上网查找有关竹荪的资料，看到它的分布从南方的贵州云南到北方的河北，生长地竟然没有山东，我很纳闷：既然它在河北都能生长，山东怎么会没有？

带着疑问，我和对桌的同事说起了昨晚看到的节目。同事的父亲从 1982 年开始从事蘑菇的育种养殖，至今已有二十多年，当她看到我找出来的图片，一眼就认了出来，说："咱们这里也有，叫长虫（蛇）沃子（蘑菇），你记得吗？地瓜地里经常出一些'长虫蛋'，苹果园里也有，这东西很贵的，我爸爸一直想培育菌种搞人工养殖，试验了好多次都没有成功。"

什么？这就是"长虫蛋"里长出来的？太不可思议了。小时候下地干活，经常看到这扁圆的"长虫蛋"，大人说它是长虫下的蛋，每次见到，我都躲得远远的，有时看到蛋破个洞，附近还有一滩液体，以为是小蛇孵出来，顶破蛋壳爬走了。有些大胆的会借助工具把"长虫蛋"从地里挑出来，意思是不让小蛇发育成熟。毕竟，没有几个人喜欢蛇。

回家后我把这消息当作新闻告诉父亲，"咱们这里的'长虫蛋'竟然是一种很贵重的菌种呢。"父亲一点也不惊奇，"现在咱们那里每年都有收的，二百多块钱一斤呢。刚开始的时候，临近村里的人去捡，说是家里人病了，别人给了个偏方，得吃这东西，咱村里的人就告诉他到哪里去捡，后来有人来收，大家才知道这东西还这么贵。这东西在地瓜地和苹果园里多，前些年，你哥哥家的地里出了好多，他们怕地里成了长虫窝，专门去把它们挨个踩碎了，先后去踩了三四次呢。现在种地瓜的少了，也不常见了。"

父亲说的很平静，我却十分震惊，原来信息闭塞、技术落后的我们一直是端着金饭碗要饭啊！

【跟帖】
西陆：长虫，很亲切的称呼，立马让俺回到八岁那年……
crystal：你要唱"借我，借我一双慧眼吧……"你们那里都是好东西么。不过，这个竹荪没什么特别的味道。我们一般煮汤，或者煮火锅。其实就是烫一下，时间不能太久，否则就烂糊了。

药草"蛤蟆皮"

这里所说的"蛤蟆皮"，不是蟾衣，而是一种野草，因其叶面疙疙瘩瘩，酷似蟾蜍皮，故而人们给它取名"蛤蟆皮"。

第一次听说"蛤蟆皮"是去年秋天。同事因声音沙哑，久治不愈，各大医院检查下来，确诊为咽喉炎，有人给他一个偏方煮"蛤蟆皮"喝。据说此草毒性很大，同事喝时作蹙眉难咽状，想来味道肯定不会好到哪里去。

这几天孩子睡觉老打哆嗦，我请通灵者来给孩子看看，闲拉呱时，我让她看看我的健康状况，她搭手摸了会儿脉（通灵者各有方法，有的掐指，有的划杠，有的打算盘，她摸脉），说："你赶紧去就医。"过了一会儿，跟随她的药医给我一颗中药丸，黑黑的，一咬满口中草药味。药师说先给我送一周药，过后再吃一个偏方，"蛤蟆皮"、山蒜和蒲公英煮水，天天当茶喝，喝过一周再去医院检查，并嘱咐别吃早饭，也别喝水。

长久以来，我的食道隐隐作痛。前些日子，左边胸腔疼得我都忍不住呻吟出声，这也是我让她看我健康状况的原因。药师送药不到一周，我忍不住去医院检查，医生根据病症让我做了胃镜，查出浅表性胃炎。我打电话给通灵者，她却问："你没再查查别的？"别的？得有病症啊，我没觉出什么异样啊。

一年一度的查体结果来了，我一看还是老三样：脂肪肝、血脂高（4.73）、葡萄糖高（7.21），还有一些不是高就是低的，没当回事。同事们一看发了言，一致建议我去复查。几年前，初次见到这样的结果，我曾找医生咨询过，当时问题不是很大，我也没再上心，虽然每年数值不同，总是这三样，习惯了。但终归禁不住同事们的热心，把检查结果拿给老公做医生的同事。第二天，反馈结果来了，同事支支吾吾，意思只有一个，赶紧复查，免得夜长梦多。难不成通灵者想让我查的也是这个？

该喝偏方了，跑遍县城的药店也没有卖"蛤蟆皮"这种草的，只好再打电话。通灵者说，她找到了一些，第二天给我送来。只是天寒地冻的，山蒜没刨来，先凑合着喝"蛤蟆皮"和蒲公英，还说这草毒性很大，每次喝一小棵就行，她们那里的人常喝它治感冒。拿回家，父亲一看就说："这种草，在咱家大门斜对的胡同里多得很。"

喝过两天，我发觉有了些变化，喝完一周，去医院复查，血脂降到 2.27，葡萄糖是 7.1。难道这不起眼的"蛤蟆皮"真的管用了？或者这就是人们常说的"以毒攻毒"？

【跟帖】

夏凉：哈，没准发现了降血脂的新药。

秋尘：呵呵，你每次说通灵者，我都觉得挺吓人的，嘿嘿。不过，好像挺灵嘛，我信中药。你好像需要锻炼，还需要注意饮食才好。身体重要！

生活中的那团"麻"

随着生活用品的市场化，麻作为一种曾经的生活必需品，已经越来越淡出人们的视野。如今，即便在农村，也难觅踪迹了，三十年前，它可是农村里一道不可或缺的风景。

那时候，几乎家家种麻。有句老话说"蓬生麻中，不扶自直"，说的就是麻种植的密度大，可是除了密度，对于种植人来说还要讲究范围。种麻，不能只种几行，要种就要成片，因为四周的麻会长的又粗又壮，扒出的麻坯子又糙又硬，只能搓绳用，这种麻叫"青麻"。人们种麻主要是为了得到纳鞋底的"线麻"，麻杆如小手指粗，扒出的麻坯子又柔又滑。

　　一般说来，立夏前后播种，农历的五六月份就可收割。收割后的麻并不直接扒，要把它们捆成小捆，投到水塘里泡个仨两天。讲究的人家，会先放入一层"青麻"，再放"线麻"，"线麻"的上面再放一层"青麻"，"青麻"上面再覆一层麻叶，最后用绳子将所有的这些揽住。水塘最好是死水塘，没有活水流入，塘内温度均匀，仨两天后，麻外边的皮烂掉，人们所需的纤维露了出来，就可以起塘了。

　　水塘泡过麻，就成了名副其实的臭水塘，特别适合蚊子繁殖。据说，我们的县城早些年就是一大片麻地——南麻地，后来简称"南麻"。你若夏天进城，得到的第一个忠告就是关于防蚊的。南麻蚊子大，叮人狠是出了名的，这或许与麻不无关系。

　　捞出的麻捆晾干后，那些以销售为主的种植大户，会把麻捆攒成攒，外边裹上毯子之类的，在麻捆中间放一个点燃硫磺的茶碗，熏后再扒。硫磺一熏，麻分外白，销售时让人格外青睐。好的"线麻"，一扒到两头，一根麻杆上扒出两根麻坯子。

　　农历六月，新麻大量上市。这个时节，阴雨较多，田里也没多少活做，大姑娘小媳妇和众婆婆们，只要健康状况许可，都会三五成群地聚在一起，把本就不高的板凳扁倒坐，挽起裤角搓麻线。麻束横搁在大腿根，左手捏着两根粗细均等的麻坯子，右手将这两根分开一定距离的坯子按在右小腿梁上，顺势往下一搓，左手一松，两根坯子就拧在一起。搓时力度要均匀，否则一根劲大一根劲小，容易形成一根绕另一根。两根坯子的粗细要始终保持一致，哪一条细了，要及时添加，到了一定长度，不再添加，自然形成一个越来越细的小"尾巴"，以利于穿入针眼。一根麻线搓完，食指和拇指捏住一头，其余三指自然伸开，形如兰花指，另一只手拿着麻线把它绕在手指上，绕完取下，就是一个圈。等第二根麻线完成，也绕成这样，把一个圈放在另一个圈上，就像两圆相交，两只手分别拿住相交的部分，从另一个圈里掏出，这两个圈就系在一起了。那时候的鞋底全是用麻线手工纳的，勤快的会搓一大串，她们腿上的汗毛被年年搓的麻线带走，只剩深浅不一的毛孔。

　　至于麻线的长度，也有讲究。曾有一个故事说，有个婆婆想给新媳妇一个下马威，让媳妇与自己的女儿比赛纳鞋底，但麻线由婆婆搓。

婆婆在麻线上做了手脚，她把给媳妇的麻线搓得短短的，把给女儿的麻线搓的长长的，想让媳妇多费些穿针的时间，结果，女儿的长线老打交，远远不如媳妇做得快。我们这儿的农村至今还流传着这样一句俗语"拙老婆，使长线。"

扒完麻坯子的麻杆，是很好的引柴火。麻杆质地松，一点就着，麻杆又长，秋天的夜晚，男孩子们拿上一把，到山沟里点着照螃蟹，是极好的照明物。

在我读中学的时候，成品鞋开始走入人们的生活，越来越多的人不再纳鞋底，麻的市场开始消减，直至消失。前几年，只在安装水暖管道时见工人拿麻坯子缠在接头处。如今，铝塑管的应用彻底让麻失去了市场。麻，作为大自然的一分子，在人们物质丰富到一定程度的时候走入了人们的视野，帮人们编织着生活。当物质极大的丰富后，又悄然退出，就像从来没有存在过。或许，不几年之后，人们对麻的认识也仅限于那几句"生活像一团麻"、"快刀斩乱麻"之类的词语中了。

【跟帖】

外星人：麻是好东西。伴随国人走过数千年。明珠老师关注的都是原生态，精神可嘉。

呆子：哈哈，额们管那叫"懒婆用长线"，额就经常这样……每次这样一点一点地从你这里学习自然的知识，积累下来也会不少呢！要是图片再多些就好了。额尤其喜欢看图识字：）

48、 西陆

【随笔】纯真年代——共舞

　　一直不习惯午睡，一般是用音乐打发中午一段时间。可能是天气越来越热，也可能是最近工作越来越烦乱，最近的午休音乐一直是节奏强劲的动感舞曲。听这样的节奏不需要理性的思考，理性太多只会让你觉得刻板无聊，因为节奏里面生长的是感性的体会。东西不多，一点点，但如果你心有灵犀，那也足够让自己的心情与节奏一起上路。这是节奏的意趣，同样也是它的视角。

　　Michael Bolton（迈克尔·鲍顿）的歌曲 Dance with Me（与我共舞）是我最喜欢的，听鲍顿演唱是件快乐的事，很容易让人陷进由其歌声营造的意境当中。当鲍顿的嗓子在狂喊中打磨出粗糙而又富有磁性的音色，总是一次一次把我浸泡在酒杯里，包裹在香烟里。在这个音乐时间里，我是他歌里尽情尽性舞动的主人。

　　音乐是有画面的，鲍顿的 Dance with Me 总让我想起从前有限的跳舞时光。最早是上大学二年级的时候，那时不到 18 岁，正处在少年向青年时代转型的我，看到女生还会脸红。生平第一次参加舞会，不是因为喜欢，只是因为那时候的学校第三餐厅晚上经常有学生会组织的舞会，那里美女如云，是外文系、中文系女生最集中的地方。其实那时"很土的二年级理科小男生"是很忐忑的，鼓动了同班几个人小心大的好色之徒，在课堂上用一周的时间，在纸面上画出快三、慢三、慢四、中四、慢四的左右脚路线图，闭门苦练，双手互博，自觉功力已达三成，一周后，等到舞会开始半小时后才敢偷偷溜进去。

　　一开始，俺就躲在阴暗的角落，盘算着"隐形"一整夜，只是想感受一下所谓舞场的氛围。不料，没多久就有好心的学姐过来邀舞，完全没有实战经验的"很土的二年级理科小男生"，心脏差点跳出来。退路是没有了，因为旁边几个同伙正幸灾乐祸地等着看我笑话。硬着头皮上场，结果学姐很有爱心，一路假装微笑，终于和"目光呆滞、害羞又紧张"的学弟，撑到一曲结束。清晰记得下场后学姐对俺的评价："节奏感不错，脚底下没数。"

接下来的两三个小时，依然幸运，一些不长眼的女同学或学姐，因为"识人不深"，陆续走向"很土的二年级理科小男生"，结果都一样……每个女生努力微笑，和手脚僵硬的男主角勉力共舞，但没有人和他跳第二支舞。也因此，一晚上跳下来，前后有多达六七个女生和"很土的二年级理科小男生"共舞。

生平第一次和女生近距离接触，而且一次竟然多达六七个，让不到十八岁的俺兴奋到不知所措。那时，很佩服崔健老哥在其一首早期摇滚歌曲中的歌词，依稀是"我是那么无措，如同十八岁时给你一个姑娘"。回寝室之后，几个同学都瞪着天花板睡不着。即使已是二十几年前的往事，如今想起来，俺还是记得那晚回答同伙采访时的经典回答："我那时不是小鹿乱撞，是已经两眼发直了！"

【跟帖】
呆子：你这个小土豆很吃香啊……真是美好的年轻时光。
小平：哦，青橄榄一枚……

【随笔】在老歌里温暖——同桌的你

心情真是个奇怪的东西，平日里会安安静静，却总在你始料不及时跑出来活蹦乱跳。最近，论坛里又出了《在老歌里温暖》的心情题目，老歌，多久远才算老呢？我想，能看得到却已经够不到了的音乐心情，是否就算老歌了，比如《同桌的你》。

"那时侯天总是很蓝，日子总过的太慢。"一直喜欢这句歌词，以及它带给我的情绪。它具有一种干净的书卷气，这是一种我所熟悉的气息。也许，这也是我留恋的一种气息吧。

上大学那年 16 岁，一个介于少年与青年之间的阶段，一个觉得足球比姑娘有趣，喜欢一群人在一起快乐的年龄。那段岁月的懵懂与执着，总会让你感动，你蓦然想起坐在你前面扎着羊角辫的女生，你总是偷偷地注视她的背影，目光不经意地相碰，你们都会羞涩地逃离。

　　那是一所综合性大学，管理是松散而自由的，没有固定的班级教室，除了上专业课，你可以随意在全校任何一个没有授课的空教室里坐下自习，班级的概念并不清晰。可能是性格原因吧，我一直不是一个传统意义上的好学生，爱好多如毛，学习杂而浮躁，大把的时间多是在图书馆度过的，大堆的杂志、小说、哲学是那几年最热衷的。记得，那时我班有两个同学是图书馆的常客，一个是我，一个是一位也是无锡出生的女生。偶尔抬头，发现彼此，笑笑，然后继续看自己喜欢的书。

　　她是一个温和的女孩，年龄也是班级最小的，有着女生少见的黑亮肤色，和男生说话会习惯性脸红。毕业后才听说，班级里的大男生那时背地里叫她黑美人。很巧，四年级时我们同时选了系主任黄先生的毕业论文。其实，所谓毕业论文不过是替教授们抄抄资料，分析一下数据，然后供先生所带的硕士、博士们使用。那年我们两人被先生一起派到北京抄一个月的资料。

　　上车时，班级许多同学都来送站，记得火车要开动时，站台上的老班长从车窗口突然把两大袋好吃的东西递了进来，她拿起来就往下推，老班长在执拗地反复递，后来我不客气地给拿了过来，因为那个年代食物实在是太具诱惑力了。依旧记得开车后，她有近一个小时不和我说话，并拒吃我从那个袋子里拿出的给她削好的苹果和任何好吃的东东。后来，听说班里的老班长毕业后多次从外地到南京找她。再后来，她成家了，和她的一个同事。

　　北京一个月，资料抄录之余，我们逛遍了北京所有的景点和博物馆，一起皱着眉头喝着那种有股怪味道的北京酸奶。只是，那时的我对男女的概念并不清晰和敏感，觉得矫情不是"男人"该干的事，也从不肯温柔一次；那时我玩性正浓，正在疯狂的和三个哥们折腾一个乐队；那时所有和她在一起的细节印象都是模模糊糊的。也许在我眼里，她一直不符合我的爱情；那时我觉得只有有着凝脂般白皙皮肤的女孩儿才是女孩儿。

　　毕业一年后，我们又在苏州一个全国性业务培训班中做了同学。时间大约也是一个月。一群天南地北的年轻人是不会寂寞的，学习之余相约着外出"白相"各个景点。有次观前街闲逛，她买了一对石膏做的有着红红眼睛的小白兔，大家都夸好看。学习结束后她执拗地要我带上那对大而易碎的兔子，而我却嫌麻烦，记得那天她再次气鼓鼓地走开。那年我 21 岁，她 22 岁，那时我依然不晓得和女孩在一起有多大乐趣，喜欢的依然是一大帮人的疯耍。

那对石膏做的白兔子，后来在我第三次搬家的时候，不知丢哪里去了，再也没有找到。

后来，南京母校 20 年班级同学会，她送我到车站。那天我们说了许多话，说孩子，说家庭，她笑说她当时对俺曾有过朦胧的好感。俺说，俺那时发育的比同龄人都 TMD 慢，青涩得像一个木瓜。

那天那帮老同学没少灌我，所有的印象都是模模糊糊的，记忆清晰的只是我们站着说话的那个站牌，一个孤零零的站牌，我的记忆就浓缩在那里了。今天看来，一切好像只是一眨眼的功夫。

祝好，我的同学！

祝好，我挚真的同窗之情！

【跟帖】
风：文章很真挚，那时候的故事，都青涩；回忆起来，还是很迷人的么。
跳蚤：那份青涩的浑然不知的清如明镜纯如凝脂的爱情。据江湖传言，皮肤黝黑的女孩做老婆最佳。为什么，我也不知道，就是这么传闻的。
半月湾：那时候天总是很蓝，日子总过得太慢……在老歌里温暖，好！

【随笔】麦子——生日感悟

20 年前的那个春天，一个从家门学校门走出没几年、眼睛里装满东西的青年，常常骑一辆破旧的 28 金鹿自行车，从单位大门骑出去，门外人行道旁的冬青丛旁，一位姑娘纵身跳上后座。记得，要经过一段长长的上坡，路上落满了从杨树枝上落下的毛毛虫，金黄色的，一铺铺到路的尽头，而且还不断有无数只毛毛虫如雨滴一样摔下来，落在车把前的车筐里。他撅着屁股蹬到坡顶常会把脚抬起来，一任车子滑行下去，暖暖的春风如丝绸抚身，空气里满是春天的味道。

那条路，叫无影山中路。现在，又是春天了。

本不打算在这个春天写任何文字，来纪念这个 N 十年前让俺哭着嚎着挺身而出的昼夜同长的春分之日，我已经慢慢地学会了退让。

时间过得极快。前几天一起吃饭的是一帮来自济宁、曲阜、邹县孔孟之乡的同行，年龄相差都在一两岁，而且相识已经多年了。喝酒后，扳着手指头数过去，指缝间的香烟弥漫着袅袅的烟雾，心里就有了曾经沧海的感觉。

青年时，觉得一年的时间漫长的可怕与心焦，朦胧地想，早晚有一天，会害怕时间过的太快。这一天，终于来了。

四十多年了，我有了自己的房子、妻子和孩子。女儿不再屑于和我聊天，她有了自己的朋友和话题，而我也可以经常关上书房门独自呆一小会儿或一大会儿，把双脚肆意地搁在任何不该放的地方上。我开始感恩——命运的河流在一番呼啸之后转弯奔向平静。

人生里重复的日子很多，回忆起来，许多日子仿佛都流失了，而我们的故事也顺便就把平淡的日子过滤掉了。只是，人的心情会平静吗？不会的，就像那片麦田，夕阳里，金黄色的胸脯永恒的起伏着，去诉说自己无穷无尽的金黄色的希望，把落日送了一程又一程，直到天边。

生命中总有一些场合是重合的，就像有风飘过杨树枝落下毛毛虫的这个季节。我依然没有养成每天都吃早餐的习惯，仿佛我仍然很青年；依然没有戒掉抽烟的毛病，仿佛我还不老。我开始变得不怎么喜欢城市，庞大城市带来的浮躁与虚伪令我情绪厌倦。我已经没有偶像。如有可能，我愿意周末整日陪已经长高到我鼻子的闺女随便走走，去恶作剧地偷拣一把毛毛虫来惹起一阵尖叫，或者，宁肯呆在网络里看新闻或者贫嘴。

我已经接近成为一个没有脾气的中年人，这些，对于一个成年男人来说，似乎并不是一种褒奖，可我对自己的形象非常满意。看着另一个自己在慢慢地成长，跟随他再去学习一些已经丢失了的东西，这很愉快。看着自己行走的身影，虽然疲惫，但姿势端正，看上去还算认真。

斯时斯境，回头看看，让记忆的磁头，在生命之舟的磁盘上轻轻划动，丈量着从出生到死亡的浅薄或深刻。当你无意中从镜子里发现第一根白发时，你惊诧岁月已如流水般无声无息地逝去。人，往往不经意时，就像春眠未醒，岁月就来叩门了。我们已不知不觉地跨入了盛年，往后看 40 多年弹指，往前看如不出意外运气够好，依然可以有近 40 年可供我们挥霍，供我们享用。尽管，青春的火焰会渐渐失去了旺盛的氛围，不可抗拒的衰老渐渐地向我们逼近，但是我们好像又不甘心。于是皱纹虽已悄悄爬上我们的额头，童心却依然在我们眼里闪烁；白发虽已缓缓染上我们的鬓角，纯情还常驻在心田。

我跟朋友说："我但愿眼前平淡的岁月，能持续到生命的终点。"朋友却笑着说："那，上天太便宜你了"。是啊，每个人都有属于自己的红尘历练，人生的路，该如何走得？想必也是各有因缘。生命的重担，谁也轻省不得，希望能结好缘，希望能珍重生命中的礼物，希望我够坚强也够聪敏更够运气，希望能放下张狂，姿势缓缓柔软，穿越年岁。从此，我谦恭的低下头来，更热爱生活，更尊重感情，更懂得自尊，不论红尘有多少试炼，我都敬谨地接受属于自己的功课。

此时，举一杯曲子，为年轮，遥遥干杯！

【跟帖】

夏枯草：嚎得很纯情，日子很快乐，身体很健康，就够啦。过个生日弄一大篇思想，菜籽就是菜籽。

水影：第一段写的，象电影里的场景。呵呵，同感啊，感觉现在真是日子过得太快，人生太短了，可是又好像很不甘心。看见年轻人，羡慕他们前面还有大把大把的好日子。

五味子：哈，你生日呀，那祝你生日快乐！不要恨这个世界，这个世界的美是挖掘不完的。还是年轻，也不太成熟。哈哈，成熟的标准是懂得无奈的可爱。嘿嘿。

49、 外星人

【随笔】美国生活种种

1

刚来美国时，美国人还没有手提电话，我甚感惊讶。随后，也乐得过上没有手机的生活，安稳静谧，少了许多煞有介事的忙碌。以后手机开始流行了，周围越来越多的人开始使用，我却没有装备一个的意思。心想，我不是早就用过了吗？不稀罕了，况且也习惯了这种单调清冷的生活。

直到父母来探亲，看见我没有手机，他们大为惊讶。说，如今谁没有手机，你怎能没有呢？我说，我不需要。他们说不是需要，是方便。在双亲的执意敦促下，我买了一部手机，与电话公司签了一年的合同。从此，又离不开了这个小小的跟踪器。

如今的手机，已经脱胎换骨成了一个多媒体时代的产物，能想出来的功能它都有了。不过，因为太新潮，如今的电话也越来越脱离它的本质，更像是专门为精英和小资们设计出来的玩具。

2

前些年，有个朋友从大陆来。听说他正千方百计地办理移民。我说在国内多好啊！我后悔出来了。他说，你出来时间长了，忘了国内的那些不好。我这次出来，你都不知道边检有多刁难，每次出来，我都不想再回去了。还有国内那些事儿，什么人都能管着你。是啊，朋友开了间私人工厂，他遭遇的问题当然比我感受的要深刻得多。

可是，真的是离开国内越久，感情就越深。原来那些看不惯的事儿，都不记得了，剩下的都是祖国的好。到了百年奥运和四川地震时，巨大的爱国之情终于来了个总爆发。那时，好像才猛醒，故国就在自己离去的十几年里变成了巨人！作为中国人，深感骄傲。想到自己，颇为惭愧。在祖国转身巨变的时候，我在哪里？没有参与，一点贡献都没有。

3

有三个华人同事，一个香港人，一个马来西亚人，一个台湾人。一次闲侃起来，我说，我们四个中国人正好是两岸三地。那个台湾人马上纠正说，"我要声明，我可不是中国人。"口吻严肃，一本正经。大家一脸的愕然。那么你是哪儿人？我是台湾人。众人顿时语塞。当她转过身时，香港人欲言又止，面露无奈；马来西亚人干脆就向她的背影伸舌头，做鬼脸；我震惊得张口结舌。心想，原来真有台独，而且就在身边。

那个时候，正是台湾那个厚颜无耻的人遭受调查的时候，这个台湾人居然说，那都是造谣、陷害。我和马来西亚人都为她悲哀，觉得她愚昧之极，不可同情。据说，她家的台湾朋友圈子也都是跟她持相同观念的人，对大陆怀有偏见和敌视。

其实，在人群里，还是不谈论政治倾向为好。因为太敏感、太鲜明，很容易造成尴尬或是伤害，出于礼貌和自我保护意识，大家都避免这类话题。这也是如果你与一个人没有深交，即使共事十几年，也并不知道其政治倾向的原因。

4

美国的汽车很多，多到进了都市区的中心地带，恨不得把车子丢掉。因为实在没有地方可停车，所以普通大众便把汽车停在位于郊外各站的停车场里，那里一天的费用，便宜过都市里一小时的停车花费。这也是火车沿线和长途汽车沿线交通繁忙、人气旺盛的主要原因。

最不可思议的是，在一个小城的某个清晨，当你开车经过一个路口在红灯前面停下来时，明明知道只有你一辆车，可是在不经意间，就在你车子的后面已经神出鬼没地排上了几辆车。好几次，我打算掉头换路都没有办法，后面的车死死地顶着你，逼着你非得往前面或是左右走才行，要想退到后面或路边（更别说180度的转向），没门儿。

5

在家乡时不看电视剧，也不看电视。在美国住久了，却专门要找中国电视剧看，每年的春晚都是必看不可的重头戏。虽然不是昔日全家人边包饺子边看春晚的温馨场面，但一个人也可以面对荧屏，兴致勃勃地张着嘴，看到开心之处还傻笑不停。人是怀旧的，血液里的传承是改变不了的。

在美国看的第一部电视剧是赵宝刚导演的《永不瞑目》，不是影碟，是录像带。已被人租借过很多次的带子，质量已受到严重影响，可是这完全没有影响我的兴致，我看得津津有味，以至于最后女主角伏在男主角遗体上恸哭不止的时候，我的眼泪也跟着成串的滚落下来，并号啕大哭起来。我太喜欢剧中的人物了，也太喜欢这部连续剧。

《永不瞑目》让我彻底改变了对中国电视剧的观感。从此，我看了一部又一部，对中国影视界的男女明星也了如指掌，如数家珍。对于导演、编剧也烂熟于心，好像可以当制片，做经纪了。当然所有被国人追捧的韩剧我也都一一检阅了，还有港剧和日剧，也有《流星花园》这样的台湾偶像剧。文化是经济的反馈，如今的中国电视剧已领先群雄，韩剧、港剧、日剧、台剧都成了小兄弟。

6

一个人的一天只有24个小时。要温饱，就要去劳碌，这一定要占用至少8个小时。剩下的16个小时，就是吃饭，娱乐，睡觉和处理个人及家庭事务。所有的额外爱好，自然都要从这16个小时里挤出来。这样，睡眠时间就很难保障。睡眠严重不足是新新人类面临的最大健康问题。

看电视剧，已经到了走火入魔的地步。那段时间没在餐桌吃过饭，都是坐在荧屏前边吃边看，也不知道吃了什么，反正不饿就行了。有充足的精神食粮也真的不知道饿了，有一点儿吃的就行了。体重急剧地减轻，也不知道，直到周围的人惊呼，你怎么瘦成这个样子？

有吗？照照镜子，没有发现什么不妥。可是西装穿在身上怎么肥大无比了呢？才知道真的出了问题。而且白天也开始头重脚轻，晕晕乎乎的。在庄严的场合甚至也会睡态毕露，有辱斯文。还有什么选择呢？戒了吧。再好的情趣，过了头也是不好的。忍痛告别众美女、众帅哥、众导演、众编剧。这一别大概就是终生永别了，因为很快我又有了另外一种更美丽的爱好。

【跟帖】

风： 小外老师的生活轻松惬意令人羡慕哈！《永不瞑目》的作者海岩写了不少作品，可能你都会喜欢，嘿嘿。最后那句好象是伏笔嘛，还要接着写？幸福的日子万年长咿呀咿子哟……

西陆： 阿外变得更鲜活亲近起来了。国内大城市目前泊车也异常困难了，也许国内百姓表面的花头已经不逊国外了，但欠缺的是细节，生活内在的细节差不少。来大地发现这里对国内文化比如音乐、电视剧等比我以及俺身边这样的中年人都熟悉得多得多，很是吃惊。比如俺，多年基本没完整看完过一部电视剧，除了《潜伏》和《乔家大院》（还是断续看的重播），似乎并没有兴趣（当然流泪的感觉是同样的）。也许和其他境遇一样，太靠近了反觉不出什么了。感觉国外最好的是可以安静地享受自己的生活，而国内，社会往往裹挟了你更多的精力和时间，需要面对更多的人与事。喧嚣和静谧同样可以让人迷惑，也许，这就是国内在网络多喜欢风花雪月酸文假醋的安静，而国外更喜欢粗吼大嗓的热闹。人往往对自己缺少的东西怀有更多的喜欢。祝阿外也祝俺都能享受更多我们喜欢的生活。这篇文字真好。

【评论】人生何处不潜伏——看电视连续剧《潜伏》

潜伏，字典上的解释，就是隐藏、埋伏。香港人说，就是卧底。

电视剧里的潜伏，跟前面提到意思别无二致，说的是主人公余则成受命埋伏了下来，表面上给服务的机构做事，实际上暗中为真正的主人鞠躬尽瘁，在所不辞。

潜伏的最大特点，就是在公开一面的所说所做的，都是不情愿的，都是违心的。但是，还要处处迎合主子，并且更要做到言听计从，俯首贴耳；工作起来，方方面面又不能有半点闪失。可谓如履薄冰，谨小慎微，步步为营。电视剧中余则成就是一个这样人。先不说他为什么甘心情愿地这么做，单从他那担惊受怕、殚精竭虑的样子，就令人感动得无语。在对剧中人深表同情的时候，也难免想起我们自己。人生在世，有哪几件事是自己愿意做的？又有哪几件事儿不是违心地做的呢？所以，从这个意义上说，人生也是一种潜伏，而且是最大的、最根本的潜伏。

你看，人来到世上，有谁是愿意而来呢？所以婴孩儿的第一个表示，就是抗议！而他的全部不满就是大声啼哭。以后，他就被教育成一个乖宝宝、乖孩子。再稍后，就是好学生、好少年、好青年。再往后，就是功名利禄，结婚成家，再为人父母。便造就了一个个好员工、好丈夫、好妻子、好父母等等。于是另一个轮回又开始了。

显然，人所承担的都是社会所赋予的责任和义务。从根本上说，没有一个是凭着自己的愿望的。人，就是在社会中，迷失了自己，失去了自己的心愿。表面上，却又要做得尽善尽美，以期出人头地，光宗耀祖。进而，荫蔽子孙，荣华富贵，代代相传。

比余则成更不幸的是，余还可以得到指示，在暗处做着自己愿意做的事儿。而社会的人则不然，你得不到类似的指示，即便在暗处你也无法作出什么你愿意的事儿。殊不知，你早已失去了你的意愿，活着的不再是你自己，而是被世俗裹挟着的你，就像是漂流中的你，或是骑在虎背上的你。急流不中断，老虎不死去，你是停不了，也下不来的。

所以，人生何处不潜伏？人生就是大潜伏。所不同的是，这个潜伏比余则成式的潜伏可是更匪夷所思，更无休无止。因为，生生不息，永无穷尽。

对此，你有思想准备吗？

【跟帖】

Muyu： 就是说，人大都活得不真实，都或多或少夹尾巴。

小园香径： 人家余则成是有信仰与追求，才愿意如此的。而芸芸众生，更多人则是盲目茫然地生存生活着。现代人总爱说人在江湖身不由己，其实更多时候是自己束缚了自己，要么是太有心机处心积虑在社会这张大网中拼命向上攀爬，要么是人云亦云随波逐流行尸走肉，不管何种情形，都是丧失了自我。

明珠： 人生就是潜伏，深刻得可怕。或许有那么些时候，那么些人生活中不知道潜伏。

50、 老箭

【随笔】老箭随笔（两篇）

壮岁听雨客舟中

"予糊口四方，多与筝人酒徒相狎，情见乎词，后之览者，且以为快意之作，而孰知短衣尘垢，栖栖北风雨雪之间，其羁愁潦倒，未有甚于今日者邪。"

——清·厉锷

（一）

春末，自苏北南下赴会稽（绍兴），不知是否靠近长江水气的原因，车窗外一片茫茫的浓雾，雾中油菜黄花陆续出现，恰似一幅朦胧的淡彩水墨。

到海门港，坐的长途汽车高响着喇叭冲上长江汽渡甲板，全车人如犯人解放了似的纷纷下车，小便，吃瓜，抽烟，看景……不一会儿有人上来拿了吉他唱几句流行歌，然后挨个收钱；有人拼命地吆喝着丝袜卖一送一；也有人拿了茶叶蛋、玉米棒、报纸等来车上卖。不知谁开始用热水泡起方便面，汽车里便弥漫了牛肉或海鲜的香气，让人想起鲁迅七斤故事里的"好香的干菜"来。

我站在船舷看江水，水和几个月前冬天的颜色似乎不一样了，有一种沉静的颜色，似乎还隐隐约约地有点能见度，这就是各种生命开始活动的春江啊。

胡思乱想间，梅阵前锋已经突然到达江心。

甲板上乱作一团，男人们扔了烟头，女人们丢了蛋壳瓜皮，卖货老太们穿着厚厚的棉衣，把手从裤袋抽出，不停地把一袋袋垃圾扫进长江。几张报纸腾空而起，在空中乱舞且哗哗作响。

　　我站在三楼驾驶舱边，看雨啪啪啪地打在船板、车窗，铮铮的发出金属音，且弹出几寸高，变成一条条细丝。向天空看，仿佛是亿万支白箭，瞄准了江中的这条船密密麻麻地射来。

　　往远处看，浑黄的江，灰色的天空，水色的雨结合成了一张大幕。雨打在江面上，扑扑地打出一个个小水泡，江水不知什么时候开始，变得浑浊而激荡。渡船也开始晃动，看来海潮也开始涌上来了。

　　我看着大雨全身发冷，一边却想起华南的雨来了。

（二）

　　华南给我的印象最深的，不是血红的山茶、根须倒坠的榕树和相思的红豆，而是倾盆的暴雨。

　　当时住在旗峰山下，每天早晨都被轰轰的滚雷声叫醒，然后硬着头皮起床等车上班。记得有一次从香港坐船回来，经龙鼓水道，进伶仃洋再狮子洋，穿横档炮台附近海域时，突然开始下起急雨，顶蓬上咚咚咚如击响鼓，船也开始剧烈地摇动。暴雨扑扑射入水面，密密麻麻的水葫芦阵，被打散阵型，又被船的螺旋桨一卷，乱兵游勇般随浮浪滔滔而去。

　　不一会儿化学液体般灰蓝的流水开始变得浑黄，远处如弯月般首尾高而尖的帆船，三两地浮在河中，像岛屿一样黑而静默。因药性而浸润得深黑的海岸，也被掩映在雨幕里，更加模糊得看不清楚了。

　　到虎门港（太平港），通关后冒着大雨抱头鼠窜地叫了车，向驻地而去。公路两边断续地种着甘蔗和香蕉，黑黑的看不到边。公路上污泥杂物等被雨一打，更加肮脏不堪。出租车如一只泥水中夜迁的刺猬一样穿行在绵延几公里的集装箱大卡车阵中，轮胎不停地陷进路上的凹破处，扑扑地溅起阵阵脏黑的泥水。

　　当时在出租车里，昏昏沉沉，累得要死，脑子里想的估计也就是洗个热水澡再去喝杯酒吧。现在提笔回想，却觉得风声雨声声声寂寞，若有时间去照下那个背影，隐隐约约地觉得像个逃难的人。

（三）

我的思绪回到长江渡轮。

所坐汽车旁边的卡车上装了满满的一车蚕豆，用网线袋装着，密密麻麻。雨点打在上面，更显绿得新鲜。

古代的人，渡这么一次，总要几个时辰吧，到了渡口，估计也要吃饭了。看以前的游记，出门很多时候还带了米和盐等，到了店里买几捧新鲜的豆子煮一煮，再随便来点杂菜，喝点酒。晚上去江岸走走，看看月亮，听听远处的狗叫，枕了涛声慢慢入睡，古曰波声洗岸骨如霜，大概就是这样的情景吧。

只是写意地喝酒就能让自己满足吗？有个自己的院子，种点丝瓜、豆角，再种点桂花、辣椒，种点韭菜和鸡毛菜，养两只鸡，再有片竹林。雨来了，听听雨打芭蕉，喝点小酒，难道真的能满足吗？洗掉了征衣上的灰尘又如何呢？

汽车爬上长江南岸，和江北似乎差了半个月的节气。车窗中望出去，大片的油菜已经结果，剩下些明黄的残花点缀在绿的田间。边上还有很多豆，细看来已经有了小小的豆角，菜畦里还种些莴苣以及卷心菜，还有些芦苇，被雨打了低低地伏着。脑子里莫名地跳出一句——虚负凌云万丈才，一生襟抱未曾开。大多数中年男人都会这样想吧。

【跟帖】

Yue："这就是各种生命开始活动的春江啊。"这句好。"波声洗岸骨如霜"也很有味。眼中又能看到很多静的景了。很好。虽然还是避不开那很多背景杂音，但心境似乎已经淡漠了，冷然得旁观了。再过几年大概会更沉淀一些，虽然这沉淀也未见是十分值得欣喜的事……

天涯：又见老箭，别来无恙？还是一样的文采，耐读，也还是读完心头有一丝丝的沉重。你真该出一本"老箭游记"，什么时候出书一定通知我，我要收藏。

雷雨荒鸡声里的旅途酒馆

清冷的周末，向窗外望去，天空被无数高高的楼房挤压占割得残缺狭窄。北风呼呼吹过，因为没有多少树，街上也就没有什么落叶，更听不到什么秋声。

汽车虽然比平时少些，乱按的喇叭声却呜呜呜不断。我租住的这个小区和别的所谓高档小区一样，房子已经炒到了可笑的四万多一个平方，但住户中没有车位就深夜长鸣汽车喇叭几分钟等"先生"还是不少。这些杂音，仿佛连带了那些嘴脸，穿过门隙滚滚而来。

与其听这些汽车声和杂声，我倒宁愿听自然界的狗叫声。可惜小区里的宠物狗都不会叫。

多年来鸿爪萍踪中，颇有些乱七八糟的声音，在别人也许呕哑嘲哳不堪一听，但对我本人来说，听到这些声音的时候，却像个飘蓬的江湖客，脱下红樱毡帽，摘下朴刀，听村外疏远的狗叫，洗个热水脚，喝杯热酒，终于有了个温暖的晚上。

（一）

在东莞的时候，最值得记忆的就是周六早上的雷雨声了。

一般周五晚上都喝了酒，第二天又休息，所以睡得较安心。但往往在早晨三四点钟被雷声震醒。

我一开始往往被它们模模糊糊地从梦里唤回，半梦半醒间也不记得是周末，心里总有要起来要戴了假面去听鼓应官的痛苦的念头。

慢慢地雷声越来越响，我慢慢清醒，躲在被子里听那美妙无比的周末雷雨交响乐。

雷在房间上方很近的地方炸响，一个接一个，千奇百怪。

有啪恩……啪恩……啪恩……的直截了当的震雷，

呜……砰，呜……砰，呜……砰，的闷雷，

咔……嚓啊！咔……嚓啊的炸雷。

雨呢，一阵一阵的，叮叮叮叮——直接击打在房顶上，刷刷刷刷地忽又扫到了房墙上。

电闪不多，偶尔一两次的扫过窗帘，却往往无声无息的没有雷炮接应。

如此，总要进行两、三个小时，慢慢地就只剩下雨了。交响乐也接近尾声了。

等雨完全停了的时候，我门前小池糖里的那只老蛙嘎……嘎……嘎地开始唱歌。

我没有看到过这只青蛙，是有一天的早晨突然开始叫的，声音苍老雄浑。

我想这一定是只长途跋涉而来的青蛙。有一天起来去池边找了找，见一只小孩拳头大小的青蛙伏在水莲叶上，看我注意，噗的一声跳入水中，不知道是不是那只老蛙。

等青蛙也不叫了，路边就有买菜人的早行脚步声了。

（二）

廿八都这个浙闽赣交界小镇的音乐会主唱者，除了雷公，没有青蛙，却有雄鸡。

黄昏开始，我往往坐在"名都大酒店"厅堂里，开始漫长却开心地夜饮。

饭店处小镇最中心的地方，是小镇唯一的两条小街的交接口。坐在厅堂里望去，远处来的人和车马，小街的风景，一览无余。

街上几乎没有什么人，偶尔有辆摩托车轰地开过，半新不旧的水泥房墙，黄泥里杂了很多碎石头，被潮湿的空气和雨水浸润出一条条水痕。各家房前地上，铺了很多大大的板栗壳，几只瘦高的鸡跑来跑去觅食，看上去倒比这里人们的脸色要健康一些。

廿八都虽是冬天，下的却是雷雨。而且雷声非常的大。和东莞不一样的地方，这里几乎都是震地雷，简直是仿佛从地上炸出来的，到处开花，可能是高山区的原因吧。

慢慢的，街上的车越来越少，最后没有了什么过往车辆和行人，对面的镇政府早已经没有什么人，理发店也关了门，雨雪和黑夜完全占领了这个小镇和这个广场。最后就剩下了我坐在小小的名都大酒店厅堂里，身边躺了两条温顺的狗，一盏黄灯。老板收拾了菜盘，只剩下酒让我自己添，也回去睡觉了。

喝完了，自己息了店堂的灯，摸上楼梯去睡觉。

睡眠中听到很多的雷声，砰砰砰砰地响彻整个小镇。我迷迷糊糊地睡了又醒醒了又睡，最后慢慢地听到很多的鸡鸣，好像一只一只的列队在叫。鸡鸣声，远远地欧欧欧地叫来，像山寺的钟声声透十里，穿过古街，穿过墙壁，透过被子，传到我的耳中。

喔喔喔的鸡叫声悠远沉静，它们往往不是催醒我，反而是每次让我再次香甜地大睡，直到鸡声彻底消失，下面店老板乒乒乓乓的开门迎早饭吃客等杂声响起，才泡茶看书等开始懒散的一天。

（三）

还有的让我开心的，就是旅途上偶然而遇的小酒馆里面的那种嘈杂声了。

这种小酒馆，你在车站和闹市是碰不到的。在大中城市，一般在城乡交界或居民区内；在小城镇呢，一般在路边或公路交叉口；而荒村古渡等地，当然是在所谓最中心的地方了。客人，一般也都是一些回头客。这其实是一些底层的酒客，但是说的话，没有官场和商场的应酬，却显得真实。

这样的酒店，我南北游中也碰到过很多次了，影响最深的还是二十年前的那家长寿酒家。

因为以行脚商人和出差营销人员中回头客为主要的客户层，虽然在杭州市中心的一个小巷，这里还是每次都充满了各种乡音土话。而且各类客户基本上都是跑市场多的人，见多识广，加上跑了一天，坐下来的时候，几杯酒下肚，更是飞扬激昂，每个人端个大海碗说个不停。

——八国联军的时候，美国法国等就团结起来对付我们，现在还是如此，你说我们要不要检讨？

——你想要我帮忙的话，先明早准备个雪菜冬笋拨我吃了再说。

这样的话，老朋友张大也好，小马仔李胖子也好，都在一旁听得频频点头。于是这边谈兴也足，乱七八糟地谈天说地，啤酒一海碗一海碗地灌下去。香干肉丝重复点几盘，有时候甚至还出大钱（占当时月工资10%以上）点盘炒河虾呢。

马上就是12月了，应该会有塑风劲吹的声音，雪花飘落的声音，枯苇上鸟雀飞过的声音。以后，还会有桃花讯的声音，长江里鱼咕咕的叫声，春潮涨起的声音。它们也会像这些旅途和酒馆里遭逢的雷雨声、荒鸡声、嘈杂声一样，通过耳朵，再进入我的脑海，成为推动我前进的小小的一点助力，我会去寻找它们，并期待着它们的早日到来。

【跟帖】

夏枯草：鸡叫声真是久违了。看这段倒是引起一番故乡怀旧之情。风尘仆仆的日子在老箭笔下如浪漫的诗。

大草帽：我记得雨后蛤蟆坑里千蛙齐鸣，你听到的却是独奏，比较阳春白雪。

风：吃什么，在哪里吃，和谁一起吃喝，都是心情。

51、 白马非马

【杂文】木犹如此

我这个人，对各种事物都很迷糊，动物尚好，不至于把猪当作羊，也不会把猫认成狗。对植物差了许多，除了当年放羊养猪认识的一些野菜和杨树、柳树、榆树、松树外，大约植物知识等于空白。但是，又十分喜欢植物，尤其是绿色植物总让我感到赏心悦目。所以，几年前，购买这房子的时候，虽然别无选择，我还是很知足的，原因就是，楼前有一棵树，一直高到我所居住的顶层的真正的参天大树。

说起来惭愧，我只知道这树每到夏天大大的叶片苍翠欲滴，给人们遮住了一大片阴凉，初春的时候又开出好看的成簇的喇叭花，到底也不知道这是一棵什么树。根据我可怜的植物知识，可以肯定的只有一点，这是一棵落叶乔木，而且，到半人高处是分成南北两个大的枝桠的。我不知道这是不是就是传说中的连理枝。树很高，在分叉的下部，我的两条胳膊是环抱不过来的。搬来的时候儿子还小，于是，我们两个人手拉手，终于可以环抱过来了，当时还有些兴奋呢。

去年夏末秋初的时候，一天我下班回来，突然远远地看到南侧的枝桠整个不见了。一辆卡车停在树下，几名看起来很雄壮的大汉正在向车上装树枝。而那曾经高高的、为我们撑起一个天然的遮风挡雨的绿色巨伞的树干，此时则无声地躺在了卡车上，似乎没有表情，更谈不到痛苦。

我不禁停下脚步，向正在干活的大汉探询锯掉大树的原因。得到的答复是，你们自己要求的，怎么还来问？看我一脸茫然，另一位大汉才又解释道：这树距离住户的阳台太近了，不仅影响光线和通风，还成了可能引导小偷入户的安全隐患，所以，只好应要求锯掉。看到他们挥汗如雨地在劳作，我只好说，辛苦几位了。然后又不无担心地请教：南面锯掉了，会不会影响北面的枝桠？大汉们笑了：怎么会呢，又没伤根。营养都给北面了，明年会更繁茂。毕竟人家是专家，毕竟那南面枝桠并没有伸到我的窗前影响到我家的安全，所以，我更不便于说别的，只好默默地上楼，心中却突然有一种空落落的说不出来的感觉。老妻下班，看到我失魂落魄的样子很是不满。问起来，我告诉她，我很担心北面枝桠的命运，因为我认为虽然像那些壮汉说的，不伤根没关系有一定道理，但我感觉很不踏实。

今年，我们依然每天为非常平凡的工作疲于奔命，春天已经到来了，却仿佛与我们毫不相干。直到有一天，我终于白天在家了，到阳台去找更换老妻抱怨了许久的坏掉了的灯泡的时候，突然发现，原来春天已经来了，窗前那棵我不知名的大树的北面枝桠已经又开出了好看的粉红色的喇叭花来。这棵大树与其他许多树木不同，它是先开花的，只有在开到荼蘼花事了的时候，才会长出一大片一大片的绿色叶片。所以，这树很有脾气，要开花就光开花，粉红一片，要长叶就光长叶，绿茵遮天，绝不互相迁就的。我这里绝对不是因为突然看到春天而如同小儿女般地伤春了。让我惊讶的是，今年的花远远不及往年繁茂，只是稀稀落落地开了一些串依然是粉红的喇叭花，但那花也显得不够精神，仿佛开十分勉强。

我叫了老妻，一同来看。老妻感觉很奇怪，问我去年就担心，究竟道理何在？我突然就有一种很悲壮的感觉，给她解释道：感情，因为那南北两个枝桠在一起生活了几十上百年，别看他们是树木，其实，他们与我们人类一样，也是有感情的。那么多年相依相偎，一朝生离死别，你让北面的枝桠情何以堪？我们常说，人间真情可以感天动地，那说明天地都是有情的，树木，尤其是这样多年的参天大树，又怎么可能无知无觉呢？

由此，我又联想到我的一些亲人，我的姑姑和姑父、姨和姨父，在我的许多的亲属中，属于感情最好的两对夫妇。几年前，两对老夫妇都是相继过世的，虽不能算同死，相差却都不足一个月。两家在我的老家都算得书香门第，儿女众多且孝顺出名，绝对不存在虐待老人的情况。唯一的解释正如我的姨父曾经说的那样：她走了，我心也走了。感情，可以活人，也可以杀人。

东晋大司马桓温曾经感叹：昔年种柳，依依汉南。今看摇落，凄怆江潭。木犹如此，人何以堪？而今，我想，树木对于我们破坏力极强的人类来说，其实更是弱者。人犹如此，木更何堪？

听了我的话，老妻默然不语。我也不再说话，只在心里，默默地为那幸存的北面枝桠祝福。

【跟帖】
风： 多情的白马老师。祝福您和您太太，还有所有有情人，有情树……
小园香径： 嘿嘿，谁说白马不多情？记得有句话说，人非草木，孰能无情？其实草木之情，人不知罢了。

【随笔】我与《我与地坛》

初次接触史铁生作品，那是十几年前的事情了。那时，我在漂泊中谋生存，手头的张承志、王小波的书看完了，就去找同事齐兄。从齐兄书架上随手拿了两本书，一本是美国畅销书作家 Harold Robins 的《The Adventures》，另一本就是《史铁生作品集》。没想到的是，这两本书都能让我看了又看。前者，我先后看了七遍，和《红楼梦》一样爱看，甚至当年有把它翻译出来的设想。当年齐兄也曾说，喜欢就送我算了。但我想，君子不能掠人之美，终究没好意思接受，可后来却再也没有拥有的机会，更遑论翻译；而后者，则是一有条件就购买了一本。可惜，很快被别人借阅，据说颇受欢迎，再去问，则不知所终了。不过，几年前开始流行 MP4，我又在网络上下载了电子书，尤其上下班，路途遥远，史铁生等人作品又不时地陪在我的身边了。

史铁生的文字，我确实没少读，但说真的，印象最为深刻的，还是《我与地坛》。当年从齐兄处借来后，看到此篇散文，我不禁放声朗诵，齐兄也特意在我处听我的朗诵。而今，齐兄移民加拿大也有数年了，彼此为生存疲于奔波，终于失去了联系。想到史铁生文字，我自然也回想起齐兄，回想起当年峥嵘岁月，回想起弟兄二人，边读《我与地坛》边唏嘘不已的情节，心情也便幽暗下来。

其实，据说《我与地坛》并不是史铁生的得意文字。这篇篇幅很长的文字，在散文中，我不知道该如何归类，也许，它只能算一篇广义上的散文。归类为抒情散文，它似乎并不以写景状物抒情见长；归结为记叙性散文，则里面又有许多的议论与抒情，似乎比重不符；归结为议论性散文，又与论说为主的杂文、小品相去甚远。我只是觉得，这篇散文毫不空灵，但却绝对厚重，厚重到每每读起来，都感到心情非常压抑，很容易融入其中，产生共鸣。适逢其会的话，读了这篇散文，我足以泪流满面，然后，会有一种宣泄后解脱痛苦的舒爽感觉。每次，都能感到自己的心灵陪伴史铁生经历了一次炼狱之旅，终于读完后，也便有重回人间、再见阳光之欣喜。

"一个人，出生了，这就不再是一个可以辩论的问题，而只是上帝交给他的一个事实；上帝在交给我们这件事实的时候，已经顺便保证了它的结果，所以死是一件不必急于求成的事，死是一个必然会降临的节日……剩下的就是怎样活的问题了！"这种富有哲理的语言，不是谁都可以轻而易举说出的，我并不认为史铁生真的是虔诚信奉上帝的基督徒。我想，史铁生在写下这句话的时候，应该是经历了从肉体到心灵的磨难后，已经脱胎换骨，一切都放下了的时候水到渠成了，也体会到了一种别人难以感悟的欣喜吧。

"儿子的不幸在母亲那儿总是加倍的。"其实，我们每一位为人子者，都应该有这样的感悟才对，那么，我们就不会只是消极地抱怨命运，甚至抱怨带我们来这世界的母亲。同样的，史铁生写到，写作是为了让自己的母亲骄傲，"而母亲，却已经不在了。""母亲心里太苦了，上帝看她受不住了，就召她回去。"我的母亲也已经逝去了，我可以体会到，他写下这些话的时候，那锥心刺骨般的疼痛。我是健全的，但母亲去世的时候，显然也是放不下心来的。因为我知道，那时候，母亲一直惦记着，我虽然落脚城市，却没有自己的房子。所以，拿到自己第一幢很小的房子后不久的清明，我在母亲的坟前化了纸钱，轻声地告诉母亲，您可以放心了。而史铁生，正当撒欢的年龄却残缺了肢体，他的母亲当然更是无法安心瞑目的。所以，当他终于为自己"撞出"一条路来的时候，想到最疼爱自己、最不放心自己的母亲却无法分享到自己的成功喜悦，悲伤的心情是可想而知的了。

说实话，我不敢说是喜欢史铁生作品，因为，他的其它文字，我都很少读，甚至连他今年入选矛盾文学奖的作品也还没抽空拜读。当然，我还是认为，那一定是非常优秀的。这主要是因为，能入选本身已经说明问题，而且更因为我到底读过他的一些作品，尤其当年，我很认为自己是读懂了史铁生这个人的。不过，我始终认为，一个作家，即便他著作等身，其实一生能有一部作品真的让人读到痴迷程度，那他显然就已经成功了，所谓传世文章不在多。当然，我的共鸣，对于史铁生来说，是无关紧要的，他也永远不会知道他的这篇早期作品至今还让我看了又看。但对于我来说，这就有着一定意义了，因为我总能从中读到一颗真实的心，总能对他的感悟产生共鸣，也就总可以从中汲取自己所需的一些力量。

《我与地坛》，我还会读，不知再读几遍。

【跟帖】

风：用心写的文字，总是很感人。有时给读者的感受和共鸣甚至是作者始料未及的。

秋尘：印象里，他是个很严肃的作家。《我和地坛》听过广播，记得那个播音员的声音也很沉重，伴着文字的哲性，对亲情、人生的那种不舍，唉，听得好一阵都不想再读他的作品。后来也读过他的一些小说，也觉得沉重，就有了他是个非常严肃的作家的印象。

【随笔】老妻的百福图

那些天，我们经历的是"炼狱般的日子"；那些天，我不知道这样的日子啥时候是尽头；那些天，我接待了许多认识的和不认识的人们；那些天，最喜欢吃排骨的我，提到排骨都开始反胃。

那些天，开始是我自己，每天把来访的人都逐一记录下来。后来，在老妻写字功能开始恢复以后，则督促老妻来做这件事情。因为，我把这些看得非常珍贵，我认为人家百忙之中抽空买了滋补品前来探望老妻，带来的不仅仅是那用人民币可以衡量的各种滋补品，更是用人民币无法衡量的一颗爱心。

看着一箱一箱的牛奶因为来不及饮用而过期，一兜一兜上好的排骨填满了冰箱后剩余的不得不让我们吃了上顿连下顿直到再也吃不下去，我真的很心疼，因为我一向是一个过日子十分省俭的人。这一点曾经是我作为一个农村人的骄傲。然而，最令我感动的，还不是这些，而是老妻的百福图。

老妻伤病交加的日子，我们设法谢绝了多个家长的探视。只有一次，不知学生们从什么渠道打听到了我们的住址。那个周末，学生们成群结队的来了。一天时间，我们不得不接待了不下 50 名学生。我们本不宽裕的家，到处挤满了学生，后到的，只好呆在走廊里，等先到的出去后才可以进来。还好，学生们还是听话的，除了少数几个学生买来了水果，大多没有破费，让我们稍稍感到一丝安慰。那一天，也是连续多日阴霾蔽日后，老妻的脸上唯一的一个晴天。

在家休息了两个多月后，老妻重新开始上班，虽然伤病并未痊愈。本来以为，不会再有人送什么礼物了，毕竟事情已经过去那么长时间，时过境迁了。但是，那天中午放学后，老妻还没离开教室，一位学生家长却早已经等在了门外。天已经很热，那家长当然也已经大汗淋漓，但还是非常小心地扶着她带来的礼品———一幅很大的百福图。老妻的许多同事都好奇地围在附近，有些还发出啧啧的艳羡声。

老妻也被惊呆了，因为那百福图的宽度就几乎有那小巧玲珑的家长身高的一半。问了才知道，因为老妻早就表示过不让家长到家探望，她是特意请了假叫了出租车才终于运送到学校的。老妻非常过意不去，表示不能收下这样贵重的礼物。那家长急了，忙解释道：这东西并不昂贵，不是买的，是自己利用休息时间亲手绣制的，因为初学十字绣，居然用了三个多月的时间才得以完成。说来话长了，还是当时老妻因伤病不得不请假的时候，这位家长听了自己孩子回去说了情况后就开始绣制的，就是要表示一种发自内心的祝福。她很不好意思地说，没想到，自己手笨，又只有下班和周末才有时间，居然用了这么长时间，连她的孩子都已经开始怀疑她是否还能最终完成了。

听了那位家长诚恳的话语，当着那些围观的同事，老妻再也克制不住，接过那幅百福图，早已热泪盈眶，声音哽咽着表示，自己收下了。听到老妻的话，家长欣慰地笑了，又说了几句祝福的话语，才又顶着烈日离开了学校。

当天，老妻给我打了电话，说了此事。让我设法把那百福图取回家。晚上我又叫了出租车，来到老妻的学校。虽然电话里，老妻已经描述了那百福图如何巨大，真的见到后，我还是不得不承认，对于一个初学十字绣又仅仅有业余时间的人来说，那绝对够得上一个工程。显然，这不是一幅普通的十字绣，而是一份诚挚的祝福，是一颗火热的心。普通的礼品是可以也应该拒绝的，而对这样的一份情意，拒绝了则是一种伤害，一种亵渎。

老妻说，她想好了，自己没有什么可以报答人家的，唯一能做的就是好好教书。另外，我们又利用一个周末，特意到市中心的一个大型商场，给那位送来百福图的家长的孩子买了一个价格不菲的书包。当然，我们都清楚，我们买来的书包，仅仅是一件商品而已。商品再昂贵，也可以用价格衡量。而这幅百福图，以及它所代表的情意，却不是简简单单就可以回报的。心的赋予，需要心的报答。

【跟帖】

外星人： 情义无价！你的妻子用爱心和奉献赢得了学生和家长的敬重。她能从伤病中走出，也是爱的支持和力量。祝福你们，就像那幅百幅图。

Wliao： 教育是投资，将来得到回报的是社会，老师却分文不取，是真正的无私奉献。

山水悠悠： 感人的故事。比报纸电视上的故事强太多了。

52、 秋尘

【评论】第三个春天——张维舟《芦甸评传》读后感

> 他，倒下了，
> 爬起来，
> 但又倒下。
> 他眼前飞舞着，
> 翠绿的、橙黄的、赤红的、彩色斑斓的星花……
> 他隐约听见，军号在响，
> 像是很近，但又像很远……
> 一个同志过来了，
> 他望着，
> 像一个人，但有又像许多面影。
> 他吃力地，张开嘴，
> 并非呼痛，
> 也非呻吟。
> 他，只说了
> 一个字
> ‘枪’……

这首诗《一个字的遗嘱》的作者名叫芦甸，我是在张维舟老师著的《芦甸评传》中读到的。记得当时读这首诗的感觉是，这个人可真执着呀。他是一个真正的战士，即便一个个的同志，连面孔和身影都看不清，即使他自己一次次地倒下，但都没有忘记自己的武器——枪，至死不渝。此刻，我忽然觉得，这首小诗其实也正是作者对芦甸一生的写照。在《芦甸评传》这部传记中我看到的芦甸，把自己当做了一把"枪"，战斗着，无论周围发生了什么，都锲而不舍地沿着认定的方向和目标，直到生命的最后一息。

芦甸这个名字，本来对我是完全陌生的，如果不是因为张老师的

《芦甸评传》，也许我永远都不会知道这个名字。记得刚刚拿到几经辗转才到我手里的这本大作，我感动之下，立刻打开了书翻看起来，待意识到芦甸这个人原来与历史上著名的胡风事件有关，且因此被牵连一生，甚至未等到平反，就仙逝人间的时候，我就把书放下了。

为什么我把书放下了？我想也许是我当时预感到了，书里的人和故事，一定将会是不那么愉悦，甚至令我不想去了解和回首的。那时候的我，也正处在工作压力颇大的时期，所以，面对一段有所耳闻但并不熟悉，缺乏客观判断，又知道一定会不那么美好的阅读经历，我是有点怕的。

反胡风、反右都是在我还没有出生就发生在中国历史里面的重大政治事件。前不久，在北师大的一个博士论文答辩会上，我集中地接触了几个小时的胡风事件，听了几位大家之言。之后，再一次地接触，就是读这本《芦甸评传》。可以说，对于胡风事件，我有一种好奇，但这种好奇还没有强烈到让我去仔细阅读历史，一探来龙去脉，拨开真相的面纱的程度。现在想来，张老师这本《芦甸评传》也许就是因缘，是张老师的越洋赠书，感动了我，让我不得不去面对，补上祖国历史上的这一课吧。

阅读的过程中，我还是一放再放。一直希望在阅读中，我会冒出一些灵感，让自己看到一个不同于耳闻的历史，一段不同于预感的人物，但是没有，历史似乎已经被定格在悲剧之中，卢甸就是悲剧的主角。读到那些不忍卒读的地方，我更会把书放到一边。每每，我都想，芦甸这个人物，太沉重了，沉重得让我在庸常却繁忙的生活之余，难以面对。但是，时间是一剂良药，也是最好的麻醉剂，在时间的流逝中，我终于让这个人物的沉重一次次地稀释、递减，让这个人物一点点靠近我的生活，我的精神，在我能够承受的范围内，跟着这本血泪交加的《芦甸评传》走完了芦甸的一生。不得不承认，这本书的阅读，不仅让我对芦甸有了一个比较清晰的认识，也对胡风事件有了更全面、更细致的了解和认识（之前只是道听途说，几乎没有去看过相关的资料。这次因为读这本书，专门去找了一些资料看）。

芦甸，诗人，也创作过小说和剧本，原名刘振声，江西贵溪人，1920 年出生，1939 年参加革命，1947 年加入中国共产党，35 岁时因胡风事件被隔离审查，时任天津市文联秘书长。后入狱劳改近 10 年，

1973 年去世，享年 53 岁。

根据我阅读的理解，芦甸之所以遭遇胡风事件的牵连，是因为他们夫妻与胡风有过接触。不仅有过接触，而且有过一些白纸黑字的书信往来。尤其是在胡风最低潮的时候，芦甸曾给他写过信，支持过他的立场，还给胡风提过一些建议，比如让他找周恩来出面帮忙等。这些书信，在现在看来，都是再平常不过的人之常情。但在当时，这些书信被从胡风处查抄到了，便成为了芦甸获罪"胡风反党集团"的"证据"。为此，芦甸被隔离审查，下过大狱，还被送到劳改农场接受改造。在狱中，他一度曾精神失常，不得不回家休养。可以说，芦甸一家，自胡风事件发生后，都没能摆脱胡风事件的牵连和影响。芦甸的妻子李嘉陵曾被革职，最为悲惨的是，她们唯一的女儿，因为芦甸的关系，没能上大学，后来还听力失聪了。一个本来可以很幸福美满的家庭，最终以悲剧定格。

令我颇为疑虑的是，在《芦甸评传》中，被查抄出与有类似"证据"的人并不是没有，但并不是每一个人都被打成了"胡风反党集团"。为什么呢？我想芦甸有幸或者不幸成为案件中人，应该主要缘于他的性格。

芦甸的性格，在我看来，也许主要是三点：朴实、执着、认真。

"芦甸是我的村名，那是生我养我的地方，那里有我童年的伙伴，有我的父老乡亲，有我慈祥仁爱的母亲。……取名芦甸有思念故乡，思念母亲，不忘根本的意思。"这是《芦甸评传》中芦甸一段非常朴实的话。芦甸出身农民，家世清贫，父亲早亡，从小由母亲带大，故早年吃过不少苦，致使他很小就离乡学徒，后考入国民党军校，毕业后留校做过教员。他之所以弃国民党而投共产党，完全来自于他朴实的阶级感情。学徒生涯中受歧视、被压迫的苦难遭遇，很自然地让他与共产党为劳苦大众翻身得解放的信念不谋而合。所以，他很早就弃暗投明，走上了革命的道路。而且一旦认定了共产党，他就一生执着不变，即便是在受怀疑、遭隔离、被下狱的情况下，他依然执着地坚信，他是"党的儿子，党不会忘记他"，"胡风的问题不是敌我矛盾"，并告诫组织"千万不要把胡风送给敌人"。

因为他的朴实，他相信他接触的那个胡风不是一个敌人；因为他的执着，在胡风受难的时候，他仍然一如既往，与之保持联络，甚至还为他出谋划策。即便是在被审查和被改造的过程中，他也没有背叛过自己的直觉和信念。他是一个活得很"真"，甚至太"真"了的人。正是因为这种对"真"的执着，让他反而在政治斗争的风口浪尖上倍受其害，无法自拔，以致最后失去了生命。所以，芦甸这些朴实、认真、执着的优良品格，不仅没有让他在当时的历史时期发挥出真正的作用，反而把他和他的家人都给害了。更为滑稽的是，这种扭曲而残酷的现实，对于背负着沉重历史悠久包袱的中国人来说，并不是什么今日的新闻。

多少知道一些胡风事件、反右、文革的人都知道，那个时期过来的人，有芦甸这种经历者，不在少数。那么为什么张老师选芦甸这个人来作传？这是我在读这部《芦甸评传》时一直的一个疑问。张老师与芦甸其实并不相识，芦甸的名字也并不那么响当当，即便是在胡风集团的名单上，他也被列在尾端，有时候甚至都不被提到。而这本28万字的《芦甸评传》不仅文字优美，史料翔实，看得出，为了写好这本书，张老师一定花费了不少的时间、心血、和精力，还有金钱。因为为了查访与芦甸相关的未亡人，张老师必须自费走南闯北，遍寻走访。那么，为什么张老师就选定了芦甸呢？

读完这本书后，我似乎有了一些猜测。说是猜测，是因为我的想法并没有得到张老师的证实，而我与张老师更不熟识，假如不是因为这本《芦甸评传》，我甚至不知道张老师曾经在哪里供职，有过什么著作。唯一知晓的是张老师在纵横大地网站上，是个文字和文化的高手。从他的美文中，不难嗅出，他不仅是一个文人，而且是个具有中国文化学养的高级文人。

我觉得这个问题的答案应该至少有两个原因。第一个是源于张老师的乡情。老师虽然不是江西人，却在江西学习工作，江西可以算是他的第二故乡。从张老师在大地上贴的美文中，我每每体会得到他浓浓的第二乡情。对于江西人芦甸，他自然也会充满着一种"老乡"之情，他为芦甸，为江西骄傲。第二个原因或许是芦甸的性格与张老师的性格相似，换句话说，张老师在芦甸的身上看到了自己，甚至也可能从芦甸人生的遭遇中，看到了自己的某些过去。而这一点，我想不仅是张老师为芦甸作传，更是他能把这部传记写得悲怆苍然、有血有肉且发人深思的关键之所在。他，不仅同情芦甸更理解芦甸。芦甸是特定环境下的张维舟，张维舟也是特定环境下的卢甸。我相信，在写作这部又像小说，又似纪实的《芦甸评传》过程中，张老师从芦甸的身上，一点点看到了自己，认识了自己。芦甸的信仰、芦甸的梦想、芦甸的性格，之所以如此刻骨铭心地被表达出来，就是因为，这里面凝聚的不只是一个历史的芦甸，还有一个现实的张维舟。

　　我一直很固执地认为，我们每个人对这个世界的看法之所以不同，不是因为世界不同，而是因为我们不同。我们用自己的眼睛看同一个世界，用我们的心去体会这同一个世界，因着我们的不同，世界就不同了。就像同一争执事件发生在两个人身上，常常会公说公有理、婆说婆有理的情况发生，为什么？立场也。因为立场的不同，所以就有了公，有了婆。而立场，可以说是一个人的人生目标、人生态度的集合。它是由一个人的教育背景和人生经历所决定的。没有这个立场的标尺，任何事件的对与错，是与非，都将无法衡量。

　　比如对于芦甸，我与张老师，似乎就有不同的理解，虽然我对芦甸的了解完全来自于张老师的著作。在我看来，在《芦甸评传》中，张老师是站在当下的现实里，以回顾历史的方式，来看待芦甸这个人，看待那段历史的。于是，他看见的更多的，是芦甸的执着，芦甸的苦难，芦甸的不幸，芦甸的冤屈。文中流露出来的是作者的悲愤、不平。而我，也许毕竟与那段历史没有交集，更愿意从芦甸自身的生命追求和人格价值角度去看待他。我想，当时的芦甸，也许很迷茫，他虽然不明白自己为什么获罪，不认为自己应该获罪，但是他却还是信任党，相信组织，他甚至有时候也会觉得自己罪有应得。虽然他也知道自己是不幸的，但他却从没有失去希望，因此即便在狱中，他也没有间断过阅读和学习马列著作，在劳改农场，他还是捡最重的活儿干。正是他心中一直都存有这种希望，才让他无论在哪里，都表现得如此出色，正义凛然，大气慷慨。那么，这是一种悲，还是一种喜呢？也许在张老师看来，是悲，因为他承受得太多了，承受了太多不该承受的。但是，在我看来，更多的是喜。

　　这个世界上，多少人生如虫孺，多少人是行尸走肉？但芦甸不是，他是一个永远持枪的战士，至死不渝地沿着他认定的精神世界，生命不息，冲锋不止。他是苦难的，但也是充实的；这也是为什么，在《芦甸评传》的卷首，我们会读到了他那么执着地坐着三轮车交党费的场景。他不是一个苟活者，而是一个思想者，一个真理的探求者，一个正义的践行者。是的，他没有成功，但那不是他的错。正如《芦甸评传》第367页引用阳云《沉船——悼芦甸》一诗中所说："容我作证：这儿有艘沉船，但水手曾经飘洋过海……/他的额上留下风刀霜剑的刻纹；/他的皮肤被灼热的阳光烤的通红；/他曾在赤道线上航行过；被风浪冲刷过；而我们，却只是在地球仪上指着赤道这条虚线……/他不是船舷上躲避风雨的乘客，而是一名真正的水手。"作为晚辈，我想说：正因为中国有无数芦甸和芦甸这样或成功或失败的先行者们，我们的民族才有今天，才能见到初升的太阳。

试想，如果芦甸是那个时代的苟活着，我们今天也看不到《芦甸评传》，更重要的是，看不到了芦甸精神。我想，历史就是这样，我们做我们自己，历史选择我们。我甚至想，芦甸的不幸与幸，都是因为胡风时代。不幸在于他性格之刚之烈之直之诚；幸又在于，是胡风时代让世人后人看到了他闪光的气节。人活着，是需要一些精神的。有了精神，这个世界就会很简单。物质可以出错，但精神不可以。最大的不幸，不是贫穷，而是精神上的病态。芦甸的精神是健康的，即使他曾经患有精神分裂症，因为那个历史环境生了病。

记得那次在北师大的辩论会上，国内一些大拿评委们有过一个一致性的观点，即胡风这个人和胡风事件，在那样的历史时期，是一定会发生的，发生在胡风身上，也是有着他必然的原因的。胡风是一个特立独行的人，他也执着，也认真。作为鲁迅的学生，他的身上似乎承载着鲁迅先生刚正不阿、犀利无比的性格和文化基因。他的命运，即是偶然的，更是必然的。在我看来，他的三十万言书，既然是寄给党中央的，就无法不把他的观点纳入政治的轨道。政治，什么是政治？就是可以把什么都拿来，为我所用的一切行为和手段。更可悲的是，政治不会因为胡风事件的平反而消亡，政治永远都会伴随着我们生老病死，世代永存。这是我们的现实，是人类的宿命。

但是，有些人，生来就是要反抗的。比如鲁迅，比如芦甸。胡风事件被平反后，芦甸也自然跟着被平反了。只是，因为他不是主犯，很多人不知道他。比如像我，说起胡风，我还听说过，虽然连皮毛都说不好。但是，芦甸，在于我，就是一个再普通不过的人了，与在路上碰见的任何一个陌生人没有什么区别。但是，我从张老师的《芦甸评传》中读到了这个人，芦甸于我，就有了特别的意义，我不仅对他肃然起敬起来，甚至羡慕他能够一直活在一种精神的追求之中。他以他短暂的生命，如行为艺术一样，以一个精神追求者、真理探索者的雕塑，屹立在后人的心中。你说他是愚忠也好，你说他是傻瓜也罢，在于他，是幸福的。在我看来，这其实就是最好的，最有意义的人生。

我感谢张老师，感谢芦甸，也感谢胡风，因为他们让我看见的，不止是历史人世的沧桑，政治的残酷，还有永恒的为人的价值，为人的精神追求。人是渺小的，可以在瞬间被摧毁，但又是强大的，因为他们的精神可以永存；人也是迷茫的，一时间不知所求，但又是执着的，因为他们一直在追问在探索；人更是不完美的，有着这样那样的弱点，但又是永恒的，因为他们一生都在追求着完美。无疑的是，芦甸的一生，丰富了人类的生存经验，影响着后来人的精神世界。所以，我感谢张老师。

作为文人，芦甸因为政治事件的冲击，并没有很好地发挥出他的文学才能，但是，他的行为，他的事迹，本身就可以看做是一种文学精神的最好体现。用《芦甸评传》中的一段话来概括就是，"文学要塑造各种各样的自我，表现与人类文明进程同步的优美的人性。如是，文学才能提升人的精神，使人变得高尚纯洁自信；如是，文学才能在人与人的心灵间架起美丽的彩虹，人们心里充满友情善意和温馨；文学，又是人们的心灵家园，像深邃的夜空中璀璨的群星，让你惊喜，让你愉悦，让你遐想；如是，文学才能带来希望之光，照亮人们前进的道路。"

我一直记得芦甸的一段话，非常精辟。他说"如果亚当和夏娃的时代是人类的第一个春天，那么，人民解放，对于人民，尤其对于妇女来说，正是第二个春天吧。"那么，我把芦甸的话狗尾续貂一把，作为这个读后感的结尾——《芦甸评传》应该是芦甸光辉人生的第三个春天。

没有寒冬，又哪里会有春天？

【跟帖】

丁香：看了你的评论，就想看看这本书。我很喜欢看与胡风有关的那些史实，很震。

作者简介

1、小园香径（中国）
身居中原，心有学子，码文交友，网上消遣。

2、古月曰（美国）
男，北京"原"人，现居米国"不是东西"市。复姓古月，名曰，字霞阙，号栾撒。大地网友昵称俺"胡说"，天地良心，俺从不胡说，仅偶然八道而已。甘当绿叶，偶充南郭。

3、碧云天（中国）
女，江苏人。美食与旅游，两大赏心乐事也。

4、寂寞沙洲（中国）
女，江苏沛县人，作家，工作、生活于南京。出版有个人诗文集《所以有爱》、《四月花事》、《桐音》。行走大地，孤单快意，无论冷暖，都是慰藉。

5、叉（美国）
男，现旅居美国。

6、木愉（美国）
主要出版作品有体育述评《NBA 写真集》、散文随笔集《"天堂"里的尘世》、长篇小说《夜色袭来》和《食人族》（节选）、论著《华尔街二百年股市风云录》、人物传记《金赛是谁》。星岛日报专栏作家。

7、水影（美国）
女，杭州人，理工科毕业，写字为业余消遣。

8、森林木（美国）
男，东北人士、从事科学研究之余，喜摄影上网。

9、Windy（美国）

喜欢风，更喜欢随风儿飘游。闲暇之余，除了伺弄花草外，更乐意外出游玩，梦想着有一天能够走遍天下。

10、小平（美国）

专业数学、没务正业，自觉深得数学人的严密思维熏陶，尤自以为是地选修了几门天书般的所谓纯数学后，便坚实地奠定了胡思乱想的基础。９０年代末旅美，至今一事无成。为了不把中文漂白成"两粒包子""一颗西瓜""晚餐不要吃家吃外头"这等水平，为了在英文日渐道地的当儿，别弄个母语半啦个叽的。坚持写些小文小字小书法。

11、张维舟（中国）

江西省作家协会会员、江西文艺理论家协会会员、中国当代文学研究会会员、鹰潭作家协会会员。著有长篇纪实文学《芦甸评传》、《读书杂谈》，与人合编《芦甸诗文选》。在国内各级报刊发表百余篇文章，在海外中文报刊发表文章三十多篇。

12、A（中国）

研究员，二级作家警察。原产地：那个出产过"五里三诸侯"的小沛安国，而非大槐安国的安国。家族：百忍堂之一脉。笔名汉牛、望知、张子等。A 型血，故网名为 A。获虚名无数。现居：旧时王谢的六朝金粉之地。人生：20 岁弃农为警。业余，为文字一乐。特向往读万卷书、行万里路的人生；更期待有朝一日：悠然南山、闲云野鹤般的生活。

13、山中狼（美国）

男，湖南人，网络浪迹数年至今，现旅居美国。

14、大草帽（美国）

曾用网名空空，喜欢花草鱼虫。

15、陶江湖（日本）

生于首都，长于江南，现居扶桑。虽为小女子，然喜行走江湖。虽有大浪淘沙之鸿鹄，实则多为捣浆糊是也。

16、丁香 （中国）
于艾香，现居山东济南。中国作家协会会员。网名丁香。

17、Wliao（日本）
本人的形象比较平凡而伟大，长期深入敌后，不断在斗争中成长，坚决把抗战事业进行到底。现旅居日本。

18、老四（加拿大）
南京人士、数学出身、现旅居加拿大

19、小秋虫（中国）
原名吴洁梅，"梅因高洁为吾友"，这是在佛山老城的筷子路见到的对联之一，一见就很喜欢，把名字都包含在里面。武侠爱好女，美酒码字女，中国大陆剩女

20、老黑鱼（日本）
男，现旅居日本。

21、咱老百姓真 (加拿大)
男，现旅居加拿大。

22、又红又专（日本）
北京人，现居国外。

23、呆子（美国）
女，生于南，长于北，而今漂于美。几年前开始了闲时在网上码字的伟大事业，旨在娱己，兼带娱人。

24、跳蚤（中国）
很混蛋不坏蛋，很颓丧不颓废，想强大不小心成了小强，说无所谓其实心有所执。

25、Soundbox（加拿大）
又名音荷。少时随父母漂来漂去，长大后走南上西奔北。现今落户加国，就读社会大学，钻研生活学科，探索快乐人生。

26、温带季风（中国）
女，生长于一个以休闲著名的城市，一懒一晃就是几十年。网络敲字跟专业和工作无关，与心情和情结有关，能敲明白想要表达的意思是最大的欣慰。

27、唯一（加拿大）
女，现旅居加拿大。

28、84（美国）
男，小城来的故事多，闲时上网说故事，现在美国首都附近的海漂一族。海漂久了有些晕，说的故事有些串，听者消遣别较真儿。

29、八音盒（日本）
简称盒子，五音不全，正苦练黑管，性别女，芳龄保密。最喜欢的是睡觉，最讨厌的是功课。

30、老稼娃一号（美国）
男、专业医生，现旅居美国。

31、依林（美国）
女，现旅住美国。

32、夏枯草（美国）
女，山东人，国内混不下去了，跑到美国来蒙事。蒙不好，瞎蒙。

33、张不才（美国）
复姓张不，名才。职业农民、现旅居美国。

34、岁月匆匆（中国）
男，育有三个女儿，其中两个女儿旅居美国。本人一生酷爱文学和艺

术，业余爱好倾向于写作、书法、音乐、摄影和旅游等。几年来，共
撰写纪事、游记和杂文等作品累计达 30 余万字；并多次参加省、市
书法、摄影比赛，并获得奖项。

35、蚂蚱也是肉（美国）
金山脚下电民。

36、路小米（中国）
女，京津"混血"，既有海河儿女的热情与幽默，又有皇城子弟的优越
与霸道；白天是与数字为伍的普通财务工作者，晚上是和文字为伴的
狂热文学爱好者。热爱生活享受生活，用相机和文字记录着身边的鸡
毛蒜皮，愉人愉己，乐此不疲。

37、风在吹（美国）
湖南人，曾经教书数年，后不敢再误人子弟，移居加拿大，现与老公
和一双子女旅居美国旧金山地区。闲时上网或码字或灌水，多是吹和
煦微风，偶尔来一场狂风暴雨，内容从风花雪月到婆婆妈妈无所不包，
已有数十篇发表在北美中文报刊上。

38、邱晓鸣（中国）
男，64 年生人，著有散文集《我从乡村走来》，中篇小说集《像狗一
样奔跑》，长篇小说《河之上》等近百万字。安徽省文学院签约作家，
省作协会员，淮北市相山区商会副主席，淮北启明蓄电池制造公司董
事长。
39、齐凤池（中国）
男，居住中国。

40、梦江南（美国）
江南云一片，心雨化绵绵。雨送秋归雁，心萦四月天。 唯将恩似海，
研作笔中泉。任我思亲泪，长流球那边。

41、心言（美国）
男，现旅居美国，从事科研之余，上网码文写诗。

42、田心（美国）
女，现旅居美国。

43、晚成（加拿大）
1963 年毕业于南京大学，大气物理专业。先后在中科院沈阳林业土埌研究所、黑龙江省森林保护研究所工作。1989 移居加拿大，就职于 Great Lakes Forestry Centre，Canada Centre for Remote Sensing 和 University of Maryland 等机构。一生都在做林火探测和林火研究。爱好摄影和写作，梦想成为新闻记者，但没有成真。

44、老阳（美国）
老阳，老是老少的老，阳是太阳的阳。日头快落山了，有时急不可耐地抒发一下以期缓解对渐渐西去有些不甘的莫名烦躁。潮涨潮落，四季变换，庆余年。

45、夏凉（美国）
男，现旅居美国。

46、溪中石（美国）
本自江南西道，现居米国东岸。尝以网文为消遣，相感相砺，结识知己。

47、明珠（中国）
女，居住中国。

48、西陆（中国）
男，居住中国。

49、外星人（美国）
男，现旅居美国。

50、老箭（日本）
曾旅居日本，现居上海。好仙游，喜杜康。

51、白马非马（中国）

男，天津人士，奔五，起这个网名就是因为爱抬杠。本人教书匠，力争不太误人子弟。

52、秋尘（美国）

女，生于江南，长于大漠，五湖四海，漂泊流浪。情有独钟方块字，痴心迷恋中华文。现旅居美国。

后 记

2008 年，大地创办的第四个年头，由大地网友和大地基金会的资助，我们结集出版了《人生何处不相逢》纵横大地文集精粹的第一辑。记得当时，因好文颇多，实难以取舍，于是便想，应该把大地文集一本本地出下去。于是，四年后，就又有了这一卷两本的《人生何处不相逢》第二辑。

第二辑分为两本，一本文集，一本诗集。文集除了各类体裁和题材的文字之外，还选用了一些网友的跟帖。因为篇幅的原因，跟帖选用得并不多，但也可以看得出大地交流的主要特色。诗集除了古体诗词和新诗之外，还选用了一部分的和诗及对诗，虽然不是首首都严谨规范，也依旧反映出大地网友的小资情怀和网络互动性。

应该说，这一卷两本的《人生何处不相逢》能够顺利地成书，主要是拜几位大地编辑幕后的呕心沥血所赐。从选稿、修改、校正，编辑们都来来回回走过四五遍。本着不求速度，单求质量的基本态度，编辑们力求把文集和诗集编得内容全面又不失文笔文采，文法合乎规范兼显网络特色。

文集和诗集的选取也争取了网友们的意见。从初稿的选择，到文字的修改，再到定稿及作者简介，编辑们都在大地的回馈大地栏目两次公示，一次在稿件初选之后，一次在终稿确定之前，以确保网友们充分的参与，充分地表达意愿。对于网友的知无不言，编辑们更是竭尽满足。所以说，大地文集和诗集也是编辑们和网友们共同完成的心血结晶。

这次大地文集的出版和发行，我们选择了一家美国著名的POD（Print-on-Demand）公司 iUniverse，以表达我们对这种"按需印刷"的新型出版和发行方式的支持。更重要的是，我们也希望以大地文集和诗集为先例，开辟中文纸媒和电子书籍在美国主流出版公司发行的新渠道。因此这次的编辑和出版工作，我们未能得到出版社为英文书籍出版而提供的诸多便利和帮助，而是独立自主、自力更生地完成了编辑、排版、设计，以及电子版制作的全过程。

本次文集和诗集的出版费用，完全由大地基金会资助完成。文集和诗集的销售利润，也将成为大地基金会的收入，用于下一卷大地文集、诗集，或者其他大地相关的作品的出版和发行。

最后，特别感谢文集和诗集的几位编辑，文集的编辑有小园香径、森林木、寂寞沙洲，诗集的有遍野和小平。两本书的格式排版由森林木设计并制作。可以说，没有他（她）们的兢兢业业、废寝忘食，也就没有《人生何处不相逢》第二辑；这里，也要感谢参与的网友们，因为他们的声音是大地的主旋律，他们的文字建构了大地的温馨、健康、友爱、和理性，没有他们的才情文思，也就没有今日的大地文集和诗集。近年来，无论外面的世界多么的精彩诱人，多么的眼花缭乱，总有一些大地的忠实网友，在这里相聚，在这里倾诉，在这里畅想，在这里圆梦。在这片曾经喧闹过，也曾经宁静过的小小家园中，我们共同地生活着、学习着、成长着……

最后，希望看到这本文集和诗集，爱好中国文字的朋友来大地和我们一起纵横。也祝愿大地的网友们，继续耕耘、坦诚交流，为大地的未来涂抹出一片更加多姿多彩的美好天空。

秋尘

2012 年 9 月 9 日

于美国旧金山湾区